KB188166

신천지 요한계시록

일곱째 나팔의 진실

▶ 신천지 푸른하늘투

조감도

신천지 요한계시록 일곱째 나팔의 진실

초판 1쇄 인쇄 2022년 8월 01일
초판 1쇄 발행 2022년 8월 10일

지은이 조감도
펴낸이 백도연
펴낸곳 도서출판 세움과비움

신고번호 제2012-000230호
주 소 서울 마포구 양화로길 73 6층
Tel. 070-8862-5683
Fax. 02-6442-0423
seumbium@naver.com

ISBN 978-89-98090-42-5

값 20,000원

신천지 요한계시록

일곱째 나팔의 진실

세움과 비움
Seum&Bium

| 머리말 |

우선, 지난 15년간 안티 신천지 활동을 하면서 중단하고 싶을 때마다 소중한 분들을 붙여주셔서 포기하지 않고 이 길을 가게 만드시고 이 한 권의 책으로 그 결실을 맺게 해 주신 하나님께 감사드립니다.

이 책은 신학적인 가치가 전혀 없습니다. 신천지의 교리해석이나 성경관이 전혀 신학적이지도 않으며 이만희씨의 요한계시록 해석 방법이 사이비 집단을 전전하며 자신이 경험했던 사실들을 짜깁기했기 때문에 신학적으로 접근할 가치조차도 없기 때문입니다.

다만, 책을 받아먹고 계시록 전장의 사건에 대해 계시를 받고 자신이 요한계시록의 주인공 행세를 하는 이만희씨를 요한계시록 책 밖으로 끄집어내서 그의 민낯을 세상에 폭로하고, 그의 요한계시록 해석 방법이 얼마나 천박하고 미천한지를 세상 사람들에게 고발하는 것에 의의가 있다고 생각합니다.

이 책을 꼭 써야겠다고 생각하게 된 동기는 신천지에 빠진 신천지 신도들뿐만 아니라 신천지 피해 가족을 위해서입니다. 상황과 형편이 나름 괜찮은 피해 가족들은 이단 상담소라도 갈 수가 있지만, 손을 쓸 수도 없는 정말 딱한 상황에 처한 피해 가족들이 발만 동동 구르며 피눈물을 흘리는 모습에 가슴이 너무 아팠습니다. 이단 상담소에 갈 수 없는 분들을 위해서 상담소만큼은 아니더라도 차선책을 제시해 드리고 싶었습니다. 따라서 이 책은 이단 상담소까지 가기가 너무 힘든 분들에게 도움이 될 것으로 생각됩니다. 부디 이 책을 통해서라도 신천지 신도들이 바른 복음으로 돌아오기를 간절한 마음으로 책을 썼습니다.

또한 신천지 신도들이 회심을 하게 될 때 이 책이 올바른 상담을 위한 방향을 알려주고 완전한 회복에 도움이 되기를 바랍니다. 따라서 신천지에서 나오시는 분들은 반드시 이단 상담소나 상담이 가능하신 분을 통해서 예수님을 다시 영접하시기를 바랍니다.

이 책은 한국교회 목사님들에게 필요한 책입니다. 이만희 사후 방황할 신천지 신도들에게 바른 복음을 심어주기 위해서는 이만희씨가 해석하는 요한계시록 방식뿐만 아니라 그 방식의 모순점을 정확하게 인지를 하고 있어야 합니다. 신천지 신도들에게 인이 박혀있는 신천지 방식의 요한계시록을 이해하는데 도움이 될 것입니다.

마지막으로, 이 책이 나오기까지 많은 도움을 주신 분들께 감사드리며, 특히 감수뿐만 아니라 많은 조언을 아끼지 않았던 지명한 전 신천지 강사에게 감사를 드립니다. 또한 글을 쓰는 동안 묵묵히 지켜보면서 필요할 때마다 도움의 손길을 주었던 사랑하는 아내에게 감사를 드립니다.

조감도

| 추천의 글 |

미혹의 고통 속에서 피어나는 희망의 책

그동안 한국교회는 신천지예수교증거장막성전으로 인하여 교회 역사상 미증유의 어려움을 겪었으며, 많은 우리의 교우들이 신천지의 모략 전도에 미혹되어 우리의 품을 떠나감을 경험하였습니다. 그로 인해 신천지에 가족을 빼앗긴 많은 사람들은 피눈물을 흘리고 기나긴 고통의 세월을 보내야 했습니다.

마땅히 한국교회에서는 이러한 피해자와 그 피해 가족을 위해 최선의 노력을 다하여야 함에도 대부분의 교회들은 손을 놓고 강 건너 불구경하듯 방관했던 것도 사실입니다.

저도 지난 시절 가족 중 한 명이 신천지에 빠져 고통을 당하고 있을 때 '도대체 신천지에서 무엇을 가르치기에 이렇게 사람을 변하게 만드는 것일까' 하고 온갖 자료를 찾아 나섰는데 마땅히 그들의 주장과 반증을 정리해 놓은 자료가 없어서 무척 고생을 했던 기억이 납니다.

그러다 보니 오늘 이렇게 신천지 피해자와 그 피해 가족들을 위해 신천지의 주장과 반증을 완벽하게 정리된 책을 조감도 집사님을 통해 출판하게 하신 하나님께 감사드리지 않을 수가 없습니다. 그리고 그동안 최전선에서 신천지와 맞서 한국교회를 지켜 오신 조집사님께 진심으로 고맙다는 말을 전하지 않을 수가 없습니다.

신천지의 요한계시록에 대한 주장은 사실 이 책과 같이 명확하게 정리된 자료를 보지 않으면 이해가 되지 않는 대목이 너무 많습니다. 왜냐하면 그들의 주장이 다소 황당하거나 수시로 상황에 맞게 변하기 때문입니다. 그런데 우리가 누군가를 설득하는 논증을 펴려면 먼저 상대방이 주장하는 바를 명확하게 인식한 다음에 이에 대한 반박을 해야, 옳고 그름을 분명하게 상대방에게 전달하고 설득시킬 수 있습니다. 그렇지 않으면 실컷 논증을 해도, 신천지에서 그렇게 배우지 않았다고 하면 무용지물이 될 수 있기 때문입니다.

이 책의 저자는 누구보다도 신천지에 대한 연구를 많이 하여 그들의 주장과 교리체계에 대한 이해가 밝으며 영어 실력까지 겸비하여, 해외에서도 신천지의 실상 계시의 허구성을 밝혀내고 있으며 직접 미국에 있는 웨스트민스터 신학대학에 편지를 보내어 신천지에서 가장 중요하게 여기는 계시록 12장의 실상인 유재열의 도미유학사건이 허구임을 밝혀낸 당사자이기도 합니다.

이렇듯 한국교회가 신천지로부터 농락을 당하는 긴 세월 동안, 홀로 고군분투하며 신천지 실상이 허구임을 밝혀내는데 앞장서신 저자의 오랜 노고의 결실이 이렇게 책으로 편찬되어, 지금도 신천지에 빠진 가족으로 인해 고통받는 많은 피해 가족분들께는 큰 위로와 도움의 손길이 될 것을 생각하니 참으로 기쁘지 않을 수 없습니다.

모쪼록 이 귀한 책을 통하여 피해 가족들은 스스로가 복음의 진리와 거짓을 먼저 분별하시고, 반드시 신천지에 빠지신 가족분께 신천지 실상의 허구성을 차근차근 잘 설명해주시기를 바랍니다.

그리고 한국교회의 목사님들께 당부드립니다. 이제 신천지가 무너질 날

이 멀지 않았습니다. 그 많은 신천지 신도들이 나와 교회를 찾게 되면 목사님들은 어떻게 대응하시겠습니까? 그냥 내치시렵니까? 부디 이 책을 통하여 이단들이 요한계시록을 어떻게 왜곡하여 설교하고 있는지, 그 반증은 어떻게 하여 그들을 회복시킬 것인지에 관한 명확한 해답을 얻으시기 바랍니다.

이제 저는 이 귀한 책을 통하여 신천지가 더 이상 한국 사회에 뿌리내리지 못하고, 신천지의 거짓 실상이 만천하에 드러나서 우리의 형제자매들이 다시 복음과 가족의 품으로 돌아와 함께 웃고, 함께 우리 주님을 경배하는 밀알이 되기를 간절히 기도합니다.

2022년 6월

법무법인 사명 대표변호사 홍종갑(바른 복음 생명교회 담임전도사)

| 추천의 글 |

크리스천은 전도를 할 때 사람들에게 기독교의 핵심 교리인 예수 그리스도를 전합니다. 하지만, 신천지는 자신들의 핵심 교리를 밝히지 않고 거짓말로 포교를 합니다. 왜냐하면 그들의 핵심 교리는 너무 황당한 내용이기 때문에 그것을 먼저 말하면 아무도 신천지를 믿지 않기 때문입니다. 그렇다면, 과연 신천지의 핵심 교리는 무엇일까요?

신천지의 핵심 교리는 요한계시록을 통해 구원의 필수 조건인 약속의 목자, 이긴자인 이만희씨를 찾는 것입니다. 신천지 교주 이만희씨는 자신의 책에서 이렇게 말을 합니다. "계시록이 응하고 있는 오늘날은 계시록에 약속한 이긴 자를 (계 2, 3장, 21:7) 통하지 않고는 구원이 없다. 이를 부인하는 사람은 예수님과 그 말씀을 믿지 않는 자이며, 마귀의 영에게 조종을 받는 자이다." (천국 비밀 요한계시록의 실상, 이만희, p.16)

이런 이유로 신천지 신도들에게 계시록을 정확하게 해석하는 것은 그 무엇보다도 중요한데, 계시록을 해석하는 유일한 방법은 다름 아닌 "실상"을 아는 것입니다. "실상"은 요한계시록의 모든 내용이 이루어졌고, 이만희씨가 그 모든 것들을 전부 실제로 보고 들었다는 것을 의미합니다. 그는 "실상"에 대해 이렇게 말을 합니다. "예언을 읽을 때나 실상을 확인할 때는 육하원칙 즉 누가, 언제, 어디서, 무엇을, 어떻게, 왜 했는지를 정확히 따져보아야 한다. 예언대로 나타난 실상을 인정하지 않는 것은 하나님도 예수님

도 성경도 믿지 않는다는 증거이다." (천지창조, 이만희, p.190)

만약 신천지 신도들이 모든 실상을 정확히 따져보면 이만희씨의 말이 모두 거짓인 것이 명확히 드러나는데도 불구하고 저렇게 당당하게 말하는 것은 어떤 신천지 신도도 그것을 정확하게 따져보지 않기 때문입니다. 그냥 그렇다고 하니까 그렇게 믿는 것입니다. 그렇기에 만약 진짜로 "실상"을 일일이 따져보는 신도가 있다면, 그 사람은 이만희씨가 거짓임을 깨닫고 신천지를 빠져나올 수 있게 됩니다.

"신천지 푸른 하늘"이라는 이름으로 유튜브와 네이버에서 활동하고 계시는 조감도 집사님은 오랜 시간 동안 바로 그 거짓 실상을 하나하나 확인하고 폭로해 오셨습니다. 그리고 그 모든 거짓말들이 증거와 함께 전부 이 책에 담겨있습니다. "실상"의 진실을 확인해야 하는 신도들과 가족들은 이 책을 반드시 읽어보아야 합니다. 모든 신천지 신도들이 이 책을 통해 예수 그리스도 안에서 다시금 참된 소망의 길을 걷게 되시기를 간절히 기도드립니다.

2022년 6월

에스라 김 미국 "생명의 바람 교회" 담임목사(Finally Free 국제선교회 대표)

• 『Finally Free 국제선교회』 소개

에스라 김 목사님이 대표로 계시며 미국 LA에 위치하고 있다. 이 선교회는 1) 전 세계인들이 사이비 종교에 빠지는 것을 예방하고 2) 사이비 종교에 빠진 사람들을 구출해 내고 3) 사이비 종교를 탈퇴한 분들의 영혼의 회복을 돕고 있다.

| 추천의 글 |

그동안 온라인으로 세밀하고도 탁월한 논리로 이단 신천지의 실체를 폭로함으로써 신천지 1호 경계 대상인 조감도님께서 그간의 연구 자료들을 집대성해서 요한계시록 반증 책자를 출간한 것은 매우 뜻있고 반가운 일입니다. 사기 집단 신천지의 몰락이 가까워진 이때 본서가 이만희 교주와 사기 집단 신천지의 실상을 제대로 볼 수 있도록 눈을 띄워줄 특효 안약이 될 것이라 확신하며 피해자들이 많이 접할 수 있기를 기대합니다.

특히 오랜 기간 신천지에 있으면서 신천지 실상에 대해 많이 들었던 신도들이 본서를 읽는다면 가히 핵폭탄급의 엄청난 충격과 함께 신천지 탈출구의 열쇠가 될 것입니다.

물론 빠져있는 당사자들이 직접 접하기는 쉽지 않기에 피해 가족들이 먼저 일독한 후 지혜롭게 활용하시기를 권하며, 현재 신천지 내에서 고민하고 갈등하고 계신 분들이 꼭 읽어보시고 부디 많은 분들이 진리 가운데로 돌아올 수 있기를 간절히 소망합니다.

또한 이단 상담에 관심이 있는 목회자나 신학생들에게도 필독을 권하며 적극 추천합니다.

2022년 6월

구리 이단 상담소 신현욱 담임목사

| 추천의 글 |

"한 송이의 국화꽃을 피우기 위해 봄부터 소쩍새는 그렇게 울었나 보다" 라는 시의 글처럼, 저자는 "신천지 요한계시록 7번째 나팔의 진실"을 통해 자신의 아픔을 사명으로 알고 신천지와 맞서 그들의 거짓과 허구를 폭로해 많은 사람을 거짓된 길에서 바른길로 이끌고 있습니다.

사이비 신천지로 인해 수많은 사람이 마음 아파하고 누구에게 하소연하기도 어려운 시간을 보내는 이들에게 단비와 같은 귀한 책이 출판되어 기쁘게 생각합니다. 이 책은 요한계시록 전장에 대해, 신천지에서 해석하고 이해하는 주장들에 대해 조목조목 설명하고 반증한 해설서입니다.

신천지는 거짓말로 사람을 속여 기독교를 가장한 종교 사기 집단입니다. 신천지는 "때에 따른 양식"이라 하여 교리가 자신들의 필요에 따라 계속해서 바뀌며, 거짓말을 덮기 위해 꼬리에 꼬리를 무는 또 다른 거짓말, 모략으로 정당화하고 있습니다. 그들의 거짓된 연결고리를 찾아 알려주는 것이 이단 상담인데, 저자는 그 일들을 오랫동안 해온 전문가입니다.

신천지에서 중요하게 여기는 핵심적인 교리는 비유 풀이와 요한계시록 실상 교리로, 그중에 지상천국과 이 땅에서 육체 영생을 주장하는 모든 것들이 거짓임을 안다면 신천지에 남아있을 사람은 많지 않을 것입니다. 그들이 주장하는 "하늘에서 이루어진 것같이 땅에서 이루어진" 계시록 실상에 대해 이보다 더 잘 설명한 책은 없을 것입니다.

자칭 이 시대의 구원자인 이만희씨가 종교를 가장한 사기꾼임을 보여주는 것이 이 책의 가장 큰 장점입니다. 이단들은 성경을 자의적으로 해석하여 거짓말로 혹세무민합니다. 신천지의 거짓된 실상을 낱낱이 파헤친 실제적인 책으로 신천지를 알고자 한다면 누구나 반드시 읽어야 할 책으로 추천합니다.

이 책의 어느 곳을 열어보더라도 신천지의 허구를 쉽게 알도록 정리되어 있습니다. 신천지의 지난 역사와 실상에 대해 신천지 어느 강사보다 더 자세히 "신천지 요한계시록 7번째 나팔의 진실"에 대해 살펴볼 수 있습니다. 이 책을 읽기만 해도 이성적인 사람은 신천지에 남아있을 사람은 없을 것입니다. 한눈에 거짓된 신천지 변천사를 살펴볼 수 있는 실상(實像)의 책으로, 읽으면서 신천지의 거짓 역사를 깨닫게 해 줍니다. 교회와 가정을 지키고, 신천지를 알고 바로 대처하고자 하는 목회자와 평신도는 이 책의 내용을 반드시 알아야 합니다. 이단, 사이비는 교회와 성도를 끊임없이 미혹하고 있습니다. 거짓 영을 분별하여, 복음으로 건강한 가정과 교회를 만들어가야 하겠습니다.

2022년 6월 푸른 하늘을 바라보며...

이정훈 목사

대전시 성시화운동본부 이단대책강사, 현대종교 객원기자

이 책의 사용법

1. 책의 구성

이 책은 계1장부터 계22장 까지 각 장의 구성은 다음과 같다.

첫째, 신천지가 요한계시록을 해석하는 방식 그대로 풀었다. 일반교회의 해석 방법은 전혀 들어가 있지 않다. 따라서 각 장에 처음 나오는 한줄 한줄 풀이를 한 것은 온전히 신천지가 요한계시록을 해석하는 방법이다.

둘째, 신천지가 요한계시록을 해석하는 방식을 바탕으로 각 장마다 반증을 적었다. 즉, 이만희씨가 주장하는 내용이 엉터리임을 입증하는 내용들이다.

셋째, 쉬어가는 코너에서는 신천지에서 일어났던 사건 사고들을 알려주는 부분이다.

그리고 마지막에 [특별기고]가 실렸다. 미국에 계시는 에스라 김 "생명의 바람 교회" 담임목사님께서 보내오신 글이다. 신천지가 해외 포교에 박차를 가하는 이유와 포교전략 및 피해 상황이 생생하게 기록되어 있다. 해외에서 신천지 포교를 막기 위해서 한국교회 목사님들의 도움이 절실히 필요한 상황이다.

2. 신천지 신도의 사고방식을 먼저 이해를 해야 한다.

1) 똑같은 "물"을 마시더라도 누가 마시느냐에 따라 달라진다. 젖소가 마시면 우유가 되고 뱀이 마시면 독이 된다. 이 책을 "칼"로 빗대었을 때 누가 칼자루를 잡고 있느냐에 따라서 멋진 음식이 만들어질 수도 있고, 범죄의 도구로 돌변할 수도 있다는 것이다. 따라서 이 책을 신천지 신도들에게 적용하기 전에 신천지 신도들의 상태를 먼저 점검해야 한다. 필자가 오랫동안 신천지 신도들을 탈퇴시키는 과정에서 깨달은 것은 그들이 제각각 교리에 심취되어있는 부분이 조금씩 다르다는 것이다. 즉, 신도마다 교리의 무게중심이 다르게 걸려있어 신천지 피해 가족들은 그 부분을 먼저 찾아야 한다.

그러기 위해서는 무조건 반증 내용을 제시하지 말고, 어디에 주로 걸려 있는지 혹은 심취해 있는지 탐색하는 시간을 가져야 한다. 초조해할 필요 없이 여유를 가지고 호기심을 보이면서 궁금한 것을 물어보고 어디가 맞아서 신천지가 옳다고 생각하는지 찾아내야 한다.

이미 이만희씨가 증거하는 내용 들은 자신의 일부 경험을 요한계시록에 모조리 짜깁기 한 것이고 조작한 것이니 감정적인 대립을 할 필요 없이 차분하게 먼저 살펴보면 된다. 신천지 피해 가족의 상황이 각각 다르니 자신의 상황에 맞게 시간이 걸리더라도 최선의 방법을 찾고 절대 조급해하지 않기를 당부드린다.

2) 신천지를 열심히 다니고는 있지만 정작 신천지 교리나 실상을 잘 모르는 신도들이 많다. 이 말이 이해가 잘 안 될 수도 있는데, 실제로 필자가 신천지 신도들을 만나서 대화를 해 보면 자신들이 믿고 있는 교리를 모

르는 신도들이 상당히 많았다. 잘 이해를 못하면서 맞겠지 하며 믿고 있는 것이다. 이런 경우 깨기가 힘들다. 신천지 교리를 잘 알고 있어야 깨기가 훨씬 쉬워진다.

이런 경우는 반증 자료를 먼저 보여주면 안 되며 정확하게 알아오도록 유도하는 것이 좋다. 신천지 구역장이나 신천지 강사에게 가서 물어보고 와서라도 이건 왜 그런지 설명을 자세히 해 달라고 유도를 하는 것이다. 신천지 실상 교리를 모르는데 반증 자료를 보여주면 나중에 내성이 생길 가능성이 크므로 다양한 방법을 찾아서 먼저 자신들이 믿고 있는 교리를 정확하게 알도록 유도하기를 바란다.

3. 신천지의 요한계시록을 빨리 파악하는 방법은 다음과 같다.

신천지 핵심 교리인 "배도", "멸망", "구원"의 개념을 빨리 파악해야 한다. 신천지에서는 요한계시록에 세 가지 비밀이 있다고 한다. 그 세 가지가 배도의 사건, 멸망의 사건, 구원의 사건이며 이 사건을 중심으로 요한계시록이 전개된다고 생각하면 된다.

- 배도의 사건: "계1장 20절의 일곱별 일곱 금 촛대의 사건이 비밀"이며 이 내용이 1966년에 있었던 장막성전을 배경으로 배도의 사건이 일어난다고 가르친다. 이때 장막성전의 교주 유재열씨가 배도자라고 한다. 따라서 장막성전을 자세히 알아보기 바란다. 자료는 네이버 뉴스 라이브러리에 들어가서 검색하면 옛날 자료들이 많이 나오며, 안티 신천지 유튜브나 블로그를 검색해도 많이 나온다.

- 멸망의 사건: "계17장 7절 일곱 머리와 열 뿔 가진 짐승의 비밀"이며 "청지기교육원"의 일곱 명의 목사와 오평호 목사를 멸망의 사건과 연결시

킨다. 멸망자는 오평호씨인데 "청지기교육원"을 끌어드려 장막성전을 멸망시켰다는 내용이다. 따라서 청지기교육원과 오평호목사에 관하여 자료를 찾아보면 된다. 이 자료도 안티 신천지 유튜브나 블로그를 검색하면 많은 자료가 나온다.

- 구원의 사건: "계10장 7절 일곱째 나팔의 비밀이 구원의 사건"이며 일곱째 나팔이 이만희씨이며 구원자라는 것이다. 한 마디로 신천지를 말하는 것이기 때문에 위의 배도의 사건과 멸망의 사건을 먼저 잘 파악을 하면 구원의 사건은 쉽게 이해 될 것이다.

이 책을 읽으면서 필요한 자료를 찾고 분석을 한다면 2~3달 안에 신천지의 요한계시록 해석 방법을 필자와 동일한 수준까지 이해하게 될 것으로 생각된다. 그때 신천지에 빠진 가족과 대화를 해도 늦지 않을 것으로 생각된다. "지피지기 백전불패"라는 말이 있다. 조급한 마음에 조금 알고 있는 것으로 신천지에 빠진 가족의 내성만 키우기보다는 2~3달 준비하여 충분히 신천지를 파쇄시킬 수 있는 준비가 되었을 때 신천지에 빠진 가족과 대화를 해 보기 바란다.

"늘 성급한 마음에 반증 자료를 먼저 보여주어, 성공하는 사례보다 실패하는 사례가 압도적으로 많았다는 것을 명심해 주길 바란다." 부디 이 책이 여러분들이 바라는 일에 한 알의 밀알이 되기를 간절히 바란다.

4. 이 책을 읽을 때 알아두면 도움이 되는 핵심 단어들

다음에 나오는 이름, 장소, 명칭 등은 요한계시록을 짜깁기하기 위해 이만희씨가 세팅한 단어들이다. 미리 알아두면 책을 읽고 이해하는데 도움이 되기도 하겠지만 책을 읽다가 찾아봐도 도움이 될 것 같아 정리했다.

다음 단어들을 유의하면서 읽고 나머지는 책을 읽다 보면 자연스럽게 알게 된다.

- "장막성전"을 지칭하는 다른 표현들
  밧모 섬, 일곱 금 촛대 장막, 영적 이스라엘, 첫 장막, 성소, 하늘 장막, 땅(장막성전 또는 배도한 선민) 등
- "청지기교육원"을 지칭하는 다른 표현들
  니골라당, 7머리 10뿔, 멸망의 조직체, 황충, 유브라데강, 무저갱 등
- "신천지"를 지칭하는 다른 표현들
  증거장막성전, 영적 새 이스라엘, 둘째 장막, 지성소, 새 하늘 새 땅 등
- "이만희"씨를 지칭하는 다른 표현들
  구원자, 사도요한, 이긴 자, 두 증인, 우박, 새 요한, 백마, 인치는 자, 일곱 번째 나팔, 사도요한 격 사명자, 여자가 낳은 아이 등(계시록에 나오는 좋은 역할은 다 이만희씨라고 생각하면 됨)
- "오평호" 목사를 지칭하는 다른 표현들
  멸망자, 니골라, 발람, 용의꼬리, 거짓선지자, 땅에서 올라온 짐승, 쑥, 하늘에서 떨어지는 별, 여덟 번째 왕 등
- "유재열"씨를 지칭하는 다른 표현들
  배도자, 해달별을 입은 여자, 7사자대표 등
- "탁성환" 목사를 지칭하는 다른 표현들
  바다에서 올라온 짐승, 발락, 7머리대표 등
- "백동섭" 목사를 지칭하는 다른 표현들
  음녀, 여황, 이세벨 등 (이만희씨는 음녀를 탁성환 목사하고 헷갈려하고 아직도 음녀가 누군지 잘 모름)

- “홍종효”씨를 지칭하는 다른 표현들

  두 증인, 지팡이 같은 갈대, 일곱 대접 중 하나 등

- “백만봉”씨를 지칭하는 다른 표현들

  재창조교회, 사데교회 (지금은 이만희씨가 관련이 없는 척 희석시킴)

목차

신천지의 요한계시록 요약

계1장부터 계22장까지 총 404절에 이르는 요한계시록 저자인 사도요한은 성령에 감동되어 예수님께서 이상 계시로 보여주시는 장래의 일을 보고 들은 것을 기록한 것인데 지난 6천 년간 하나님께서 성경을 통해 알려온 목적이 바로 한 목자를 통해 계시록에 약속된 새 하늘 새 땅인 신천지를 이 땅에 건설하여 계시록에 약속한 대로 오늘날 실상으로 다 이루고 회복하여 영생을 주고자 하는 것이니 이것이 알파와 오메가의 역사인 것이다. 사도요한은 AD 95년경 밧모라는 섬에서 계시록의 전장의 사건을 이상 계시를 통해 오늘날 주 재림 때 일어날 일을 미리 보게 되고, 오늘날은 예수님으로부터 택함을 받은 사도요한 격 사명자가 계시록에 기록된 배도, 멸망, 구원이라는 전장의 사건을 직접 보고, 듣고 증거하면서 예언이 실상으로 이루어지는 과정이다. 성경 66권 전체를 풀기 위해서는 계시록을 알아야 하며 계시록의 예언의 말씀을 깨닫기 위해서는 오늘날 이루어진 실상을 알아야 한다. 실상이 나타나기 전에는 예언이 봉함되어 있으므로 그 누구도 이 예언을 사사로이 풀 수가 없으며, 오직 예언의 실상을 증거하는 한 목자가 나타나기 전까지는 알 수가 없다. 따라서 예언의 실상을 증거하는 목자와 실상이 성경 전체를 푸는 열쇠이다. 성경의 내용은 역사, 교훈, 예언, 실상으로 되어있는데 그 중 계시록은 신약과 구약의 역사, 인물, 지명, 나라 등이 모두 빙자하여 비유로 기록되어 있으며 천국을 찾아가는 길이요 주소요 약도이기 때문에 오늘날 계시록이 성취되는 실상이 이루어지는 장소를 찾아야 만이 천국과 영생이라는 복을 누리게 되는 것이다.

계1장은 계시록 전장의 사건의 시작과 결론이며 계시록 전장의 결론을 다시 요약한 것이 계1장 1절부터 8절까지이고 계1장 1절부터 8절까지를 다시 요약한 것이 계1장 1절부터 3절까지이다. 계시록 사건의 시작은 계1장 9절부터 시작되며 역사, 교훈, 예언 중 예언이 봉함되었으며 신약의 모든 예언을 예수님께서 이루시고 비밀을 열어서 보이시기 때문에 계1장 1절을 예수그리스도의 계시라한다. 즉, 예언이 성취된 실상을 열어서 보이시기 때문에 예수 그리스도 계시라고 하고 우리가 계시를 받아야 하는 이유는 계시를 받아야 하나님의 말씀을 알 수 있기 때문이다. 계시를 받지 못하면 몽학 선생(갈3:23)처럼 하나님의 말씀을 깨닫지 못하여 영생에 이르지 못하기 때문이다.

계시의 전달 과정은 하나님 → 예수님 → 천사(영의 대언자) → 요한(육의 대언자) → 종들(14만 4 천명과 흰 무리)이며 속히 될 일은 전장의 사건인데 계1장 1절부터 3절까지가 예언이라면 계1장 4절부터는 사도요한 격 사명자(이긴자, 보혜사)가 출현하여 전장의 사건을 실상으로 보게 되고, 예언대로 나타난 실상을 모두 증거하여야 한다. 그리고 그 예언의 실상이 말씀을 이루어지기를 기대한 사람들은 그 말씀 앞으로 나아와야 한다. 그러나 모두가 다 그 말씀을 믿지 못하여 그 말씀 앞으로 나오는 숫자는 14만 4천 명이고 이 숫자는 정해져 있지만, 누구인지는 정해져 있지 않으니 시험을 이기고, 죽도록 충성하고, 환란을 이기고, 핍박을 참고, 인내하는 자가 복되다고 강조하는 것이다. 그리고 이후 흰 무리들이 나온다. 사도요한이 증거하는 것은 두 가지인데 하나는 하나님의 말씀이고 다른 하나는 예수님의 증거 즉, 자기의 본 것을 증거해야 한다. 여기서 자기의 본 것을 사도요한 격 사명자인 인물을 들어서 증거하는 것이며 그것이 바로 오늘날 이루어진 실상이다.

1 예수 그리스도의 계시라 이는 하나님이 그에게 주사 반드시 속히 될 일을 그 종들에게 보이시려고 그 천사를 그 종 요한에
내어 지시하신 것이라/2 요한은 하나님의 말씀과 예수 그리스도의 증거 곧 자기의 본 것을 다 증거하였느니라/3 이 예언의
을 읽는 자와 듣는 자들과 그 가운데 기록한 것을 지키는 자들이 복이 있나니 때가 가까움이라/4 요한은 아시아에 있는 일
회에 편지하노니 이제도 계시고 전에도 계시고 장차 오실 이와 그 보좌 앞에 일곱 영과/5 또 충성된 증인으로 죽은 자들 가
서 먼저 나시고 땅의 임금들의 머리가 되신 예수 그리스도로 말미암아 은혜와 평강이 너희에게 있기를 원하노라 우리를 사
사 그의 피로 1)우리 죄에서 우리를 해방하시고/6 그 아버지 하나님을 위하여 우리를 나라와 제사장으로 삼으신 그에게 영
능력이 세세토록 있기를/7 볼찌어다 구름을 타고 오시리라 각인의 눈이 그를 보겠고 그를 찌른 자들도 볼터이요 땅에 있는
족속이 그를 인하여 애곡하리니 그러하리라 아멘/8 주 하나님이 가라사대 나는 알파와 오메가라 이제도 있고 전에도 있었
차 올 자요 전능한 자라 하시더라/9 나 요한은 너희 형제요 예수의 환난과 나라와 참음에 동참하는 자라 하나님의 말씀과 예
증거를 인하여 밧모라 하는 섬에 있었더니/10 주의 날에 내가 성령에 감동하여 내 뒤에서 나는 나팔 소리 같은 큰 음성을
니/11 가로되 너 보는 것을 책에 써서 에베소, 서머나, 버가모, 두아디라, 사데, 빌라델비아, 라오디게아 일곱 교회에 보내
시기로/12 몸을 돌이켜 나더러 말한 음성을 알아 보려고 하여 돌이킬 때에 일곱 금 촛대를 보았는데/13 촛대 사이에 인자
이가 발에 끌리는 옷을 입고 가슴에 금띠를 띠고/14 그 머리와 털의 희기가 흰 양털 같고 눈 같으며 그의 눈은 불꽃 같고/1
의 발은 풀무에 단련한 빛난 주석 같고 그의 음성은 많은 물 소리와 같으며/16 그 오른손에 일곱 별이 있고 그 입에서 좌우
선 검이 나오고 그 얼굴은 해가 힘있게 비취는것 같더라/17 내가 볼때에 그 발앞에 엎드러져 죽은 자 같이 되매 그가 오른
내게 얹고 가라사대 두려워 말라 나는 처음이요 나중이니/18 곧 산 자라 내가 전에 죽었었노라 볼찌어다 이제 세세토록 살
어 사망과 음부의 열쇠를 가졌노니/19 그러므로 네 본 것과 이제 있는 일과 장차 될 일을 기록하라/20 네 본 것은 내 오른
일곱 별의 비밀과 일곱 금 촛대라 일곱 별은 일곱 교회의 사자요 일곱 촛대는 일곱 교회니라 1 예수 그리스도의 계시라 이는
님이 그에게 주사 반드시 속히 될 일을 그 종들에게 보이시려고 그 천사를 그 종 요한에게 보내어 지시하신 것이라/2 요한
나님의 말씀과 예수 그리스도의 증거 곧 자기의 본 것을 다 증거하였느니라/3 이 예언의 말씀을 읽는 자와 듣는 자들과 그
데 기록한 것을 지키는 자들이 복이 있나니 때가 가까움이라/4 요한은 아시아에 있는 일곱 교회에 편지하노니 이제도 계시
에도 계시고 장차 오실 이와 그 보좌 앞에 일곱 영과/5 또 충성된 증인으로 죽은 자들 가운데서 먼저 나시고 땅의 임금들의
가 되신 예수 그리스도로 말미암아 은혜와 평강이 너희에게 있기를 원하노라 우리를 사랑하사 그의 피로 1)우리 죄에서 우
해방하시고/6 그 아버지 하나님을 위하여 우리를 나라와 제사장으로 삼으신 그에게 영광과 능력이 세세토록 있기를/7 볼찌
구름을 타고 오시리라 각인의 눈이 그를 보겠고 그를 찌른 자들도 볼터이요 땅에 있는 모든 족속이 그를 인하여 애곡하리니
하리라 아멘/8 주 하나님이 가라사대 나는 알파와 오메가라 이제도 있고 전에도 있었고 장차 올 자요 전능한 자라 하시더라/
요한은 너희 형제요 예수의 환난과 나라와 참음에 동참하는 자라 하나님의 말씀과 예수의 증거를 인하여 밧모라 하는 섬에
더니/10 주의 날에 내가 성령에 감동하여 내 뒤에서 나는 나팔 소리 같은 큰 음성을 들으니/11 가로되 너 보는 것을 책에
에베소, 서머나, 버가모, 두아디라, 사데, 빌라델비아, 라오디게아 일곱 교회에 보내라 하시기로/12 몸을 돌이켜 나더러 말
성을 알아 보려고 하여 돌이킬 때에 일곱 금 촛대를 보았는데/13 촛대 사이에 인자 같은 이가 발에 끌리는 옷을 입고 가슴
띠를 띠고/14 그 머리와 털의 희기가 흰 양털 같고 눈 같으며 그의 눈은 불꽃 같고/15 그의 발은 풀무에 단련한 빛난 주석
그의 음성은 많은 물 소리와 같으며/16 그 오른손에 일곱 별이 있고 그 입에서 좌우에 날선 검이 나오고 그 얼굴은 해가 힘
비취는것 같더라/17 내가 볼때에 그 발앞에 엎드러져 죽은 자 같이 되매 그가 오른손을 내게 얹고 가라사대 두려워 말라 나
음이요 나중이니/18 곧 산 자라 내가 전에 죽었었노라 볼찌어다 이제 세세토록 살아 있어 사망과 음부의 열쇠를 가졌노니/
러므로 네 본 것과 이제 있는 일과 장차 될 일을 기록하라/20 네 본 것은 내 오른손에 일곱 별의 비밀과 일곱 금 촛대라 일
은 일곱 교회의 사자요 일곱 촛대는 일곱 교회니라1 예수 그리스도의 계시라 이는 하나님이 그에게 주사 반드시 속히 될 일
종들에게 보이시려고 그 천사를 그 종 요한에게 보내어 지시하신 것이라/2 요한은 하나님의 말씀과 예수 그리스도의 증거
기의 본 것을 다 증거하였느니라/3 이 예언의 말씀을 읽는 자와 듣는 자들과 그 가운데 기록한 것을 지키는 자들이 복이 있
때가 가까움이라/4 요한은 아시아에 있는 일곱 교회에 편지하노니 이제도 계시고 전에도 계시고 장차 오실 이와 그 보좌 앞
곱 영과/5 또 충성된 증인으로 죽은 자들 가운데서 먼저 나시고 땅의 임금들의 머리가 되신 예수 그리스도로 말미암아 은혜
강이 너희에게 있기를 원하노라 우리를 사랑하사 그의 피로 1)우리 죄에서 우리를 해방하시고/6 그 아버지 하나님을 위하
리를 나라와 제사장으로 삼으신 그에게 영광과 능력이 세세토록 있기를/7 볼찌어다 구름을 타고 오시리라 각인의 눈이 그

1

요한계시록 1장

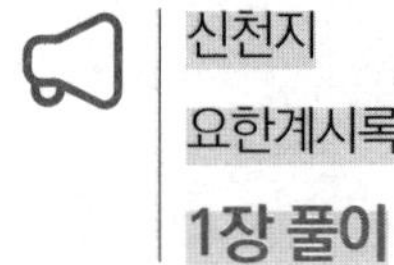

신천지 요한계시록 1장 풀이

1 예수 그리스도의 계시라 이는 하나님이 그에게 주사 반드시 속히 될 일을 그 종들에게 보이시려고 그 천사를 그 종 요한에게 보내어 지시하신 것이라

계시는 봉함된 말씀을 열어 보이시고 그 실상을 나타내어 보이는 것인데, 그 계시의 전달 과정은 하나님 → 예수님 → 천사(영의 대언자) → 요한(육의 대언자) → 종들(14만 4천 명과 흰 무리)이고 "속히 될 일"은 약속대로 이루실 계시록 전장의 사건이고 성취되는 시기는 오늘날 주 재림 때이며 사건의 현장은 하나님의 일곱 금 촛대 장막이다.

2 요한은 하나님의 말씀과 예수 그리스도의 증거 곧 자기의 본 것을 다 증거하였느니라

요한은 예수님의 지시를 받아 증거하는 것이며, 이 증거는 하나님의 말씀과 예수님의 증거이므로 사도요한이 예수님의 대언자임을 알 수 있다.

3 이 예언의 말씀을 읽는 자와 듣는 자들과 그 가운데 기록한 것을 지키는 자들이 복이 있나니 때가 가까움이라

이 예언의 말씀을 "읽는 자"는 사도요한 격 사명자(이만희)이고, "듣는 자"들은 많은 백성, 나라, 방언, 임금들이며, 그 가운데서 기록한 것을 "지키는 자"

들은 계시록 7장의 14만 4천 명과 많은 흰 무리들이며 복은 성경에 약속된 영생과 나라와 제사장이 되는 것이다.

4 요한은 아시아에 있는 일곱 교회에 편지하노니 이제도 계시고 전에도 계시고 장차 오실 이와 그 보좌 앞에 일곱 영과

요한은 환상을 보고 듣고 계시를 받는 것이기 때문에 이 사건은 예언이므로 실제로 아시아에 있는 일곱 교회의 사자들이 편지를 받을 수는 없다. 다만 이 사건이 오늘날 이루어질 때 사건의 현장이 어딘지가 중요하며 이 사건이 이루어졌다면 요한은 사도요한 격 사명자로 나타나고 아시아에 있는 일곱 금 촛대 장막의 일곱 사자에게 편지를 보내는데 이게 오늘날 이루어진 실상이다. "장차 오실 이"는 계시록 4장 8절의 하나님이시고 14만 4천 명이 완성된 후에 새 하늘 새 땅인 신천지에 오시게 된다.

5 또 충성된 증인으로 죽은 자들 가운데서 먼저 나시고 땅의 임금들의 머리가 되신 예수 그리스도로 말미암아 은혜와 평강이 너희에게 있기를 원하노라 우리를 사랑하사 그의 피로 우리 죄에서 우리를 해방하시고

"땅의 임금들의 머리"는 만왕의 왕이신 예수님이고, "그의 피"는 예수님의 피로서, 각 나라와 족속과 방언과 백성이 모두 만국에 미혹이 되어 세상 바다에서 하늘 장막으로 올라온 7머리 10뿔 짐승이 침노했을 때 이 예수님의 피로 해방시켜 주신다. 그러나 모든 사람들이 죄에서 해방이 되는 것은 아니고 사도요한 격 사명자가 받아먹은 말씀을 증거할 때에 그 말씀을 듣고 사도요한 격 사명자 앞으로 나오는 인 맞은 14만 4천 명과 흰 무리인 "우리"만이 죄에서 해방이 되며 그 피의 효력이 약 2천 년이 지난 오늘날 나타나는 것이다.

6 그 아버지 하나님을 위하여 우리를 나라와 제사장으로 삼으신 그에게 영광과 능력이 세세토록 있기를 원하노라 아멘

"나라와 제사장"은 영계에서 이루어진 것처럼 이 땅에 이루어진 새 하늘 새 땅인 하나님의 나라이며 "우리"를 말씀으로 다스리게 하는 사명인 왕 같은 제사장으로 삼아 주신다는 것이다.

7 볼찌어다 구름을 타고 오시리라 각인의 눈이 그를 보겠고 그를 찌른 자들도 볼터이요 땅에 있는 모든 족속이 그를 인하여 애곡하리니 그러하리라 아멘

"볼찌어다 구름을 타고 오시리라"는 말씀은 예수님이 천사들과 함께 구름을 타고 영으로 오신다는 것을 의미한다. "각인의 눈이 그를 보겠고 그를 찌른 자들도 본다"는 것은 초림 때 요한복음14장 9절부터 11절에서 알 수 있듯이 예수님께서 '내가 아버지 이름으로 왔기 때문에 나를 본 것이 하나님을 본 것이라고 말씀'하셨듯이 오늘날도 마찬가지로 대언의 목자(이만희)를 보는 것이 예수님을 보는 것이고 하나님을 보는 것이며 이 대언의 목자를 비방하고 헐뜯고 인신공격적인 말로 찌르는 것이 곧 예수님과 하나님을 찌르는 것과 같은 이치이다. 이 찌른 자들이 초림 때 서기관과 바리새인 같은 존재들이다.

8 주 하나님이 가라사대 나는 알파와 오메가라 이제도 있고 전에도 있었고 장차 올 자요 전능한 자라 하시더라

"알파와 오메가"는 아담과 하와가 언약을 어기고 배도하여 하나님이 떠나가셨다가 오늘날 대언의 목자를 통하여 떠나가신 하나님이 다시 새 하늘 새 땅에 구름 타고 오시면서 끝이 난다.

9 나 요한은 너희 형제요 예수의 환난과 나라와 참음에 동참하는 자라 하나님의 말씀과 예수의 증거를 인하여 밧모라 하는 섬에 있었더니

계시록의 사건이 1장 1절부터 8절까지가 전장의 결론을 요약한 것이라면 9절부터가 사건의 시작이다. 9절부터 20절까지 요약을 하면 예수님이 사도요한을 택한다. 일곱 금 촛대 비밀을 보여주시고, 편지를 하라고 지시를 하면서 목자를 택한다. "너희 형제"는 영적으로 하늘 장막의 일곱 교회의 성도들을 말한다. "밧모라 하는 섬" 즉, 밧모 섬은 죄인들이 가는 유배지이며, 밧모 섬은 바다로 둘러싸여 있는데 오늘날 실상으로는 장막성전과 장막성전의 모든 성도들을 의미하며 이 장막 선민들이 죄인이 되었다는 것이다. "나 요한"은 하나님의 말씀과 예수의 증거로 인하여 밧모 섬, 즉 장막성전에 가게 된 것이다.

10 주의 날에 내가 성령에 감동하여 내 뒤에서 나는 나팔 소리 같은 큰 음성을 들으니

말4장 5절에 여호와의 크고 두려운 날과 같이 하나님께서 예수님에게 임하셔서 역사를 시작하는 날처럼 여기서 "주의 날"은 예수님께서 사도요한 격 사명자와 하나가 되어서 역사를 시작하는 날이고, 성령은 보혜사 성령이며 큰 음성은 성령에 감동한 사람에게만 들리게 된다.

11 가로되 너 보는 것을 책에 써서 에베소, 서머나, 버가모, 두아디라, 사데, 빌라델비아, 라오디게아 일곱 교회에 보내라 하시기로

여기서 주의 깊게 생각해야 할 점은 책을 써서 보내야 할 곳이 아시아의 일곱 교회인 장막성전이며, 책을 쓰라는 것은 회개의 편지를 쓰라는 것이다.

12 몸을 돌이켜 나더러 말한 음성을 알아보려고 하여 돌이킬 때에 일곱 금 촛대를 보았는데

사도요한 격 사명자가 성령에 감동하여 음성이 들리고 밧모 섬, 즉 장막성전 일곱 금 촛대를 보게 되었다.

13 촛대 사이에 인자 같은 이가 발에 끌리는 옷을 입고 가슴에 금띠를 띠고

14 그 머리와 털의 희기가 흰 양털 같고 눈 같으며 그의 눈은 불꽃 같고

15 그의 발은 풀무에 단련한 빛난 주석 같고 그의 음성은 많은 물소리와 같으며

16 그 오른손에 일곱별이 있고 그 입에서 좌우에 날선 검이 나오고 그 얼굴은 해가 힘 있게 비취는 것 같더라

13절부터 16절까지는 "인자 같은 이" 즉, 초림 때 예수님의 형상이 아닌 변화된 신령한 몸인 영체의 모습이고 "날선 검"은 예수님의 말씀이다. 이 사건 현장의 장소는 장막 성전이다.

17 내가 볼 때에 그 발 앞에 엎드러져 죽은 자 같이 되매 그가 오른손을 내게 얹고 가라사대 두려워 말라 나는 처음이요 나중이니

"그가 오른손을 내게 얹었다"는 것은 "예수님이 사도요한을 오늘날 대언의 목자로 택하고 안수를 주었다는 것"이고, 택함 받은 사도요한 격 사명자는 일곱 교회에 편지하라고 지시를 받게 된다.

18 곧 산 자라 내가 전에 죽었었노라 볼찌어다 이제 세세토록 살아 있어 사망과 음부의 열쇠를 가졌노니

"사망"은 사단 마귀이며 "음부"는 사단 마귀의 조직체이다. 즉 세상 바다에서 장막성전으로 올라온 7머리 10뿔 조직체를 두고 하는 말이다.

19 그러므로 네 본 것과 이제 있는 일과 장차 될 일을 기록하라

"기록하라"는 것은 회개의 편지에 '네 본 것'과 '이제 있는 일'과 '장차 될 일'을 말하며 '네 본 것'은 예수님의 형체와 예수님의 오른손에 있는 일곱별과 일곱 금 촛대이며, '이제 있는 일'은 바다에서 올라온 7머리 10뿔 짐승이 들어오고 장막성전 일곱 사자가 배도하는 일과 멸망 받는 일이며, '장차 될 일'은 장막에 침노한 사단 니골라당의 미혹으로부터 이기면 복 주겠다는 조건부 약속을 하는 것이다.

20 네 본 것은 내 오른손에 일곱별의 비밀과 일곱 금 촛대라 일곱별은 일곱 교회의 사자요 일곱 촛대는 일곱 교회니라

이 비밀은 살후2:1-3에서 예언된 것처럼 계시록의 3가지 비밀 중 배도의 비밀이다. 사건의 장소는 세상 모든 교회를 대표하는 장막성전으로, 이 장막과 일곱 사자들은 요5장 35절 말씀처럼 초림 때의 길 예비사자 세례요한과 같이 등불의 역사를 한 것이다. 이 역사는 오늘날까지 감추어져 있었기 때문에 지상 모든 사람들이 알지 못한 말세의 사건이며 이 장막 일곱 사자들도 자신이 배도한 지를 모르며, 구원자가 와서 증거하고 나서야 자신들의 정체를 알기 때문에 비밀이다.

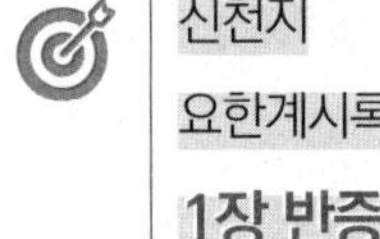

신천지 요한계시록 1장 반증

1. 예수님께 받은 안수날짜를 "네 번" 번복한다.

이만희 총회장과 신천지 신도들에게 계시록 전장이 중요하겠지만 계1장은 신천지 역사가 시작된다는 점에서 다른 어떤 장보다 중요하다. 예수님이 이만희씨를 친히 찾아오셔서 머리에 안수를 하고 일곱 사자에게 회개를 촉구하는 편지를 쓸 것을 지시하면서, 지난 6천 년 동안 기다려왔던 대망의 "새 하늘 새 땅"이 열리는 아주 중요한 출발점이 되는 장이다.

신천지에서는 "창조와 재창조의 노정"의 교리를 다음과 같이 가르치며 설명한다.

1) 목자 선택 → 2) 나라 창조 → 3) 언약 → 4) 언약 배도 → 5) 나라 멸망 → 6) 새 목자 선택 → 7) 심판 → 8) 구원 → 나라 재창조 → 10) 새 언약

위 내용을 간략하게 신천지 계시록 실상에 접목을 시키면 장막성전의 "일곱 사자를 선택"하고 이들이 영적 이스라엘 "장막성전을 창조"하여 하나님과 "언약"을 했지만 "배도"를 하게 되어, 하나님께서 배도한 장막성전을 "멸망"시킨다. 다시 "새 목자"를 선택하시는데 계1장 17절과 같이 예수님이 친히 찾아오셔서 이만희씨를 택하여 머리에 안수를 한 후 장막성전을 "심판"하고 "영적 새 이스라엘" 즉, 신천지를 "다시 창조" 한다는 것이다.

새 목자로 택함을 받은 이만희씨는 계1장 17절과 같이 예수님께서 자신

에게 찾아오셔서 머리에 안수를 하셨다고 한다. 그런데 이런 중요한 사건을 정확히 기억을 못해서 이만희씨는 안수받은 날짜를 4번 번복을 한다.

1) "계시록의 완전해설(1986, 이만희저)"에서는 "1980년 봄"에 안수를 받았다고 한다.

2) 신천지 신도들 앞에서 자신의 육성으로 "1979년"에 안수를 받았다고 가르쳤다.

3) 김○록 교육장 계시록 통합교육 때 전국으로 1979년으로 나가있는 안수 받은 년도를 "1978년"으로 다시 정립하라고 지시한다.

4) "천지창조(2007, 이만희 저)" 책에는 "1977년 가을"에 안수를 받았다고 기록을 했다.

자신이 예수님께 택함 받은 안수 날짜를 하루 이틀 바꾼 것도 아니고 네 번이나 년도를 바꾼 것이다. 예수님께서 친히 찾아오셔서 정말 안수를 준 사실이 있다면 이렇게 네 번이나 바꾼다는 것이 말이 되겠는가?

이만희씨가 안수받았다고 주장하는 네 번이 실수인지 아니면 의도적인 거짓말인지 살펴보자. 우선, 이만희씨는 "계시록 완전해설"책에 "1980년 봄에 안수"를 받았다고 밝히고 있다. 그러나 계시록 완전해설을 쓴 후 자신이 세팅한 날짜가 모순이 있음을 발견한다.

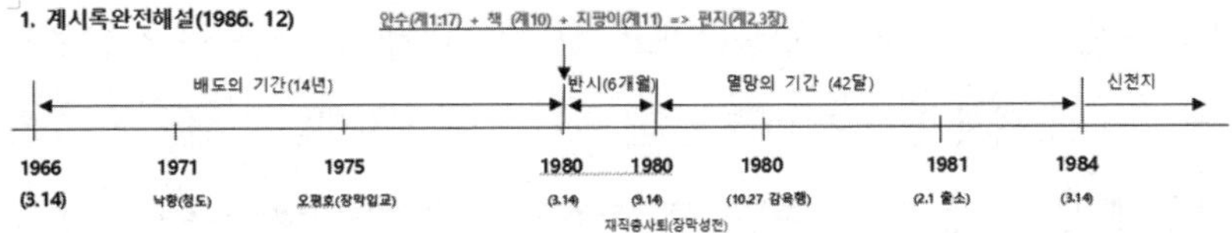

위의 표를 보면 1980년 3월 14일부터 1980년 9월 14일은 신천지 실상으로 계8장 1절의 반시(6개월)에 해당한다. 이만희씨가 안수받은 시점은 1980년 봄이라고 했는데 1980년 3월 14일은 반시가 시작되는 시점이기도 하지만 "일곱째 인"을 떼는 시점이다. 안수받기도 전에 계8장 반시까지 진행되어버린 것이다. 일곱째 인을 떼기 전에 이만희씨는 1) 안수받고 2) 편지를 보내고 3) 계4장의 영계에 올라갔다 와야 하고 4) 여섯째 인까지의 사건이 진행되었어야 하는데, 일곱째 인을 떼려는 시점까지 이만희씨는 안수를 받지 못했다는 심각한 모순이 발생한 것이다.

계시록에는 사건의 순서를 알리는 "이 일 후"가 6번 나온다. 계4장 1절에서 사도요한이 일곱 사자에게 편지를 보낸 사건(2장, 3장)후에 "이 일 후"가 나오고, 계6장에서 첫 번째 인을 떼기 시작하여 여섯째 인까지 떼고 배도한 장막과 선민을 심판한 후 계7장 1절에서 두 번째 "이 일 후"가 나온다. 다시 말해 이만희씨가 1980년 봄에 안수를 받았다는 것은 이 일 후가 두 번 지나고 나서 계8장에 와서야(1980년 봄) 안수받게 되니 사건의 순서가 엉터리가 된다.

이만희씨 논리상 "새 목자"를 택한 후 "심판"이 있어야 하는데, 이만희씨가 1980년 봄에 안수를 받았다면 계2장, 3장 편지 사건과 계6장에서 장막성전이 심판을 받고 있는데도 자신은 아직 예수님께 택함도 받지 못한 모순이 발생한다.

계시록 1장에서 안수를 받고 계2, 3장 일곱 사자에게 편지를 보내고 난 후 계4장에서 하늘 영계에 올라가고 계6장에서 배도한 장막을 심판하고 난 후 계8장에서 일곱 째 인을 뗄 때 반시 동안 고요하다고 했는데 1980년 봄에 안수를 받았다고 하면 편지 사건과 첫 장막을 심판하는 사건이 다 끝나고 난 후에 안수받았다는 말도 안 되는 상황이 발생한 것이다. 자신이 안수받았다고 책에 기록한 거짓말이 들통이 나자 계시록 완전해설을 폐기 처분 할 수밖에 없는 상황이 발생한 것이고 1979년에 안수받았다고 조작을 할 수밖에 없었던 것이다. 사실, 신천지 신도들이 이정도 이해가 되었다면 이만희씨가 이긴자가 아니라 실상 조작자라고 판단이 들어야 한다.

두 번째, 이만희씨는 자신의 육성으로 1979년에 예수님께 안수받았다고 한다. 장막성전에서 일곱 사자 중 한 명이었던 "영명 솔로몬 백만봉"씨가 장막성전을 이탈하여 1977년 1월부터 1980년 3월까지 "재창조교회"를 만들어, "영부", "그리스도" 역할을 하면서 사이비 교주 노릇을 하고 있었다고 본인의 입으로 증언을 했다. 이때 백만봉씨가 고향 청도에 있던 이만희씨를 불러올려 자신의 12사도 중 한 명으로 세우고, 이만희씨는 백만봉을 주님, 그리스도로 섬기고 있었던 기간이다. 이 사실은 이만희씨와 호형호제하면서 함께 백만봉씨 밑에 있었던 김대원씨의 증언도 있고, 이만희씨가 김○록 교육장과 실상현장을 답사하면서 78년에 상경하여 백만봉씨 밑에 있었다는 것을 밝히는 내용도 있다. 그러니 1979년은 이만희씨가 백만봉씨 밑에 있었던 것은 틀림없는 기간이다. 그런데 백만봉씨를 주님, 그리스도로 섬기고 있었던 시기에 예수님께 안수를 받았다는 것이 자신이 생각해도 말이 안 되었을 것이다. 그래서 다시 1978년에 안수받았다고 말을 바꾼다.

세 번째, 김○록 교육장은 계시록 통합교육에서 이만희씨가 1978년에 안수받았다고 한다. 이는 전국 신천지 12지파를 대상으로 교육을 할 때 이만희씨 허락 없이는 불가능한 것이다. 또한 김○록 교육장이 계시록 통합교육을 하기 전에 이만희씨와 김 교육장이 실상의 현장을 같이 다니면서 확인을 하고 난 후에 계시록 통합교육을 시킨 것이다. 이 실상 교육을 할 때 전국으로 1979년에 안수받았다고 가르치는 내용을 1978년으로 다시 정립하라고 했으며 이 통합교육을 받고 이만희씨는 은혜를 받았을 뿐만 아니라 통합교육을 받고 시험을 쳐서 시험점수가 좋지 않은 강사들은 집사로 강등시키겠다고 호통을 쳤던 교육이다.

그러나 이 또한 문제가 발생되었다. 신현욱 교육장이 다니엘서 9장에 나오는 한 이레의 절반 삼일 반을 오늘날 어디에 접목을 시켜야 하는지 이만희씨에게 물어보았고 그는 예상치 못한 질문에 적잖이 당황했던 것 같다. 이만희씨는 계시록을 설명할 때 단9장에 나오는 한 이레의 절반, 삼일 반을 계11장에 나오는 삼일 반에 늘 접목을 시켜 설교를 했기 때문에 신현욱 교육장의 입장에서는 오늘날 어느 시점에 맞춰야 하는지 궁금했을 것이다.

그런데 신교육장의 갑작스런 질문에 당황한 이만희씨는 계시록 삼일 반을 영적으로 죽어있는 기간에서 역산을 하면 된다고 답변을 한 것이다. 그래서 역산을 해 보니 1979년이 된 것이다. 앞서도 밝혔듯이 1979년은 백만봉씨 밑에 있었던 시간이다. 그래서 이만희씨는 다시 한번 안수받은 날짜를 1977년으로 수정한 것이다.

2. 년도가 바뀌면서 안수 받은 장소도 바뀌는 해프닝이 발생했다.

"계시록 완전해설"에서는 1980년 봄에 안수를 받았다고 했다. 1980년 봄이면 이만희씨가 경북 청도에서 상경하여 있었던 시간이다. 김○록 교육장과 실상현장을 돌며 통합교육을 통해서 1978년에 상경했다고 이만희씨는 밝히고 있고, 더 양보하여 천지창조 책자를 보더라도 1977년에 고향 청도에서 상경을 했다고 했으니 "계시록 완전해설"대로 1980년 봄에 안수를 받았다면 상경하여 안수를 받게 되는 것이다.

정말 성경대로 이루어졌다면 계1장대로 사실 안수도 장막성전이라는 장소에서 안수를 받는 게 더 성경적일 것이다. 그래서 이만희씨는 1980년 봄 상경해서 안수받고 일곱 사자에게 회개의 편지를 보냈다고 하는 것이다. 그런데 안수받은 년도가 차츰차츰 뒤로 밀리면서 결국 경북 청도에서 안수받았다고 주장하게 된 것이다. 시골에서 안수받게 되는 상황이 성경의 내용과 맞지 않는다는 것을 알고 시골에서 안수를 받을 당시 자신의 앞이 장막성전으로 바뀌면서 마치 장막에서 안수받은 것처럼 거짓말하기 시작한 것이다. 자신이 태어난 시간은 고사하고 서울에서 태어났다고 했다가 다시 청도 다리에서 태어났다고 주장하며 출생 장소도 바꾼다.

3. 이만희씨는 1977년에 제주도를 다녀온 사실이 없다.

이만희씨가 안수받는 사건을 언급할 때 항상 언급하는 것이 "제주도"이다. 즉, 장막에서 함께 신앙을 했던 동료를 만나기 위해서 제주도에 다녀오는 길에 고향 청도 마을 들어서는 길에서 예수님이 오셔서 안수를 해 주었다고 한다.

이만희씨가 1980년에 안수받았다고 했을 때는 제주도 언급이 없었다. 그럴 수밖에 없는 이유가 상경해서 안수를 받았다고 했으니 제주도에 다녀오는 길에 안수받았다고 할 수가 없었던 것이다. 그러나 1978년이나 1977년에 안수받았다고 할 때부터 제주도에 다녀왔다고 거짓말하기 시작한 것이다.

"밧모라는 섬"을 신도들에게 연상시키기 위해 우리나라 제주도를 교묘하게 삽입시킨 것이다. 1977년에 안수받기 전에 제주도를 다녀왔다면 비행기나 배로 이동했을 것인데 그 당시 비행기 값은 공무원 한 달 월급에 버금가는 금액이고 배 삯 또한 만만치 않았던 시대였다.

이 부분이 궁금하여 필자는 장막성전과 백만봉 밑에서 이만희씨와 함께 신앙의 동기였던 김대원[1]씨에게 이만희씨가 1977년경 제주도를 다녀온 적이 있는지 물었다. 질문을 듣자마자 김대원씨는 코웃음 치면서 그런 얘기는 들어 본 적이 없고 서울 올라올 차비도 구하기 힘들었던 상황이었을 거라고 말했다. 이만희씨가 설교 중에 과거 생활이 어려웠던 것을 수차례 간증하며 피력하였던 것으로 보아 제주도에 갔다가 오는 길에 안수받았다는 것은 말도 안 되는 100% 거짓말이다.

4. 안수사건이 단순 실수가 아니고 계획된 조작임을 과거 신천지 자료가 말해주고 있다.

이만희씨가 안수를 받았다면 이렇게 네 번이나 날짜가 수정이 될 수가 없다. 인위적으로 조작하여 마치 안수받은 것처럼 거짓말을 하는 것이다. 그러나 신천지 신도들에게 안수 연도가 수차례 변경된 것에 대해 물으면 "30년 전에 같은 반 짝꿍의 이름을 너는 기억하느냐"는 식으로 본질을 호도하는 질문을 역으로 던진다. 그러면 신천지 개국일인 1984년 3월 14일은 수십 년이 지났고, 자신들이 신천지에 들어간 입교일은 몇 년이 지나도 어떻게 기억하고 있는지 되묻지 않을 수 없다.

신천지 피해자 중 한 분이 필자에게 신천지 섭외부장을 만나러 가는데 어떤 질문을 하는 것이 좋겠냐고 해서 이만희씨가 안수받은 년도를 물어

---

1 신천지 일곱 대접 실상의 한 인물

보라고 했다. 그랬더니 그 섭외부장은 자기가 어릴 때 신천지에 와서 신천지 피해자와 만날 당시까지 1980년 봄에 이만희씨가 안수받았다고 배웠으며 바뀐 적이 없다고 했다. 이말 뜻은 틀림없이 "계시록 완전해설"에 적혀 있듯이 1980년 봄에 안수받았다고 신천지 신도들에게 가르쳤다는 명백한 증거이다.

1979년은 이만희씨가 자신의 육성으로 밝힌 안수 날짜이다. 필자가 운영하는 "신천지 푸른하늘 투 유튜브"를 통해 이만희씨가 안수받았다는 내용이 엉터리라는 것을 알고 신천지를 탈퇴하고자 문의해 온 신천지 신도가 있었다. 해당 지파 교육부장을 만나러 가는데 어떤 것을 질문을 하는 것이 좋겠냐고 묻기에 필자의 자료를 가지고 가서 이만희씨 안수받은 날짜를 물어보라고 했다. 그런데 신천지 지파 교육부장이라는 자가 하는 말이 이만희 총회장님이 1979년에 안수받았다고 하신 말씀은 실수로 하신 것 같다고 한다. 10년이고 1년이고 아무튼 오래된 일이다 보니 실수를 하신 것이라고 했다. 그러나 이 또한 말이 안 되는 이유는 신천지가 강사가 1979년에 이만희씨가 택함 받고 안수받았다고 분명하게 가르친 음성 자료를 필자는 가지고 있다.

이것이 이만희씨의 실수라고 볼 수 있는 일인가? 신천지 강사 중에서 예수님께 택함 받고 안수받는 사건의 년도를 이만희씨에게 듣지 않고 자의적으로 가르칠 수 있는 강사가 있는지 묻고 싶다. 1978년도 안수받았다는 내용도 이만희씨가 김○록 교육장과 실상 답사를 하고 서로 묻고 답하고 해서 정립한 실상 교육이다. 그런 중요한 교육이 끝난 후에 다시 1977년으로 안수 날짜를 바꾼 것이다.

이만희씨는 신현욱 교육장이 이탈하기 전에는 단9장을 계시록에 연결시켜 설교를 했다. 신현욱 교육장은 다니엘서를 계시록 어디에 접목을 시켜야 하는지 질문을 던졌고 생각지 못한 질문에 당황한 이만희씨는 삼일 반 동안 죽어있는 기간에서 역산을 하라는 것이다. 그래서 역산을 해 보니 1979년이 된 것이다. 앞서도 밝혔지만 1979년은 백만봉씨 밑에 있었던 기간이다. 백만봉씨를 그리스도로 믿고 따르던 시점에 예수님께 안수를 받았다는 것이 말이 안 된다는 것은 이만희씨 본인이 제일 잘 알았을 것이다. 그래서 다시 한번 안수받은 날짜는 1977년으로 수정이 되었고 천지창조 책자에도 1977년도에 안수받고 과천 장막성전으로 갔다고 기록해 놓은 것이다. 이만희씨는 자신의 거짓말을 은폐하기 위해 과거 자신이 했던 말과 글을 상대로 싸우고 있는 상황이다.

쉬어가는 코너 신천지 신학교 정식 입학 허가증

이만희씨는 강원도 깊은 첩첩산중에 들어가 영적 핵폭탄이라는 "영핵"을 썼다고 본인의 입으로 밝혔다. 그 "영핵" 책에 신천지 신학원 정식허가증을 소개하는데 필자가 확인해 본 결과 "주식증서"로 드러났다. 영핵(1996) 페이지 80쪽에는 다음과 같이 쓰여 있다.

[국외에는 소련, 중국, 영국, 일본, 미국, 호주, 괌 등이 있으며 특히 미국 뉴욕에는 세계 최고임을 자랑하는 건물에 자리한 정식 허가받은 신천지 신학교에서 하나님의 말씀이 교육되고 있다. 이것이 참다운 진리의 승리가 아니겠는가]

미국 뉴욕에는 세계 최고임을 자랑하는 건물에서 "정식 허가받은 신천지 신학교"가 있다는 것이고 그 증거로 "영핵" 108페이지에 "신천지 신학교 정식허가증"을 소개한 것이다.

이만희씨가 소개한 "신천지 신학교 정식허가증"

왼쪽을 보면 [미국 뉴욕시 엠파이어 스테이트 빌딩에 위치한 신천지 신학교의 정식허가증]이라고 적혀 있고, 독수리 그림 밑에 빨간색 테두리 안에는 [A NEW HEAVEN AND A NEW EARTH THEOLOGICAL SCHOOL INC]라고 쓰여 있다. "새 하늘 새 땅 신학교", 즉 신천지 신학교라는 의미이다. 그런데 끝에 "INC"는 보통 주식회사들이 이름 뒤에 Incorporated를 줄여서 INC로 쓰고 주식시장에 상장된 회사임을 알려주는 것인데 신천지 신학교 정식허가증이라고 하면서 뒤에서는 주식회사라는 촌극이 벌어진 것이다. 필자가 위의 주식증서를 좀 더 확인해 본 결과 미국의 성냥제조회사의 주식증서와 똑같다는 것을 알게 되었다.

24

--400,000--

INCORPORATED UNDER THE LAWS OF THE STATE OF TEXAS

Matchmaker.com, Inc.

The Corporation is authorized to issue 44,060,000 Common Shares -- Par Value $0.002 each

This Certifies that ---GREGORY SCOTT SMITH------------- is the owner of ---Four hundred thousand (400,000)------------------------- fully paid and non-assessable Shares of the above Corporation transferable only on the books of the Corporation by the holder hereof in person or by duly authorized Attorney upon surrender of this Certificate properly endorsed.

In Witness Whereof, the said Corporation has caused this Certificate to be signed by its duly authorized officers and to be sealed with the Seal of the Corporation.

Dated February 19, 1999

SECRETARY PRESIDENT

성냥제조회사의 주식증서

독수리 밑에 있는 [Matchmaker.com, Inc.]자리에 [A NEW HEAVEN AND A NEW EARTH THEOLOGICAL SCHOOL INC]를 바꿔치기한 것으로 보인다. 코미디도 이런 코미디가 없다.

예수의 영이 함께하고 계시록 전장의 책을 받아먹었다는 이만희씨는 왜 이런 짓을 했을까? 이 "영핵" 책을 만들어서 신천지 신도들의 이탈을 방지하고 세상 사람들을 속여서 기만하기 위한 목적이 아니고서야 어찌 이런 무식한 짓을 할 수 있겠는가! 이 주식증서를 최초로 폭로했을 당시 많은 신천지 신도들이 이탈을 했고, 직접 필자를 보기 위해 먼 지역에서 찾아온 신천지 신도들도 있었다. 결국, 이만희씨와 신천지 수뇌부는 신천지 신도들에게도 모략을 쓰고 있는 것이다. 신천지 신도들은 다른 사람에게 모략을 쓰기도 하지만 자기들도 이만희씨에게 모략을 당하고 있는 신세임을 모르고 있다.

1 에베소 교회의 사자에게 편지하기를 오른손에 일곱 별을 붙잡고 일곱 금 촛대 사이에 다니시는 이가 가라사대/2 내가
위와 수고와 네 인내를 알고 또 악한 자들을 용납지 아니한 것과 자칭 사도라 하되 아닌 자들을 시험하여 그 거짓된 것을
드러낸 것과/3 또 네가 참고 내 이름을 위하여 견디고 게으르지 아니한 것을 아노라/4 그러나 너를 책망할 것이 있나니
처음 사랑을 버렸느니라/5 그러므로 어디서 떨어진 것을 생각하고 회개하여 처음 행위를 가지라 만일 그리하지 아니하고
개치 아니하면 내가 네게 임하여 네 촛대를 그 자리에서 옮기리라/6 오직 네게 이것이 있으니 네가 니골라당의 행위를 미
는도다 나도 이것을 미워하노라/7 귀 있는 자는 성령이 교회들에게 하시는 말씀을 들을찌어다 이기는 그에게는 내가 하
의 낙원에 있는 생명나무의 과실을 주어 먹게 하리라/8 서머나 교회의 사자에게 편지하기를 처음이요 나중이요 죽었다
아나신 이가 가라사대/9 내가 네 환난과 궁핍을 아노니 실상은 네가 부요한 자니라 자칭 유대인이라 하는 자들의 훼방도
니 실상은 유대인이 아니요 사단의 회라/10 네가 장차 받을 고난을 두려워 말라 볼찌어다 마귀가 장차 너희 가운데서 몇
을 옥에 던져 시험을 받게 하리니 너희가 십일 동안 환난을 받으리라 네가 죽도록 충성하라 그리하면 내가 생명의 면류관을
게 주리라/11 귀 있는 자는 성령이 교회들에게 하시는 말씀을 들을찌어다 이기는 자는 둘째 사망의 해를 받지 아니하리라
버가모 교회의 사자에게 편지하기를 좌우에 날선 검을 가진 이가 가라사대/13 네가 어디 사는 것을 내가 아노니 거기는
의 위가 있는 데라 네가 내 이름을 굳게 잡아서 내 충성된 증인 안디바가 너희 가운데 곧 사단의 거하는 곳에서 죽임을 당할
에도 나를 믿는 믿음을 저버리지 아니하였도다/14 그러나 네게 두어가지 책망할 것이 있나니 거기 네게 발람의 교훈을 지
자들이 있도다 발람이 발락을 가르쳐 이스라엘 앞에 올무를 놓아 우상의 제물을 먹게 하였고 또 행음하게 하였느니라/1
와 같이 네게도 니골라당의 교훈을 지키는 자들이 있도다/16 그러므로 회개하라 그리하지 아니하면 내가 네게 속히 임하여
입의 검으로 그들과 싸우리라/17 귀 있는 자는 성령이 교회들에게 하시는 말씀을 들을찌어다 이기는 그에게는 내가 감추
만나를 주고 또 흰 돌을 줄터인데 그 돌 위에 새 이름을 기록한 것이 있나니 받는 자 밖에는 그 이름을 알 사람이 없느니라
두아디라 교회의 사자에게 편지하기를 그 눈이 불꽃 같고 그 발이 빛난 주석과 같은 하나님의 아들이 가라사대/19 내가
업과 사랑과 믿음과 섬김과 인내를 아노니 네 나중 행위가 처음것보다 많도다/20 그러나 네게 책망할 일이 있노라 자칭
자라 하는 여자 이세벨을 네가 용납함이니 그가 내 종들을 가르쳐 꾀어 행음하게 하고 우상의 제물을 먹게 하는도다/21
가 그에게 회개할 기회를 주었으되 그 음행을 회개하고자 아니하는도다/22 볼찌어다 내가 그를 침상에 던질터이요 또 그
불어 간음하는 자들도 만일 그의 행위를 회개치 아니하면 큰 환난 가운데 던지고/23 또 내가 사망으로 그의 자녀를 죽이
모든 교회가 나는 사람의 뜻과 마음을 살피는 자인줄 알찌라 내가 너희 각 사람의 행위대로 갚아 주리라/24 두아디라에
있어 이 교훈을 받지 아니하고 소위 사단의 깊은 것을 알지 못하는 너희에게 말하노니 다른 짐으로 너희에게 지울 것이
라/25 다만 너희에게 있는 것을 내가 올 때까지 굳게 잡으라/26 이기는 자와 끝까지 내 일을 지키는 그에게 만국을 다스
권세를 주리니/27 그가 철장을 가지고 저희를 다스려 질그릇 깨뜨리는 것과 같이 하리라 나도 내 아버지께 받은 것이 그
니라/28 내가 또 그에게 새벽 별을 주리라/29 귀 있는 자는 성령이 교회들에게 하시는 말씀을 들을찌어다
1 사데 교회의 사자에게 편지하기를 하나님의 일곱 영과 일곱 별을 가진이가 가라사대 내가 네 행위를 아노니 네가 살았
는 이름은 가졌으나 죽은 자로다/2 너는 일깨워 그 남은바 죽게 된 것을 굳게 하라 내 하나님 앞에 네 행위의 온전한 것을
지 못하였노니/3 그러므로 네가 어떻게 받았으며 어떻게 들었는지 생각하고 지키어 회개하라 만일 일깨지 아니하면 내가
적 같이 이르리니 어느 시에 네게 임할는지 네가 알지 못하리라/4 그러나 사데에 그 옷을 더럽히지 아니한 자 몇명이 네가
어 흰 옷을 입고 나와 함께 다니리니 그들은 합당한 자인 연고라/5 이기는 자는 이와 같이 흰 옷을 입을 것이요 내가 그
을 생명책에서 반드시 흐리지 아니하고 그 이름을 내 아버지 앞과 그 천사들 앞에서 시인하리라/6 귀 있는 자는 성령이
들에게 하시는 말씀을 들을찌어다/7 빌라델비아 교회의 사자에게 편지하기를 거룩하고 진실하사 다윗의 열쇠를 가지신
열면 닫을 사람이 없고 닫으면 열 사람이 없는 그이가 가라사대/8 볼찌어다 내가 네 앞에 열린 문을 두었으되 능히 닫을
이 없으리라 내가 네 행위를 아노니 네가 적은 능력을 가지고도 내 말을 지키며 내 이름을 배반치 아니하였도다/9 보라
의 회 곧 자칭 유대인이라 하나 그렇지 않고 거짓말 하는 자들 중에서 몇을 네게 주어 저희로 와서 네 발앞에 절하게 하고
너를 사랑하는 줄을 알게 하리라/10 네가 나의 인내의 말씀을 지켰은즉 내가 또한 너를 지키어 시험의 때를 면하게 하리니
는 장차 온 세상에 임하여 땅에 거하는 자들을 시험할 때라/11 내가 속히 임하리니 네가 가진 것을 굳게 잡아 아무나 네
관을 빼앗지 못하게 하라/12 이기는 자는 내 하나님 성전에 기둥이 되게 하리니 그가 결코 다시 나가지 아니하리라 내가
님의 이름과 하나님의 성 곧 하늘에서 내 하나님께로부터 내려 오는 새 예루살렘의 이름과 나의 새 이름을 그이 위에 기록

2

요한계시록 2장
요한계시록 3장

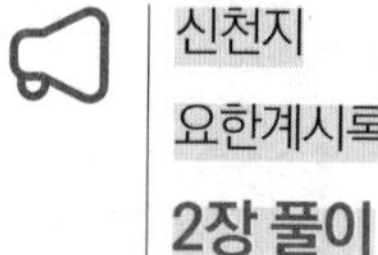

신천지
요한계시록
2장 풀이

1 에베소 교회의 사자에게 편지하기를 오른손에 일곱별을 붙잡고 일곱 금 촛대 사이에 다니시는 이가 가라사대

"에베소 교회의 사자"는 장막성전의 일곱 교회의 사자 중 한 명이며, "오른손에 일곱별을 붙잡고 일곱 금 촛대 사이에 다니시는 이"는 예수님이시고, "가라사대"라는 표현을 보았을 때 예수님이 대언자를 통해서 편지를 보내고 있음을 알 수 있다.

2 내가 네 행위와 수고와 네 인내를 알고 또 악한 자들을 용납지 아니한 것과 자칭 사도라 하되 아닌 자들을 시험하여 그 거짓된 것을 네가 드러낸 것과
3 또 네가 참고 내 이름을 위하여 견디고 게으르지 아니한 것을 아노라

2절부터 3절까지는 에베소 교회의 사자에게 칭찬을 하는 내용이다.

4 그러나 너를 책망할 것이 있나니 너의 처음 사랑을 버렸느니라

"처음 사랑" 즉, 첫사랑이라는 것은 에베소 교회 사자가 신랑 되신 예수님과 언약을 했다가 예수님과의 언약을 배반하고 떠나 버린 것이다. 그래서 장막성전을 '첫 장막'이라고도 하는 것이며 회개하여 처음 행위를 가지라고 하는 것이다.

5 그러므로 어디서 떨어진 것을 생각하고 회개하여 처음 행위를 가지라 만일 그리하지 아니하고 회개치 아니하면 내가 네게 임하여 네 촛대를 그 자리에서 옮기리라

"어디서 떨어진 것을 생각하라"는 것은 예수님의 오른손에서 떨어져(계 1:16,계2:1) 예수님을 떠나 언약을 배도 했다는 뜻이다. 하나님과 비기려는 교만과 욕심에서 하늘에서 음부 구덩이로 떨어진 계명성을 교훈 삼아, 회개하여 처음 행위를 다시 회복하라는 것이며 그렇지 않으면 예수님의 오른손에 있던 촛대가 떨어질 것이라고 경고하시는 말씀이다. "촛대를 옮긴다"는 것은 하나님의 나라가 떠나는 것이고 이는 마치 초림 때 세례요한에게 임했던 하나님의 나라가 촛대가 옮겨져 예수님에게 임한 것처럼 일곱 영을 거두고 하나님과 예수님이 하늘 장막인 장막성전을 떠난다는 것을 말한다.

6 오직 네게 이것이 있으니 네가 니골라당의 행위를 미워하는도다 나도 이것을 미워하노라

니골라(Nicolaus)라는 사람은 본래 이방인이였다가 유대교에 입교를 하게 되고 초대교회의 일을 맡아보는 사람이었다. 니골라(Nicolaus) 뜻은 파괴자 정복자라는 뜻이며 나중에 당을 지어서 예수님을 대적하는 일을 하게 되는데 이를 빙자하여 오늘날 니골라 같은 존재가 나타나게 된다. 그는 본래 천주교의 신부였다가 개신교로 개종하여 장막성전에 들어오게 되고 땅 짐승(오평호)이던 그가 결국 니골라당(7머리 10뿔)을 끌어들여 장막성전을 멸망시키고 교회를 이방 간판으로 바꾸고 당회장이 되기까지 하는 인물이다.

7 귀 있는 자는 성령이 교회들에게 하시는 말씀을 들을지어다 이기는 그

에게는 내가 하나님의 낙원에 있는 생명 나무의 과실을 주어 먹게 하리라

교회는 일곱 교회를 말하는데 촛대는 하나지만 촛대가 다 연결되어 있듯이 일곱 교회의 사자들이 다 동일한 상황에 처해 있기에 바다에서 올라온 니골라 당과 싸워 이기라고 말씀하시고 싸워서 이기면 낙원에 있는 생명 나무의 과실을 먹게 해 준다고 한다. 여기서 말하는 낙원은 "고후12장 1절부터 4절"에 나오는 셋째 하늘 과 "눅23장에 '예수께서 이르시되 내가 진실로 네게 이르노니 오늘 네가 나와 함께 낙원에 있으리라 하시니라'의 말씀처럼 낙원은 영의 세계요 천국이다. 오늘날에는 계시록4장에서 사도요한 격 사명자가 이리 올라오라는 소리를 듣고 성령에 감동하여 이 낙원에 올라가게 되고 영계의 보좌를 보게 된다. 또한 계시록 3장 12절에서 이긴자에게 하늘에서 내려오는 거룩한 성 새 예루살렘의 이름을 기록한다고 하였으니, 이 이긴 자가 바로 거룩한 성이요 성전이며, 생명 나무가 있는 새 예루살렘이기 때문에 오늘날 낙원에 있는 생명 나무 과실을 먹기 위해서는 이긴 자가 있는 곳으로 가야만 생명 나무 과실을 먹고 영생을 하게 된다.

8 서머나 교회의 사자에게 편지하기를 처음이요 나중이요 죽었다가 살아나신 이가 가라사대

"서머나 교회의 사자"는 오늘날 장막성전의 일곱 교회의 사자 중 한 명이다. 계1장17절부터 18절에 기록되어 있듯이 "처음이요 나중이요 죽었다가 살아나신 이"는 예수님을 나타낸다.

9 내가 네 환난과 궁핍을 아노니 실상은 네가 부요한 자니라 자칭 유대인이라 하는 자들의 훼방도 아노니 실상은 유대인이 아니요 사단의 회라

일곱 사자가 배도 하여 떠나갔기 때문에 환난과 궁핍한 상황이며, "실상은 네가 부요한 자라는 말씀은" 회개하고 다시 돌아오면 하나님 말씀으로 인해 부유해질 수 있다는 것이다. "자칭 유대인"이라는 말씀은 초림 때는 서기관과 바리새인들이 사단 마귀였으면서 마치 자신들이 유대인처럼 가장했지만, 예수님께서 그들의 정체를 드러내니 예수님을 핍박을 하였다. 오늘날도 마찬가지로 자칭 유대인이라는 7머리 10뿔 짐승인 청지기교육원이 전두환 정권 때 사이비 정화라는 명목으로 장막성전에 침노하여 장막성전을 보호해 줄 것처럼 할 때, 사도요한 격 사명자가 7머리 10뿔 짐승이 "실상은 이들이 유대인이요 사단의 회"라고 드러내 밝히고 일곱 사자에게 회개하고 돌아오라고 촉구하고 있는 편지 내용이다.

10 네가 장차 받을 고난을 두려워 말라 볼찌어다 마귀가 장차 너희 가운데
서 몇 사람을 옥에 던져 시험을 받게 하리니 너희가 십일 동안 환난을 받으
리라 네가 죽도록 충성하라 그리하면 내가 생명의 면류관을 네게 주리라

"마귀가 장차 너희 가운데서 몇 사람을 옥에 던져 시험을 받게 하리니 너희가 십 일 동안 환난을 받으리라"는 말씀은 7머리 짐승이 첫 장막에 침노하여 일곱 사자를 쫒아내고 장막성전에 있는 성도들 중 능력 있는 사람들을 뽑아서 10일 동안 근신을 시키거나 제명을 시키며 자신들을 따르도록 못살게 구는 행위를 말한다. 그럼에도 네가 죽도록 예수님께 충성하면 생명의 면류관을 받게 된다는 것이다.

11 귀 있는 자는 성령이 교회들에게 하시는 말씀을 들을 찌어다 이기는 자
는 둘째 사망의 해를 받지 아니하리라

일곱 금 촛대 장막을 침노한 니골라당과 싸워서 이기면 "둘째 사망의 해"를 받지 않는다고 한다. 둘째 사망은 육신이 죽은 후 그 영혼이 받게 될 지옥 형벌을 의미한다.

12 버가모 교회의 사자에게 편지하기를 좌우에 날선 검을 가진 이가 가라사대

"좌우에 날선 검"은 예수님 말씀이다.

13 네가 어디 사는 것을 내가 아노니 거기는 사단의 위가 있는 데라 네가 내 이름을 굳게 잡아서 내 충성된 증인 안디바가 너희 가운데 곧 사단의 거하는 곳에서 죽임을 당할 때에도 나를 믿는 믿음을 저버리지 아니하였도다

본 사건의 장소는 장막성전이기 때문에 "네가 어디 사는 것을 내가 아노니 거기는 사단의 위가 있는 데라" 하신 말씀은 장막성전의 일곱 사자가 배도 하여 그 자리(位)를 7머리 10뿔 짐승이 올라와서 자리를 차지하니 사단의 자리가 되었다는 것이다. 안디바는 아시아 최초의 순교자로 끓는 가마에서 죽게 되고 이를 빗대어서 버가모 사자에게 안디바처럼 믿음을 저버리지 말라고 말씀하신다.

14 그러나 네게 두어 가지 책망할 것이 있나니 거기 네게 발람의 교훈을 지키는 자들이 있도다 발람이 발락을 가르쳐 이스라엘 앞에 올무를 놓아 우상의 제물을 먹게 하였고 또 행음하게 하였느니라

초림 때 "발람이 이방 왕이었던 발락을 가르쳐 이스라엘 앞에 올무를 놓아 우상의 제물을 먹게 하고 행음"하게 한 것 같이 오늘날에도 땅에서 올라온 짐승

인 발람(오평호)같은 인물이 바다에서 올라온 짐승인 발락(탁성환)과 같은 인물을 끌어들여 장막성전 성도들에게 우상(거짓목자)의 제물(비진리)을 먹게 하였으며 7머리의 교리를 받아서 인정함으로써 행음을 하게 된다.

15 **이와 같이 네게도 니골라당의 교훈을 지키는 자들이 있도다**

"니골라당의 교훈을 지키는 자들이 있도다"는 바벨론 소속의 니골라당이 장막성전을 침노하여 우상의 제물을 먹일 때 그 비진리를 믿고 따르는 사람들이 있다는 말씀이다.

16 **그러므로 회개하라 그리하지 아니하면 내가 네게 속히 임하여 내 입의 검으로 그들과 싸우리라**

니골라당의 교훈을 따르고 있는 자들이 회개하지 않으면 예수님의 입에서 나오는 진리의 말씀(검)으로 치시겠다는 말씀이다.

17 **귀 있는 자는 성령이 교회들에게 하시는 말씀을 들을찌어다 이기는 그에게는 내가 감추었던 만나를 주고 또 흰 돌을 줄터인데 그 돌 위에 새 이름을 기록한 것이 있나니 받는 자 밖에는 그 이름을 알 사람이 없느니라**

"감추었던 만나"는 모세 때는 하늘에서 내리는 만나이며 초림 때는 예수님의 말씀이고 재림 때는 이긴 자가 받아먹은 계시의 말씀이다. 영생의 양식이었던 만나 곧 떡을 예수님께서는 눅22:14-20에 초림 때 먹지 아니하시고 재림 때 먹으리라고 약속하시고 승천하셨다. 그러므로 예수님께서 다시 오실 때까지 이 떡은 감추인 것인데 초림 때 요6:51에 예수님 스스로를 떡이라고 비유하신 것 같이 이제 이 떡을 예수님께서 성취된 오늘날에 이긴 자에게 주어 우리에게 먹게 하니 그 말씀을 감추었던 만나라고 한 것이다(히9:3-5). "흰 돌"은 모세 때는 두 돌판이고 초림 때는 벧전2:4에서 알 수 있듯이 예수님이 산 돌이라고 하셨고, 오늘날에는 이긴자가 흰 돌이며 이 돌 위에 기록되는 것은 예수님의 새 이름이며 받는 자 밖에 알 수 없다고 하였다. 니골라당과 싸워서 이기는 자에게는 이와 같은 생명의 말씀인 감추었던 만나와 흰 돌을 받게 된다는 내용이다.

18 두아디라 교회의 사자에게 편지하기를 그 눈이 불꽃 같고 그 발이 빛난 주석과 같은 하나님의 아들이 가라사대

"두아디라 교회의 사자"는 오늘날 장막성전의 일곱 교회의 사자 중 한 명이다.

19 내가 네 사업과 사랑과 믿음과 섬김과 인내를 아노니 네 나중 행위가 처음 것보다 많도다

두아디라 교회의 사자에게 칭찬을 하는 내용이다.

20 그러나 네게 책망할 일이 있노라 자칭 선지자라 하는 여자 이세벨을 네가 용납함이니 그가 내 종들을 가르쳐 꾀어 행음하게 하고 우상의 제물을 먹게 하는도다
21 또 내가 그에게 회개할 기회를 주었으되 그 음행을 회개하고자 아니하는도다

"여자 이세벨"은 왕상16:31에 시돈왕의 딸이자 이스라엘 아합왕의 아내로 마24:24과 같이 이스라엘을 바알신과 우상에게 절하게 하며, 이방신을 섬긴 자인데, 이를 빙자하여 오늘날 이방 니골라당의 목자를 비유한 것이다. 또한 "여

자"는 목자인데 계14:4, 계17:1-5에 등장하는 이 여자는 오늘날에도 이세벨 같은 음녀인 거짓 목자를 빙자하여 말한 것이고 "내 종"은 장막성전 일곱 사자를 말하며 "행음"은 이 일곱 사자와 장막의 성도들이 배도를 하고 우상의 제물인 비진리를 믿고 따르면서 이방신을 섬기고 회개하지 않는다는 것이다.

22 볼찌어다 내가 그를 침상에 던질터이요 또 그로 더불어 간음하는 자들도 만일 그의 행위를 회개치 아니하면 큰 환난 가운데 던지고

"침상과 큰 환난"은 장막성전에 들어온 7머리 10뿔과 행음을 하고 회개의 편지를 받고도 돌아오지 않는다면 앞으로 받게 될 심판과 재앙을 말한다.

23 또 내가 사망으로 그의 자녀를 죽이리니 모든 교회가 나는 사람의 뜻과 마음을 살피는 자인줄 알찌라 내가 너희 각 사람의 행위대로 갚아 주리라

"그의 자녀"는 하늘 장막에 침노한 음녀와 함께하는 일곱 금 촛대의 성도들을 말하며 "죽인다"는 것은 하나님의 택한 백성이라도 하나님께서 심판을 하시고 떠나신다는 것이다. 하나님은 각 행위대로 갚아 주시는 분이므로 하나님의 뜻과 마음을 잘 살피라고 말씀하신다.

24 두아디라에 남아 있어 이 교훈을 받지 아니하고 소위 사단의 깊은 것을 알지 못하는 너희에게 말하노니 다른 짐으로 너희에게 지울 것이 없노라
25 다만 너희에게 있는 것을 내가 올 때까지 굳게 잡으라

"이 교훈을 받지 아니하고 소위 사단의 깊은 것을 알지 못하는 너희"는 장막성전인 하늘 장막에 침노한 7머리 10뿔 짐승의 교리를 따르지 않고 하나님 말씀을 지키는 남아있는 몇 명의 장막성전의 성도를 말하고, 이들에게 예수님

이 오실 때까지 하나님 말씀을 굳게 잡으라고 당부하신다.

26 이기는 자와 끝까지 내 일을 지키는 그에게 만국을 다스리는 권세를 주
리니
27 그가 철장을 가지고 저희를 다스려 질그릇 깨뜨리는 것과 같이 하리라
나도 내 아버지께 받은 것이 그러하니라
28 내가 또 그에게 새벽 별을 주리라
29 귀 있는 자는 성령이 교회들에게 하시는 말씀을 들을찌어다

7머리 10뿔이 하늘 장막에 침노했을 때 그들과 싸워서 이기고 벗어나서 하나님의 말씀을 지키는 이기는 자에게는 "만국을 다스리는 권세", "철장", "새벽 별"을 주신다고 하신다. "만국을 다스릴 권세"는 왕 같은 제사장이 되어 만국을 다스릴 권세를 말하며, "철장"은 심판의 말씀이고 "새벽 별"은 예수님인데, 새벽 별을 주신다고 했으니 예수님께서 이긴 자와 함께 하며 살 것이라는 약속이다.

신천지
요한계시록
3장 풀이

1 사데 교회의 사자에게 편지하기를 하나님의 일곱 영과 일곱 별을 가진
이가 가라사대 내가 네 행위를 아노니 네가 살았다 하는 이름은 가졌으나
죽은 자로다

"하나님의 일곱 영과 일곱별을 가진 예수님이 말씀하시기"를 장막성전의 일곱 천사들이 사자라는 이름의 사명을 가졌지만, 그 사명을 끝까지 지키지 아니하고 하나님과의 언약을 어기고 배도 하여 예수님이 떠났기 때문에 영이 죽었고 이 때문에 사명이 끝이 났다고 하시는 것이다.

2 너는 일깨워 그 남은바 죽게 된 것을 굳게 하라 내 하나님 앞에 네 행위
의 온전한 것을 찾지 못하였노니

"죽게 된 것을 굳게 하라"는 말은 일곱 사자에게 잘못을 깨닫고 다시 회개하고 돌이켜서 사명을 잘 감당하라는 의미이다.

3 그러므로 네가 어떻게 받았으며 어떻게 들었는지 생각하고 지키어 회개
하라 만일 일깨지 아니하면 내가 도적 같이 이르리니 어느 시에 네게 임할
는지 네가 알지 못하리라

"어떻게 받았으며 어떻게 들었는지"는 오늘날 하나님과 언약한 하늘 장막의 일곱 사자가 초막에 들어가 백일동안 사람이 아닌 성령에게 양육을 받았다

는 의미이며 양육을 받는 동안에는 잠시만 딴생각을 해도 고통을 주기도 했고, 일곱 사자가 동맥을 끊었음에도 살아나서 배우고 가르침을 받았다는 것이다. 그럼에도 불구하고 일곱 사자가 언약을 어기고 배도를 하고 회개하지 않으면 도적같이 몰래 임할 것을 경고하시는 것이다.

4 그러나 사데에 그 옷을 더럽히지 아니한 자 몇 명이 네게 있어 흰옷을 입고 나와 함께 다니리니 그들은 합당한 자인 연고라

"사데에서 그 옷을 더럽히지 아니한 자 몇 명"은 계6장 6절의 '밀 한 되 보리 석 되'이며 "흰옷"은 니골라당의 교훈과 우상의 제물과 행음을 하지 않은 성도들의 옳은 행실이다. 또한 이 흰옷을 입은 몇 명이 사도요한 격 사명자와 함께 사데에서 나와서 주님과 함께 다니는 자들이다.

5 이기는 자는 이와 같이 흰옷을 입을 것이요 내가 그 이름을 생명책에서 반드시 흐리지 아니하고 그 이름을 내 아버지 앞과 그 천사들 앞에서 시인하리라

6 귀 있는 자는 성령이 교회들에게 하시는 말씀을 들을찌어다

예수님께서는 사단 니골라당과 싸워서 이기는 자에게는 "흰옷"을 주고 그 이름을 생명책에 기록해 주신다고 말씀하신다. 모세 때는 출32장에 범죄 하면 생명책에서 이름을 지워버린다고 하였으며, 예수님 때는 예수님이 계신 곳이 생명책이다. 오늘날 재림 때는 이긴자가 영적 새 이스라엘 12지파와 증거장막 성전을 창설하고 하나님과 예수님이 함께하시는 이곳에 생명책인 교적부가 있게 된다. 즉, 천국 호적인 생명책은 이긴 자가 인도하는 교회의 교적부인 것이다. 생명책에 녹명된다는 것은 계3:12처럼 하나님과 예수님이 계시는 거룩한

성 새 예루살렘이 이긴 자에게 와서 함께하므로 영과 육이 하나 된 이긴 자가 있는 하나님의 나라 천국의 교적부에 등록되는 것을 의미한다.

7 빌라델비아 교회의 사자에게 편지하기를 거룩하고 진실하사 다윗의 열쇠를 가지신 이 곧 열면 닫을 사람이 없고 닫으면 열 사람이 없는 그이가 가라사대

"다윗의 열쇠를 가지신 이"는 예수님이시며 "열면 닫을 사람이 없고 닫으면 열 사람이 없다는 것"은 예수님의 마음을 의미한다.

8 볼찌어다 내가 네 앞에 열린 문을 두었으되 능히 닫을 사람이 없으리라 내가 네 행위를 아노니 네가 적은 능력을 가지고도 내 말을 지키며 내 이름을 배반치 아니 하였도다

"네 앞에 열린 문을 두었다는 것"은 예수님과 왕래를 할 수 있도록 허락한 것을 의미하며 "문"은 예수님의 마음의 문을 말한다.

9 보라 사단의 회 곧 자칭 유대인이라 하나 그렇지 않고 거짓말 하는 자들 중에서 몇을 네게 주어 저희로 와서 네 발 앞에 절하게 하고 내가 너를 사랑하는 줄을 알게 하리라

"사단의 회, 곧 자칭 유대인이면서 거짓말하는 자들"은 계2장 9절에 나왔던 내용이며 빌라델비아 사자가 편지를 받고 회개를 하고 말씀을 지키면 장막에 들어온 멸망자들이 굴복을 하게 될 것이라는 의미이다

10 네가 나의 인내의 말씀을 지켰은즉 내가 또한 너를 지키어 시험의 때

를 면하게 하리니 이는 장차 온 세상에 임하여 땅에 거하는 자들을 시험 할 때라

"시험의 때"는 사단 니골라당이 일곱 사자가 있는 하늘 장막인 금 촛대 장막에 올라와서 하늘 장막이 땅이 되었을 때를 말하며, 이때가 만국을 미혹할 때이며 마태24장에 나오는 멸망자가 거룩한 곳에 설 때이다.

11 내가 속히 임하리니 네가 가진 것을 굳게 잡아 아무나 네 면류관을 빼앗지 못하게 하라

"네가 가진 것"은 생명의 말씀이며 "면류관"은 직분이나 사명을 말한다. 일곱 사자의 입장에서 일곱 사자라는 이름 자체가 면류관인데, 이들이 언약을 어기고 배도를 하면 예수님이 떠나버리고 면류관도 빼앗기는 것이다.

12 이기는 자는 내 하나님 성전에 기둥이 되게 하리니 그가 결코 다시 나가지 아니하리라 내가 하나님의 이름과 하나님의 성 곧 하늘에서 내 하나님께로부터 내려오는 새 예루살렘의 이름과 나의 새 이름을 그이 위에 기록하리라
13 귀 있는 자는 성령이 교회들에게 하시는 말씀을 들을 찌어다

"하나님 성전의 기둥"은 고전3장 6절 심령이 창조된 사람들이 하나님의 성전이라 했듯이, 오늘날에는 계시의 말씀을 통해 인을 맞고 심령이 창조된 사람이며 이들이 곧 14만 4천 명이며 흰 무리들이다. 따라서 이 계시의 말씀을 듣고 인 맞은 사람들이 기둥이 되게 해 주시며 중책을 맡기겠다는 의미이다. 사9장 6절에 예수님에 대해 예언하기를 '우리에게 한 아들을 주셨는데 그 이름을 기묘자라, 모사라, 전능하신 하나님이라, 영존하시는 아버지라, 평강의 왕' 이라고

했던 예언대로 오신 아들이 실제 이름이 '예수' 이듯이, 재림 때에는 예수님이 이긴 자와 함께 하게 되므로 이긴자의 이름이 예수님의 새 이름이요 새 이스라엘이요, 영적 새 예루살렘이 되는 것이다.

14 라오디게아 교회의 사자에게 편지하기를 아멘이시요 충성되고 참된 증인이시요 하나님의 창조의 근본이신 이가 가라사대

"라오디게아 교회의 사자"는 오늘날 장막성전의 일곱 교회의 사자 중 한 명이다. "충성되고 참된 증인이시오. 하나님의 창조의 근본이신 이"는 예수님이다.

15 내가 네 행위를 아노니 네가 차지도 아니하고 더웁지도 아니하도다 네가 차든지 더웁든지 하기를 원하노라
16 네가 이같이 미지근하여 더웁지도 아니하고 차지도 아니하니 내 입에서 너를 토하여 내치리라

"차지도 아니하고 더웁지도 아니하다"는 것은 신앙이 미지근하다는 것이며 사람이 입으로는 시인하되 행위로는 부인하는 자를 말하며, 습관적이며 형식적인 신앙을 버리고 분명하고 확실한 신앙을 할 것을 촉구한다.

17 네가 말하기를 나는 부자라 부요하여 부족한 것이 없다 하나 네 곤고한 것과 가련한 것과 가난한 것과 눈 먼 것과 벌거벗은 것을 알지 못하도다

라오디게아 사자는 "나는 부자라 부요하여 부족한 것이 없다"고 생각하여 스스로 하나님의 말씀의 지식이 부요하고 많다고 하지만 예수님께서는 말씀이 없어 무지(가난한 것)하고 성령이 떠나버렸고(눈 멈), 니골라당이 장막성전에 침노했을 때 그들의 교리를 믿고 따르게 되어 이방신과 행음(벌거벗음)한 것을 책망하시는 것이다.

18 내가 너를 권하노니 내게서 불로 연단한 금을 사서 부요하게 하고 흰옷을 사서 입어 벌거벗은 수치를 보이지 않게 하고 안약을 사서 눈에 발라 보게 하라

"불로 연단한 금"이 초림 때는 예수님의 말씀이라면 오늘날에는 대언의 목자인 이긴 자의 말씀을 말한다. "흰옷을 사서 입어 벌거벗은 수치를 보이지 않게 하라"는 말씀은 갈3장처럼 '그리스도와 합하여 세례를 받은 자는 그리스도의 옷을 입은 자'라고 했듯이 오늘날에도 하나님과 언약한 일곱 사자가 하나님을 배도 하고 떠난 것이 벌거벗은 수치이며 부끄러운 행위이기 때문에 성경적으로 옳은 행실(흰옷)과 계시의 말씀인 예언과 실상(안약)을 사기 위해서는 오늘날 사도요한 격 사명자의 말씀을 듣고 다시 부유하게 되어야 한다.

19 무릇 내가 사랑하는 자를 책망하여 징계하노니 그러므로 네가 열심을 내라 회개하라

부모가 자식이 잘못했을 때 책망하듯이 예수님께서도 부모님과 같은 심정으로 라오디게아 사자를 책망하고 있다.

20 볼찌어다 내가 문밖에 서서 두드리노니 누구든지 내 음성을 듣고 문을 열면 내가 그에게로 들어가 그로 더불어 먹고 그는 나로 더불어 먹으리라

"문밖"은 우리의 마음의 문이며 "내 음성"은 예수님의 말씀을 말하기 때문에 마음의 문을 열어서 오늘날 이긴 자의 말씀을 마음으로 믿고 인정하면 예수님께서 복을 주신다는 것이다.

21 이기는 그에게는 내가 내 보좌에 함께 앉게 하여주기를 내가 이기고 아
버지 보좌에 함께 앉은 것과 같이 하리라
22 귀 있는 자는 성령이 교회들에게 하시는 말씀을 들을찌어다

예수님이 사단과 싸워 이김으로 하나님 보좌에 함께 앉게 되듯, 오늘날은 하나님 보좌와 예수님 보좌는 같은 보좌인데 "이기는 그 (이긴 자)"에게는 예수님 보좌에 함께 앉게 해 주기 때문에 하나님, 예수님 이긴 자가 한 보좌에 앉게 되는 것이다. 이것이 하나님 위(位), 예수님의 위(位), 이긴 자의 위(位)가 하나 되어 삼위일체가 된다. 따라서 예수님께서 이긴 자에게 임하게 되어 성전의 보좌에 앉는 것이 예수님의 보좌에 앉는 것과 같은 것이기 때문에 이긴 자의 말을 듣고 보는 것이 곧 예수님을 보고 듣는 것이 된다.

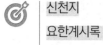

신천지
요한계시록
2-3장 반증

신천지 요한계시록 풀이는 대부분 장막성전을 중심으로 진행된다. 경기도 시흥군 과천면 막계리에 위치한 장막성전은 1966년 3월1일부터 시작하여 1969년 11월1일 까지 하나님과의 삼 년 반 동안 언약을 지키면 삼 년 반 후에는 세상이 3차 전쟁이 일어나서 세상의 종말이 오며 그 때는 자신들의 세상이 온다는 시한부 종말론 집단이었다. 이만희씨는 이 장막성전이 오늘날 길 예비 등불의 역사이며 장차 오실 구원자(이만희)를 위한 길 예비사자의 역할을 한다고 주장한다.

장막성전의 시작을 간략하게 정리하면 1) 임마누엘 유인구 2) 삼손 유재열 3) 사무엘 정창래 4) 디라 김영애 5) 모세 신종환 6) 솔로몬 백만봉 7) 여호수아 신광일 8) 미카엘 김창도 이렇게 여덟 사람으로 시작을 하였고 유인구씨가 하나님께 계시를 받아 자신은 임마누엘이며 나머지 일곱 명에게도 각각 영명을 주었다고 한다. 유인구씨와 유재열씨는 부자지간인데 1967년 6월에 아버지인 유인구씨와 일곱 사자들 간에 자리다툼 등으로 사이가 좋지 않게 되고 그 이후 아들 유재열씨가 어린 종 역할을 하면서 단상에 주도적으로 서게 되었다고 한다. 당시 유재열씨는 17세이며 고등학교 2학년 중퇴였다고 한다.

이만희씨는 박태선 신앙촌에서 박태선씨를 "천부", "이긴 자" 등으로 믿으며 약 10년이 넘는 세월을 보내고, 장막성전에 1967~8년경에 들어가서 1971년까지 있다가 고향 청도로 내려가게 된다. 이러한 자신의 경험담을 바탕으로 계시록 2장, 3장에 나오는 일곱 교회의 사자들에게 이만희씨는 회개를 촉구하는 편지를 보냈다는 것이고 이것이 오늘날 실상이며 성경대로 이루어졌다는 것이다.

이만희씨는 일곱 사자에게 회개를 촉구하는 편지를 보냈다고 다음과 같이 주장했다.

1. 이만희씨가 편지를 보냈다고 기록한 책자와 유인물

1) 계시록 완전해설(1985, 대언자이만희 저)은 "1980년 봄"에 편지 보냄

2) 초창기 실상자료(이0연 강사; 현 신천지 총회 교육장)에는 "1980년 3월"에 편지 보냄

3) 신천지 발전사(1997)에는 "1980년 9월"에 편지 보냄

4) 천국 비밀 계시록의 실상(1993, 이만희 저) "1980년 경신년"에 편지 보냄

5) 신현욱 반증 책자(2007, 신천지)에서는 "1979년"에 편지 보냄

6) 천지창조(2007, 보혜사·이만희 저) 책자에서는 "1979년"에 편지 보냄

이만희씨는 예수님께 안수받고 지시를 받아 일곱 교회의 사자에게 편지를 보낸 후, 이 실상의 증거를 알리기 위해서 책에 기록을 했는데 자신

이 쓴 책에서조차 날짜가 제각각이다. "계시록의 완전해설"과 "천국 비밀 계시록의 실상"에서는 1980년에 편지를 보냈다고 한다. 특히, "천국 비밀 계시록의 실상"은 "경신년"이라고 특정을 짓고 있다. 이 뜻은 1980년에 편지를 보낸 것이 확실하다는 재차 강조의 의미로 해석이 된다.

그런데 "신현욱[2] 반증 책자"와 "천지창조" 책에서는 1979년도에 각각 일곱 사자에게 편지를 보냈다고 한다. 예수님께 안수와 지시를 받고 겨우 2, 3년 지났는데, 편지 쓴 "월(月), 일(日)"은 고사하고 "년(年)도"도 기억하지 못한다는 게 말이 되는가? 여러분들이라면 이런 중차대한 하나님의 역사적 사명을 맡고 고작 2, 3년 지난 과거 시간을 기억을 못해서 헷갈릴 수 있는 일인지 곰곰이 생각해 보기 바란다.

2. 수신자도 없는데 편지를 보냈다는 이만희씨

이만희씨는 일곱 사자에게 모두 편지를 보냈다고 한다. 그래서 "천국 비밀 계시(1998, 증인 보혜사 이만희 저)"에 각각 일곱 사자에게 편지를 보냈다고 기록을 했다. 그런데 이것도 거짓말이다. 이만희씨가 계2, 3장에서 편지를 보내는 상황은 배도한 일곱 사자가 니골라당이 장막에 침노하여 그들과 하나가 되어있을 때이며, "회개하고 그들과 싸워 이기면 복을 주겠다"는 것이 편지의 주된 내용이 되어야 한다.

그런데 장막성전의 일곱 사자 중 1967년에 임마누엘(유인구) 1명 이탈하고, 1969년에 솔로몬(백만봉), 모세(신종환), 여호수아(정창래) 3명이 장막성전을 이탈했다. 싸우고 말고 할 필요도 없는 상황이었다. 이미 장막성전을 이탈하여 수신자들이 없는 상황인데도 이만희씨는 1980년 봄이

2 신천지 최고위직 교육장 출신, 현 구리 초대교회 담임목사

나 가을에 혹은 1979년에 편지를 보냈다고 한다.

다시 정리하면, 오평호(니골라)씨는 장막성전에 1975년에 들어갔다. 니골라가 장막에 들어오기도 전인 1967년에 임마누엘(유인구), 1969년에 솔로몬(백만봉), 모세(신종환), 여호수아(정창래)는 장막성전을 이탈했다. 자신들이 정한 시한부 종말론이 불발되고 종교사기판이라는 것이 드러나서 자기들 스스로 떠난 것이다. 1975년 이전에 네 명이 이미 장막성전을 이탈해서 편지를 받을 수도 없는 사람들에게 니골라와 싸워서 이기라는 회개의 편지를 보냈다는 것이 말이 되는가? 싸움의 대상이 없는데 회개하고 싸우라는 것은 말이 안 된다. 그것도 니골라가 장막에 들어온 지 4년이 지나 1979년(천지창조 기준)에 편지를 보냈다는 것이다.

이만희씨는 편지를 보내기 전에 장막성전에 일곱 사자가 다 있는지 없는지 확인도 안 했다는 소리다. 이미 종교사기판임이 드러나서 장막성전을 떠나 편지를 받을 수도 없는 상황인데 일곱 사자에게 편지를 다 보냈다니 소가 하품할 일이다. 이러한 말도 안 되는 편지 사건 내용 때문에 전국의 이단 상담소에는 수많은 신천지 이탈자들이 회심 상담을 받았고, 심지어는 필자와도 이 편지 사건으로 대화를 나누다 신천지 탈퇴를 결심한 신도들도 많았다. 사정이 이러다 보니 이만희씨와 신천지에서 고민 끝에 내놓은 대책이 "일곱 사자 중 대표자인 삼손 유씨에게 보낸 것이 다 보낸 것이나 마찬가지다"라는 것이다. 성경에서는 일곱 사자 각자에게 편지를 보냈는데 "한 사람에게 보낸 것이 다 보낸 것이나 마찬가지다"라는 주장은 전혀 성경적이지도 않다. 성경대로 한다면서 모순이 발견되면 억지로 끼워 맞춰 우길 뿐이다.

신천지총회 이○연 교육장은 이만희씨에게 말씀을 하달받았다며 신천기 25년 12월 26일 (2009년)에 [말씀 통일 정립교육]이라는 주제로 전국에 있는 강사 및 사명자를 불러 모아서 "각 교회의 이름에 일곱 사자를 접목시키지 말라, 각각 누구다 할 필요가 없으며 일곱 교회를 각각 보지 말고 일곱 교회를 첫 장막 전체로 보아야 한다"고 교육을 했다. 이 교육 후부터 편지를 한 사람에게 보낸 것이 다 보낸 것이나 마찬가지라고 신천지 실상 교리가 바뀌기 시작한 것이다.

신천지 초창기에 일곱 교회 사자들에게 이름을 붙여서 유인물을 나눠주고 신천지 신도들을 가르쳤던 장본인이 바로 당시 "이○연 교육장"이었다.

①에베소 (삼손) : 유재열
②서머나(사무엘) : 정창래
③버가모(디라) : 김영애 ※발람(거짓선지자:오평호), 발락(모압 이방왕:탁성환)
④두아디라(모세): 신종환
⑤사데(솔로몬) : 백만봉 - 밀 1되 (선생님 79년 입교), 보리 석되(3명)
⑥빌라델비아(여호수아): 신광일 - ※ 열린문(모세와 함께 83년 선생님과 왕래하고 합세함 / 85년 이탈)
⑦라오디게아(미카엘): 김창도 ※ 차든지 더웁든지 (선생님이 몇번 권해도 생각해 보겠다고)

물론 이것도 그 당시는 이만희씨가 가르쳐준 내용대로 했겠지만 말이다.

3. 그렇다면 이만희씨는 삼손 유재열씨에게는 정말 성경대로 회개의 편지를 보냈을까?

네이버 "뉴스 라이브러리"에서 장막성전 유재열씨를 검색하면 상당히 많은 뉴스 기사가 나온다. 이 당시에도 장막성전이 막장 사이비 종교집단이었다는 것을 많은 신문기사에서 다루고 있는데 유씨가 검찰 조사를 받아서 법적 처벌을 받았던 시점을 중점으로 살펴보고자 한다.

1) 동아일보 1975년 9월 6일자 기사에 따르면 유재열씨가 구속되었다는 기사가 나온다.

동아일보 기사 내용 중 일부를 살펴보면 [검찰에 따르면 교주 유씨는 지난 67년 3월 14일 대한기독교 장막성전이라는 종교단체를 만들어 2천여 명의 신도를 모아 과천면 막계리로 집단 이주시킨 뒤 장막성전 교회 건물과 자신의 주택을 신도들의 헌금과 노역으로 신축을 했다는 것이다. (중략) 또 유씨는 신도인 "홍종효"씨의 비닐공장을 폭력으로 가로챘다는 것이며 여신도들과 신도들의 딸을 강제로 욕보이기도 했다는 것이다]

2) 동아일보 1976년 3월 1일자 기사에 따르면 [사기, 공갈 등으로 서울 영등포지원 김0수 판사는 유재열씨를 징역 5년형을 선고한다]

3) 조선일보 1976년 7월 11일자 기사에 따르면 [서울형사지법 항소 3부 이0희 부장판사는 10일 사이비 종교 장막성전 교주 유재열씨에게 원심을 파기하고 징역 2년 6개월 집행유예 4년을 선고한다]

보다시피 장막성전 교주 유씨는 늦어도 1975년 9월 초부터 76년 7월 11일까지는 검찰에 피의자 신분으로 불려 다니고 있었던 시점이다. 이 상황을 고향 청도에 있는 이만희씨는 알 수 없었을 것으로 보이고 오히려 신천지에서 말하는 계11장 두 증인이었던 홍종효씨가 유 씨로부터 폭행과 재산을 빼앗기고 고초를 당했던 것으로 보인다. 또한 장막성전의 일곱 사자들 중 네 명이 이미 이탈을 한 상황이며 장막성전의 신도들로부터 고소를 당한 유씨의 불법행위가 극에 달해있는 상황에서 형사처벌을 받고 집행유예 4년이 끝나자 얼마 지나지 않아 1980년 10월에 미국으로 갔던 사람에게 이만희씨가 1979년이나 1980년에 뜬금없이 회개의 편지를 보냈다는 것은 너무나 어색한 상황이다.

4. 이만희씨는 길 예비사자 유재열씨를 “사기혐의”로 고소를 한다.

기독교이단연구(탁명환) 347페이지에 따르면 이만희씨가 장막성전에 들어가 재산을 다 털리고 사기를 당했다면서 1971년 9월 7일에 유재열씨를 40여 항목의 혐의로 고소를 해서 유씨가 법정에 서기도 했다고 한다.

이만희씨가 장막성전을 탈퇴하여 고향 청도에 내려갔던 시기가 1971년이라는 것에 대해서는 대다수의 증언이 일치하는 것으로 보아 내려간 시점은 1971년이 맞는 것으로 보인다. 장막성전은 1969년 말까지 시한부 종말론을 정해 두었던 막장 사이비 집단이었다.

4. 교단의 발전과 내분(內分)

「유재열」교주의 부친 「유인구」교조는 여전히 아들에게는 물론 7천사들이라고 하는 7명의 간부들에게도 업적하였다.

유재열은 시내 기도처에 돌아다니면서 가정집회를 인도하고 들어오면서는 꼭 통닭을 사서 들고 들어와 그의 부친 유인구에게 공양했다. 그러나 어쩌다가 안 사오는 날에는 야단을 치고 매까지 때린 적도 있다는 것이다.

유인구 교조는 7목자 8군왕을 해석하기를 7목자는 7천사이며[6] 8군왕은 장로들 중에서 나온다는 계시를 받았다고 하며 그의 아들 유재열 교주는 자신이 성서에 기록된 두 증인이라고 주장하고 있다.

67년 2월 경북 청도 출신 이만희는 장막성전에 들어가 재산을 다 털리고 사기를 당했다고 하면서 이탈하였으며 71년 9월 7일에는 이만희에 의해 40여개 항목의 혐의로 고소를 당하고 유교주와 김창도(미카엘천사)는 법정에 서기까지 했다.

이후 강화도 출신 이용길은 일곱천사중의 하나인 미카엘천사 김창도의 「종말이 가까웠으니 군대를 피하라」는 말을 듣고 훈련소에서 탈영하여 장막성전에 숨어 있다가 70년 12월에 자수하기도 했다.

또 평화시장 장모씨는 700만원의 거액을 들여 교단의 발전을 꾀했으나

유재열씨의 시한부 종말론이 불발되고 그동안 냈던 헌금은 물론 허송세월을 보낸 것이 아까워 이만희씨는 유재열씨를 고소하고 1971년에 고향 청도로 내려갔을 것이라는 생각이 합리적이다. 그런데 여기서 생각할 점은 장막성전 유재열 제단이 길 예비 등불이라고 해 놓고 과거 사실을 추적해 보니 자칭 구원자라는 이만희씨가 유씨를 사기죄로 고소를 했던 것이다.

신약에서 예수님이 길 예비사자인 세례요한에게 “너 맛 좀 봐라”하고 사기죄로 세상 법에 고소를 한 적이 있는가? 신천지 주장대로 오늘날도 신약처럼 성경대로 이루어질 역사라면 유재열의 행위는 당연한 것인데 사

기죄로 고소를 한다는 것은 너무나 웃기는 상황이다. 사실 이만희씨는 처음에 유씨를 사기꾼으로 고소를 했다가 자신도 성경을 가지고 사기를 치기 위해서 다시 유씨가 필요하다고 판단했을 것이다. 사기죄로 고소를 했던 유재열씨를 다시 길 예비 등불의 인물로 등장시키고 그에게 멸망의 짐승과 싸워 이기고 회개하라는 편지를 보냈다는 것은 개그콘서트 소재로나 어울리는 내용이다.

결국, 이만희씨는 장막성전을 사기 집단으로 보고 있다는 증거다. 이만희씨는 장막성전을 사기 집단으로 보고 유재열씨를 고소했는데 신천지 신도들은 왜 장막성전을 하나님의 역사였다고 믿고 있는가?

5. 이만희씨는 안디바와 같은 실상의 인물을 밝히지 못한다.

계2장의 버가모 사자에게 보내는 편지에서 순교한 "안디바"와 같은 실상의 인물이 누구인지 신현욱 교육장은 이만희씨에게 물었다. 그러나 계2, 3장에 편지를 보냈다는 이만희씨는 한 입으로 두말하는 모습을 보인다.

우선, "참과 거짓에 대한 구분(2007, 신천지 출판부)"이라는 소책자에서 [안디바 같이 충성을 할것을 요구하는 것이지 "안디바" 자체에 대해서 말씀하시는 것이 아니다. (중략) 오늘날 "그런 사람에 해당하는 실상(인물)이 꼭 있어야 하는 것은 아니다"]라고 실상 교리 반증을 했다. 그러나 "천지창조" 책자 196쪽에는 [사실 오늘날 예언이 실상으로 이루어질 때도 안디바 같이 영적 죽임을 당한 자가 있었다. 그러나 실명을 거론하면 명예훼손이 되므로, 여기서 더 이상의 언급은 삼가하기로 한다]고 적었다.

그런데 이 주장이 너무 웃긴 것은 계2장 13절 안디바가 나오고 바로 밑에 14절에 발람과 발락이 나온다. 발람은 "오평호"고, 땅에서 올라온 짐승이다. 발락은 "탁성환"이고 바다에서 올라온 짐승이라고 신천지 내부에서 공공연히 교육시켜 놓고, 의로운 인물과 충성된 종으로 나오는 "안디바"에 대한 실상의 인물은 밝힐 수 없다니 이 무슨 황당한 말장난이란 말인가! 당연히 실상을 조작했으니 증거로 댈 인물이 없었을 것이다.

6. 이만희씨는 사데 교회(재창조교회) 백만봉씨 제자였다.

신천지 실상으로 사데 교회는 백만봉씨이다. 백만봉씨는 장막성전에서 일곱 사자 중 한 명이었으며 1969년에 장막성전을 이탈하여 "재창조교회"를 만들어서 자신이 그리스도 행세를 한 인물이다. 따라서 "사데 교회"와 "재창조교회"는 백만봉씨를 지칭할 때 많이 쓰인다. 신천지 실상을 모르는 분들은 헷갈릴 수가 있다.

신천지는 다음과 같이 장막성전의 "일곱 사자"에게 각각의 교회 이름을 붙여서 가르쳤다.

1) 삼손 유재열 = 에베소 교회, 2) 미카엘 김창도 = 라오디게아 교회, 3) 사무엘 정창래 = 서머나 교회, 4) 디라 김영애 = 버가모 교회, 5) 모세 신종환 = 두아디라 교회, 6) 솔로몬 백만봉= 사데 교회, 7) 여호수아 신광일 = 빌라델비아 교회

그러나 신천지 총회 본부 이○연 교육장이 신천기 25년 12월 26일(2009년)에 [말씀 통일 정립교육]을 시킨 이후에 각 인물마다 교회 이름을 연결하지는 않는다. 그러나 김○록 교육장이 모든 신천지 신도들을 대상으로 [계시록 통합교육]을 시킬 때 이만희씨가 고향 청도에서 상경하여 사데 교회 백만봉씨에게 들어갔다고 교육을 시키기도 했고 이만희씨 자신도

육성으로 사데 백만봉을 언급을 했기 때문에 사데 교회 = 백만봉의 등식은 계속 사용할 수밖에 없을 것이다.

이만희씨는 계3장 4절 [그러나 사데에 그 옷을 더럽히지 아니한 자 몇 명이 네게 있어 흰옷을 입고 "나와" 함께 다니리니 그들은 합당한 자인 연고라]는 성경 구절을 다음과 같이 풀이한다.

천국비밀 계시 (1998, 증인 보혜사 이만희 저) p71

[이 흰옷 입은 자들이 사데 교회에서 "나와서" 주님과 함께 다닌다고 하였으니, 사데 교회에서 사도 요한의 편지를 받고 "나와" 주님의 대언자 사도 요한과 함께 다니는 이들을 만나 하나 되는 것이 곧 주님과 하나 되는 것이며, 참 성전과 참 목자를 만나는 것이 된다는 것을 지상 모든 사람들은 알아야 한다]

계시록 완전해설 (1986, 대언자 이만희 저) p88

[누구든지 먼저 찾을 곳과 사람은 바로 사데에서 "나와서" 주와 같이 다니는 이 사람들이요, 이들과 하나 되는 것이 주와 하나 되는 것이요 그 나라 그의 의를 구한 자가 되고 주의 말씀을 지키는 자가 된다.]

이만희씨가 사데 교회 즉, 백만봉 재창조교회 "있다가 나왔기" 때문에 이만희씨 자신이 흰옷을 입고 옳은 행실을 하는 자라는 것이다. 그러나 이만희씨는 한글을 잘 이해하지 못해서 무지한 해석을 하고 있다.

"흰옷을 입고 / 나와 함께 / 다니리니"로 끊어서 읽어야 하는데, "흰옷을 입고 나와 / 함께 다니리니"로 잘못 끊어서 읽었다. 즉, "흰옷을 입고 (in white) / 나와 함께 (with me) / 다니리니 (walk)"를, "흰옷을 입고 나와 (come out in white) / 함께 다니리니 (walk with)로 잘못 한글을 이해하고 있다.

이는 필시 이만희씨가 의도적으로 백만봉씨를 사데 교회로 설정해 놓고 자신이 거쳐 왔던 노정을 의로운 것으로 치장을 하기 위한 수작으로 보인다. 그러다 보니 한글도 이해를 못해서 자신의 입맛대로 "흰옷을 입고 나와 함께 다니리니"를 해석하고 있다.

이것은 마치 우리말의 띄어쓰기를 이해하지 못해서 "아버지가 / 방에 / 들어가신다"를 "아버지 / 가방에 / 들어가신다"로 읽는 꼴이다. 그러나 이제는 신천지에서는 이만희씨가 백만봉씨 제자로 있었던 사실조차 숨기고 싶어 한다. 이유는 간단하다. 일곱 교회사자 중 한 명인 백만봉씨 밑에 있으면서 예수님께 안수받고 지시받아 일곱 사자에게 편지를 보냈다는 것은 말이 안 되며 모순이 발생하기 때문이다.

7. 1977년에 예수님께 지시를 받고 상경하여 1979년에 회개의 편지를 보냈다고 천지창조 책에 기록했다.

하늘 장막인 장막성전에 니골라당이 들어와서 장막을 차지하며 선민들을 죽이고 있는 긴박한 상황에서 예수님께서는 이만희씨를 택하여 안수하고 편지하라고 지시를 한 것이다. 그런데 이만희씨는 안수는 1977년(천지창조)에 받았다고 하면서 편지는 2년이나 지난 1979년에 일곱 사자에게 회개를 촉구하는 편지를 보냈다는 것이다.

신천지에서 안수 사건과 편지 사건은 안수받고 바로 편지를 보내야 하는 연속적인 사건이다. 이때는 이미 일곱 사자 중 네 명이나 장막성전을 이탈한 상황이고 멸망자가 선민들을 잡아먹고 있는 긴박한 상황에서 하루라도 빨리 일곱 사자에게 회개의 편지를 보내야 하는 상황인데 어디서 이만희씨는 자빠져 놀고 있다가 2년 후에 나타나서 회개의 편지를 보냈다는 것인가? 예수님 말씀과 지시가 장난으로 들렸나보다.

쉬어가는 코너 신천지에서 만든 "DPCW 10조 38항" UN에 상정이 가능한가?

신천지에서 만든 HWPL 단체의 대표 이만희씨는 "지구촌 전쟁 종식 평화 선언문 DPCW 10조 38항"을 UN에 상정할 것이라고 호언장담을 한다. 전쟁을 종식시키고 평화를 위해 활동하는 부분에 대해서는 좋은 취지라고 생각한다. 그러나 민간단체 HWPL이나 이만희씨가 DPCW 10조 38항을 UN에 상정한다는 것이 가능한 것인가? 아니면 그럴듯한 구실을 만들어서 이루어질 수 없는 꿈을 신천지 신도들에게 심어주고 이탈자들을 막기 위한 목적인가?

신천지에서 만든 [지구촌 전쟁종식 평화 선언문 DPCW 10조 38항]중 핵심 10조는 다음과 같다.

제1조 무력의 위협 및 무력사용 금지(4항)

제2조 전력(戰力)(5항)

제3조 우호관계 유지와 침략행위 금지(7항)

제4조 국경(3항)

제5조 자결권(5항)

제6조 분쟁의 해결(2항)

제7조 자위권(自衛權)(2항)

제8조 종교의 자유(3항)

제9조 종교, 민족 정체성 그리고 평화(3항)

제10조 평화문화의 전파(4항)

위 내용에 관련하여 궁금했던 필자는 법률 전문가이신 홍종갑 변호사에게 "DPCW 10조 38항"이 UN에 상정이 가능한지 문의를 하였다. 다음 내용은 홍종갑 변호사에게서 온 답변이다.

DPCW 10개조 38개항 제정의 필요성이 있는지 여부에 대한 답변

먼저, 전쟁 종식과 평화선언에 관하여는 지금까지 수많은 국제법이 존재합니다. 국제법이 없어서 지켜지지 않는 것이 아니라, 전쟁을 억제할 국제사회의 강제력의 부재 및 국제법을 준수하고자 하는 각국의 노력의 부재 등이 그 원인인 것이지 전쟁을 금지하고 평화를 선언하는 국제법이 없어 전쟁이 계속되는 것이 아닙니다.

둘째로 조약이 성립하기 위해서는 조약법 협약에 따르면 ① 교섭 ② 조약 본문의 채택 ③ 조약 본문의 인증 ④ 조약에 의해 구속되는 데 대한 동의 ⑤ 비준서의 교환 ⑥ 등록 ⑦ 국내절차로 국회의 동의와 정부의 공표로 이루어집니다. 이 중 교섭은 정부 대표가 하는데 그 권한을 증명하는 전권위임장(full powers)을 제출해야 합니다(협약 제2조 1항 ⓒ). 이에 따라 우리 정부는 1962년 법률 1081호로 제정된 정부대표 및 특별사절의 임명과 권한에 관한 법률에 의하면, 기본적으로 외교부 장관이 정부 대표가 되며(3조), 그 외에는 조약서명권을 가진 정부 대표는 외무부 장관의 제청으로 국무총리를 거쳐 대통령을 임명하도록 되어있습니다(5조 1항 단서).

따라서 조약을 개인이나 민간단체는 국제법 제정의 주체가 될 수 없고, UN을 통한 다자간 조약체결의 경우에도 국가를 통하여만 가능하다는 것이 UN의 입장이므로, HWPL이 아직 우리나라 정부에게 이러한 조약체결을 제안조차 하지 않았다면 DPCW 10개조 38개항을 대한민국 정부에 요청하여 국제법으로 제정된다는 것은 너무나 요원한 것으로 보이며, 또한 HWPL이 직접 UN에 상정하여 국제법을 제정한다는 것은 현행법상 불가능한 것으로 보입니다.

위의 답변에 따르면 UN에 전 세계의 평화를 지키고자 하는 국제법이 없어서가 아니라 국제법을 지키고자 하는 각국의 노력이 중요하다는 것이다. 그리고 HWPL 민간단체나 이만희씨가 대표로 있는 종교단체에서 국제법을 UN에 상정한다는 것은 현실적으로 어려워 보인다는 것이다. 그렇다면 정말 이만희씨와 신천지가 "DPCW 10조 38항"을 UN에 상정할 의도가 있다면 대한민국 정부를 상대로 어떤 노력을 하고 있는지 궁금했다. 필자는 대한민국 외교부에 공식적으로 질의서를 보냈고 며칠 후에 외교부에서 공식적으로 답변을 보내왔다.

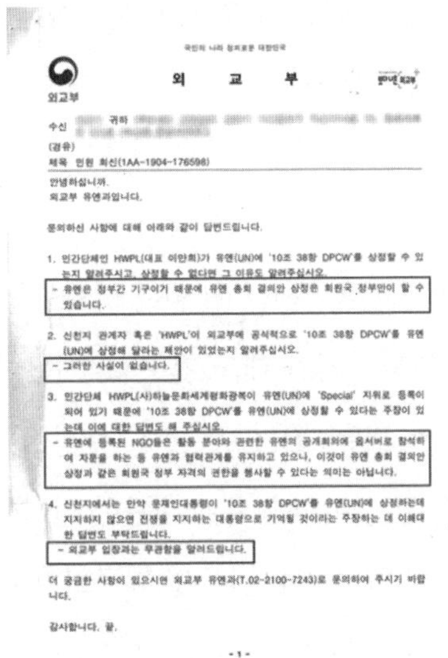
국민의 나라 정의로운 대한민국

외교부

외 교 부

수신 귀하

(경유)

제목 민원 회신(1AA-1904-176598)

안녕하십니까.

외교부 유엔과입니다.

문의하신 사항에 대해 아래와 같이 답변드립니다.

1. 민간단체인 HWPL(대표 이만희)가 유엔(UN)에 '10조 38항 DPCW'를 상정할 수 있는지 알려주시고, 상정할 수 없다면 그 이유도 알려주십시오.

- 유엔은 정부간 기구이기 때문에 유엔 총회 결의안 상정은 회원국 정부만이 할 수 있습니다.

2. 신천지 관계자 혹은 'HWPL'이 외교부에 공식적으로 '10조 38항 DPCW'를 유엔(UN)에 상정해 달라는 제안이 있었는지 알려주십시오.

- 그러한 사실이 없습니다.

3. 민간단체 HWPL(사)하늘문화세계평화광복이 유엔(UN)에 'Special' 지위로 등록이 되어 있기 때문에 '10조 38항 DPCW'를 유엔(UN)에 상정할 수 있다는 주장이 있는데 이에 대한 답변도 해 주십시오.

- 유엔에 등록된 NGO들은 활동 분야와 관련한 유엔의 공개회의에 옵서버로 참석하여 자문을 하는 등 유엔과 협력관계를 유지하고 있으나, 이것이 유엔 총회 결의안 상정과 같은 회원국 정부 자격의 권한을 행사할 수 있다는 의미는 아닙니다.

4. 신천지에서는 만약 문재인대통령이 '10조 38항 DPCW'를 유엔(UN)에 상정하는데 지지하지 않으면 전쟁을 지지하는 대통령으로 기억될 것이라는 주장하는 데 이에대한 답변도 부탁드립니다.

- 외교부 입장과는 무관함을 알려드립니다.

더 궁금한 사항이 있으시면 외교부 유엔과(T.02-2100-7243)로 문의하여 주시기 바랍니다.

감사합니다. 끝.

- 1 -

위의 외교부 UN과의 공식답변은

첫째, 유엔은 정부 간 기구이기 때문에 유엔 총회 결의안 상정은 회원국 정부만이 할 수 있다.

둘째, 신천지이나 HWPL 민간단체에서 DPCW 10조 38항을 UN에 상정 가능한지 문의를 한 적도 없다.

셋째, HWPL 민간단체가 유엔 공개회의에 옵서버 참석한다 하여도 유엔 총회 결의안 상정과 같은 회원국 정부간의 권한을 행사할 수는 없다.

결론적으로 말해서 신천지에서 "DPCW 10조 38항"을 UN에 상정하는 것은 불가능하다. 정말 신천지가 위 조항을 국제법으로 제정을 꼭 해야 할 필요성이 있거나 할 의지가 강력했다면 정부에 먼저 문의를 하고 타진을 했어야 할 것이다.

지금 러시아가 우크라이나를 침공하여 전쟁이 진행 중이다. 신천지가 만든 DPCW 10조 38항이 UN에 상정이 되었다 하더라도 발생했을 전쟁이었다. 국제법이 없어서 전쟁이 발생하는 것이 아니라 각 국가가 자국의 이익을 위해서라면 전쟁을 불사하는 상황이 지금의 국제정세인 것이다. 아직까지 신 "냉전 시대"가 완전히 종식되지 않은 국제정세에서 전쟁은 언제든지 발생할 수 있는 상황인 것이다.

UN은 국가 대 국가 간의 기구이기 때문에 조금만 생각해 보면 신천지에서 만든 "DPCW 10조 38항"을 국제법으로 제정할 수 없다는 것을 알 수 있는데, 엄청나고 대단한 일이 곧 벌어질 것처럼 신천지 신도들을 기망하고 있는 이유는 무엇 때문일까?

이만희씨와 신천지 수뇌부는 신천지 신도들의 이탈을 막기 위해 그들의 눈길을 외부로 돌려서 한편으로는 한기총, 일반교회나 목사들에게 적개심을 심어주어 전투력을 상승시키고, 다른 한편으로는 "자원봉사", "DPCW 10개조 38항", "외국 목사들이 신천지와 MOU등을 맺고 있다"는 등 세상의 지탄을 받고 있는 신천지와 신도들의 극도로 떨어진 자존감을 끌어 올려서 신천지 내부의 결함 등을 합리화시키려는 목적이 있을 것이다. 철저히 계산된 의도이며 신도들을 규합시키는 힘이 되었던 것이다.

"DPCW 10개조 38항"을 현실적으로 UN에 상정이 불가능하다는 것을 깨닫고 신천지를 탈퇴하기 전 필자에게 문의를 해온 신천지 신도들이 있었다. 조사해 보면 금방 답이 나오는 것을 그저 안에서 들은 내용만 믿고 싶고, 확인하는 것이 두려우며. 자신이 믿고 있는 환상이 깨질까 무서웠다는 것이다. 문의를 했던 그녀는 신천지를 탈퇴했다. 진실을 보았기 때문이다.

1 이 일 후에 내가 보니 하늘에 열린 문이 있는데 내가 들은바 처음에 내게 말하던 나팔소리 같은 그 음성이 가로되 이리로
라오라 이 후에 마땅히 될 일을 내가 네게 보이리라 하시더라/2 내가 곧 성령에 감동하였더니 보라 하늘에 보좌를 베풀었고
보좌 위에 앉으신 이가 있는데/3 앉으신 이의 모양이 벽옥과 홍보석 같고 또 무지개가 있어 보좌에 둘렸는데 그 모양이 녹보
같더라/4 또 보좌에 둘려 이십 사 보좌들이 있고 그 보좌들 위에 이십 사 장로들이 흰 옷을 입고 머리에 금 면류관을 쓰고
았더라/5 보좌로부터 번개와 음성과 뇌성이 나고 보좌 앞에 일곱 등불 켠것이 있으니 이는 하나님의 일곱 영이라/6 보좌 앞
수정과 같은 유리 바다가 있고 보좌 가운데와 보좌 주위에 네 생물이 있는데 앞뒤에 눈이 가득하더라/7 그 첫째 생물은 사
같고 그 둘째 생물은 송아지 같고 그 세째 생물은 얼굴이 사람 같고 그 네째 생물은 날아가는 독수리 같은데/8 네 생물이 각
여섯 날개가 있고 그 안과 주위에 눈이 가득하더라 그들이 밤낮 쉬지 않고 이르기를 거룩하다 거룩하다 거룩하다 주 하나님
전능하신이여 전에도 계셨고 이제도 계시고 장차 오실 자라 하고/9 그 생물들이 영광과 존귀와 감사를 보좌에 앉으사 세세
록 사시는 이에게 돌릴 때에/10 이십 사 장로들이 보좌에 앉으신 이 앞에 엎드려 세세토록 사시는 이에게 경배하고 자기의
류관을 보좌 앞에 던지며 가로되/11 우리 주 하나님이여 영광과 존귀와 능력을 받으시는 것이 합당하오니 주께서 만물을 지
신지라 만물이 주의 뜻대로 있었고 또 지으심을 받았나이다 하더라
1 이 일 후에 내가 보니 하늘에 열린 문이 있는데 내가 들은바 처음에 내게 말하던 나팔소리 같은 그 음성이 가로되 이리로
라오라 이 후에 마땅히 될 일을 내가 네게 보이리라 하시더라/2 내가 곧 성령에 감동하였더니 보라 하늘에 보좌를 베풀었고
보좌 위에 앉으신 이가 있는데/3 앉으신 이의 모양이 벽옥과 홍보석 같고 또 무지개가 있어 보좌에 둘렸는데 그 모양이 녹보
같더라/4 또 보좌에 둘려 이십 사 보좌들이 있고 그 보좌들 위에 이십 사 장로들이 흰 옷을 입고 머리에 금 면류관을 쓰고
았더라/5 보좌로부터 번개와 음성과 뇌성이 나고 보좌 앞에 일곱 등불 켠것이 있으니 이는 하나님의 일곱 영이라/6 보좌 앞
수정과 같은 유리 바다가 있고 보좌 가운데와 보좌 주위에 네 생물이 있는데 앞뒤에 눈이 가득하더라/7 그 첫째 생물은 사
같고 그 둘째 생물은 송아지 같고 그 세째 생물은 얼굴이 사람 같고 그 네째 생물은 날아가는 독수리 같은데/8 네 생물이 각
여섯 날개가 있고 그 안과 주위에 눈이 가득하더라 그들이 밤낮 쉬지 않고 이르기를 거룩하다 거룩하다 거룩하다 주 하나님
전능하신이여 전에도 계셨고 이제도 계시고 장차 오실 자라 하고/9 그 생물들이 영광과 존귀와 감사를 보좌에 앉으사 세세
록 사시는 이에게 돌릴 때에/10 이십 사 장로들이 보좌에 앉으신 이 앞에 엎드려 세세토록 사시는 이에게 경배하고 자기의
류관을 보좌 앞에 던지며 가로되/11 우리 주 하나님이여 영광과 존귀와 능력을 받으시는 것이 합당하오니 주께서 만물을 지
신지라 만물이 주의 뜻대로 있었고 또 지으심을 받았나이다 하더라
1 이 일 후에 내가 보니 하늘에 열린 문이 있는데 내가 들은바 처음에 내게 말하던 나팔소리 같은 그 음성이 가로되 이리로
라오라 이 후에 마땅히 될 일을 내가 네게 보이리라 하시더라/2 내가 곧 성령에 감동하였더니 보라 하늘에 보좌를 베풀었고
보좌 위에 앉으신 이가 있는데/3 앉으신 이의 모양이 벽옥과 홍보석 같고 또 무지개가 있어 보좌에 둘렸는데 그 모양이 녹보
같더라/4 또 보좌에 둘려 이십 사 보좌들이 있고 그 보좌들 위에 이십 사 장로들이 흰 옷을 입고 머리에 금 면류관을 쓰고
았더라/5 보좌로부터 번개와 음성과 뇌성이 나고 보좌 앞에 일곱 등불 켠것이 있으니 이는 하나님의 일곱 영이라/6 보좌 앞
수정과 같은 유리 바다가 있고 보좌 가운데와 보좌 주위에 네 생물이 있는데 앞뒤에 눈이 가득하더라/7 그 첫째 생물은 사
같고 그 둘째 생물은 송아지 같고 그 세째 생물은 얼굴이 사람 같고 그 네째 생물은 날아가는 독수리 같은데/8 네 생물이 각
여섯 날개가 있고 그 안과 주위에 눈이 가득하더라 그들이 밤낮 쉬지 않고 이르기를 거룩하다 거룩하다 거룩하다 주 하나님
전능하신이여 전에도 계셨고 이제도 계시고 장차 오실 자라 하고/9 그 생물들이 영광과 존귀와 감사를 보좌에 앉으사 세세
록 사시는 이에게 돌릴 때에/10 이십 사 장로들이 보좌에 앉으신 이 앞에 엎드려 세세토록 사시는 이에게 경배하고 자기의
류관을 보좌 앞에 던지며 가로되/11 우리 주 하나님이여 영광과 존귀와 능력을 받으시는 것이 합당하오니 주께서 만물을 지
신지라 만물이 주의 뜻대로 있었고 또 지으심을 받았나이다 하더라
1 이 일 후에 내가 보니 하늘에 열린 문이 있는데 내가 들은바 처음에 내게 말하던 나팔소리 같은 그 음성이 가로되 이리로
라오라 이 후에 마땅히 될 일을 내가 네게 보이리라 하시더라/2 내가 곧 성령에 감동하였더니 보라 하늘에 보좌를 베풀었고
보좌 위에 앉으신 이가 있는데/3 앉으신 이의 모양이 벽옥과 홍보석 같고 또 무지개가 있어 보좌에 둘렸는데 그 모양이 녹보
같더라/4 또 보좌에 둘려 이십 사 보좌들이 있고 그 보좌들 위에 이십 사 장로들이 흰 옷을 입고 머리에 금 면류관을 쓰고
았더라/5 보좌로부터 번개와 음성과 뇌성이 나고 보좌 앞에 일곱 등불 켠것이 있으니 이는 하나님의 일곱 영이라/6 보좌 앞
수정과 같은 유리 바다가 있고 보좌 가운데와 보좌 주위에 네 생물이 있는데 앞뒤에 눈이 가득하더라/7 그 첫째 생물은 사

3

요한계시록 4장

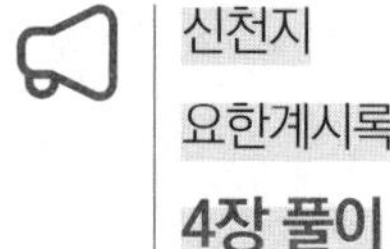

신천지
요한계시록
4장 풀이

1 이 일 후에 내가 보니 하늘에 열린 문이 있는데 내가 들은바 처음에 내게 말하던 나팔소리 같은 그 음성이 가로되 이리로 올라오라 이후에 마땅히 될 일을 내가 네게 보이리라 하시더라

계시록은 사건의 순서대로 기록이 되어있는데 "이 일 후에"는 사건의 선후를 알려주는 것이며 여기서는 예수님께 지시를 받아서 사도요한 격 사명자가 계2장과 3장대로 편지를 보낸 후를 나타내고 있다. "나팔소리 같은 음성"은 예수님의 음성이며 "이리"로 올라오라는 곳은 예수님이 계시는 영계 보좌를 말하며 이곳에 올라가서 하나님의 영계 보좌와 계시록 22장까지 이루어지게 되는 일을 환상 가운데 보게 된다. 결국 사도요한 격 사명자는 하나님의 영계 보좌에 올라가서 앞으로 될 일을 보게 된다.

2 내가 곧 성령에 감동하였더니 보라 하늘에 보좌를 베풀었고 그 보좌 위에 앉으신 이가 있는데

육의 세계에 있던 사도요한 격 사명자는 성령에 감동하여 영의 세계에 올라가서 처음 본 것이 하늘 보좌였으며 보좌에 앉으신 이는 하나님이시다.

3 앉으신 이의 모양이 벽옥과 홍보석 같고 또 무지개가 있어 보좌에 둘렸는데 그 모양이 녹보석 같더라

“벽옥”은 하늘을 상징하는 푸른색이며 “홍보석”은 땅을 상징하는 빨간색을 나타내기 때문에 천지를 지으신 하나님을 비유하고 있으며 “무지개”는 언약의 상징이며 “녹보석”은 영원불멸을 의미 한다.

4 또 보좌에 둘려 이십 사 보좌들이 있고 그 보좌들 위에 이십 사 장로들이 흰 옷을 입고 머리에 금 면류관을 쓰고 앉았더라

영계의 “이십 사 보좌”는 영인데 육의 세계는 대언의 사자이자 약속의 목자가 인도하는 교회의 이십 사 장로를 의미한다. 하나님 영계의 계열은 “하나님 보좌 - 24 장로 - 7곱 영 - 많은 눈”으로 되어 있다.

5 보좌로부터 번개와 음성과 뇌성이 나고 보좌 앞에 일곱 등불 켠 것이 있으니 이는 하나님의 일곱 영이라

모세는 출25장처럼 영계의 이 등불의 영을 보고 장막 안에 일곱 등대를 만들어 불을 켜 장막을 밝혔다. 그러나 바울은 히브리서8장 9장에 모세가 만든 장막과 기구는 하늘에 있는 것들의 모형과 그림자일 뿐 참 형상이 아니라고 했다. 참 형상은 영계와 같이 창조된 오늘날의 영적 새 이스라엘 12지파이며 이곳이 바로 하늘에서 이룬 것처럼 땅에서 이루어지는 곳이다. “번개”는 영들의 빠른 움직임을 나타내고 “음성과 뇌성”은 하나님의 치리하는 정사의 소리이다. “일곱 영”은 계5장의 일곱 눈으로도 설명이 되고 등불이며 촛대이기도 하며 감시, 관찰, 감독을 하는 역할을 한다고 볼 수 있다. “등불”은 사람의 심령에 무지를 깨우쳐 주기 위함이고, 오늘날 영적 새 이스라엘인 시온산의 12파를 감시 감독 관찰을 하는 일곱 영 즉, 일곱 교육장을 나타낸다.

6 보좌 앞에 수정과 같은 유리 바다가 있고 보좌 가운데와 보좌 주위에 네
생물이 있는데 앞뒤에 눈이 가득하더라

"수정과 같은 유리바다"는 점도 흠도 없고 완전한 하나님의 말씀을 말하는데 출30장에 제사장이 손과 발을 씻어서 죽기를 면하는 물두멍이 있는데 이것이 모형과 그림자라면, 오늘날도 이와 같이 점도 흠도 없는 완전한 말씀이 나오는 곳이 영적 새 이스라엘 시온산이다. "네 생물"은 하늘의 천사장이고 "눈이 가득하다"는 말은 천군 천사들이 가득하다는 것이다.

7 그 첫째 생물은 사자 같고 그 둘째 생물은 송아지 같고 그 세째 생물은
얼굴이 사람 같고 그 네째 생물은 날아가는 독수리 같은데

네 생물은 심판을 주관하는 하늘의 천사장을 의미하는데 "사자"는 짐승의 왕으로 말씀에 깨닫지 못한 사람을 심판하고 "송아지"는 밭을 갈아 가라지를 뽑아내는 심판을 한다. "사람"은 만물의 영장으로서 참과 거짓을 가려내는 심판을 하고 "독수리"는 날 짐승의 왕으로서 영들을 심판을 한다.

8 네 생물이 각각 여섯 날개가 있고 그 안과 주위에 눈이 가득하더라 그들
이 밤낮 쉬지 않고 이르기를 거룩하다 거룩하다 거룩하다 주 하나님 곧 전
능하신이여 전에도 계셨고 이제도 계시고 장차 오실 자라 하고
9 그 생물들이 영광과 존귀와 감사를 보좌에 앉으사 세세토록 사시는 이
에게 돌릴 때에
10 이십 사 장로들이 보좌에 앉으신 이 앞에 엎드려 세세토록 사시는 이에
게 경배하고 자기의 면류관을 보좌 앞에 던지며 가로되
11 우리 주 하나님이여 영광과 존귀와 능력을 받으시는 것이 합당하오니

주께서 만물을 지으신지라 만물이 주의 뜻대로 있었고 또 지으심을 받았나이다 하더라

"네 생물이 각각 여섯 날개가 있다"는 것은 각 천사장의 날개 역할을 하며 돕는 여섯 장로가 있어서 이십 사 장로를 말한다. "눈이 가득하다는 것"은 천군 천사들로서 무수히 많은 천사들을 의미한다. 이들이 하나님께 존귀와 감사를 영원토록 드리는 것이다.

신천지
요한계시록
4장 반증

1. 하늘에서 이룬 것 같이 이 땅에서도 이루어진다.

1절 이 일 후에 내가 보니 하늘에 열린 문이 있는데 내가 들은바 처음에 내게 말하던 나팔소리 같은 그 음성이 가로되 "이리로 올라오라" 이후에 마땅히 될 일을 내가 네게 보이리라 하시더라

이만희씨는 계2장 3장과 같이 장막성전의 일곱 사자에게 편지를 보낸 후 "이리로 올라오라"는 음성을 듣고 하나님의 영계 보좌에 올라갔다고 한다. 그리고 마6장과 같이 하늘에서 이룬 것 같이 땅에서 이룬다는 말씀처럼, 이만희씨는 하늘에서 본 영계의 보좌를 이 땅에서도 본 그대로 보좌 구성을 했다고 한다.

신천지 보좌 구성

모세가 하늘의 것을 본 그대로 장막과 기구를 만든 것과 같이, 예수님이 아버지 하나님께서 하시는 일을 보고 그대로 한 것과 같이, 오늘날 신천지 보좌 조직도 신약 성경에 약속한 하늘의 것을 보고 그대로 창조한 것입니다(히 8:5, 요 5:19, 계 4장, 계 21장).

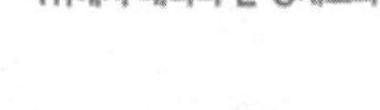

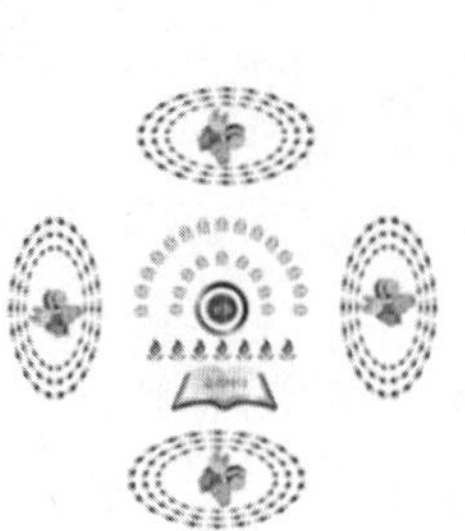

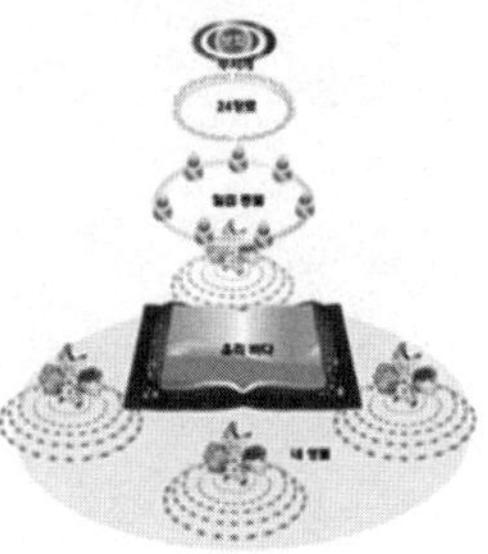

〈영계보좌의 형상대로 이땅에 이루어진 신천지 조직〉

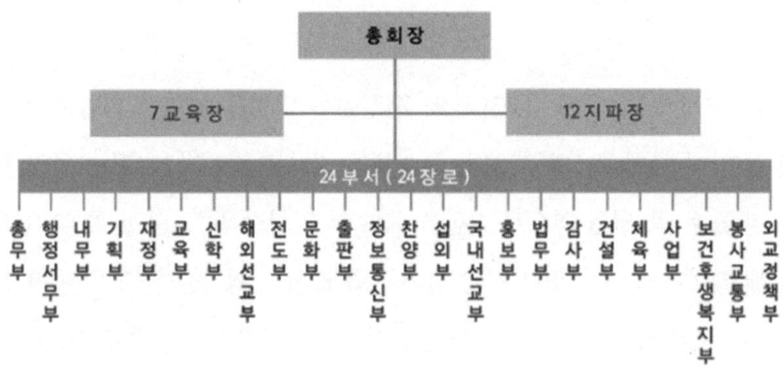

[출처: 신천지 공식 홈페이지]

이만희씨는 하늘에 올라가서 본 영계보좌를 1995년 3월 14일 이 땅에서도 그대로 보좌를 구성했다고 한다.

1

보좌 조직으로 총회장을 중심으로 하여 일곱 교육장과 12지파장, 24장로가 임명되었습니다.

1995

신천지 12지파 보좌 구성

- 신천지 7교육장, 12지파장, 24장로 임명
- [성도와 천국(종합편)] 발간
- [계시록의 실상] 발간
- 제1차 성지 순례(이스라엘, 이집트)
- [감추었던 만나] 발간
- 제2회 신천지 전국체전 개최

신천지 보좌구성 (신천지 발전사 참조)

- 보좌에 앉은 자: 이만희

- 7영(7교육장): 윤요한, 윤재명, 이○상, 신현욱, 이○석, 이○구, 조○희

- 12지파장: 지○섭, 박○찬, 정○동, 신○용, 김○갑, 이○휘, 신○수, 김

○택, 장○식, 오○영, 이○노, 전○
- 24장로: 지면상 생략

이만희씨가 7교육장, 12지파장, 24장로를 임명을 하면서 하늘에 이룬 것 같이 이 땅에서 신천지 보좌 구성을 하였다는 것이다. 그런데 웃긴 것은 일곱 눈, 즉 일곱 영으로 역할을 해야 할 임명받은 7교육장 중 "이0상"만 빼고 나머지 여섯 명은 사망하거나, 종교 사기 행각을 하기 위해 딴 살림을 차리고 있는 적그리스도가 있는가 하면, 이만희씨가 종교 사기꾼임을 폭로하는 사람도 있다. 남아있는 "이0상"도 교육장에서 내려가 도마 지파장 역할을 하고 있다.

임명된 12지파장도 별반 다를 것이 없다. 필자가 알기로는 12명 중 지○섭, 장○식, 전○을 뺀 나머지 9명도 사망을 하거나 신천지를 탈퇴해서 다른 구원자 행세하는 사람도 있다. 남아있는 지○섭씨는 치매가 있다는 소문까지 돌고 있다.

이만희씨가 영계 하늘에 올라가서 본 그대로 이 땅에서 똑같이 보좌를 구성했는데 일곱 영들과 열두 지파장, 이십사 장로 중에는 신천지가 종교 사기판이라고 수시로 탈퇴를 하고 있다. 이런 막장 드라마의 모습을 하는 육계의 보좌가 이만희씨가 본 영계 보좌 모습이란 말인가!

영계의 보좌 모습을 보고 내려와서 이 땅에 보좌를 구성했다면 모양만 흉내를 내는 것이 아니라, 영계 하늘 보좌를 보았던 것처럼 다른 사람은 몰라도 최소한 이만희씨가 임명한 7교육장들이 배신하는 일은 없어야 하지 않겠는가? 그런데 이만희씨 최측근들 대부분이 이만희씨가 종교 사기꾼이라고 탈퇴를 했다. 심지어 같이 동거를 했던 김남희씨도 이제는 이만희씨가 종교 사기꾼이라고 한다. 신천지 신도들은 신천지에서 벌어지고 있는 주변 상황을 객관적으로 판단해 보기 바란다.

2. [대한예수교]는 감히 [신천지예수교]와 비교할 "깜냥"도 안 된다.

> 514 천지 창조 (제4부)
>
> 49. 대○예수교와 신천지예수교
>
> 【본문 : 계 21장, 요 14:29】
>
> 대○예수교와 신천지예수교는 어떻게 다른가? 예수교라는 명칭은 예수님의 교회, 즉 교주가 예수님이라는 뜻이다.
>
> 육적 이스라엘 나라가 솔로몬 때 이방 신을 섬긴 죄로 남북으로 나누어진 것같이, 우리 나라도 현재 남북으로 나누어져 있다. 이 중 남쪽은 대한민국이며, 이 곳의 예수교를 대○예수교라고 한다. 대한민국은 지구촌에서 볼 때, 그리고 하늘에서 볼 때 아주 작은 나라이다. 그리고 대○예수교라는 명칭은 우리 나라에 국한된 예수교를 의미한다. 그러나 신천지는 새 하늘 새 땅이라는 뜻으로, 신천지예수교라 하면 하늘과 땅, 산 자와 죽은 자 전체를 두고 말하는 크나큰 예수 교단을 의미한다. 이는 대○예수교라는 명칭과는 비교할 수도 없는 것이다.

이만희씨는 천지창조 (2007, 보혜사·이만희 저)에 "대한예수교"와 "신천지예수교"를 비교하면서 "신천지예수교"를 치켜세운다.

위의 내용을 보면 이만희씨는 "대한예수교"라는 명칭은 우리나라에 국한된 예수교를 의미하며 "신천지예수교"는 하늘과 땅, 산 자와 죽은 자 전체를 두고 말하는 크나큰 예수 교단을 의미하고 있기 때문에 "대한예수교"라는 명칭과는 비교할 수도 없다고 "신천지예수교"를 자랑한다. 과연 그럴까? 다음을 살펴보자.

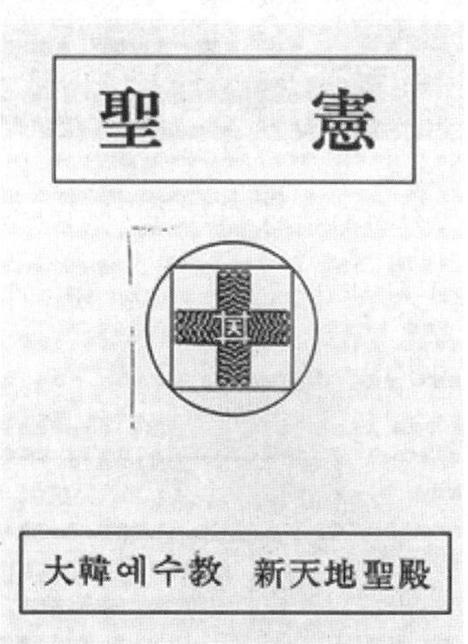

다음은 신천지 [성헌]이다. 한 마디로 신천지의 헌법과 같은 것이다. 이 안에 신천지 재산뿐만 아니라 재정과 제반 업무를 어떻게 하라는 지침 내용이 고스란히 담겨있다.

[성헌] 밑에는 "신천지 보좌마크"가 그려져 있다. 이 보좌마크에 관련되

어서는 계21장과 22장에서 다루기로 하고, 보좌마크 밑에 있는 글자를 자세히 보기 바란다.

뭐라고 적혀 있는가? "대한예수교 신천지 성전"이라고 적혀 있다. 신천지의 헌법이 규정되어 있는 책자에 "대한예수교"로 명시를 한 것이다. 천지창조에서는 "대한예수교"와 "신천지예수교"를 비교하면서 대한예수교는 신천지예수교와 비교해서 깜냥도 안 되는 것처럼 신천지예수교를 치켜세워놓고, 과거의 행적을 보니 버젓이 대한예수교를 쓰고 있었던 것이다. 이만희씨의 행태가 얼마나 간교한지를 알려주는 대목이다. 이 "대한예수교 신천지 성전 성헌"의 대표가 이만희씨로 되어있다. 더 많은 자료들이 말해주고 있다.

신천지에서 만든 영상이나 테이프에도 대한예수교는 들어가 있다. 심지어 신천지 책자뿐만 아니라 기부금 영수증을 발부할 때도 "대한예수교"를 팔아먹는다.

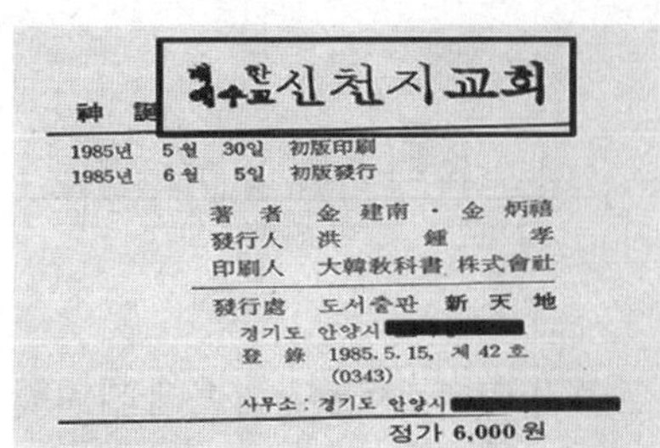

그러면서 이만희씨는 뻔뻔하게 대한예수교가 어떻고 신천지예수교가 저떻고 하는 수준 이하의 말과 행동을 하고 있다.

3. 속리산 법주사에서 "사천왕"을 보고 "네 생물"을 깨달은 이만희씨!

이만희씨는 신천지 신도들에게 "하나님의 지시에 의해 보은의 속리산 입구의 법주사로 가서 사천왕을 보고 네 생물을 깨달았다"고 가르쳤다.

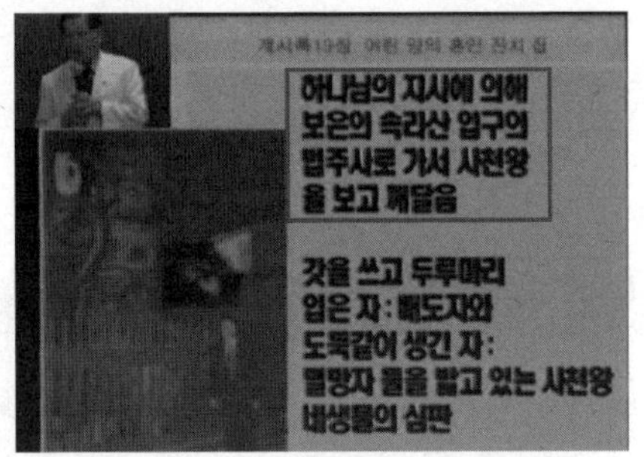

이만희씨가 위의 설교한 영상 내용을 요약하면 다음과 같다.

[하나님께 명령을 받고 새벽 캄캄한데도 일어나서 보은에 있는 속리산 법주사에 가게 되었고 문간에 들어서니까 깨달음이 왔다는 것이다. 그 당시 네 생물에 대해서 생각하고 있던 중에 법주사 입구에 들어서자 "장사"가 "갓을 쓰고 두루마기를 입은 사람의 목"과 "도둑놈같이 생긴 짐승"도 밟고 있었는데 갓을 쓰고 옷을 입은 사람은 "선민이자 배도자"이며 도둑놈같이 생긴 놈은 "짐승"이라는 깨달음을 얻었고 이처럼 사천왕이라고 하나 성경에서는 네 생물이라고 한다는 것을 깨달았다는 것이다]

정말 부끄럽다. 같은 하늘 아래 성경을 보고 있는 한 사람으로서 창피해서 고개를 들 수가 없다. 내가 믿는 구원자도 아닌데, 정말 창피해서 쥐구멍이라도 숨고 싶은 심정이다. 말은 이만희씨가 했는데 부끄럽고 창피한 몫은 고스란히 필자와 독자들의 몫이다.

세상에, 절간에 가서 사천왕을 보고 성경에 나오는 네 생물이 떠올랐고 그게 실상이란다. 이만희씨는 영계 하늘에 올라가서 보고 내려온 것이 아니라, 여기저기서 귀동냥으로 듣고 보고 난 이후 뜯어고치고 조작을 해 왔다. 그러면서 그런 적이 없는 것처럼 시치미를 떼는 치졸한 인간이다.

4. 이만희씨는 하늘의 것을 본 것이 아니고 남의 것을 보고 흉내를 잘 낸다.

다음 사진은 2012년 5월 1일 [천사들의 합창]이라는 신천지 신도가 운영하는 블로그에 게시된 것을 필자가 캡쳐한 것이다. 지금은 [천사들의 합창]이라는 신천지 신도가 운영하던 블로그는 보이지 않지만 모든 자료를 필자는 캡쳐해서 증거자료로 확보해둔 상태다.

너무 웃기지 않는가? 영계에 올라가서 하늘의 것을 보았다는 이만희씨가 레오나르도 다빈치가 그린 최후의 만찬 그림을 보고 예수 흉내를 내고

있는 것이다.

누가복음 22장

14 때가 이르매 예수께서 사도들과 함께 앉으사

15 이르시되 내가 고난을 받기 전에 너희와 함께 이 유월절 먹기를 원하
고 원하였노라

예수님께서 십자가를 지시기 전날에 12제자와 마지막 만찬을 하시는 모습을 그린 그림들은 다양하게 있다. 그러나 레오나르도 다빈치는 기존의 화가들이 그린 최후의 만찬 그림과는 다른 구도로 그림을 그린 것으로 유명하기도 한데 어떻게 다른 화가들의 최후의 만찬은 따라하지 않고 레오나르도 다빈치가 그린 최후의 만찬하고 너무나 비슷한 모습으로 사진을 찍었을까? 레오나르도 다빈치의 권위를 빌려서 좀 더 예수처럼 행세하고 싶었던 것 같다.

그 당시 신천지 신도들은 우연히 찍었는데 레오나르도 다빈치 그림과 너무 유사하게 찍혔다고 회자가 되기도 했었다. 이만희씨와 신천지 12지파장이 최후의 만찬을 흉내 내기 위해서 모였다는 것이 웃기고, 사진을 찍기 위해 예수와 12제자 흉내를 내기 위해 포즈와 연출을 하였다는 것이 개그콘서트 소재로 삼아도 될 법하다.

5. 예수의 영이 함께 한다는 이만희씨의 예언은 잘 맞지 않는다.

제16대 대통령 선거 때 이만희씨는 당시 "이회장"대선후보가 대통령이 될 것이라고 호언장담을 하였다. 그 당시는 이회창 대선후보가 제16대 대

통령이 될 것 같은 분위기였다. 이에 편승해서 이만희씨는 이회창씨가 대통령이 될 것이라고 예언을 한 것이다. 그런데 막상 뚜껑을 열어보니 노무현 대선후보가 대통령으로 당선이 된 것이다. 예수의 영이 한다는 사람이 3번이나 호언장담을 하며 이회창씨가 대통령이 된다고 했는데 예언이 불발이 된 것이다. 이만희씨는 주변 상황의 분위기와 눈치를 봐서 간교하게 이용을 하는 인간이지 하늘의 것을 보고 듣고 전하는 자가 아니다.

신명기 18장 22절 "만일 선지자가 있어서 여호와의 이름으로 말한 일에 증험도 없고 성취함도 없으면 이는 여호와의 말씀하신 것이 아니요 그 선지자가 방자히 한 말이니 너는 그를 두려워 말찌니라"

이만희씨 같은 사람들이 여호와의 이름으로 와서 증험과 성취함이 없다면 거짓 선자자니 방자히 말하는 이만희 같은 자들을 두려워하지 말 것을 하나님께서는 선포를 한다. 마치 자신이 영계에 올라간 것처럼 거짓말하는 인간이다. 이만희씨는 유재열씨가 미국의 웨스트민스터 신학교에 박사 학위를 받아 돌아왔다고 단상에서 가르쳤다. 그러나 필자가 웨스트민스터 신학교에서 문의를 해서 확인한 결과 유재열씨가 입학한 적도 없다는 답신을 받고 공개하자 명언을 남겼다.

"이 사람아, 내가 따라가 가 봤나 즈그가 글 카니까 내 그런 줄 알았지"

이게 이만희씨 답변이었다. 영계에 올라가서 보고 듣고 계시를 받은 것이 아니라 남들이 하는 거짓말이나 귀동냥으로 듣고 와서 성경에 끼워 맞춰놓은 아주 비열한 인간이다. 닭 잡아먹고 오리발 내미는 인간.

쉬어가는 코너 로맨티스트 이만희씨의 파란만장한 연예사

유부남인 이만희씨는 본처를 뒤로하고 김남희씨가 "세상에서 가장 얼굴과 마음씨가 예쁘다"고 치켜세워주고 함께 평화의 궁전에서 동거를 하던 사이였다. "안티 신천지인"들이 두 사람의 관계가 수상하다고 의혹을 제기했을 때, 신천지 신도들은 이만희 총회장님이 절대 그럴 리가 없다고 했다. 그러면서 오히려 괜히 트집을 잡고 비방한다고 "안티 신천지인"들에게 맹비난의 화살을 보냈다. 그리고 얼마 후, 두 사람이 냇가에서 물고기를 잡고 같이 동거하는 장면이 포착이 되었을 때 이만희 총회장님을 인신공격한다고 "안티 신천지인"인들을 맹비난하던 신천지 신도들은 이제는 "그게 뭐가 대수냐"는 태도를 보인다.

만약 일반 개신교에 저명한 목사님에게 이런 일들이 벌어지면 맹비난을 하고 손가락질하기 바쁠 텐데 자신들이 믿고 있는 구원자가 비윤리적인 행동을 할 때는 선택적 용서가 되는가 보다. 이게 용납이 되는 신천지 신도들 중에 자신의 아내나 남편이 이만희씨처럼 다른 사람과 동거를 하고 놀아난다면 "그게 뭔 대수냐"는 태도를 보일지 묻지 않을 수 없다.

이만희씨와 김남희씨의 관계가 드러나기 시작했을 때부터 유심히 지켜보고 있던 필자는 이 두 사람이 연인 관계로 발전하여 급기야 부부처럼 동거를 하고 종국에는 서로 고소 고발을 남발하며 철천지원수가 되어가는 과정을 지켜보고 있었는데 그 상황을 연대기 순으로 정리해 보았다.

<u>2005년</u> 이만희씨가 충남 계룡시 김남희씨의 미0지움 아파트 드나드는 현장이 최초 목격됨

2006년 전부터 김남희씨는 신천지 압구정센터 원장을 했던 것으로 추정

2006년 1월 18일 이만희씨는 설교시간에 "이혼에 대한 이야기"를 하기 시작함

2006년 11월경부터 소위 "신현욱 쿠테타 사건"으로 신천지가 내부가 어수선해짐

2007년 7월 신현욱 교육장 이탈 후 신천지에서 "천지창조" 책자 발간 (교리대폭수정)

2008년 2월 6일 이만희씨 부모 산소에 "친자 이만희, 후인 김남희"이름 들어간 비석 설치 (2017년 김남희씨 신천지 탈퇴 후 비석 제거함)

2008년 11월 8일 청담초등학교 주변 음식점에서 이만희씨가 김남희씨 딸에게 김남희는 "만민의 어머니"라고 말함

2009년 8월30일 가평군 설악면 선촌리 건물 등기이전 김남희씨 소유 (두 사람 신혼집)

2009년 김남희씨를 대표로 하는 신천지 공식 (사)만남(빛과 빛의 만남) 단체가 만들어졌음

2010년 5월 이만희씨가 "이혼 위자료와 생활비 명목"으로 "신천지 계좌"에서 "30억"원을 출금해 김남희씨에게 줌[3] (2010년 김남희씨가 전남편과 이혼했을 것으로 추정됨)

2010년 7월 이만희씨 조선대 병원에서 허리 수술할 때 김남희씨가 병간호하며 수발

2011년 "빛의 군사훈련(빛군)"을 통해 구체적으로 김남희 띄우기에 혈안이 되었으나 빛군과 관련된 훈련 중 사망사고 발생 후 빛군 훈

3 출처: 프레시안: https://www.pressian.com/pages/articles/2021120917105415201

련 조용히 사라짐

2012년 이만희씨 설교시간에 사도바울을 언급하며 다시 "2차 이혼에 대한 이야기" 함(남편과 이혼한 김남희씨와 동거의 시작을 합리화시키기 위한 목적으로 보임)

2012년 이만희씨와 김남희씨 결혼서약서작성 (주례: 아버지 하나님) "신랑 만희"와 "신부 남희"는 "결혼으로 부부"가 된 것을 천지 영인에게 선포함

2012년 9월 16일 신천지 "하늘문화예술체전" (이만희씨와 김남희씨 두 사람의 혼인 잔치)

2013년 3월 30일 [주제별 요약해설4] 신천지 공식책자에 이만희와 어깨를 나란히 하며 김남희 이름이 등장함

2017년 김남희씨 신천지 공식탈퇴 함으로써 이만희씨 팽 당함 (이만희씨가 김남희씨에게 사정하면서 "여보 돌아와요" 명대사 남김)

2019년 이만희씨는 김남희를 세상 법에 고소 시작하면서 김남희와의 전쟁 선포 함 (수차례 법적 공방이 있었음)

지금 신천지에 남아있는 신도들 중에 김남희씨를 해, 달, 별 중 "달"로 떠받치고, 더 나아가 "만민의 어머니"로 추앙했던 신천지 신도들은 부끄럽지 않는지 묻고 싶다.

※ 이만희씨와 김남희씨 두 사람의 관계에 관한 자료들은 인터넷에 많이 떠돌아다닌다.

1 내가 보매 보좌에 앉으신 이의 오른손에 책이 있으니 안팎으로 썼고 일곱 인으로 봉하였더라/2 또 보매 힘 있는 천사가 큰
성으로 외치기를 누가 책을 펴며 그 인을 떼기에 합당하냐 하니/3 하늘 위에나 땅 위에나 땅 아래에 능히 책을 펴거나 보거
할 이가 없더라/4 이 책을 펴거나 보거나 하기에 합당한 자가 보이지 않기로 내가 크게 울었더니/5 장로 중에 하나가 내게 말
되 울지 말라 유대 지파의 사자 다윗의 뿌리가 이기었으니 이 책과 그 일곱 인을 떼시리라 하더라/6 내가 또 보니 보좌와 네
물과 장로들 사이에 어린 양이 섰는데 일찍 죽임을 당한것 같더라 일곱 뿔과 일곱 눈이 있으니 이 눈은 온 땅에 보내심을 입
하나님의 일곱 영이더라/7 어린 양이 나아와서 보좌에 앉으신 이의 오른손에서 책을 취하시니라/8 책을 취하시매 네 생물과
십 사 장로들이 어린 양 앞에 엎드려 각각 거문고와 향이 가득한 금 대접을 가졌으니 이 향은 성도의 기도들이라/9 새 노래
노래하여 가로되 책을 가지시고 그 인봉을 떼기에 합당하시도다 일찍 죽임을 당하사 각 족속과 방언과 백성과 나라 가운데서
람들을 피로 사서 하나님께 드리시고/10 저희로 우리 하나님 앞에서 나라와 제사장을 삼으셨으니 저희가 땅에서 왕노릇하
로다 하더라/11 내가 또 보고 들으매 보좌와 생물들과 장로들을 둘러 선 많은 천사의 음성이 있으니 그 수가 만만이요 천천
이라/12 큰 음성으로 가로되 죽임을 당하신 어린 양이 능력과 부와 지혜와 힘과 존귀와 영광과 찬송을 받으시기에 합당하도다
하더라/13 내가 또 들으니 하늘 위에와 땅 위에와 땅 아래와 바다 위에와 또 그 가운데 모든 만물이 가로되 보좌에 앉으신 이와
린 양에게 찬송과 존귀와 영광과 능력을 세세토록 돌릴찌어다 하니/14 네 생물이 가로되 아멘 하고 장로들은 엎드려 경배하
라

1 내가 보매 보좌에 앉으신 이의 오른손에 책이 있으니 안팎으로 썼고 일곱 인으로 봉하였더라/2 또 보매 힘 있는 천사가 큰
성으로 외치기를 누가 책을 펴며 그 인을 떼기에 합당하냐 하니/3 하늘 위에나 땅 위에나 땅 아래에 능히 책을 펴거나 보거
할 이가 없더라/4 이 책을 펴거나 보거나 하기에 합당한 자가 보이지 않기로 내가 크게 울었더니/5 장로 중에 하나가 내게 말
되 울지 말라 유대 지파의 사자 다윗의 뿌리가 이기었으니 이 책과 그 일곱 인을 떼시리라 하더라/6 내가 또 보니 보좌와 네
물과 장로들 사이에 어린 양이 섰는데 일찍 죽임을 당한것 같더라 일곱 뿔과 일곱 눈이 있으니 이 눈은 온 땅에 보내심을 입
하나님의 일곱 영이더라/7 어린 양이 나아와서 보좌에 앉으신 이의 오른손에서 책을 취하시니라/8 책을 취하시매 네 생물과
십 사 장로들이 어린 양 앞에 엎드려 각각 거문고와 향이 가득한 금 대접을 가졌으니 이 향은 성도의 기도들이라/9 새 노래
노래하여 가로되 책을 가지시고 그 인봉을 떼기에 합당하시도다 일찍 죽임을 당하사 각 족속과 방언과 백성과 나라 가운데서
람들을 피로 사서 하나님께 드리시고/10 저희로 우리 하나님 앞에서 나라와 제사장을 삼으셨으니 저희가 땅에서 왕노릇하
로다 하더라/11 내가 또 보고 들으매 보좌와 생물들과 장로들을 둘러 선 많은 천사의 음성이 있으니 그 수가 만만이요 천천
이라/12 큰 음성으로 가로되 죽임을 당하신 어린 양이 능력과 부와 지혜와 힘과 존귀와 영광과 찬송을 받으시기에 합당하도다
하더라/13 내가 또 들으니 하늘 위에와 땅 위에와 땅 아래와 바다 위에와 또 그 가운데 모든 만물이 가로되 보좌에 앉으신 이와
린 양에게 찬송과 존귀와 영광과 능력을 세세토록 돌릴찌어다 하니/14 네 생물이 가로되 아멘 하고 장로들은 엎드려 경배하
라

1 내가 보매 보좌에 앉으신 이의 오른손에 책이 있으니 안팎으로 썼고 일곱 인으로 봉하였더라/2 또 보매 힘 있는 천사가 큰
성으로 외치기를 누가 책을 펴며 그 인을 떼기에 합당하냐 하니/3 하늘 위에나 땅 위에나 땅 아래에 능히 책을 펴거나 보거
할 이가 없더라/4 이 책을 펴거나 보거나 하기에 합당한 자가 보이지 않기로 내가 크게 울었더니/5 장로 중에 하나가 내게 말
되 울지 말라 유대 지파의 사자 다윗의 뿌리가 이기었으니 이 책과 그 일곱 인을 떼시리라 하더라/6 내가 또 보니 보좌와 네
물과 장로들 사이에 어린 양이 섰는데 일찍 죽임을 당한것 같더라 일곱 뿔과 일곱 눈이 있으니 이 눈은 온 땅에 보내심을 입
하나님의 일곱 영이더라/7 어린 양이 나아와서 보좌에 앉으신 이의 오른손에서 책을 취하시니라/8 책을 취하시매 네 생물과
십 사 장로들이 어린 양 앞에 엎드려 각각 거문고와 향이 가득한 금 대접을 가졌으니 이 향은 성도의 기도들이라/9 새 노래
노래하여 가로되 책을 가지시고 그 인봉을 떼기에 합당하시도다 일찍 죽임을 당하사 각 족속과 방언과 백성과 나라 가운데서
람들을 피로 사서 하나님께 드리시고/10 저희로 우리 하나님 앞에서 나라와 제사장을 삼으셨으니 저희가 땅에서 왕노릇하
로다 하더라/11 내가 또 보고 들으매 보좌와 생물들과 장로들을 둘러 선 많은 천사의 음성이 있으니 그 수가 만만이요 천천
이라/12 큰 음성으로 가로되 죽임을 당하신 어린 양이 능력과 부와 지혜와 힘과 존귀와 영광과 찬송을 받으시기에 합당하도다
하더라/13 내가 또 들으니 하늘 위에와 땅 위에와 땅 아래와 바다 위에와 또 그 가운데 모든 만물이 가로되 보좌에 앉으신 이와
린 양에게 찬송과 존귀와 영광과 능력을 세세토록 돌릴찌어다 하니/14 네 생물이 가로되 아멘 하고 장로들은 엎드려 경배하
라1 내가 보매 보좌에 앉으신 이의 오른손에 책이 있으니 안팎으로 썼고 일곱 인으로 봉하였더라/2 또 보매 힘 있는 천사가 큰

4

요한계시록 5장

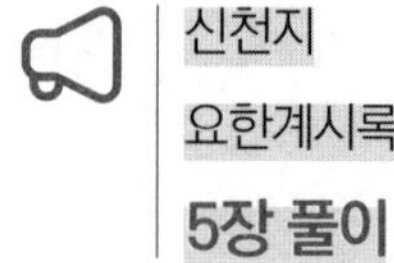

신천지 요한계시록 5장 풀이

1 내가 보매 보좌에 앉으신 이의 오른손에 책이 있으니 안팎으로 썼고 일곱 인으로 봉하였더라

이 책이 일곱 인으로 봉해진 두 가지 이유를 천하의 모든 신앙인들은 깨달아야 한다. 먼저 일곱 인으로 봉해진 이 책은 본래 펼쳐서 계4장 5절에 하나님의 보좌 일곱 등불의 영이 일곱 금 촛대 장막성전에 있는 일곱 사자를 들어 성도들을 인치는 말씀이었다.

그러나 계1장 20절에 예수님의 오른손에 있는 일곱 사자가 계2장 4절과 5절처럼 예수님에게서 떨어져 계2장 14절, 15절 20절과 같이 니골라당과 교제하여 그들의 교법을 받아들임으로써 하나님의 말씀을 밝히 일러주던 보좌 앞 일곱 등불의 영은 일곱별에서 떠나갔고, 하나님의 책은 그와 동시에 자동으로 봉해졌다.

두 번째로는 단6장 8절과 같이 바벨론 왕이 자신들의 교리, 교법 외에는 전하지 못하도록 "인"을 찍어 하나님의 말씀을 펼치지 못하게 함과 같이 계13장 16절, 17절에는 이방 니골라당의 일곱 목자가 하나님의 일곱 사자를 이기고 누구든지 자신들의 표를 가진 자 외에는 매매를 못하게 하였다. 이로 인해 하나님의 일곱 목자가 대적의 일곱 목자에게 침해를 받아 하나님의 말씀을 증거하지 못하니 사29장 9절부터 13절, 사42장 18절부터 19절처럼 소경이 되어 그들에게는 봉한 책이 되었다.

2 또 보매 힘 있는 천사가 큰 음성으로 외치기를 누가 책을 펴며 그 인을
떼기에 합당하냐 하니
3 하늘 위에나 땅 위에나 땅 아래에 능히 책을 펴거나 보거나 할 이가 없더라

본 장에서는 요한계시록이 봉해져 있는 상태이고 어린양이신 예수님에서 천사에게 그리고 천사에서 사도 요한에게 전달하려는 준비단계이다. 육의 세계에서는 "하늘"은 장막성전이고, "땅"은 장막성전의 성도를 의미하며 "땅 아래"는 장막을 제외한 모든 세상 교인 중에 이 책을 펴거나 볼 자가 아무도 없음을 말한다.

4 이 책을 펴거나 보거나 하기에 합당한 자가 보이지 않기로 내가 크게 울
었더니
5 장로 중에 하나가 내게 말하되 울지 말라 유대 지파의 사자 다윗의 뿌리
가 이기었으니 이 책과 그 일곱 인을 떼시리라 하더라

사도 요한이 계시록이 봉함된 것을 알고 울고 있을 때 장로 중 하나가 말한다. "유대 지파의 사자 다윗의 뿌리"는 예수님인데 초림 때는 예수님이 사단과 싸워서 이겼다면, 오늘날은 이긴 자가 7머리 10뿔 짐승과 싸워 이기므로 책을 펴고 인을 뗄 수 있다.

6 내가 또 보니 보좌와 네 생물과 장로들 사이에 어린 양이 섰는데 일찍 죽
임을 당한 것 같더라 일곱 뿔과 일곱 눈이 있으니 이 눈은 온 땅에 보내심
을 입은 하나님의 일곱 영이더라

"일곱 뿔" 은 장막의 일곱 사자였던 일곱별과는 다른 육체를 가진 존재이고 "뿔"은 권세를 의미한다. 일곱 영이 이 일곱별에서 떠나 일곱 뿔에게 옮겨가게

되고, 이 일곱 불은 예수님이 일곱 별을 버리시고 새로 옮겨간 일곱 사명자이며 이 일곱 불과 더불어 역사를 하게 된다. 이 일곱 불이 있는 곳이 영적 새 이스라엘 즉, 증거장막성전이 되는 것이다.

7 어린 양이 나아와서 보좌에 앉으신 이의 오른손에서 책을 취하시니라
8 책을 취하시매 네 생물과 이십 사 장로들이 어린 양 앞에 엎드려 각각 거문고와 향이 가득한 금 대접을 가졌으니 이 향은 성도의 기도들이라

어린양이 하나님에게 책을 취하니 네 생물과 이십 사 장로들이 엎드린다. "거문고"는 성경이고 "향"은 성도의 기도이며 "금 대접"은 하나님의 말씀을 받은 영과 육체를 말한다.

9 새 노래를 노래하여 가로되 책을 가지시고 그 인봉을 떼기에 합당하시도다 일찍 죽임을 당하사 각 족속과 방언과 백성과 나라 가운데서 사람들을 피로 사서 하나님께 드리시고

"모세의 노래"는 신31장처럼 모세가 하나님으로부터 받은 율법이고, "어린 양의 노래"는 예수님께서 주신 신약성경의 말씀이다. "새 노래"는 계시록을 해석하는 말씀이고 이긴 자가 받은 실상의 복음이 새 노래이다. "족속"은 세상의 각 교단을 "방언"은 그 교단들의 교리를 "백성"은 각 교단의 교인들을 "나라"는 각 세상교회를 의미한다. 따라서 "족속과 방언과 백성과 나라"는 바벨론으로 대표할 수 있고, "예수님의 피"는 말씀인데 "피로 산다"는 것은 바벨론에 있는 비진리를 먹고 있는 사람들을 말씀으로 깨닫게 하여 새 노래 즉, 실상의 복음을 듣고 이긴 자가 있는 시온산으로 나오게 된다는 의미이다.

10 저희로 우리 하나님 앞에서 나라와 제사장을 삼으셨으니 저희가 땅에
서 왕노릇하리로다 하더라

“하나님 앞에서 제사장이 되어 왕 노릇 한다”는 뜻은 인 맞은 14만 4천 명이 하나님의 목자가 되어 각각 맡은 교회를 말씀으로 다스린다는 뜻이다.

11 내가 또 보고 들으매 보좌와 생물들과 장로들을 둘러 선 많은 천사의
음성이 있으니 그 수가 만만이요 천천이라
12 큰 음성으로 가로되 죽임을 당하신 어린 양이 능력과 부와 지혜와 힘과
존귀와 영광과 찬송을 받으시기에 합당하도다 하더라
13 내가 또 들으니 하늘 위에와 땅 위에와 땅 아래와 바다 위에와 또 그 가
운데 모든 만물이 가로되 보좌에 앉으신 이와 어린 양에게 찬송과 존귀와
영광과 능력을 세세토록 돌릴찌어다 하니
14 네 생물이 가로되 아멘 하고 장로들은 엎드려 경배하더라

“만만이요 천천이라”는 숫자는 무수히 많음을 비유한 것이고 그 천사들뿐만 아니라 모든 만물과 네 생물과 장로들이 하나님과 어린양이 영광과 찬송을 받으시기에 합당하다고 외치고 경배한다.

신천지 요한계시록 5장 반증

1. 이만희씨는 언제 책 받아먹었는가?

1절 내가 보매 보좌에 앉으신 이의 "오른손에 책"이 있으니 안팎으로 썼고 "일곱 인"으로 봉하였더라

이만희씨는 하나님의 오른손에 "일곱 인"으로 봉함된 "책"은 비유와 비사로 감추었다가 예언이 실상으로 응해지는 오늘날 밝히 드러나게 된다고 한다. 이 책이 "요한계시록"이며 계10장에 나오는 "작은 책"인데 자신이 이 책을 받아먹었다는 것이다. 따라서 계시록 전장의 사건이 오늘날 대한민국 과천 장막성전에서 일어나고 있고 그 사건의 현장을 다 보았고, 그 사실을 증거하고 있다는 것이다. 이만희씨가 책 받아먹었다고 자신의 책에 밝힌 내용을 살펴보자.

- [계시록 완전해설] 책자에서는 "1980년 봄"에 책 받아먹음
- [이○연 교육장 초창기 유인물]에서는 "1980년 9월(9월의 사건이라고 함)"에 책 받아먹음
- [신현욱 주장에 대한 바른증거] 책자에서는 "1979년 가을"에 천사로부터 열린 책 받아먹음
- [천지창조] 책자에는 "1980년 초"에 천사로부터 작은 책을 받아먹음

자신이 책 받아먹은 년도를 정확하게 모르기도 하고 "가을"에 책 받아먹었는지 "봄"에 책 받아먹었는지도 헷갈려한다. 이 "책 받아먹는 사건"이 "수십 년 전"의 오래된 사건도 아니고 1984년 신천지가 시작되기 불과 4년 전의 사건이다. 손가락으로 숫자를 세 보아도 알 수 있고 삼척동자도 알 수 있는 일인데 그 중요한 책 받아먹는 사건을 봄인지 가을인지도 헷갈리고 79년인지 80년인지 헷갈리는 게 말이 되는가!

더 나아가 요한계시록에 기록된 전장의 예언이 오늘날 성경대로 이루어졌으며 그 이루어진 실상을 가감 없이 일점일획 틀리지 않고, 육하원칙으로 증거를 하고 있다고 주장한다. 그러나 이만희씨가 증언한 실상을 토대로 필자가 확인해 본 결과 전부 조작하고 날조하고 짜깁기하였다는 것을 알게 되었다. 계1장부터 계4장까지 반증만 보더라도 이만희씨의 안수받는 사건이나 편지 사건이 모조리 거짓말이라는 것을 알 수 있다. 다음 장에서도 계속 진행되는 반증들을 통해서 이만희씨가 거짓말로 조작하고 있는 내용들을 밝혀보자.

2. 신천지는 실상 인물의 숫자가 부족해서 한 사람이 여러 역할을 하는 해프닝이 벌어진다.

6절 내가 또 보니 보좌와 네 생물과 장로들 사이에 어린 양이 섰는데 일찍 죽임을 당한 것 같더라 "일곱 뿔"과 일곱 눈이 있으니 이 눈은 온 땅에 보내심을 입은 하나님의 일곱 영이더라

위의 6절 내용을 이만희씨는 "일곱 눈은 온 세상에 보내심을 받은 하나님의 일곱 영"이며 이 "일곱 영"이 첫 언약을 한 장막성전의 일곱 사자와

함께 하다가 이들이 하나님의 말씀을 지키지 아니하고 배도를 해서 떠나게 되고, 다시 새로운 "육체 일곱(일곱 뿔)명"을 택하여 일곱 영이 "일곱 뿔"에게 옮겨 갔다고 한다. 이 일을 가리켜 예수님께서 '촛대를 옮기는 것'이라고 한다. 우선, 일곱 영이 함께 했다는 "장막성전의 일곱 사자"는 다음과 같다.

1) 삼손 유재열 2) 사무엘 정창래 3) 디라 김영애 4) 모세 신종환 5) 솔로몬 백만봉 6) 여호수아 신광일 7) 미카엘 김창도

이만희씨는 위의 장막성전의 "일곱 사자"가 배도를 하게 되어 일곱 영이 떠나서 "일곱 뿔"에게 옮겨간다고 한다. 다음으로 일곱 영이 옮겨간 신천지의 일곱 뿔의 실상 인물들을 보자. (김○록 교육장 계시록 통합교육 참조)

1) 신문배 2) 박영진 3) 이종호 4) 이찬선 5) 장희문 6) 이창호 7) 홍종효

이 일곱 뿔은 모두 장막성전 출신으로 봉함된 책의 인을 뗄 때에 "배도한 일곱 사자"를 심판하기 위해 세운 "일곱 사명자"라고 한다.

천국비밀 요한계시록의 실상 (2011, 보혜사·이만희 저) p96

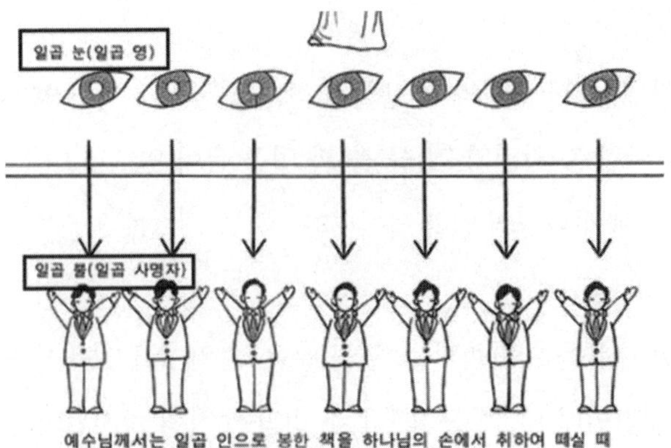
일곱 눈(일곱 영)
일곱 뿔(일곱 사명자)
예수님께서는 일곱 인으로 봉한 책을 하나님의 손에서 취하여 떼실 때
일곱 영과 일곱 뿔 곧 일곱 목자를 택하여 함께 역사하신다.

그런데 이 일곱 뿔의 실상 인물들이 계5장에서만 나오는 게 아니라 다른 계시록 장에서도 등장하는 해프닝이 일어나고 있다.

1) "신문배"와 "이찬선"씨는 계시록 6장의 네 말(흰 말, 붉은색 말, 검은 말, 청황색 말)의 실상에서 각각 붉은색 말과 검은색 말의 역할도 한다. 즉, "신문배"와 "이찬선"씨는 계5장에서는 "일곱 뿔" 중에서 두 뿔로 역할도 하고 계6장에서는 "네 말" 중에서 "두 말"로 역할을 하는 바쁜 상황이다.

2) 장희문씨는 계5장에서는 "일곱 뿔"중에서 "한 뿔"로 역할을 하고 계시록 8장 9장 11장에서는 "일곱 나팔" 중 "한 나팔"의 역할을 한다. 이 나팔이 정확히 몇 장에 나오는 몇 번째 나팔인지는 이만희씨는 언급하지 못하고 단지 가장 중요한 일곱 번째 나팔은 이만희씨 본인이라고 한다.

3) 이창호씨는 계5장에서 "일곱 뿔"중에서 "한 뿔"로 역할을 하고 계시록 16장에서는 "일곱 대접" 중 "한 대접"의 역할을 한다.

4) 계시록에서 신천지 실상 인물로 이만희씨를 제외하고 가장 바쁜 인물 중 한 명이 단연 "홍종효"씨이다. 홍종효씨는 계2장, 3장 편지 쓸 때 이만희씨 대필자 역할, 계시록 8장 9장 11장의 일곱 나팔 중 한 나팔, 계시록11장에 두 증인 중 한 명, 계시록16장에서 일곱 대접 중 한 대접의 역할을 하는 정말 바쁜 사람이다. 성경에서 "나팔", "두 증인", "대접"이 같은 것인가? 이렇듯 신천지 실상의 인물들이 혼자 북치고, 장구치고 바빠도 너무 바쁘다. 신천지 계시록 실상에서 이렇게 중요한 홍종효씨가 배도를 하고 자칭 재림예수라면서 1987년에 신천지를 탈퇴해 버렸고, 이제는 사망하여 이 세상에 없다.

3. 장막성전의 "일곱 사자"가 배도하였기 때문에 "일곱 영"이 "일곱 뿔"에 옮겨 갔다면

이만희씨는 계5장 6절을 설명하면서 "일곱 영"이 첫 언약을 한 장막성전의 일곱 사자와 함께 역사하다가 이들이 하나님의 말씀을 지키지 아니하고 배도를 해서 떠나게 되고, 다시 새로운 "육체 일곱(일곱 뿔)명"을 택하여 일곱 영이 "일곱 뿔"에게 옮겨갔다고 한다. 이 일을 가리켜 예수님께서 '촛대를 옮기는 것'이라고 설명을 한다.

그런 논리라면 하나님이 보내신 이 중요한 "일곱 영"이 새로이 옮겨간 "일곱 뿔"이 배도를 한다면 옮겨간 이 "일곱 영"도 배도한 일곱 뿔을 떠나가야 하는 논리가 된다. 일곱 뿔인 홍종효씨가 배도하고 육이 사망했다. 결국, 일곱 뿔에 옮겨간 일곱 영이 떠나야 하는 논리가 된다.

1) 신문배 2) 박영진 3) 이종호 4) 이찬선 5) 장희문 6) 이창호 7) 홍종효 중에서 1) ~ 6)번 까지는 필자가 직접 보거나 통화를 해 본 적도 없는 인물이고 신천지에서 일방적으로 주장하는 인물이니 검증을 할 수가 없겠지만, "홍종효"씨는 검증이 충분히 가능하다. 신천지 교적부에는 홍종효씨가 1987년에 신천지를 탈퇴했다고 기록이 되어있다. 그렇다면 신천지 입장에서는 홍종효씨가 배도한 것이고 장막성전의 일곱 사자가 배도하여 일곱 영이 일곱 뿔로 옮겨간 것처럼 배도한 홍종효씨에게 있던 일곱 영을 거두어 다른 곳으로 옮겨가야 하는 것이고 신천지는 배도한 장막이 되는 모순이 발생한다.

신천지와 이만희씨는 자신들의 논리에 스스로 자승자박을 하고 있는 꼴이다. 필자는 홍종효씨가 살아있을 때 통화를 했던 적이 있으며 신천지와 이만희씨에 대해서 여러 가지를 물었던 적이 있다. 당시 물었던 질문 중에 하나가 장막성전 건물에 일곱별을 붙여 놓고 시작한 적이 있는지 물었고, 홍종효씨는 그런 적이 없다고 했다. 그 뒤로 신천지 발전사나 신천지 실상 자료에 나오는 장막성전 건물에 붙은 별이 조작되었다는 것을 알게 되었고 지금은 신천지에서 공개적으로는 잘 사용하지 않는 것으로 알고 있다. 물론 장막성전과 밀접한 관계가 있는 오평호 목사에게도 장막성전 건물에 일곱별을 붙여 놓은 적이 있는지도 물었다. 그의 대답은 "그런 적이 없다" 였다.

쉬어가는 코너 **장기보험 가입 금지**

다음 글은 신○수 바돌로매 지파장이 2004년 2월 8일 저녁 7시 간암으로 사망을 한 후, 그 분의 딸이 [어려워]라는 닉네임으로 "갓피플 바로알자 신천지" 카페에 "2010년 1월 29일 보험은 들어 놨니?"라는 제목으로 올렸던 신천지 경험담이다. [1편부터 11편까지] 있으며 이 글은 [5편]에 해당하는 글이다. "갓피플 바로알자 신천지"는 더 이상 접근할 수 없지만 이 분의 경험담은 "신천지 푸른하늘 투" 블로그에 전문이 올려져있다. 참고로 신천지에서 지파장은 신천지 내에서 최고위층의 자리중 하나이다. 신○수 지파장이 사망 후, 유가족들이 이만희씨를 만났던 상황을 [어려워]님이 작성한 글이다.

 # 보험은 들어놨니?

지난번 사택 방문을 헛걸음하고 며칠 뒤 총회 사무실로 총회장님을 뵈러 갔습니다. 출입구에는 이름표 붙은 신발장들이 줄지어 놓여있었고 내 눈에 들어온 아빠의 이름 세 글자. 그리고 텅 비어버린 신발장......

아빠 이름은 여전히 그곳에 그대로 적혀 있는데 '아빠 신발이 이 신발장 안에 다시는 담겨질 수 없구나...' '아, 이렇게 살면서 밀려오는 그리움들이 정말 슬프구나..' 이미 내 눈에서는 눈물이 흐르고 있었습니다.

사무실로 들어가고 잠시 뒤 총회장님이 나오셨습니다.

"얼마나 애통해..."

"네, 우리 지파장님 순교죠?" 엄마가 물었습니다.

"네, 그렇죠. (눈도 마주치지 않고), 근데 보험 같은 건 들어놓은 게 있었나?"

"의료 보험이요? 그거야 해놨죠."

"아니, 그거 말고 생명보험 같은 거..."

"예전에 들어놨었는데 힘들어서 다 깨고 없어요."

잠시 침묵, 어색하고 형식적인 대화 몇 마디 주고받고 총회를 나올 수밖에 없었습니다. 내 손에 들려있던 우리가 원하는 몇 가지를 적은 편지, 결국 못 드리고 나왔습니다. 보험 들어놨냐고 묻는 그 앞에서 더 이상 무슨 말을 할 수가 있나요.

보험? 그걸 어찌 들어. 고민고민해서 기도해서 줬다는 영명 받은 지파장인데 설마 죽기야 하겠어 라는 생각으로 형편이 어려워지자 소비를 줄이고자 제일 먼저 했던 일이 보험 해약이었는데 말이죠. 근데 우리한테 보험 들어놨냐 물으시네. 눈에서 눈물이 납니다. 눈물도 말라버린 포화 상태의 슬픔. 참 미련스럽게 믿었던 우리가 새삼스레 안쓰럽습니다.

신○준 지파장이 세상을 떠났을 때 유가족과의 만남에서 "생명보험"을 들었는지 물어보던 이만희씨는 2005년 11월에 단상에서 신천지 신도들에게 다음과 같은 설교를 한다.

[하나님을 믿지 못하고 세상 보험회사나 돈 갖다 주는 대신에 교회의 일에 소홀히 하고 이런다면 어찌 하나님이 복을 주겠냐는 것입니다. 하나님의 역사를 믿지 못해가지고 그것도 오랜 세월에 장기적인 보험을 들고 이 뭐하는 짓이냐 이 말입니다]

위의 이만희씨 육성은 "신천지 푸른하늘 투 블로그"에 올라가 있다. 그리고 얼마 후 이만희씨는 "교회담임 및 강사 장기보험 가입금지"라는 제목으로 전국 12지파에 [특별지시사항]을 내린다.

특별 지시사항

수 신 : 지파장, 교회담임
참 조 : 총무, 강사
제 목 : 교회담임 및 강사 장기보험 가입금지

신천지 교회담임 및 강사는 장기보험 가입을 금한다. 현재 보험에 가입되어 있어 만기일이 6개월 이내인 경우 그때 가서 처리하되 6개월 이상의 경우 보험계약을 취소하기 바란다. 이는 믿음이 인정되지 않고 하나님을 무시하는 처사이며 성도들의 믿음을 저하시키는 것이기 때문이다. 총회사업부는 현재의 장기보험 가입자를 보고하기 바란다.

신천기 22년 11월 10일

신천지예수교 총회장 이 만 희

신천지에서 일하다 병이 들어도 어디 가서 하소연도 제대로 못하고 남아있는 마지막 안전장치까지 뽑아 버려서 영적 노예를 만드는 이만희씨의 인면수심과 언행이 다른 이중인격이 여실히 드러난다.

참 미련스럽게 믿었던 우리가 새삼스레 안쓰럽습니다.

1 내가 보매 어린 양이 일곱 인 중에 하나를 떼시는 그 때에 내가 들으니 네 생물 중에 하나가 우뢰소리 같이 말하되 오라
로/2 내가 이에 보니 흰 말이 있는데 그 탄 자가 활을 가졌고 면류관을 받고 나가서 이기고 또 이기려고 하더라/3 둘째 인을
실 때에 내가 들으니 둘째 생물이 말하되 오라 하더니/4 이에 붉은 다른 말이 나오더라 그 탄 자가 허락을 받아 땅에서 화
제하여 버리며 서로 죽이게 하고 또 큰 칼을 받았더라/5 세째 인을 떼실 때에 내가 들으니 세째 생물이 말하되 오라 하기로
가 보니 검은 말이 나오는데 그 탄 자가 손에 저울을 가졌더라/6 내가 네 생물 사이로서 나는듯하는 음성을 들으니 가로되
1)데나리온에 밀 한되요 한 1)데나리온에 보리 석되로다 또 감람유와 포도주는 해치 말라 하더라/7 네째 인을 떼실 때에
가 네째 생물의 음성을 들으니 가로되 오라 하기로/8 내가 보매 청황색 말이 나오는데 그 탄 자의 이름은 사망이니 음부가
뒤를 따르더라 저희가 땅 사분 일의 권세를 얻어 검과 흉년과 사망과 땅의 짐승으로써 죽이더라/9 다섯째 인을 떼실 때에
가 보니 하나님의 말씀과 저희의 가진 증거를 인하여 죽임을 당한 영혼들이 제단 아래 있어/10 큰 소리로 불러 가로되 거
고 참되신 대주재여 땅에 거하는 자들을 심판하여 우리 피를 신원하여 주지 아니하시기를 어느 때까지 하시려나이까 하니
각각 저희에게 흰 두루마기를 주시며 가라사대 아직 잠시 동안 쉬되 저희 동무 종들과 형제들도 자기처럼 죽임을 받아 그
가 차기까지 하라 하시더라/12 내가 보니 여섯째 인을 떼실 때에 큰 지진이 나며 해가 총담 같이 검어지고 온 달이 피 같이
며/13 하늘의 별들이 무화과나무가 대풍에 흔들려 선 과실이 떨어지는것 같이 땅에 떨어지며/14 하늘은 종이 축이 말리는
같이 떠나가고 각 산과 섬이 제 자리에서 옮기우매/15 땅의 임금들과 왕족들과 장군들과 부자들과 강한 자들과 각 종과
자가 굴과 산 바위틈에 숨어/16 산과 바위에게 이르되 우리 위에 떨어져 보좌에 앉으신 이의 낯에서와 어린 양의 진노에서
리를 가리우라/17 그들의 진노의 큰 날이 이르렀으니 누가 능히 서리요 하더라

1 내가 보매 어린 양이 일곱 인 중에 하나를 떼시는 그 때에 내가 들으니 네 생물 중에 하나가 우뢰소리 같이 말하되 오라
로/2 내가 이에 보니 흰 말이 있는데 그 탄 자가 활을 가졌고 면류관을 받고 나가서 이기고 또 이기려고 하더라/3 둘째 인을
실 때에 내가 들으니 둘째 생물이 말하되 오라 하더니/4 이에 붉은 다른 말이 나오더라 그 탄 자가 허락을 받아 땅에서 화
제하여 버리며 서로 죽이게 하고 또 큰 칼을 받았더라/5 세째 인을 떼실 때에 내가 들으니 세째 생물이 말하되 오라 하기로
가 보니 검은 말이 나오는데 그 탄 자가 손에 저울을 가졌더라/6 내가 네 생물 사이로서 나는듯하는 음성을 들으니 가로되
1)데나리온에 밀 한되요 한 1)데나리온에 보리 석되로다 또 감람유와 포도주는 해치 말라 하더라/7 네째 인을 떼실 때에
가 네째 생물의 음성을 들으니 가로되 오라 하기로/8 내가 보매 청황색 말이 나오는데 그 탄 자의 이름은 사망이니 음부가
뒤를 따르더라 저희가 땅 사분 일의 권세를 얻어 검과 흉년과 사망과 땅의 짐승으로써 죽이더라/9 다섯째 인을 떼실 때에
가 보니 하나님의 말씀과 저희의 가진 증거를 인하여 죽임을 당한 영혼들이 제단 아래 있어/10 큰 소리로 불러 가로되 거
고 참되신 대주재여 땅에 거하는 자들을 심판하여 우리 피를 신원하여 주지 아니하시기를 어느 때까지 하시려나이까 하니
각각 저희에게 흰 두루마기를 주시며 가라사대 아직 잠시 동안 쉬되 저희 동무 종들과 형제들도 자기처럼 죽임을 받아 그
가 차기까지 하라 하시더라/12 내가 보니 여섯째 인을 떼실 때에 큰 지진이 나며 해가 총담 같이 검어지고 온 달이 피 같이
며/13 하늘의 별들이 무화과나무가 대풍에 흔들려 선 과실이 떨어지는것 같이 땅에 떨어지며/14 하늘은 종이 축이 말리는
같이 떠나가고 각 산과 섬이 제 자리에서 옮기우매/15 땅의 임금들과 왕족들과 장군들과 부자들과 강한 자들과 각 종과
자가 굴과 산 바위틈에 숨어/16 산과 바위에게 이르되 우리 위에 떨어져 보좌에 앉으신 이의 낯에서와 어린 양의 진노에서
리를 가리우라/17 그들의 진노의 큰 날이 이르렀으니 누가 능히 서리요 하더라

1 내가 보매 어린 양이 일곱 인 중에 하나를 떼시는 그 때에 내가 들으니 네 생물 중에 하나가 우뢰소리 같이 말하되 오라
로/2 내가 이에 보니 흰 말이 있는데 그 탄 자가 활을 가졌고 면류관을 받고 나가서 이기고 또 이기려고 하더라/3 둘째 인을
실 때에 내가 들으니 둘째 생물이 말하되 오라 하더니/4 이에 붉은 다른 말이 나오더라 그 탄 자가 허락을 받아 땅에서 화
제하여 버리며 서로 죽이게 하고 또 큰 칼을 받았더라/5 세째 인을 떼실 때에 내가 들으니 세째 생물이 말하되 오라 하기로
가 보니 검은 말이 나오는데 그 탄 자가 손에 저울을 가졌더라/6 내가 네 생물 사이로서 나는듯하는 음성을 들으니 가로되
1)데나리온에 밀 한되요 한 1)데나리온에 보리 석되로다 또 감람유와 포도주는 해치 말라 하더라/7 네째 인을 떼실 때에 내
네째 생물의 음성을 들으니 가로되 오라 하기로/8 내가 보매 청황색 말이 나오는데 그 탄 자의 이름은 사망이니 음부가 그
를 따르더라 저희가 땅 사분 일의 권세를 얻어 검과 흉년과 사망과 땅의 짐승으로써 죽이더라/9 다섯째 인을 떼실 때에 내
보니 하나님의 말씀과 저희의 가진 증거를 인하여 죽임을 당한 영혼들이 제단 아래 있어/10 큰 소리로 불러 가로되 거룩
참되신 대주재여 땅에 거하는 자들을 심판하여 우리 피를 신원하여 주지 아니하시기를 어느 때까지 하시려나이까 하니/1

5

요한계시록 6장

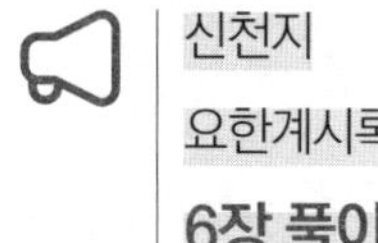

신천지 요한계시록 6장 풀이

1 내가 보매 어린 양이 일곱 인 중에 하나를 떼시는 그때에 내가 들으니 네
생물 중에 하나가 우뢰소리같이 말하되 오라 하기로

계5장에서 일곱 인으로 봉해졌던 책을 본 장 1절에서는 인을 하나 떼게 된다. 이때 기록된 사건이 하나씩 실상으로 응해지고 비유로 감추었던 말씀도 풀리게 된다. "네 생물"은 천사장들이다. "우뢰소리"는 진노의 말씀이다.

2 내가 이에 보니 흰 말이 있는데 그 탄자가 활을 가졌고 면류관을 받고 나
가서 이기고 또 이기려고 하더라

"흰 말"은 영을 들어 쓰는 육체로서 사역자를 말하고, "탄 자"는 예수님이고, "활"은 심판하는 말씀이고, "면류관"은 사명과 직분을 말한다.

3 둘째 인을 떼실 때에 내가 들으니 둘째 생물이 말하되 오라 하더니
4 이에 붉은 다른 말이 나오더라 그 탄자가 허락을 받아 땅에서 화평을 제
하여 버리며 서로 죽이게 하고 또 큰 칼을 받았더라

"붉은 말과 탄자"가 하는 일은 장막성전의 성도들의 화평을 제하고 서로 영적으로 죽이게 한다. "땅에서 화평을 제하여 버리며 서로 죽이게 한다"는 것은 배도한 일곱 금 촛대 장막의 성도들로 하여금 시험에 빠져 서로 미워하게 하고, 거짓 목자에게 양들을 내어주며 서로의 영을 해치는 것을 의미한다. "큰 칼"은

서로 분쟁케 하는 말씀이다.

5 세째 인을 떼실 때에 내가 들으니 세째 생물이 말하되 오라 하기로 내가
보니 검은 말이 나오는데 그 탄 자가 손에 저울을 가졌더라

"검은 말을 탄 자"가 손에 "저울"을 가지고 있는데, 저울은 "믿음과 행실을 달아 보는 말씀"인데 심판받을 첫 장막의 성도들의 믿음을 저울로 달아 보는 것이다.

6 내가 네 생물 사이로서 나는 듯 하는 음성을 들으니 가로되 한 데나리온
에 밀 한 되요 한 데나리온에 보리 석 되로다 또 감람유와 포도주는 해치
말라 하더라

"데나리온"은 변치 않는 하나님의 말씀이고 "밀 한 되 보리 석 되"는 믿음의 씨로 남은 적은 수의 성도들을 말하며, 앞으로 이 적은 씨가 영적 새 이스라엘을 창조하게 된다. "감람유"는 두 증인의 증거의 말씀이고 "포도주"는 예수님의 말씀이다. "해하지 말라"고 한 것은 이 말씀이 참을 증거하고 있기 때문이다.

7 네째 인을 떼실 때에 내가 네째 생물의 음성을 들으니 가로되 오라 하기로
8 내가 보매 청황색 말이 나오는데 그 탄 자의 이름은 사망이니 음부가 그
뒤를 따르더라 저희가 땅 사분 일의 권세를 얻어 검과 흉년과 사망과 땅의
짐승으로써 죽이더라

"청황색 말을 탄자"의 이름을 사망이라 하는 이유는 죽이는 명을 받았기 때문이다. "음부가 그 뒤를 따른다"는 것은 죽임을 당하는 자들을 데려가기 위함이다. "땅"은 배도한 첫 장막의 성도들이며 "청황색 말을 탄자"는 장막 성도들

을 사분의 일을 죽이는 권세를 받았다. "검"은 심판의 말씀이고, "흉년"은 말씀이 없는 영적 빈곤 상태를 의미하며, "사망"은 영이 죽은 것이고, "땅의 짐승"은 음부에 속한 거짓 목자인 멸망자이다.

9 다섯째 인을 떼실 때에 내가 보니 하나님의 말씀과 저희의 가진 증거를 인하여 죽임을 당한 영혼들이 제단 아래 있어

"하나님의 말씀과 저희의 가진 증거로 인해 죽임을 당하는 순교한 영혼들"이 나온다. 이 순교한 영혼들이 계20장 4절의 목 베임을 당한 영혼들이다. "제단 아래"는 하나님의 보좌 앞, 네 생물이 있는 곳을 말한다.

10 큰 소리로 불러 가로되 거룩하고 참되신 대주재여 땅에 거하는 자들을 심판하여 우리 피를 신원하여 주지 아니하시기를 어느 때까지 하시려나이까 하니

"땅에 거하는 자들"은 계시록이 성취가 되어질 때 사단 마귀와 함께하는 자들을 말한다. "순교한 영들"은 자신들의 피의 신원을 호소하며 땅에 거하는 자들을 심판해 달라고 하는데 그 이유는 사단이 들어 쓴 사람을 심판하여 사단의 권세를 드러내면 자신들을 죽인 사람을 심판하는 것과 같기 때문이다. 신원하는 때는 계15장 2절과 같이 7머리 10뿔 짐승의 무리를 이기므로 증거장막성전이 열리고, 그곳에서 계16장부터 계18장까지 진노의 대접으로 계18장 20절과 같이 바벨론을 심판하여 원수를 갚는 것이 피의 신원이다.

11 각각 저희에게 흰 두루마기를 주시며 가라사대 아직 잠시 동안 쉬되 저희 동무 종들과 형제들도 자기처럼 죽임을 받아 그 수가 차기까지 하라 하

시더라

순교한 영들에게 "흰 두루마기"를 주었다는 것은 그들의 행위가 옳음을 인정하는 것이다. "죽임을 받아야 하는 순교한 동무 종들과 형제들"은 배도한 일곱 금 촛대 장막의 목자들과 성도들이다. 순교한 영들이 "동무 종들과 형제"라고 하는 이유는 시대는 다르지만 모두 하나님의 말씀으로 하나가 된 자들이기 때문이다. "순교한 영혼들과 배도자들이 죽임을 당하는 원인이 다른 이유는 순교한 영들은 하나님과 예수님의 말씀을 전하다가 그 육신이 영광스러운 죽임을 당하였다면 배도자들은 회개의 편지를 받고도 회개치 않고 수치스러운 영적인 죽음을 당했기 때문이다. "그 수가 차기까지"는 삼분의 일씩 모두 죽게 되고 주님께서 말씀하신 수가 채워진다.

12 내가 보니 여섯째 인을 떼실 때에 큰 지진이 나며 해가 총담 같이 검어
지고 온 달이 피 같이 되며
13 하늘의 별들이 무화과나무가 대풍에 흔들려 선 과실이 떨어지는 것 같
이 땅에 떨어지며

"큰 지진"은 첫 장막의 선민들이 마음이 크게 동요되며 흔들리는 것을 의미한다. 해, 달, 별은 이스라엘의 가족인 선민을 나타내고 비유적으로는 하늘 장막 즉, 하나님과 언약한 첫 장막을 말한다. "해"는 목자, "달"은 전도자, "별"은 성도들을 말하는데 해 달 별이 어두워졌다는 것은 성령이 떠났으므로 더 이상 하늘 장막에 하나님의 진리의 말씀이 나오지 않는다는 의미이다. "무화과나무가 대풍에 흔들려 선 과실이 떨어지는 것"은 배도한 선민들 대다수가 한꺼번에 하나님의 소속에서 음행의 포도주를 마시며 비진리를 전하는 바벨론 소속이 되었다는 것이다.

14 하늘은 종이 축이 말리는 것 같이 떠나가고 각 산과 섬이 제 자리에서 옮기 우매

"하늘은 종이 축이 말리는 것 같이 떠나간다"는 것은 영의 세계에서는 거룩한 성령이 떠나간다는 것이고 육의 세계에서는 하나님의 언약한 장막이 이전된다는 것이다. "각 산과 섬이 제 자기에서 옮긴다"는 것은 세상 중에 있는 장막성전의 지교회가 바벨론 소속의 이름으로 바뀌고 이전된다는 것이다.

15 땅의 임금들과 왕족들과 장군들과 부자들과 강한 자들과 각 종과 자주자(自主者)가 굴과 산 바위틈에 숨어

"땅의 임금, 왕족, 장군, 부자, 강한 자, 종, 자주자" 모두 성령으로 시작하였다가 배도를 하여 모두 육으로 돌아간 장막성전 사람들을 말한다. "굴"은 무저갱인 음부의 조직체이고, "산"은 이방의 일곱 교단을 말하고, "바위틈"은 사단 소속의 비진리를 전하는 목자인데 장막성전 사람들이 배도를 하고 굴, 산, 바위틈에 숨어든다는 것이다

16 산과 바위에게 이르되 우리 위에 떨어져 보좌에 앉으신 이의 낯에서와 어린 양의 진노에서 우리를 가리우라
17 그들의 진노의 큰 날이 이르렀으니 누가 능히 서리요 하더라

"산"은 바벨론 소속의 일곱 교단을 말하며, "바위"는 그 교단에 소속된 목자들을 말한다. 배도한 선민들이 귀신의 처소인 바벨론의 교회 성도들 사이에 숨어 보좌에 앉으신 이의 낯을 피하고, 어린양의 진노에서 자신들을 가리려는 모습이 아담이 무화과 나뭇잎으로 그 부끄러움을 가리는 것과 같다.

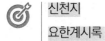

신천지 요한계시록 6장 반증

1. 네 말의 실상 인물 중 청황색 말이 하는 역할이 무엇인가?

신천지 네 말의 실상 인물은 다음과 같다.

흰 말(백마): 이만희, 붉은색 말: 이찬선, 검은색 말: 신문배, 청황색 말: 신상훈

신천지에서는 영은 육을 들어 역사를 하고 "말"은 육체의 사명자로 비유한다. 따라서 예수의 영이 백마를 탔기 때문에 "백마"는 이만희씨, 백마를 "탄 자"는 예수님이다. 그런데 "붉은색 말"과 "검은색 말"인 이찬선씨와 신문배씨는 바뀔 수도 있지만, 백마와 청황색 말은 바뀌면 안 된다고 실상을 가르친다. 그 이유는 당연히 백마는 예수님이 탔기 때문에 백마를 이만희씨로 연결시키는 것이 자연스러웠을 것이고 이 또한 신현욱 전교육장이 신천지에 있을 당시 백마는 이만희 선생님으로 연결해야 한다고 강조해서 수정되었다고 한다.

그러면 왜 청황색 말은 "신상훈"인가? 김○록 교육장이 계시록 통합교육을 하기 전에 이만희씨에게 물었다고 한다. 그에 대해 이만희씨는 "계6장 8절에 있듯이 청황색 말이 땅 짐승을 죽이는데 땅의 짐승의 무리가 장막성전에 있는 오평호씨 무리들이고, 신상훈씨가 오평호씨를 만나서 청황색 말의 역할을 했다는 것"이다. 그러나 이 부분도 거짓말이다. 신천지를 탈퇴한 분이 탈퇴하기 전에 신천지 실상을 정확하게 알아봐야겠다는 마음

으로 신상훈씨를 직접 만나게 되었고 신상훈씨는 오평호 목사를 직접 만나서 대화를 해본 적도 없다는 사실을 알게 되었다. 한 마디로 이만희씨는 소설을 쓰고 있었던 것이다.

신천지 탈퇴자를 통해서 신상훈씨 연락처를 알게 되어 필자가 신상훈씨에게 전화를 했다. "신탄"책에 관한 이야기와 이만희씨의 많은 거짓말을 알게 되었고 신상훈씨와 통화한 내용과 신천지 탈퇴자가 신상훈씨를 만나서 녹화시킨 영상은 "신천지 푸른하늘 투" 블로그와 "신천지 푸른하늘" 유튜브에 올라가 있다.

2. "밀 한 되 보리 석 되"는 영원한 복음의 씨앗이 아니었던가?

6절 내가 네 생물 사이로서 나는 듯 하는 음성을 들으니 가로되 한 데나리온에 밀 한 되요 한 데나리온에 보리 석 되로다 또 감람유와 포도주는 해치 말라 하더라

계시록 완전해설 (1986, 대언자 이만희 저) p107

[저울(말씀)로 척량(달음)하니 겨우 밀 한 되와 보리 석 되 뿐이다(이곳은 사단의 회가 된 일곱 교회다). 밀은 말씀을 가진(렘23:28) 지도자요, 보리는 증거하는 선지자다. 감람유와 포도주는 예수님의 말씀과 증인들의 증거를 말한다. 데나리온은 말씀이요 되는 말씀 가진 사람이다. (중략) 말씀(데나리온)으로 척량(저울)하니 말씀(밀, 보리)을 가진 사람 (되)이 네 사람이요, 이 말씀의 씨로 이 일 후에 다시 뿌려 신천지에서 농사하게 된다]

하늘에서 온 책의 비밀 계시록의 진상2 (1988, 이만희 저) p105

[탄자가 저울로 척량한 바 겨우 남은 것은 은 돈 한 데나리온에 밀 한 되와 또 은 돈 한 데나리온에 보리 석 되 뿐이었다. 예수님께서 말씀을 금과 은으로 비유하신 것과 같이 이 데나리온(은전)도 말씀을 비유한 것으로 말씀을 주고 얻은 자가 밀 한 되(한 목자)와 보리 석 되(3제자)라고 한다]

이만희씨는 "밀은 말씀을 가진 지도자 즉, 한 목자"이며, "보리는 증거하는 선지자 즉, 세 제자"라며 "밀 한 되 보리 석 되는 "네 명"이라고 자신이 쓴 책에 분명히 밝혔다. 초창기 신천지 실상으로 "밀 한 되: 이만희", "보리 석되: 지0섭, 윤요한, 윤재명"으로 신천지 내부에서 가르쳤다.

신천지 발전사 (신천지 증거장막성전 창립 연혁) p4

[이 일은 예수님이 육적 이스라엘에서 예언하셨고, 이 예언이 복음으로 흘러 예정된 땅끝 해 돋는 동방 한반도 과천 소재 청계산 아래 첫 언약의 예비 장막 일곱 천사의 역사로 선천의 예언을 종결지으셨다. 그중에서 몇 명을 남겨 이 일의 산 증인으로 삼으셨으니 이분들이 "신천지의 영원한 복음의 씨"이다] 이 몇 명(네 명)이 신천지 역사의 산증인이고 신천지의 "영원한 복음의 씨"라는 것이다. 따라서 이 실상을 목격한 소수의 사람들이 14만 4천 명을 인치는 사람들이라고 이만희씨는 "계시록 완전해설 116쪽"에 기록했다.

신천지의 구원의 순서는 다음과 같다.

첫째, 대언의 목자 이만희 와 적은 씨(밀 한 되 보리 석 되)

둘째, 인 맞은 14만 4천 명

셋째, 14만 4천 명이 전하는 복음을 듣고 몰려오는 흰 무리

넷째, 소성을 받는 만국 백성들(만국 소성)

다시 말해 밀 한 되 이만희씨와 보리 석 되 지0섭, 윤요한, 윤재명은 영생을 할 몸이라는 것이다. 그런데 윤재명씨는 육체적으로 사망을 하였고 윤요한씨는 신천지에서 아예 보이지 않으며 죽었다는 소문도 있다. 지0섭씨는 현재 치매가 있다는 소문이 돌고 있다. 영원한 복음의 씨라는 보리 석 되가 형편이 말이 아니다. 보리 석 되 중 가장 먼저 윤재명씨가 사망을 하였는데, 신천지에서 신도들을 가르쳤던 지명한 전(前) 신천지 강사도 윤재명씨의 사망 소식을 듣고 충격이 상당히 컸다고 한다. 전부 쉬쉬하는 분위기 속에서 윤재명씨 장례식장을 갔다가 다시 지방으로 내려오는 길에 여러 가지 복잡한 심경이 들어 신천지 교리와 실상을 다시 되짚어 보면서 이만희씨가 종교 사기꾼이라는 것을 깨닫게 되었다고 한다. 그 이후 지명한 신천지 강사는 "신천지 탈퇴 기자회견"을 통해 신천지와 이만희씨의 정체를 폭로한 적이 있다.

결국, 밀 한 되 보리 석 되의 실상이 변개 되었다는 것은 지명한 전 신천지 강사가 기자회견에서 폭로하기 전부터 서서히 변개 되기 시작했고, 신천지 총회 이0연 교육장은 이만희 선생님께 말씀을 하달받아 신천기 25년 12월 26일 (2009년)에 [말씀 통일 정립교육]이라는 주제로 전국에 있는 강사 및 사명자들을 불러 모아서 "밀 한 되 보리 석 되를 네 명"이라고 반드시 구분할 필요가 없고, "밀"을 꼭 이만희 총회장님을 두고 교육하지 말고 또한 "밀과 보리"를 굳이 구분을 하지 말자라고 교육을 시켰던 것이다.

천국비밀 요한계시록의 실상 (2011, 보혜사·이만희 저) p116

[데나리온 곧 은전은 변치 않는 주님의 말씀을 말하며. 밀 한 되와 보리 석 되는 믿음의 씨로 남은 성도들을 가리킨다. (중략) 그러므로 한 데나리온에 밀 한 되요 한 데나리온에 보리 석 되라는 말은, 배도한 장막 가운데서 주님의 말씀으로 믿음과 행실을 달아 건진 자들이 "겨우 밀 한 되와 보리 석 되에 빗댈 정도로 적다"는 뜻이다]

이○연 교육장의 교육 이후 위의 내용처럼 이만희씨는 "겨우 밀 한 되와 보리 석 되에 빗댈 정도로 적다"는 뜻으로 희석을 시키면서 밀 한 되 보리 석 되 실상을 뭉개 버렸다. 날로 날로 견고해지는 것이 아니라 날로 날로 희미해져 가고 있는 것이고 신천지 신도들에게 "밀 한 되 보리 석 되"를 밝히라고 하면 꿀 먹은 벙어리가 되는 이유가 여기에 있다.

3. 저희 동무 종들과 형제들도 그 수가 차기까지

천국비밀 계시록의 진상 (1985, 이만희 저) p197-198

[그리고 그들이 순교의 길에 뿌렸던 피의 원통함을 풀어달라는 호소이다. 하나님은 말씀하신다. 저희의 동무 종들과 형제들도 자기처럼 죽임을 받아 그 수가 찰 때까지 기다리라. 이에 대해 대부분이 오해하고 있는 듯하다. 또한 과거에 순교한 영혼들의 수와 동일한 수의 새로운 순교자가 나와야 한다는 생각이 그것이다. 그러나 하나님께서 말씀하신 뜻은 그런 의미가 아니다. 역대의 선지자마다 이 땅에 와서 누구에게 죽임을 당하였던가 생각해 보자. (중략) 사단이 누구와 함께하여 그들을 죽였는가 생각하면 그들이 뿌리고 간 피의 호소가 누구에게 하는 것인지 알 수 있는 일이다. 사단의 무리와 입을 맞추어 그 하수인이 된 자들은 곧 서기관과 바리새인들이요 더 나아가서는 율법사 장로 제사장들이었다. 당시의 유대 교

단의 통치자들이 사단과 밀착하여 뱀으로 나타나서 순교의 피를 받아낸 것이다. 알고 보면 이 박해자들 속에 사단의 악령이 들어가서 그 일을 행하게 한 것이다. 그러므로 하나님이 미워하시는 것은 사람이 아니라 그 속에서 죄악을 저지르도록 교사하는 사단의 영이다. 동무, 종들과 형제들도 죽임을 받아 그 수가 차기까지 한다는 말은 백마와 탄자의 손에 활을 가졌으니 그 사단의 악령들과 싸워서 이기시매 사람 안에서 역사하는 악령이 죽어 쓰러지게 된다. 그리하여 악령이 제거된 후에 하나님께 속한 성령(순교의 영)이 그 육체에 임하게 된다. 그리고 그 수를 채우라는 말은 땅에서 육신을 입고 역사하다가 그 육체가 순교하므로 하나 되지 못한 영들의 수가 십사만 사천이므로 그 거룩한 영들이 다시 지상에 강림하려면 그 수와 동일한 수의 사람이 필요하게 된다. 이 성령과 지상 육체 인간과의 관계는 신랑과 신부의 관계로서 성령이신 신랑과 신부인 육체의 결합 이것이 혼인일체의 창조 완성을 이루는 첫 열매들이다. 이 말씀을 간단히 요약하면 백마와 탄자가 진리의 말씀인 화살을 날려 보낼 때 이 말씀 앞에서 사단의 영이 쓰러지면 한 사람이 하나님 앞으로 인도되는 결과이다. 이리하여 그 수가 십사만 사천에 이르면 그때에 하나님 보좌 앞(제단 아래)에 있는 순교의 성령들이 주와 함께 강림하시어 영육 일체를 이룬다는 말이다]

위의 내용을 정리하면

1) 백마와 탄자의 손에 활을 가졌으니 박해자들 속에 사단의 악령들이 있기 때문에 백마 탄 자가 진리의 말씀으로 화살을 쏘면 악령이 제거되고 한 사람 한 사람 하나님 앞으로 인도되어 십사만 사천에 이르고 순교한 영과 신인합일을 한다는 것이다.

2) 이 땅에서 육신을 입고 역사하다가 그 육체가 순교하므로 하나 되지 못한 영들의 수가 14만 4천이므로 그 거룩한 영들이 다시 지상에 강림하려면 그 수와 동일한 수의 사람(육체)이 필요하게 된다. 이것이 혼인일체의 창조 완성을 이루는 첫 열매들이다(신인합일).

위의 내용의 핵심은 죽임을 당해야 하는 자들이 "동무, 종들과 형제, 즉 배도한 장막성전의 일곱 사자와 성도들"이 아니고 서기관, 바리새인 또는 로마 황제가 믿는 사람들을 박해하듯이 마찬가지로 오늘날도 귀신의 처소 바벨론 목자와 성도가 박해를 하는 것이고 이런 박해자를 백마(이만희)와 탄자(예수님)가 진리의 말씀인 화살을 쏘면 마음의 악령이 죽고 성령이 임하게 되어 하나님 앞으로 나아오는데 그 숫자가 14만 4천 명이다. 그리고 순교한 영과 이 육체가 신인합일 한다는 것이다. 그러나 위의 내용은 현재 신천지 교리와 상당한 모순점이 발생했다.

1) 위에서는 죽임을 당해야 하는 "동무, 종들과 형제는 배도한 장막성전의 일곱 사자와 성도"들이 아니고 "박해자(핍박자: 서기관 바리새인, 로마 황제, 바벨론 목자)들"이다.

2) 죽임을 당하는 "동무, 종들과 형제"가 땅 짐승에게 죽는 것이 아니고 백마와 탄자가 쏜 화살에 맞아 영적으로 죽고 신랑을 맞이할 육체 14만 4천 명이 채워진다.

3) 그렇다면 계8장 9장에서 멸망자들의 손에 삼분의 일씩 모두 죽게 되는 실상이 엉터리가 된다. 그래서 이만희씨는 판을 다시 짠다.

천국비밀 요한계시록의 실상 (2011, 보혜사·이만희저) p121

[죽임을 당해야 하는 순교자들의 동무 종들과 형제들은 어디에서 있는

누구인가? 그들은 왜 죽어야만 하며, 누구의 손에 죽게 되는가?(11절) 죽임을 당해야 하는 순교자들의 동무 종들과 형제들은 '배도한 일곱 금 촛대 장막의 목자들과 성도들'이다. 그들을 순교자들의 동무, 종들과 형제라고 하는 것은, 비록 시대는 다르지만 모두 하나님 말씀으로 나서 하나가 된 자들이기 때문이다. 그러나 배도자들이 죽임을 당하는 이유는 순교자들과 다르다. 순교자는 하나님과 예수님의 말씀을 전하다가 그 육신이 영광스러운 죽임을 당했으나, 본문의 배도자들은 계시록 2, 3장에 지적한 죄를 짓고도 회개치 아니하여 그 영이 수치스러운 죽임을 당한다. 그들이 8, 9장에 기록된 대로 멸망자들의 손에서 삼분의 일씩 모두 죽게 되면 주께서 말씀하신 수가 채워진다. 범죄한 성도들의 영을 모두 죽인 후에는 땅에 거하는 멸망자들을 심판하여 순교자들의 피를 신원해 주는 일만 남는다. 그것은 진노의 일곱 대접과(계16장) 백마 탄 자의 입에서 나오는 검으로 멸망자와 원수 마귀를 심판함으로써(계19장) 매듭지어진다. 즉, 계시록 16-19장이 응하여야 순교자들이 기다리던 신원의 때가 온다]

위의 내용을 정리하면 다음과 같다.

1) 죽임을 당해야 하는 순교자들의 동무 종들과 형제들은 '배도한 일곱 금 촛대 장막의 목자들과 성도들'이다.

2) 동무 종들과 형제들은 백마와 탄자에 의해 죽는 것이 아니라 멸망자들에 의해 8장 9장대로 삼분의 일씩 죽는다.

3) 여기서는 14만 4천 명을 밝히지 못하고 신원의 때가 온다고 말을 바꾼다.

이전 책을 완전히 뜯어고쳤다. 두 내용을 간단히 정리해 보면 [천국 비밀 계시록의 진상]에서는 악령이 들어간 박해자들이 화살을 맞고 다시 성령이 들어가서 하늘의 순교한 14만 4천과 신인합일 한다고 주장하고 [천국 비밀 계시록의 실상]에서는 죽임당할 동무 종들과 형제들은 배도한 장막성전 목자와 성도들이며 이들은 심판을 받는다는 결론이다. 그리고 내용을 조금만 곱씹어 보면 '죽임을 당하는 동무 종들과 형제들의 수'에 대하여 두 책의 배경이 완전히 다르다. 이만희씨가 쓴 책들이 왜 자주 바뀌는지 그 이유를 알겠는가? 눈치채지 못하게 뜯어고치고 다시 그 책 팔아서 돈도 벌고 이만희씨 입장에서는 "꿩 먹고 알 먹고", "마당 쓸고 돈 줍는 격"이다.

쉬어가는 코너 이만희씨 56억 공금횡령

"코로나19"가 2019년 12월 말경에 시작하여 2020년 2월 18일날 대구시에서 31번 확진자가 발생하였고 그 확진자가 자신의 경로를 정확하게 밝히지 않아 코로나 확진자는 기하급수적으로 늘어나게 되었다. 31번 확진자는 신천지 신도였다. 이 때 이만희씨는 "특정경제범죄가중처벌등에 관한법률위반(횡령, 이하 특가법)과 감염병의 예방 및 관리에 관한 법률(이하 감염병 예방법)"등으로 고발 및 고소를 당하게 된다. 1심에서는 감염병예방법은 무죄를 받고, 약 56억원을 횡령하여 특가법으로 징역 3년 집행유예 4년의 형을 받는다. 2심에서도 감염병예방법은 무죄를 받았지만, 횡령죄에 있어서는 형량이 늘어나 징역 3년 집행유예 5년의 형과 준법 교육 수강 80시간을 명령받게 된다.

김남희 원장과 평화의 궁전에 살면서 신천지 신도들의 공금을 56억원 가량의 금액을 횡령한 사실이 드러나면서 1심보다 2심에서 형량이 더 늘어났고 현재 대법원의 판단을 기다리고 있는 상황이다. 신천지 신도들은 이 재판에서 자신들이 이겼다고 착각을 하고 있을 수도 있다. 감염병예방법에 무죄가 났으니 이겼다고 생각할 수도 있을 것이다. 그러나 감염병예방법보다 더 무거운 범죄가 50억 이상을 횡령할 경우 처벌을 받는 "특가법"이다.

[수원지방법원 제11형사부 사건 "2020고합496 1심 판결문" 내용]

3. 선고형의 결정

피고인은 A의 총회장 및 K의 대표이사로서 화성경기장 관리업무를 방해하고 경기장에 침입하는 범행을 공모하였고, A 규정 등에 따른 적법한 절차를 거치지 아니한 채 오랜 기간 수차례에 걸쳐 A 및 K의 재산을 임의로 사용하였다. 피고인의 전체 횡령액은 5,728,560,784원으로 상당한 금액이고, 위 돈은 대부분 각 지파 소속 교회 교인들의 헌금이나 후원금으로 마련된 것으로 보이는데, 피고인은 앞서 본 A 규정 등을 내세워 평소 A의 재정이 투명하게 관리되고 있는 것처럼 행세하면서도 교인들의 믿음을 저버린 채 위 돈을 개인적인 용도로 사용하였으므로 그 죄책이 가볍지 않다. 그럼에도 피고인은 자신의 책임을 부인하면서 잘못을 진지하게 반성하고 있다고 보이지 않는다.

- 47 -

신천지의 재정이 투명하다고 믿고 있는 신천지 신도들이 읽어 봐야 할 중요한 "선고형의 결정"이다. "신천지 규정을 내세워 재정이 투명하게 관리되는 것처럼 행세하면서 교인들의 믿음을 저버린 채 위의 돈을 개인적인 용도로 사용하였으므로 그 죄책이 가볍지 않다." 특히 피고인 이만희 씨는 자신의 책임을 부인하면서 잘못을 진지하게 반성하고 있다고 보이지 않는다는 것이 1심 사법부의 판단이다.

[수원고등법원 제3형사부 사건 "2021노65 2심 판결문" 내용]

또한 피고인은 FG장, E 총회 회계담당자, 교인에 대한 영향력을 이용하여 배 구입대금이나 DK 경비와 같은 공적인 용도에 사용할 것처럼 금원 교부를 요구하여 그들이

- 87 -

공적인 용도에 사용하도록 교부한 금원이나 그들이 스스로 그러한 용도로 제공한 금원, 총회가 보유하고 있는 금원을 개인적으로 사용하여 횡령하였고, 그 금액이 57억원 상당에 이르는 다액이다. 피고인에게 제공된 금원은 대부분 E 교인들의 종교적 목적의 헌금이나 후원금으로 조성된 것으로 보이는데, 피고인은 E 규정 등을 내세워 평소 E 재정이 투명하게 관리되고 있는 것처럼 행세하면서도 교인들의 믿음을 저버린 채 이를 개인적인 용도로 사용하였고, 그 과정에서 위 규정 등을 지키지 않은 채 독단적으로 결정하였으므로 범행 수법이 좋지 않고, 죄책이 가볍지 않다.

위의 2심 판결문 내용을 정리하면 (평화의 궁전 선착장의) "배 구입대금이나 경비 등 공적인 용도에 사용할 것처럼 금원교부를 요구하여 개인적으로 사용하여 횡령하였고 그 금액이 57억원의 다액이고 신천지 교인들의 헌금이나 후원금으로 조성된 돈을 신천지 규정을 내세워 평소 신천지 재정이 투명하게 관리되고 있는 것처럼 행세하면서 교인들의 믿음을 저버리고 이만희 개인적인 용도로 사용하였다는 것이다. 그 과정에서 규정을 지키지 않고 독단적으로 결정을 하여 범행 수법이 좋지 않고, 죄책이 가볍지 않다는 것이다." 한 마디로 죄질이 나쁜 인간으로 2심 사법부가 판단을 한 것이다.

이만희씨나 신천지 수뇌부의 재정관리가 투명하다고 생각하는 신천지 신도들은 판사처럼 객관적으로 살펴볼 수 있는 위치에 있는 사람들이 아니다 보니 이만희씨가 하는 거짓말에 농락당하고 있다. 위 판결문등은 "신천지 푸른하늘 투" 블로그와 유튜브에 올라가 있다.

1 이 일 후에 내가 네 천사가 땅 네 모퉁이에 선 것을 보니 땅의 사방의 바람을 붙잡아 바람으로 하여금 땅에나 바다에나
나무에 불지 못하게 하더라/2 또 보매 다른 천사가 살아계신 하나님의 인을 가지고 해 돋는 데로부터 올라와서 땅과 바다를
롭게 할 권세를 얻은 네 천사를 향하여 큰 소리로 외쳐/3 가로되 우리가 우리 하나님의 종들의 이마에 인치기까지 땅이나 바
나 나무나 해하지 말라 하더라/4 내가 인맞은 자의 수를 들으니 이스라엘 자손의 각 지파 중에서 인맞은 자들이 십 사만 사천
니/5 유다 지파 중에 인맞은 자가 일만 이천이요 르우벤 지파 중에 일만 이천이요 갓 지파 중에 일만 이천이요/6 아셀 지파
에 일만 이천이요 납달리 지파 중에 일만 이천이요 므낫세 지파 중에 일만 이천이요/7 시므온 지파 중에 일만 이천이요 레위
파 중에 일만 이천이요 잇사갈 지파 중에 일만 이천이요/8 스불론 지파 중에 일만 이천이요 요셉 지파 중에 일만 이천이요 베
민 지파 중에 인맞은 자가 일만 이천이라/9 이 일 후에 내가 보니 각 나라와 족속과 백성과 방언에서 아무라도 능히 셀 수 없
큰 무리가 흰 옷을 입고 손에 종려 가지를 들고 보좌 앞과 어린 양 앞에 서서/10 큰 소리로 외쳐 가로되 구원하심이 보좌에
으신 우리 하나님과 어린 양에게 있도다 하니/11 모든 천사가 보좌와 장로들과 네 생물의 주위에 섰다가 보좌 앞에 엎드려
굴을 대고 하나님께 경배하여/12 가로되 아멘 찬송과 영광과 지혜와 감사와 존귀와 능력과 힘이 우리 하나님께 세세토록 있
찌로다 아멘 하더라/13 장로 중에 하나가 응답하여 내게 이르되 이 흰옷 입은 자들이 누구며 또 어디서 왔느뇨/14 내가 가로
내 주여 당신이 알리이다 하니 그가 나더러 이르되 이는 큰 환난에서 나오는 자들인데 어린양의 피에 그 옷을 씻어 희게 하였
니라/15 그러므로 그들이 하나님의 보좌 앞에 있고 또 그의 성전에서 밤낮 하나님을 섬기매 보좌에 앉으신 이가 그들 위에
막을 치시리니/16 저희가 다시 주리지도 아니하며 목마르지도 아니하고 해나 아무 뜨거운 기운에 상하지 아니할찌니/17 이
보좌 가운데 계신 어린 양이 저희의 목자가 되사 생명수 샘으로 인도하시고 하나님께서 저희 눈에서 모든 눈물을 씻어 주실
임이러라

1 이 일 후에 내가 네 천사가 땅 네 모퉁이에 선 것을 보니 땅의 사방의 바람을 붙잡아 바람으로 하여금 땅에나 바다에나
나무에 불지 못하게 하더라/2 또 보매 다른 천사가 살아계신 하나님의 인을 가지고 해 돋는 데로부터 올라와서 땅과 바다를
롭게 할 권세를 얻은 네 천사를 향하여 큰 소리로 외쳐/3 가로되 우리가 우리 하나님의 종들의 이마에 인치기까지 땅이나 바
나 나무나 해하지 말라 하더라/4 내가 인맞은 자의 수를 들으니 이스라엘 자손의 각 지파 중에서 인맞은 자들이 십 사만 사천
니/5 유다 지파 중에 인맞은 자가 일만 이천이요 르우벤 지파 중에 일만 이천이요 갓 지파 중에 일만 이천이요/6 아셀 지파
에 일만 이천이요 납달리 지파 중에 일만 이천이요 므낫세 지파 중에 일만 이천이요/7 시므온 지파 중에 일만 이천이요 레위
파 중에 일만 이천이요 잇사갈 지파 중에 일만 이천이요/8 스불론 지파 중에 일만 이천이요 요셉 지파 중에 일만 이천이요 베
민 지파 중에 인맞은 자가 일만 이천이라/9 이 일 후에 내가 보니 각 나라와 족속과 백성과 방언에서 아무라도 능히 셀 수 없
큰 무리가 흰 옷을 입고 손에 종려 가지를 들고 보좌 앞과 어린 양 앞에 서서/10 큰 소리로 외쳐 가로되 구원하심이 보좌에
으신 우리 하나님과 어린 양에게 있도다 하니/11 모든 천사가 보좌와 장로들과 네 생물의 주위에 섰다가 보좌 앞에 엎드려
굴을 대고 하나님께 경배하여/12 가로되 아멘 찬송과 영광과 지혜와 감사와 존귀와 능력과 힘이 우리 하나님께 세세토록 있
찌로다 아멘 하더라/13 장로 중에 하나가 응답하여 내게 이르되 이 흰옷 입은 자들이 누구며 또 어디서 왔느뇨/14 내가 가로
내 주여 당신이 알리이다 하니 그가 나더러 이르되 이는 큰 환난에서 나오는 자들인데 어린양의 피에 그 옷을 씻어 희게 하였
니라/15 그러므로 그들이 하나님의 보좌 앞에 있고 또 그의 성전에서 밤낮 하나님을 섬기매 보좌에 앉으신 이가 그들 위에
막을 치시리니/16 저희가 다시 주리지도 아니하며 목마르지도 아니하고 해나 아무 뜨거운 기운에 상하지 아니할찌니/17 이
보좌 가운데 계신 어린 양이 저희의 목자가 되사 생명수 샘으로 인도하시고 하나님께서 저희 눈에서 모든 눈물을 씻어 주실
임이러라

1 이 일 후에 내가 네 천사가 땅 네 모퉁이에 선 것을 보니 땅의 사방의 바람을 붙잡아 바람으로 하여금 땅에나 바다에나
나무에 불지 못하게 하더라/2 또 보매 다른 천사가 살아계신 하나님의 인을 가지고 해 돋는 데로부터 올라와서 땅과 바다를
롭게 할 권세를 얻은 네 천사를 향하여 큰 소리로 외쳐/3 가로되 우리가 우리 하나님의 종들의 이마에 인치기까지 땅이나 바
나 나무나 해하지 말라 하더라/4 내가 인맞은 자의 수를 들으니 이스라엘 자손의 각 지파 중에서 인맞은 자들이 십 사만 사천
니/5 유다 지파 중에 인맞은 자가 일만 이천이요 르우벤 지파 중에 일만 이천이요 갓 지파 중에 일만 이천이요/6 아셀 지파
에 일만 이천이요 납달리 지파 중에 일만 이천이요 므낫세 지파 중에 일만 이천이요/7 시므온 지파 중에 일만 이천이요 레위
파 중에 일만 이천이요 잇사갈 지파 중에 일만 이천이요/8 스불론 지파 중에 일만 이천이요 요셉 지파 중에 일만 이천이요 베
민 지파 중에 인맞은 자가 일만 이천이라/9 이 일 후에 내가 보니 각 나라와 족속과 백성과 방언에서 아무라도 능히 셀 수 없

6

요한계시록 7장

신천지
요한계시록
7장 풀이

1 이 일 후에 내가 네 천사가 땅 네 모퉁이에 선 것을 보니 땅의 사방의 바람을 붙잡아 바람으로 하여금 땅에나 바다에나 각종 나무에 불지 못하게 하더라

"이 일"은 계6장 내용의 사건을 말하며 네 생물인 네 천사가 바다로 몰려가서 멸망자인 7머리 10뿔 짐승을 데려와서 장막성전의 배도한 선민을 심판하는 내용이다. 따라서 "이 일 후"라는 말은 계6장의 사건 이후 계7장 사건을 말한다. "네 천사"는 네 생물을 말하며 "바람이 분다"는 것은 심판하는 것을 말하고, "땅"은 첫 장막인 장막성전을 말하는 것이다. "땅의 사방"이라는 것은 장막성전 즉, 일곱 금 촛대 교회를 중심으로 한 동서남북의 사방을 말한다.

"바다"는 비진리 세상이며, "각종 나무"는 각 교단의 신앙인을 말하며 "바람이 불지 못하게 한다"는 것은 심판을 중지하여 멈춘다는 것이다. 즉 배도한 장막에 대한 심판이 끝났기 때문에 바람을 불지 못하게 하는 것이다. 바람을 붙잡는 기간은 14만 4천 명을 인 칠 때까지이다.

2 또 보매 다른 천사가 살아계신 하나님의 인을 가지고 해 돋는 데로부터 올라와서 땅과 바다를 해롭게 할 권세를 얻은 네 천사를 향하여 큰 소리로 외쳐

여기에 나오는 "다른 천사"는 1절에 나오는 네 천사와는 다른 천사이며, 이

"다른 천사"가 계10장에 나오는 진리의 성령인 힘센 다른 천사이자 요14장 이하에 나오는 예수님께서 보내 주시겠다고 하는 보혜사이다. "살아계신 하나님의 인"은 계시의 말씀인 새 노래와 말씀을 가진 목자(이긴 자)인데 이 두 개가 살아계신 하나님의 인이다. "해 돋는데"는 하나님의 역사가 시작되는 곳이며 계시록 성취현장이 되는데, 초림 때에는 세례요한의 장막이라면 재림 때에는 일곱별 사자가 있는 금 촛대 장막이다. 이곳에서 오늘날 약속의 목자가 출현하게 된다. 영적으로 동방은 하나님의 역사가 시작되는 곳이며 육적으로도 과천이 옛 지명 동방(에덴동산)이었다고 한다.

3 가로되 우리가 우리 하나님의 종들의 이마에 인치기까지 땅이나 바다나 나무나 해하지 말라 하더라

"우리"는 인치는 자를 말하는데 영계에서는 하나님의 천사들과 육계에서는 펼쳐 놓은 책을 받아먹은 사도요한 격 사명자와 영적 새 이스라엘의 열두 지파장을 말한다. 하나님의 종들은 1차적으로는 14만 4천 명이다. 하나님께서 인을 치시는 이유는 영적 이스라엘(해, 달, 별)을 대표하는 일곱 금 촛대 장막이 계6장과 같이 심판을 받음으로 이 땅에는 하나님 나라와 백성이 없어졌기 때문에 새로운 하나님 나라 즉, 영적 새 이스라엘을 창조하기 위함이다.

4 내가 인 맞은 자의 수를 들으니 이스라엘 자손의 각 지파 중에서 인 맞은 자들이 십 사만 사천이니
5 유다 지파 중에 인 맞은 자가 일만 이천이요 르우벤 지파 중에 일만 이천이요 갓 지파 중에 일만 이천이요
6 아셀 지파 중에 일만 이천이요 납달리 지파 중에 일만 이천이요 므낫세

지파 중에 일만 이천이요
7 시므온 지파 중에 일만 이천이요 레위 지파 중에 일만 이천이요 잇사갈
지파 중에 일만 이천이요
8 스불론 지파 중에 일만 이천이요 요셉 지파 중에 일만 이천이요 베냐민
지파 중에 인맞은 자가 일만 이천이라

5절부터 8절까지 세 지파가 한 절씩 들어가 있다. "각 지파 중에서 인 맞은 자들"이 일만 이천이라는 뜻은 일만 이천 보다 많은 수가 모이고 이때 양과 염소가 같이 있으니 그중에 각각 일만 이천씩 인을 치면 14만 4천 명이 되고 이들이 새로운 하나님의 나라와 제사장으로 삼는다는 것이다 .

9 이 일 후에 내가 보니 각 나라와 족속과 백성과 방언에서 아무라도 능히
셀 수 없는 큰 무리가 흰옷을 입고 손에 종려 가지를 들고 보좌 앞과 어린
양 앞에 서서

"이 일(인을 치고 난)후"에 각 세상 교회인 "나라"와 각 교단인 "족속"과 각 교단의 성도인 "백성"과 각 교단이 가지고 있는 교리인 "방언"에서 셀 수 없는 큰 무리 즉, 흰 무리가 이긴 자가 있는 보좌 앞으로 나아오게 된다. 이때 이 "셀 수 없는 큰 무리"는 흰옷을 입고 종려 가지를 들고 나아오는데 흰옷은 계7장 14절의 어린양의 피에 사서 그 옷을 희게 한다고 하듯이 진리의 말씀이 나오는 시온선교센터(신학원)에서 말씀으로 씻음 받고 나아온다.

10 큰소리로 외쳐 가로되 구원하심이 보좌에 앉으신 우리 하나님과 어린
양에게 있도다 하니

"큰소리로 외치는 자들"은 흰옷과 종려 가지를 들고 있는 셀 수 없는 큰 무리들이며, "보좌에 앉으신 우리 하나님과 어린 양"은 오늘날 이긴 자에게 예수님께서 보좌에 함께 앉겠다고 약속을 하셨으니 이긴 자에게 나오는 것이 예수님과 하나님의 보좌 앞에 나오는 것이 된다.

11 모든 천사가 보좌와 장로들과 네 생물의 주위에 섰다가 보좌 앞에 엎드
려 얼굴을 대고 하나님께 경배하여
12 가로되 아멘 찬송과 영광과 지혜와 감사와 존귀와 능력과 힘이 우리 하
나님께 세세토록 있을찌로다 아멘 하더라
13 장로 중에 하나가 응답하여 내게 이르되 이 흰옷 입은 자들이 누구며
또 어디서 왔느뇨

"흰옷을 입은 자들"은 나라와 족속과 백성과 방언에서 나온 종려 가지와 흰옷을 입은 셀 수 없는 큰 무리이다.

14 내가 가로되 내 주여 당신이 알리이다 하니 그가 나더러 이르되 이는
큰 환난에서 나오는 자들인데 어린양의 피에 그 옷을 씻어 희게 하였느니
라

"큰 환난"은 바람으로 비유할 수 있으며 14만 4천 명을 인치는 동안은 바람을 붙잡아 두었기에 환란이 없다. 그러나 14만 4천 명을 인친 후에는 큰 환란이 있고 그 큰 환란 속에서 14만 4천 명을 보고 흰 무리가 몰려와서 어린양의 피인 말씀으로 씻음을 받게 된다.

15 그러므로 그들이 하나님의 보좌 앞에 있고 또 그의 성전에서 밤낮 하나

님을 섬기매 보좌에 앉으신 이가 그들 위에 장막을 치시리니

"그들"은 14만 4천 명과 흰 무리를 말하며 "하나님의 보좌 앞 성전"이라는 것은 영의 세계의 장막과 하나가 되어 만들어진 육의 세계의 증거장막성전 시온산을 말한다.

16 저희가 다시 주리지도 아니하며 목마르지도 아니하고 해나 아무 뜨거운 기운에 상하지 아니할찌니

여기서 "해"는 비진리를 전하는 거짓 목자이고 "뜨거운 기운"은 연약한 풀과 같은 사람의 마음을 상하게 하는 거짓 목자의 비진리를 말한다.

17 이는 보좌 가운데 계신 어린 양이 저희의 목자가 되사 생명수 샘으로 인도하시고 하나님께서 저희 눈에서 모든 눈물을 씻어 주실 것임이러라

"보좌 가운데 계신 어린 양이 저희의 목자가 된다"는 것은 예수님께서 함께하시는 이긴 자가 저희(14만 4천 명과 흰 무리)의 목자가 되는 것이다. 생명수는 진리의 말씀인데 오늘날 이긴 자가 생명수 샘이며 그에게 말씀을 받은 목자들도 생명수 샘이 되는 것이다.

신천지
요한계시록
7장 반증

1. "해 돋는 곳"이 영적으로 하나님의 역사가 시작되는 동방이고 육적으로는 "과천"이다.

이만희씨는 계7장 2절의 "해 돋는 데"가 비유적으로 과천이며 과천의 옛 지명이 동방이었다고 신도들에게 실상 교육을 한다. 다음 화면은 이만희씨가 과천이 동방이고 창세기 에덴동산과 유사하다고 설교하는 내용을 캡쳐한 것이다.

[과천이 동방이라고 설교하는 이만희]

이만희씨는 과천이라면 에덴동산이 생각이 나고 생명 과일도 있었으며 옛날에는 동방이라는 이름이었다고 하면서 창세기 2장을 연결시킨다. 이유는 하나님과 언약한 첫 장막인 장막성전이 과천에서 시작되었고 결국 오늘날 둘째 장막인 신천지가 만들어진 이유를 설명하려는 것이다.

진짜 과천의 옛 이름이 동방이었을까? 이 부분을 확인하기 전에 이만희씨의 청계산의 "계"자가 시내 "계"자이기 때문에 청계산이 시내산이라는 황당무계한 내용을 먼저 살펴보자. 이만희씨가 설교한 내용을 캡쳐했다.

청계산이라는 글자의 "계"자가 "시내 계(溪)"라고 하면서 모세도 엘리야도 갔던 그 시내 산이라고 한다. 요한계시록은 오늘날 이루어질 실상으로 건물과 지명과 인물, 역사등을 비유로 빙자하여 나타나게 된 것이라고 가르치면서 이만희씨는 청계산의 "계"자가 시내 "계"자이기 때문에 "시내산"이라고 하는 것이다. 처음 이 내용을 접했을 때 필자는 두 가지에 경악을 금치 못했다. 첫째, 이런 무식하고 황당무계한 발언을 뻔뻔하게 말하는 이만희씨의 모습에 놀라고 둘째, 신천지 신도들이 이 내용을 듣고도 아무렇지 않게 퍼질러 앉아 있다는데 놀랐다. 이런 내용을 접하면서 이만희씨와 신천지 신도들의 수준에 대한 실망을 넘어서 절망감이 들 정도였다. 한 집단의 리더가 무지하고 무식하면 밑에 있는 추종자들이 어떻게 되는지 이만희씨와 신천지 신도들을 통해서 여실히 보여주는 사례라고 볼 수 있을 것 같다.

대한민국 교육계에서는 "교육은 교사의 질을 넘지 못한다"는 아담스미스의 명언을 늘 상기시키고 교사의 수준을 높이기 위해 애를 쓴다. 즉, 아무리 훌륭한 교육 시스템을 갖추고 있다 하더라도 앞에서 지도하는 교사의 질이 형편이 없다면 학생들이 받을 교육의 수준은 형편이 없을 것이기에 교사라면 늘 마음에 새겨야 하는 명문이다. 하물며 인간의 정신과 성경을 논하는데 저렇게 무식한 자가 리더로 있는 집단의 수준은 어떨지 금방 이해가 될 것이다.

"시내 산" 즉, "Mt. Sinai"는 발음은 "사이나이[sáinai]"로 발음이 된다. 성경에 나오는 "시내 산"이란 표현은 엄밀히 말해서 잘못 표기한 것이고 한국인들에게 쉽게 발음하기 위해서 그렇게 했는지는 모르겠으나, 한글만 직통 계시받은 무지한 이만희씨는 그걸 모르고 시내 산을 청계산에 가져다 붙이는 코미디 같은 짓을 한 것이다. 그렇다면 옛날 과천 지명이 동방이라는 표현이 있었을까? 과천시청에 들어가서 과천 이름의 유래를 찾아보았다.

출처: 과천시청

과천동(果川洞)의 지명 유래

작성자 : 관리자 | 등록일 : 2010-11-04 | 조회 : 8384

이 곳은 남태령 밑, 즉 옛날의 과천면 하리(下里) 일대와 우면산(牛眠山) 밑의 주암리(注岩里)를 합해 새로운 행정동을 만들면서 생겨난 지명이다.
하리 일대도 본래 과천군 군내면의 지역이다. 1914년 뒷골(後洞), 하락골안골(內谷), 한내(寒溪, 寒內村, 寒內川), 삼거리(三巨里), 선바위(立岩禪岩), 광창(光昌)을 병합하여 남태령 아래쪽 마을이란 뜻의 하리(下里)란 이름을 붙여 시흥군 과천면에 편입하였는데, 과천이 시로 승격하면서 과천동(果川洞)으로 개칭되었다.
옛날 길손들이 과천 읍내를 거쳐 이 곳에 이르러 남태령을 넘어 동재기나루(銅雀津)쪽으로 갈 것이냐, 말죽거리를 거쳐 두뭇개나루(豆毛浦 豆尾津)쪽으로 갈 것이냐 망설이던 세 갈래 길이 이 곳에 있다.

보다시피 과천의 옛 이름이 "동방"에서 유래되었다는 말은 이만희씨가 신천지 실상 교리를 합리화시키기 위해 지어낸 거짓말이다.

2. '14만 4천명과 흰 무리'를 인치는 자들

신천지에서는 계7장, 계14장, 계20장을 인용하여 인 맞은 14만 4천 명과 흰 무리가 구원을 받아 영생을 할 수 있다고 한다. 처음에는 이만희씨가 흰 무리는 첫째 부활에 참여하지 못하고 14만 4천명만이 첫째 부활에 참여할 수 있으며, 흰 무리가 되기 위해서는 천년 후에 두루마기를 빨아 입고 난 후 천년성(신천지)안에 들어 갈 수 있다고 하였다. 그러나 시간이 지나면서 신도수가 늘어나자 교리를 수정한 것이다. 이 내용은 계14장 반증과 본 장에서 이어지는 반증을 참조하기 바란다. 우선, 14만 4천명과 인치는 자들이 누구인지를 살펴보자.

계시록 완전해설 (1986, 대언자 이만희 저) p116

[기록된 바 이 모든 말씀이 실상으로 이루어지는 현장에서 목격한 자가 이 일을 보고 말씀과 함께 증거하는 이 사람이 참 인치는 목자이다. 그러므로 이 일 후에 인치는 일이 있다고 한 것이다. 여기에 인 맞는 144,000인은 "실상을 목격한 소수의 사람들이 인 친 사람들"이다. 누구라도 6장의 일이 있고 난 뒤에 이 일을 보고 나온 자에게 인 맞아 새 이스라엘 12지파에 참예하게 되니 이 일에 귀 기울이고 믿고 인 맞으시기 바란다]

위 책에서 이만희씨는 14만 4천 명 인치는 사람들은 "실상을 목격한 소수의 사람들"이라고 한다. 결국 계시록 완전해설에서 실상을 목격한 소수의 사람들은 "밀 한 되 보리 석 되"이므로 "이만희씨 본인과 지0섭, 윤요한, 윤재명"이 인을 치는 자들이다.

천국비밀 요한계시록의 실상 (2011, 보혜사·이만희 저) p134

['우리'는 영계 하나님의 천사들과, 펼쳐놓은 책을 받아먹은 목자(계10:8-11), 그리고 영적 새 이스라엘의 열두 지파장을 가리킨다. 이 열두 지파장은, 하나님의 책을 받아먹고 하나님의 인이 된 목자가(학2:23) 말씀을 직접 가르쳐 준 제자들이다. 이들은 다 같은 하나님의 말씀을 가지고 있으므로 하나님의 인을 치는 성사업(聖事業)에 동참한다. 구약 시대에는 이스라엘(야곱)의 열두 아들의 이름을 인으로 새겼고(출28:21), 초림 때에는 예수님과 열두 제자가 하나님의 인이 되었던 것(요6:27)처럼, 재림 때는 책을 받은 목자와 영적 새 이스라엘 열두 지파장이 하나님의 인이 된다.]

위의 책에서 이만희씨와 열두 지파장이 인치는 자들이라고 한다. 인치는 자들이 "실상을 목격한 소수의 사람들"에서 "열두 지파장"으로 바뀌었다. 말을 자주 바꾸는 것은 하늘에서 본 그대로 하는 것이 아니라 상황에 따라 불리한 것은 지우고 수정한다는 뜻이다. 그러면 이만희씨 말대로 열두 지파장이 인을 치는 자라고 해 보자. 다음 인물들은 신천지에서 지파장이나 교육장을 했던 인물들이다. 필자가 기억나는 인물들만 언급한 정도이다.

{김○훈, 윤○강, 윤○한, 최○희, 이○석, 박○찬, 정○동, 신○용, 김○갑, 이○휘, 김○택, 신○수, 오○영, 이○노, 채○욱, 김○록, 이○구, 조○희, 윤○명}

위의 지파장이나 교육장들 중에는 돈 문제와 여자 문제로 도망을 치거나 쫓겨나고, 육으로 사망을 하거나 심지어는 신천지 입장에서는 적그리스도가 되는 구원자 행세하기 위해서 딴 살림 차린 인간들도 있으며 강등당해서 평신도가 된 인물도 있다.

자기 지파의 지파장이 인을 치다가 여자 문제로 쫓겨나고, 그다음에 왔던 지파장은 돈을 들고 도망가고, 그다음 지파장은 또 다른 사이비 집단을 만들고, 도대체 이 지파장이라는 인간들은 인을 몇 명까지 치다가 쫓겨나거나 도망을 친 건지 알 수도 없다. 또 이런 지파장에게 인을 맞은 신천지 신도들은 제대로 인을 맞긴 맞았는지 의문이다. 아무렴 하나님께서 그 중차대한 "왕 같은 제사장"을 인치는 역사에 이런 천국 곳간이나 훔치고 있었던 자들에게 인을 치도록 앉혀 놨다는 것도 말이 안 되지만, 예수의 영이 함께 한다는 이만희씨가 이렇게 사람 보는 눈이 없는데 지파장들이 14만 4천 명 인 친다는 것 자체가 어불성설이다. 물론 지금도 남아있는 지파장들 중에서도 돈 들고 도망을 치거나, 여자 문제 또는 자신이 또 다른 보혜사라고 하면서 재림예수 행세하는 인간들이 틀림없이 등장할 것이다.

3. 신천지 구원의 순리

천국비밀 계시 (1998, 증인 이만희 보혜사 저) p 144 - p145

[본문에서 말씀한 이 일 후는 열두 지파 144,000인을 인친 후라는 말이며, 이 일 후에 나오는 흰 옷 입은 큰 무리는 144,000인을 인 친 후에 나오는 많은 무리들을 말한다. 이 구원의 순리는 첫째, 6장에서 남은 적은 씨요 둘째, 인 맞은 144,000인이며 셋째, 수많은 흰 무리들로 이루어진다. 이는 하나님께서 먼저 하나님의 형상대로 창조하시고, 그들에게 축복하사 생육, 번성, 충만, 정복, 다스리라고 말씀하심 같이 선천세계의 심판 때 남

은 자 곧 적은 씨로 생육하고 번성하여 144,000인의 충만한 수에 이르고 이 충만한 수로 나라와 백성과 방언과 족속인 온 세계를 정복하고 다스린다는 말씀이다.]

위의 내용을 보면 구원의 순리가 첫째, 6장에서 남은 적은 씨라고 했다. 즉, 이만희씨가 계6장에서 말하는 적은 씨는 밀 한되 보리 석되를 두고 하는 말이다. 그렇다면 이들은 이미 구원을 받아서 영생의 반열에 들어가 있어야 한다는 의미이기도 하다. 그러나 실상은 어떠한가? 영생은 고사하고 육체적으로 사망한 사람도 있고, 어떤 사람은 치매가 왔다는 소문이 돈다. 신천지 신도가 이 책을 읽고 있다면 반드시 밀 한되 보리 석되 실상의 인물이 누구인지 신천지 강사에게 물어보기 바란다. 만약 밀 한되 보리 석되를 밝히지 못하고 적은 수의 무리로 해석을 하라고 한다면 실상의 시대이므로 그 적은 수의 무리가 누구인지 그리고 그들이 구원에 이르러 영생의 반열에 올라가 있는지 알려달라고 해 보기 바란다. 틀림없이 당신은 믿음이 없는 자라고 손가락질 받거나 더 심한 경우는 정신이상자 취급을 받게 될 지도 모른다. 두 번째 구원의 순서는 인 맞은 14만 4천명이다. 이만희씨는 [십자가의 길 - 옥중 글]에서 14만 4천명이 인을 맞았고 이제 흰 무리를 모아야 한다고 했다. 자신이 쓴 책에 구원의 순서까지 밝히면서 가르쳐놓고 이제 와서 그런 적이 없는 것처럼 오리발을 내밀고 있다. 신천지 구원의 순리대로 보면 14만 4천명은 영생의 반열에 들어가 있어야 하는 것이고 그 인 맞은 14만 4천명을 보고 흰 무리가 몰려온다고 배우지 않았던가? 그런데 영생은 고사하고 이만희씨는 다시 흰 무리 모으라고 다그치고 있다. 이제는 흰 무리를 몇 명까지 모아야하고 언제까지 모아야하는지도 모르는 미궁에 빠져버렸다. 이만희씨는 그저 희망고문에 빠진 신천지 신도들을 이용하여 한 평생 잘 놀다 세상 하직을 할 것이다.

위의 내용 중 유심히 살펴봐야 하는 부분이 하나 더 있다. 이만희씨가 쓴 [천국비밀 계시]에서는 "14만 4천명이 인 맞아 충만한 수에 이르면 이들이 온 세계를 정복하고 다스린다"고 밝히고 있다. 이 부분에 관하여 [천국비밀 계시] 내용을 좀 더 살펴보자.

p146

[적은 무리의 씨가 천국을 증거 할 때에는 이단이라 하고 서로가 경계에 경계를 하면서 핍박하다가 144,000인의 수가 모이고 이 천국 복음이 곳곳에 전파되니, 이 천국복음(새 노래)이 참인 것을 각 교단 성도들과 목자들이 그제야 깨달아 너도나도 이 새로운 말씀을 찾아 모여들어 큰 무리를 이루게 된다. 참조에서 보았듯이 이 천국 복음이 온 세계를 정복하고 다스리게 되니, 이단 삼단 핍박 말고 인치는 때에 먼저 와서 144,000 수에 참예하는 것이 더욱 큰 복이다.]

위의 내용을 보면 14만 4천인이 모이고 이 천국복음이 전파되면 각 교단의 성도들과 목자들이 새로운 말씀을 찾아 신천지로 모여들어 큰 무리(흰 무리)를 이룬다고 한다. 더 나아가 이들이 온 세계를 정복하고 다스리게 된다고 주장한다. 그러나 지금 신천지의 현 상황은 어떠한가? 온 세계 정복은 고사하고 세상 사람들에게 신천지의 정체가 폭로가 되어 이미지는 이전보다 훨씬 더 나빠져 더 많은 사람들로부터 사이비집단으로 손가락질 받고 있으며, 신천지 신도들의 신천지 탈퇴는 더욱 가속화되고 있는 실정이다. 또한 신천지의 모략전도 방법이 사뭇 사기수법과 유사하다는 법원의 판단이 2심까지 내려진 상태이며, 자신이 14만 4천인 안에 있는지도 모르는 상태에서 흰 무리를 모으고 있는 코미디같은 상황이다. 이만희씨는 14만 4천명이 인 맞았으니 흰 무리를 모으라고 한다. 이만희씨 말대로 14만 4천명이 인 맞았다면 이들은 영생의 반열에 들어가 있어야 하며 이들을 보고 흰 무리는 세계 곳곳에서 몰려와야한다. 처음에 이만희씨가 그렇게 가르치고 신도들은 그렇게 배우지 않았던가? 왕 같은 제사장이 되어 온 세계를 정복하고 다스리는 것은 고사하고, 지금도 모략이나 짜고 거짓말하면서 신기루를 쫓아 전도에 올인하고 있는 신천지 신도들은 양심에 손을 얹고 자신이 배웠던 것을 되짚어 보기 바란다.

4. 14절에 나오는 큰 환난은 무엇인가?

14절 내가 가로되 내 주여 당신이 알리이다 하니 그가 나더러 이르되 이는 "큰 환난"에서 나오는 자들인데 어린양의 피에 그 옷을 씻어 희게 하였느니라

이만희씨는 9절 "이 일 후" 즉, 14만 4천 명을 인을 치고 난 후에 "큰 환난" 가운데 셀 수 없는 많은 흰 무리가 몰려온다고 했다. 그리고 큰 환난은 바람으로 비유를 하고 있었다. 계4장 반증에서도 밝혔듯이 필자는 이만희씨가 쓴 모든 책들을 읽어보면서 항상 느꼈던 점이 계시록 7장의 "큰 환난"을 구체적으로 무엇인지를 밝히지 못하는 것을 보고 하늘 영계에 올라갔다 내려오기는 커녕 요한계시록 책을 받아먹었다는 것도 다 거짓말임을 짐작할 수 있었다.

책 받아먹고 계시록 전장을 다 봤다는 사람이 "큰 환난"이 3차 대전인지, 다른 행성이 와서 지구와 충돌한다든지 종교 세계에서 대학살이 일어난다든지 등등 어떠한 것이 "대 환난"인지 언급한 내용이 이만희씨가 쓴 책에는 전혀 없었다. 최소한 2021년 초반까지는 말이다. 진짜 계시록 전장을 봤다면 "큰 환난"은 상당히 중요한 사건이므로 미리 대비를 했을 것이기 때문이다.

이만희씨는 2021년이 되어서야 "큰 환난"이 무엇인지 밝혔다. "십자가의 길 - 옥중 글-" (2021년 3월 30일) 5페이지에 있는 내용이다.

> 신천지예수교회는 마치 성경 말씀을 도장을 찍은 것같이 각인(各人)의 마음에 새겨 창조된, 인 맞은 12지파 144,000 제사장 나라이다(계 7장, 14장). 그리고 예수님의 피로 죄 사함 받은 흰 무리도 12지파에 속한다. 지금의 때는 인 맞은 12지파 144,000명 완성 후 있게 되는 흰 무리 창조를 위한 큰 환난의 때이다(계 7:9-14).

그런데 "코로나 사태"가 터지고 나서야 "큰 환난"이 무엇인지를 밝히는 것을 보고 실소를 금할 수 없었다. "코로나"가 큰 환난이라는 것이다. "지금의 때는 인 맞은 12지파 144,000명 완성 후 있게 되는 흰 무리 창조를 위한 큰 환난의 때이다(계7:9-14)" 혹시 이 글을 읽고 있는 신천지 신도가 있다면 묻고 싶다. 당신은 지금 14만 4천, 인 맞은 자 안에 있습니까? 흰 무리가 온다는데 말이다.

쉬어가는 코너 이만희씨는 땅 한 평도 없는 검소한 사람이다.

그러나 이 사람 이름으로 방 한 칸 없고
땅 한 평 없어요 물어보세요 없습니다

[신천지 말씀 대성회 캡쳐]

이만희씨는 신천지 신도들에게 설교할 때나 신천지 홍보 세미나를 할 때 자신은 방 한 칸 없고 땅 한 평 없다고 공공연하게 밝혀 왔었다. 그러나 필자가 확인해 본 결과 거짓말이었다. 2014년 말경에 이만희씨가 내연녀였던 김남희씨와 "평화의 궁전"에 같이 살고 있을 때 건물의 등기를 확인해 보았다.

등기사항전부증명서(말소사항 포함) - 건물

[건물] 경기도 가평군 청평면 고성리 276-1외 1필지 　　　　고유번호 2845-2014-003518

【 표 제 부 】 (건물의 표시)

표시번호	접 수	소재지번 및 건물번호	건 물 내 역	등기원인 및 기타사항
1	2014년11월3일	경기도 가평군 청평면 고성리 276-1, 276-3 [도로명주소] 경기도 가평군 청평면 고재길 182-1	철근콘크리트구조 평지붕(철근콘크리트구조) 지상3층 교육연구시설 1층 841.39㎡(연수원) 1층 34.14㎡(소매점) 2층 881.29㎡(연수원) 3층 206.59㎡(연수원) 옥탑1층 23.73㎡(계단실)	

【 갑 구 】 (소유권에 관한 사항)

순위번호	등 기 목 적	접 수	등 기 원 인	권리자 및 기타사항
1	소유권보존	2014년11월3일 제26113호		공유자 지분 2분의 1 김남희 [illegible] 서울특별시 강남구 압구정로 [illegible] (압구정동 [illegible]아파트) 지분 2분의 1 이만희 [illegible] 서울특별시 강남구 압구정로 [illegible] (압구정동 [illegible]아파트)

-- 이 하 여 백 --

열람일시 : 2014년11월28일 14시40분11초 　　1/2

"평화의 궁전"의 건물과 땅을 이만희씨와 김남희씨는 각각 자신의 이름으로 이분의 일(1/2)씩 지분을 나누어 가지고 있었다. 그리고 "2014년 12월 30일" 위 등기사항을 필자가 운영하는 "푸른하늘 블로그"에 게시를 하였고, 게시한 지 몇 시간 지나지 않아 "이만희씨"로부터 게시중지 요청이 왔다.

고객님께서 작성하신 게시물이 다음과 같은 사유로 **게시중단(임시조치)** 되었음을 안내 드립니다.

대상 게시물	신천지 맹도들은 완전히 @ 됐습니다.[1탄] http://blog.naver.com/bluesky05292/220224309218 [블로그(포스트)] 신천지 맹도들은 완전히 @ 됐습니다.[1탄] http://cafe.naver.com/sosci/31526 [카페(게시글)]
게시중단(임시조치) 요청자	이만희
게시중단(임시조치) 사유	명예훼손 (게시물에 포함된 내용으로 피해를 주장하는 당사자로부터 게시중단 요청 접수)
게시중단(임시조치) 일자	2014년 12월 30일

불과 몇 시간 만에 벌어진 일이다. 방 한 칸 없고 땅 한 평 없다던 이만희씨가 "평화의 궁전"이라는 대궐 같은 집에서 살고 있었던 것이 신천지 신도들에게 들키면 안 돼서인지 이만희씨는 즉각 게시중단요청을 해왔다. 그리고 바로 자신의 지분을 7일 후 대물변제 형식으로 신천지 예수교 명의로 이전시켰다.

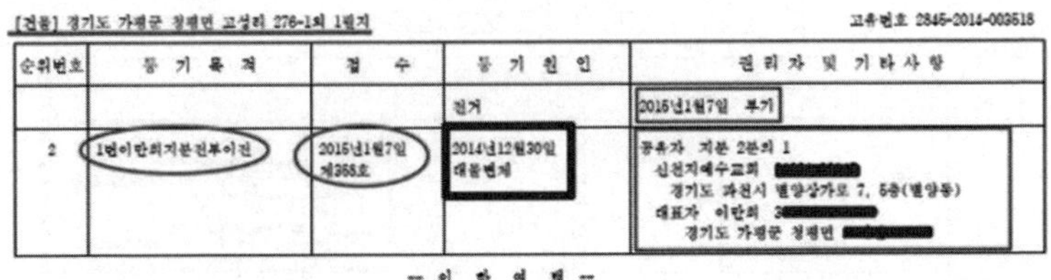

[건물] 경기도 가평군 청평면 고성리 276-1외 1필지 고유번호 2845-2014-003518

순위번호	등기목적	접수	등기원인	권리자 및 기타사항
			전거	2015년1월7일 부기
2	1번이만희지분전부이전	2015년1월7일 제355호	2014년12월30일 대물변제	공유자 지분 2분의 1 신천지예수교회 경기도 과천시 별양상가로 7, 5층(별양동) 대표자 이만희 3 경기도 가평군 청평면

-- 이 하 여 백 --

관할등기소 의정부지방법원 가평등기소

아마도 이만희씨의 이런 일련의 행위들이 신천지 신도들에게 들키면 안 되는 부분도 있겠지만 공금횡령이 가장 큰 문제였을 것으로 보인다. 땅 한 평 없다는 사람이 수십억짜리 집에서 개인 이름으로 소유를 하고 있었으니 누군가 고소를 하면 문제가 될 거라고 생각했을 것이다.

이만희씨의 거짓말은 여기에서 끝나지 않는다. 2021년 11월 3일(신천기 38년 11월 3일) 다음과 같은 공지문을 모든 신천지인들에게 보내면서 자신의 이름으로 땅 한 평, 방 한 칸 없다고 한다.

신천지 전국 성도님들에게

나는 큰 별의 인도로 신앙을 하게 되었습니다. 나는 교회에 등록한 후부터 교회가 내 집이고 교인들이 우리 가족이었습니다. 하여 나는 하나님의 교회와 하나님의 가족인 성도들을 위해 전적으로 봉사해 왔습니다. 이는 하늘도 땅도 보고 아십니다. 나는 아직 내 이름으로 된 땅 한 평, 방 한 칸 없습니다. 참으로 하늘을 집을 삼고 땅을 나의 거처로 삼아, 자나깨나 하나님의 일만 생각해 왔습니다. 이 말이 사실인지 하나님께 물어 보십시오. 참입니다.

코로나19 사건(초기의 확산 사태) 이후 우리 신천지 교회가 다 폐쇄되고 성도들의 입장도 난처해졌습니다. 하나 우리 성도들은 다 같은 고통 중에 있으면서도, 어려운 처지에 있는 교회와 성도들을 위해 후원금을 내주셔서 평안하게 믿음을 지키고 있습니다. 때는 지금 난세입니다. 이때에 교회와 성도들을 위해 도와주신 분들의 믿음과 참됨을 하늘도 아실 것입니다.

편파적으로 우리만 압수수색과 구속을 당하는 최악의 압박 중에서도 우리는 정부 시책에 적극 협조하고 봉사하였습니다. 성도 수천 명이 자기 피를 뽑아 혈장 공여에 참여했습니다. 이를 온 세상이 다 알고 있습니다. 또 우리는 이 세상 그 누구도 알지 못한 계시록을 통달하였고, 통달한 계시록을 우리 12지파장들이 지금 세미나를 통해 온 세상에 최고의 큰 나팔로 외치고 있습니다. 하나님 만세, 예수님 만세, 신천지 만세입니다.

이 일을 온 세상 각국의 언론이 일시에 외쳤습니다. 그리고 증거하고 있습니다. 이는 승리의 나팔이요, 최대의 큰 나팔입니다. 세상 생긴 후 처음 있는 큰 나팔 소리로 계시록이 각인의 마음에 새겨졌습니다. 하나님께 영광을 올립니다.

신천기 38년 11월 3일

총회장

2021년 11월 3일(신천기 38년 11월 3일) 공지문이 내려간 바로 다음날인 "11월 4일" 개인 이만희씨 이름으로 되어있는 땅 문서를 필자는 찾아냈다.

면적이 3077 제곱미터이며 평수는 932평이나 되는 엄청난 넓이의 땅이다. 이 땅을 수십 년간 개인소유로 가지고 있다가 코로나 사태 때문에 대구시에서 이만희씨 개인 재산을 가압류 한 것이다. 이럼에도 이만희씨는 마치 자신이 청빈하고 하나님일만 하는 의로운 사람으로 자신을 포장하여 신천지 신도들을 기망하고 있었던 것이다.

등기사항전부증명서(말소사항 포함)
- 토지 [제출용] -

고유번호 1353-1996-026600

[토지] 경기도 과천시 과천동 250-1

【 표 제 부 】 (토지의 표시)

표시번호	접 수	소 재 지 번	지 목	면 적	등기원인 및 기타사항
1 (전 4)	1996년4월9일	경기도 과천시 과천동 250-1	전	3077㎡	
					부동산등기법 제177조의 6 제1항의 규정에 의하여 1999년 06월 10일 전산이기

【 갑 구 】 (소유권에 관한 사항)

순위번호	등 기 목 적	접 수	등 기 원 인	권리자 및 기타사항
1 (전 8)	소유권이전	1998년9월26일 제9054호	1998년8월27일 수원지방 법원 임의경매로 인한 낙찰	소유자 이만희 310915-******* 안양시 동안구 [redacted]
				부동산등기법 제177조의 6 제1항의 규정에 의하여 1999년 06월 10일 전산이기
2	가압류	2020년8월20일 제128261호	2020년8월19일 대구지방법원의 가압류 결정(2020카단3 4791)	청구금액 금1,800,000,000 원 권리자 대구광역시 대구 중구 공평로 88

【 을 구 】 (소유권 이외의 권리에 관한 사항)

기록사항 없음

-- 이 하 여 백 --

[인터넷 발급] 문서 하단의 바코드를 스캐너로 확인하거나, 인터넷등기소(http://www.iros.go.kr)의 발급확인 메뉴에서 발급확인번호를 입력하여 위·변조 여부를 확인할 수 있습니다. 발급확인번호를 통한 확인은 발행일부터 3개월까지 5회에 한하여 가능합니다.

발행번호 1352021340319111101009600411230266544644610024241112 | 발급확인번호 AAKI-CBVB-6008 | 발행일 2021/11/04

7

요한계시록 8장

신천지 요한계시록 8장 풀이

1 일곱째 인을 떼실 때에 하늘이 반시 동안쯤 고요하더니

"하늘"은 하나님의 보좌가 있는 영의 세계이기도 하지만 하늘 장막이 내려온 육의 세계이기도 하다. "반시 즉, 한 시간의 절반이 되는 30분 동안 고요하다"는 의미는 계6장의 네 바람을 붙잡아 불지 못하도록 하는 것이며 이것을 사도요한은 환상 중에 보는 것이기 때문에 반시는 30분이지만 실상으로는 6개월로 더 길어질 수 있다.

2 내가 보매 하나님 앞에 시위한 일곱 천사가 있어 일곱 나팔을 받았더라

일곱 천사가 배도한 금 촛대 장막의 일곱 사자와 선민들의 심판을 알리는 나팔을 받게 된다. 나팔 부는 자는 영계의 천사들이라면 나팔은 사도요한 격 사명자와 함께 계시록 증거의 말씀을 증거하는 이 땅의 사명자들이다. 이때 세 가지 재앙이 나오는데 그 첫 번째 재앙이 일곱 인의 재앙이고, 두 번째가 일곱 나팔의 재앙, 세 번째가 일곱 대접의 재앙이며 배도자를 심판하는 이 재앙은 8장에 이어서 9장에서도 계속 진행된다.

3 또 다른 천사가 와서 제단 곁에 서서 금향로를 가지고 많은 향을 받았으니 이는 모든 성도의 기도들과 합하여 보좌 앞 금단에 드리고자 함이라

여기에 나오는 또 "다른 천사"는 일곱 나팔을 받은 천사와는 다른 천사이며

"제단"은 하나님 보좌이며 "금 향로"는 오늘날 약속의 목자이며 이긴 자이다. 금 향로 안에 있는 불이 오늘날의 계시의 말씀이라면 "향"은 성도들의 기도이며 "향연"은 성도들의 기도가 하나님께 상달되는 것을 의미한다. 사도요한 격 사명자가 보좌 앞 금단 즉, 하나님 앞으로 불려 올라갔다는 뜻이다.

4 향연이 성도의 기도와 함께 천사의 손으로부터 하나님 앞으로 올라가는지라

성도들이 기도를 하면 그 기도가 하나님께 상달되는데, 이 기도는 천사의 손을 통해서 하나님 앞으로 올려지게 되지만 예수님의 기도는 천사의 손을 거치지 않고 바로 직통으로 하나님께 전달된다.

5 천사가 향로를 가지고 단 위의 불을 담아다가 땅에 쏟으매 뇌성과 음성과 번개와 지진이 나더라

"향로"는 이긴 자이고, "불"은 오늘날 이루어진 실상인 계시의 말씀, "땅"은 배도한 첫 장막과 세상이다. "뇌성과 음성"은 예수님과 이긴 자의 심판과 진노의 말씀이고, "번개"는 많은 영들이 빠르게 움직임을 표현한 것이다. "지진"은 장막성전의 선민들이 이긴 자가 증거하는 계시의 말씀을 듣고 마음이 흔들리며 요동치는 것을 말한다.

6 일곱 나팔 가진 일곱 천사가 나팔 불기를 예비하더라

"나팔을 부는 때"는 장막성전의 선민들이 배도를 하고 멸망당하고 있을 때 구원자를 통하여 그것을 알리는 것이다. 초림 때에는 멸망자인 서기관과 바리새인들이 세례요한의 장막을 침노하여 덮쳤을 때 예수님이 부는 증거의 말씀

이 "나팔을 부는 때"이고, 오늘날 재림 때에는 하나님이 택한 일곱별 사자가 있는 첫 장막에 니골라당이 올라와서 미혹하고 있고 첫 장막의 백성들이 배도하여 바벨론 소속이 되어 굴, 산, 바위틈에 들어가게 되었을 때 이긴 자가 이 백성들에게 죄와 허물을 알려 회개를 촉구하는 것이 "나팔을 부는 것"이다. "일곱 천사"는 영이고 "일곱 나팔"은 말씀을 대언하는 육체의 사명자들이다.

7 첫째 천사가 나팔을 부니 피 섞인 우박과 불이 나서 땅에 쏟아지매 땅의 삼분의 일이 타서 사위고 수목의 삼분의 일도 타서 사위고 각종 푸른 풀도 타서 사위더라

"일곱 나팔"인 일곱 명의 육체를 들어 일곱 천사인 영이 나팔을 부는데 "나팔을 분다는 것"은 1) 장막성전의 배도한 선민들이 배도했던 일과 2) 침노한 멸망자들이 첫 장막을 멸망시키고 3) 배도한 선민들이 심판을 받고 구원을 받게 되는 일을 알리는 것이다. "피"는 어린양이신 예수님의 진노의 말씀이고 "우박"은 심판의 말씀을 가진 목자이다. "불"은 심판의 말씀이고 "땅"은 첫 장막의 배도한 선민들이며, "땅과 수목 그리고 각종 푸른 풀"들이 "삼분의 일" 씩 탄다는 말은 첫 장막의 배도한 선민들의 심령이 조금씩 상처를 받아 영적으로 죽임을 당한다는 의미이다.

8 둘째 천사가 나팔을 부니 불붙는 큰 산과 같은 것이 바다에 던지우매 바다의 삼분의 일이 피가 되고

"불붙는 큰 산과 같은 것이 바다에 던진다는 것"은 하나님과의 언약을 저버리고 배도를 하여 심판을 받아 세상에 버려진 장막성전을 의미하며 "바다의 삼분의 일이 피"가 되었다는 것은 생명수와 같았던 하나님의 말씀이 장막을 침노한 짐승의 피에 물들게 되어 비진리가 되었다는 의미다.

9 바다 가운데 생명 가진 피조물들의 삼분의 일이 죽고 배들의 삼분의 일이 깨어지더라

"바다"는 비진리 세상이며 "생명 가진 피조물"은 첫 장막의 배도한 선민들이고 이들이 죽어가는 것을 의미한다. 장막성전의 각 지교회를 의미하는 "배들도 삼분의 일씩 깨어진다"는 것은 심판을 받아 없어진다는 의미이다.

10 세째 천사가 나팔을 부니 횃불 같이 타는 큰 별이 하늘에서 떨어져 강들의 삼분의 일과 여러 물 샘에 떨어지니

"횃불 같이 타는 큰 별이 하늘에서 떨어진다"는 의미는 사14장 12절에 나오는 '아침의 아들 계명성'처럼 큰 별이 영의 세계에서 지위와 처소를 더나 범죄한 천사가 되듯이 이 땅의 육의 세계에도 이러한 일이 벌어지는데 본래는 장막성전의 출신의 사람은 아니었지만 마치 니골라가 유대교에 입교한 것처럼 오늘날에도 장막성전에 입교한 발람과 같은 자가 있다. "강, 물, 샘"은 배도한 첫 장막의 목자와 전도자이자 그들이 전하는 말씀이며, 장막성전에 입교한 멸망자가 설교하는 비진리를 먹게 된다는 것이다.

11 이 별 이름은 쑥이라 물들의 삼분의 일이 쑥이 되매 그 물들이 쓰게 됨을 인하여 많은 사람이 죽더라

10절에서 떨어진 큰 별의 이름이 "쑥"이며 7머리와 하나가 된 거짓 선지자인 니골라와 같은 인물이다. "물들의 삼분의 일이 쑥이 되었다는 것"은 오늘날 실상으로 멸망자인 니골라와 같은 인물이 전하는 설교를 받아먹게 되면서 일곱

금 촛대 장막의 선민들의 심령이 죽어가는 것을 말한다.

12 네째 천사가 나팔을 부니 해 삼분의 일과 달 삼분의 일과 별들의 삼분의 일이 침을 받아 그 삼분의 일이 어두워지니 낮 삼분의 일은 비췸이 없고 밤도 그러하더라

"해"는 목자, "달"은 전도자, "별"은 성도를 의미하며 이스라엘 선민을 비유적으로 나타낸 것이다. 해 달 별이 있는 장막성전이 "침을 받았다는 것"은 장막성전에 멸망자들로 인하여 충격을 심하게 받았다는 뜻이다. 마11장 12절에 나오는 세례요한 때부터 천국은 "침노 당한다" 할 때 "침"자와 같은 의미이기에 하나님과 언약한 금 촛대 장막에 바다에서 올라온 짐승이 침노하여 교권을 박탈당하여 진리를 더 이상 증거하지 못한다는 것이고, 낮이 비췸이 없고 밤도 그러하다는 말은 장막성전의 모든 선민들이 심령이 어두워지고 진리를 더 이상 증거하지 못하는 것을 말한다.

13 내가 또 보고 들으니 공중에 날아가는 독수리가 큰 소리로 이르되 땅에 거하는 자들에게 화, 화, 화가 있으리로다 이 외에도 세 천사의 불 나팔소리를 인함이로다 하더라

"독수리"는 하나님 보좌 앞에 있는 네 생물 중 하나이며 지금까지 네 개의 나팔이 불려 졌으므로 "화, 화, 화"는 앞으로 남은 세 개의 재앙이 일곱 금 촛대 교회에 일어날 것인데 이것은 세 개의 나팔소리가 남았다는 의미이다.

신천지
요한계시록
8장 반증

1. "반시" 동안 쯤 고요하더니

1절 일곱째 인을 떼실 때에 하늘에 "반시" 동안쯤 고요하더니

위의 "반시"를 이만희씨는 "6개월"이라고 했다.

계시록 완전해설 (1986, 대언자 이만희 저) p119

[여섯째 인을 뗀 후 또 일곱째 인을 뗄 때 하늘 반시 동안 고요하다고 한 것은 반시는 6개월을 말한다. 계12장에 말씀하기를 한때, 두 때, 반 때를 1260일이라고 설명되었기 때문에 이 반시는 6개월이다]

천국비밀 계시 (1998, 증인 이만희 보혜사 저) p156

[본문은 일곱째 인을 뗄 때 하늘이 반시 동안쯤 고요하다고 한다. 이때 반시는 6개월을 두고 하신 말씀이요(단11:13) 고요한 것은 여섯째 인까지 떼어 네 생물과 말들로 처음 하늘 장막을 심판한 후 바람인 말들을 붙잡아 불지 못하게 했기 때문이다. 이 6개월 후 하나님 앞에 시위한 (단7:10) 일곱 천사가 일곱 나팔을 받았다고 한다]

그러나 반시는 6개월이 아니라 30분이다. 초등학교만 졸업해도 위의 반시는 한 시간의 절반인 30분임을 알 수 있다. 그러나 초등학교를 졸업한

품격 있는 신천지 신도들과 독자들은 영어버전을 보면 더욱 쉬울 것이다.

When the Lamb broke the seventh seal on the scroll, there was silence throughout heaven "for about half an hour".

반시는 6개월이 아니라 "half an hour" 30분이라는 것을 선명하게 알 수 있다.

위와 같은 내용을 안티 신천지인들이나, 이단 상담소등이 이만희씨의 무지함을 꼬집자, 신천지에서 반시에 대한 입장을 표명했다.

[반시에 대한 신천지의 입장]

<<<<다음의 내용은 다음넷에 있는 신천지 공식블로그(http://blog.daum.net/sc
og/3071242?nil_profile=blog)에서 퍼온 반시에 관한 글입니다.>>>>>

반시에 대하여

도님이 위와 같이 질문하는 것은 참으로 당연하고 맞는 일입니다. 잘못된 것을 보고 지나치지 않고 지적해주셔서 먼저 감사
씀을 드립니다.
와 시는 분명히 다릅니다. 다니엘 11장 13절과 계시록 12장 14절의 때는 일 년을 말합니다. 그러나 계시록 8장 1절의 반시는
간의 반이므로 30분을 말합니다. 본문에서는 반 시'쯤' 동안 하늘이 고요하다고 했으므로, 하늘이 고요한 시간은 확실히 30분
고도 할 수 없습니다.

도님이 제시한 신천지 책자에서 반시를 6개월이라고 한 것은 출판 과정에서 일어난 실수입니다. 원고를 교열한 사

위의 신천지의 입장문에는 반시가 30분이라고 인정을 하면서

1) 반시를 6개월이라고 한 것은 출판 과정에서 일어난 (교열자의) 실수이다.

2) 반시가 30분이라는 것은 초등학생도 아는 사실이다.

3) 최근 출간한 '요한계시록의 실상'에는 30분으로 수정했다.

계10장의 "작은 책인 요한계시록"을 받아 드셨다는 이만희씨가 반시를 6개월이라고 한 것은 초등학교를 제대로 졸업을 못해서 그랬던 것은 아닐까? "반시"도 이해를 못하는데 책을 받아먹었단다. 위의 "반시에 대한 신

천지의 입장"처럼 "요한계시록의 실상"에서는 반시를 30분으로 "정말" 수정을 했다.

천국 비밀 요한계시록의 실상 (2005, 보혜사·이만희 저) 175

[요한은 일곱째 인을 뗄 때 하늘이 반시 동안 고요하다고 한다. 여기서 반시(時)란 문자 그대로 한 시간의 반 즉 삼십 분을 말한다]

[신천지 실상 도표]

처음에 이만희씨는 성경 구절을 인용하고 상황까지 설명을 하면서 반시를 6개월로 책에 기록했다. 독자들이 냉정하게 보았을 때 교열자의 실수인지 이만희씨의 문제인지 판단해 보기 바란다. 사실 위의 책 외에도 이만희씨가 쓴 다른 책에도 반시는 6개월로 되어있으며, 윤요한 교육장도 반시를 6개월로 가르쳤고, 심지어 이만희씨가 6개월이라고 했던 육성도 있다. 신천지가 교열자의 실수를 인정하고 이만희씨가 "요한계시록의 실상" 책에 반시를 30분으로 다시 수정하였으니 반시를 30분으로 인정할 수 있는 문제일까? 그렇지 않다. 신천지의 실상이 문제다. 반시는 6개월이라고 못 박아 놓은 기간 때문에 반시를 30분이라고 할 수가 없다.

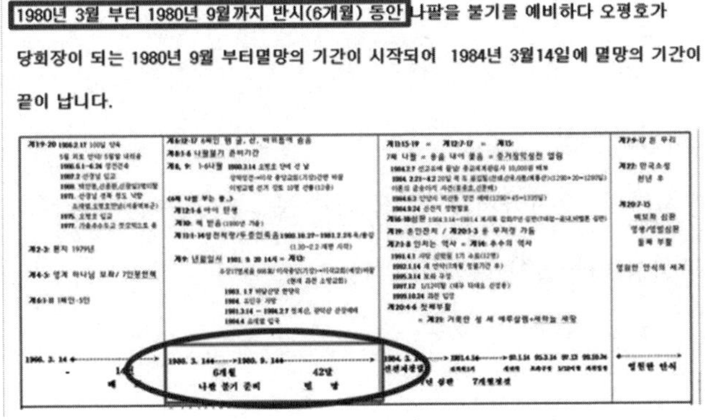

1980년 3월 부터 1980년 9월까지 반시(6개월) 동안 나팔을 불기를 예비하다 오평호가 당회장이 되는 1980년 9월 부터멸망의 기간이 시작되어 1984년 3월14일에 멸망의 기간이 끝이 납니다.

신천지 실상을 잘 아는 사람은 반시를 30분이라고 할 수 없다는 것을 잘 알고 있다. 그래서 이만희씨도 여러 책에 반시가 왜 6개월인지 이유를 들어서 설명을 했던 것이고, 자신의 육성으로 직접 가르쳤고 그 제자인 윤요한 교육장 및 강사들이 모두 6개월로 가르쳤던 것이다. 그런데 이만희씨가 반시는 한 시간의 절반인 30분이라고 인정을 하고 책에 수정까지 했으며 신천지 입장문에서 알 수 있듯이 초등학생도 반시는 30분이라는 것을 안다고 했다.

그래서 내놓은 해결책이 이것이다. 신천지 탈퇴자가 성경 공부한 내용인데, 반시는 30분도 되고 6개월도 된다. 웃프다.

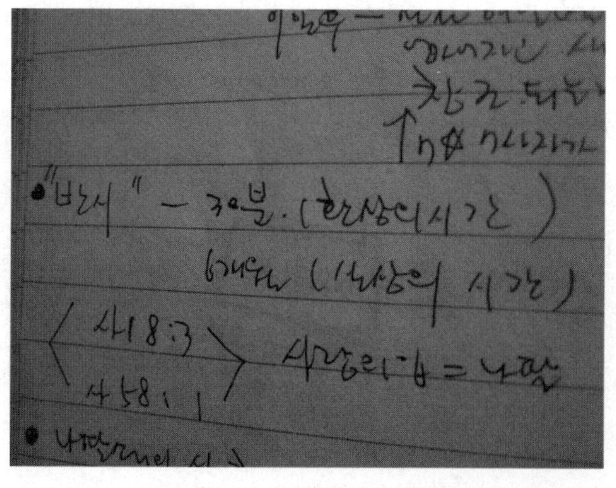

2. 일곱 나팔의 실상

계8장 7절부터 12절까지 총 일곱 나팔 중 네 나팔이 먼저 불려진다. 일곱 나팔의 실상 인물들은 다음과 같다.

이만희, 홍종효, 이창호, 박영진, 이정환, 장희문, 문옥순

홍종효, 이창호, 장희문씨는 계5장에서 일곱 뿔로서 역할을 했다가 계8장부터는 일곱 나팔 역할도 하기 때문에 많이 바쁠 것으로 보인다. 물론 순서는 모른다. 이만희씨가 11장 15절의 마지막 나팔인 일곱째 나팔인 것은 틀림없는데, 나머지 여섯 나팔들은 자신들이 몇 번째 나팔 인지도 모른다. 이만희씨가 이 부분을 언급을 안 하는 것으로 보아 거기까지는 계시를 받지 못한 것으로 보인다. 요한계시록을 받아먹고 전장의 사건을 현장에서 다 봤다고 했는데 말이다. 하루 빨리 신천지 실상의 인물을 더 추가해서 인물난을 해소하고 실상의 인물들이 다양하게 구성되어서 한 사람이 몇 탕씩 뛰는 일이 없도록 이만희 총회장님께 건의를 하고 싶다. 다시 책받아 드셔서 이번에는 실상 인물 좀 대폭 증가시키라고.

3. 하늘에서 떨어지는 큰 별, 그 이름은 쑥

10절 횃불 같이 타는 "큰 별"이 하늘에서 떨어져, 11절 이 별 이름은 쑥이라

아침의 아들 계명성처럼 하늘에서 떨어지는 횃불 같이 타는 "큰 별"은 오평호 목사이다. 그래서 신천지 신도들은 이 별의 이름을 "오쑥"이라는 애칭을 쓰기도 한다. 계2장의 "니골라", "발람" 같은 자이며 계13장에서는 땅 짐승, 계17장 여덟째 왕이기도 하다. 오평호 목사와 유재열씨는 나이 차이가 25살이 난다고 가르쳤다.

[김○록 교육장 계시록 통합교육]

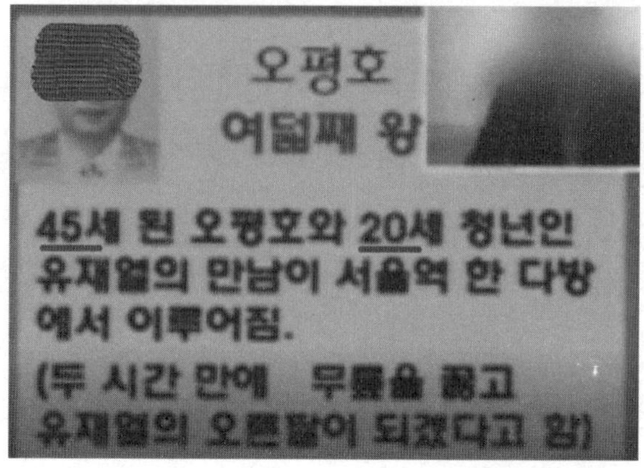

오평호 목사가 45세 되던 해에 20살 유재열씨를 서울역 한 다방에서 만나 두 시간 만에 유재열씨에게 설득을 당해 장막성전에 들어갔다고 가르쳤다. 이 계시록 통합교육을 보면서 이만희씨는 은혜를 받았다고 한다.

[이만희씨 음성파일 캡쳐]

> 요즘에는 통합교육을 통해가지고 아주 이 (실상)말씀에 대해서 여러분들이 아주 잘 알고 있는 줄 압니다.
> 이 사람도 통합교육에서 이 말씀을 듣고 상당히 은혜가 되었는데 통합교육을 마치면은 시험을 친다고 하였는데 시험에 합격이 못 되 면은 이제 갈라가지고 시험 합격되는 사람하고 합격되지 않는 사람하고 나누어서 예배 본다고 했습니다.

> 그러면은 공부 잘 해야 되겠지요?(아멘) 잘 해야 합니다.
> 요즘에는 시험 쳐 가지고 강사나 전도사나 자격이 안 되는 사람은 다시 집사로 내려가게 그렇게 조치를 취하는 것입니다. 왜 그렇노 하면은 자기도 모르는 사람에게 가여 수강생들을 맞길 수가 없어요. 그래서 그런 조치를 취한 것이었는데 우리 통합교육이라 그러면은 이 성경을 통달하기 위한 것입니다.(아멘)

그러고 또 한 가지는 그 사탄의 일꾼에게 미혹을 받지 않고 이기기 위한 것이지요?(아멘) (길어서 중간 편집) 언제든지 진리로 싸워서 이겨야 되겠죠?(아멘) 그러기 위해서는 우리 통합교육 잘 해 가지고 진리로 무장해야 하겠습니다.(아멘) 그래서 통합교육 받아 보면 디기 재미있습니다 맞죠?(아멘) 얼마나 재미가 있는지 몰라요. 그래 잘 받아가지고 우리 무장해가지고 이기는 자가 돼야지 진자가 되어서는 아니 되겠습니다.(아멘)

김○록 교육장이 실시하는 통합교육을 듣고 상당히 은혜를 받았으며 사명자들은 시험을 쳐서 점수가 낮으면 집사로 강등시키고 통합교육 잘 받아서 사탄의 미혹을 받지 않고 진리로 무장하자는 요지이다. 그러니 이만희씨가 통합교육을 보고 얼마나 감동을 받았겠는가? 김○록 교육장 통합교육을 보면, 1975년 오평호 목사가 45살 때 유재열씨는 20살이었다는 것이다. 필자가 확인을 하기 위해 인터넷을 샅샅이 뒤져서 계산을 해 보았다. 물론 여기서는 간략하게 적을 것이다.

1) 유재열씨 출생년도 [서울 육백년사]에서 비교적 쉽게 찾았다. 유씨는 1949년 출생이기 때문에 1975 - 1949 = 26, 오목사님이 유씨를 만날 당시 26살이다.

2) 오평호 목사님 출생년 도가 알기가 어려웠지만 찾아냈다. 2007년 1월에 국민일보에 오평호 목사 칼럼이 있었고 당시 60살이었다. 출생년도를 계산해 보면 2007 - 60 = 1947년 즉, 약 1947년생이다. 그렇다면 유재열씨를 만날 때 나이는 1975 - 1947 = 28, 즉 약 28살이다.

3) 결국 오평호 목사와 유재열씨는 2~3살 차이가 난다. 그런데 신천지에서는 두 사람이 25살이나 차이 나는 것처럼 실상을 극대화시키기 위해

거짓 통합교육을 시키고 그 통합교육을 보고 이만희씨는 은혜를 받았다고 하니 참 기가 찬다. 위의 두 사람의 나이 계산을 하려고 실컷 숫자 놀음하고 난 다음 며칠 되지 않아 오평호 목사님 전화번호를 알게 되어 유씨와의 나이 차이를 물었다.

2~3살 차이 날 걸...

이만희씨는 도대체 어떤 요한계시록 책을 받아먹은 자이기에 인터넷 검색만으로도 두 사람의 나이를 계산해 내는 필자보다 한참이나 엉터리일까? 그리고 더 물어보았다.

오목사님, 이만희씨 아세요?

몰라요..

오목사님과 통화한 내용과 위의 자료들은 모두 필자가 운영하는 "신천지 푸른하늘 투" 블로그와 "신천지 푸른하늘" 유튜브에 다 올라가 있다.

쉬어가는 코너 청춘반환소송

1. 신천지 모략 전도

신천지 교세가 확장하고 신도수가 증가하게 된 원인이 신천지의 독특한(?) 포교방법 때문이라고 해도 과언이 아닐 것이다. 소위 "모략 전도", "밀실 전도"라는 방식으로 기성교회에 침투하거나, 우연을 가장한 만남을 통해 한 개인의 신상을 철저하게 파악한 뒤 다른 신천지 추수꾼에게 정보를 넘긴다. 이렇게 해서 얻은 정보로 신천지 내에서는 작전을 짜는데 많게는 십여 명이 그 작전에 투입이 되고, 아무것도 모르는 섭외대상자는 그들의 작전에 따라 서서히 성경공부를 하게 된다. 이 과정에서 섭외대상자는 진정한 “자유의지”가 “박탈”되어 있는 상태를 인지하지 못하고 스스로 신천지 센터(신학원)에 가서 성경공부를 한 것으로 착각을 하게 된다.

이러한 과정은 복음방 → 센터 → 신천지 교회의 순서로 진행이 되고 복음방 과정은 2명에서 많게는 5명이 모여서 성경공부를 하는 곳이면 장소에 상관없이 복음방이 된다. 대략 복음방 과정은 2~3개월 정도로 운영을 하며 상황에 따라서 신천지에서 조절한다. 복음방에서 섭외대상자의 마음을 산 후 신천지 센터로 넘기는데 이때 대체적으로 신천지에서 쓰는 수법이 외국에서 오신 말씀 좋으신 선교사님 혹은 목사님이 계시는데, 마침 이 근처에서 성경 말씀을 가르쳐 주는데 가서 한 번 들어 볼 것을 권한다. 방금 언급한 방식은 빙산의 일각이며 신분을 속이거나 목사 사칭하는 등 상상을 초월한다. 아무튼 이런 방식으로 복음방에서 신천지 센터로 넘어가서 초등, 중등, 고등 각각 2개월씩 성경공부를 하고, 약 6~7개월 과정이 끝나면 센터를 수료하고 정식 신천지 신도가 된다.

이때, 신천지는 섭외대상자에게 올바른 판단을 할 수 있는 정보를 차단하고, 성경공부가 끝날 때까지 다른 사람에게 말하지 못하도록 입막음을 시킨다. 이런 과정을 통해서 신천지 교회로 넘어가면 신천지 신도들을 회심시키기가 상당히 힘들어지고, 가족들과의 갈등뿐만 아니라 학업을 포기하는 학생들, 이혼하는 가정 등 심각한 사회문제로 발전이 된다.

2. 청춘반환소송

신천지의 모략 전도 방법은 한국교회를 넘어서 한국 사회뿐만 아니라 해외에까지 심각한 문제로 대두가 되고 있다. 신천지의 모략 전도방식은 사회의 기본 질서에 반하고 있음에도 법적으로 아무런 제동장치가 없다면 다른 이단, 사이비 집단들에게 좋은 포교전략(?)으로 비칠 수 있고 적극 벤치마킹을 할 가능성이 높은 상황이다. 이런 심각한 위기 상황에서 신천지의 포교방법을 이대로 두면 한국교회와 한국 사회는 더욱 불신과 깊은 상처만 남게 될 것을 우려하여 홍종갑 변호사님과 신천지 탈퇴자분들이 용기를 내어 신천지를 상대로 소위 "청춘반환소송"을 제기하게 된다. 자비량으로 재능을 기부하면서 소송을 이끌고 계신 홍종갑 변호사[4]님과 신천지 탈퇴자 분들의 노력으로 "신천지의 모략 전도는 위법하다"는 상당히 유의미한 결과를 1심과 2심에서 이끌어냈다.

사건의 진행은 2019년 3월에 첫 재판이 시작되어 2020년 1월 14일 날 "신천지 모략 전도 방법은 사뭇 사기 수법과 유사하다"고 판단한 사법부는 신천지 교회에 "500만원의 위자료를 원고에게 지불하라는 판결"을 내리며 원고 일부 승소를 하게 된다.

2심에서는 신천지 교회뿐만 아니라 "신천지 모략 전도에 가담한 신천지 신도들"에도 책임을 물어 같이 위자료를 배상하라는 판결을 사법부가 내리면서 사실상 신천지의 모략 전도는 우리사회의 정서상 받아들일 수 없는 불법적인 행위로 간주하였다.

그러나 이 사건이 2022년 4월 8일 대법원(사건번호 2022다227688)에 접수가 되었고 판결을 기다리고 있는 상황에서 놀라운 일이 발생했다. 1심과 2심 과정에서도 신천지는 엄청난 돈을 쏟아부어 대형 로펌의 변호사를 포진시키고 많은 변호사를 투입시키고도 좋은 결과를 얻지 못하자 마지막 대법원에서는 법조계의 초대형 거물급 신영철 전 대법관을 변호사

---

4 바른복음생명교회 담임전도사, 바른복음생명공동체 유튜브 운영중

로 선임을 한 것이다. 신천지 모략 전도수법은 일반인들의 상상을 초월하는 수법으로 신분을 속이거나 거짓말로 접근하여 성경공부를 시키고, 심지어 위장 교회까지 만들어서 기성교회인 것처럼 기망하는 행위로서 이미 사기 수법과 유사하다는 1심과 2심 재판부의 판단이 내려진 상태다. 그럼에도 불구하고 신천지는 이 판결을 뒤집기 위해서 신영철 전 대법관을 법률대리인으로 선임을 한 것이다. 참으로 안타까운 상황이다. 신천지의 모략전도가 위법하다고 최종 판결이 나면 신천지가 앞으로 전도가 어려워지고 교세가 급격하게 줄어들 것으로 판단이 되기에 신천지에서 엄청난 돈을 쏟아붓고 있는 것 같은데 이에 편승해서 대한민국 법치주의 근간을 이루고 있었던 대법원의 대법관 출신이 신천지의 모략 전도를 변호하기 위해 나섰다는 것도 이해도 되지 않지만, 이것이 진정 대한민국의 사법부가 지향하는 정의인지 신영철 전 대법관에게 묻지 않을 수 없다. 다음은 언론에 나온 기사[5]의 일부이다.

[신 전 대법관은 2009년부터 2015년까지 대법관을 지낸 후 법무법인 광장의 변호사로 영입됐다. 법무법인 광장은 청춘반환소송에서 2심부터 피고인 신천지 측 법률대리인을 맡고 있다. 그런데 대법원 상고심부터 법무법인 광장의 변호인단에 전직 대법관을 지낸 신영철 변호사가 변호인단에 가세해 신천지가 대법관 출신 변호사를 고용해 현재 재판 상황을 반전시키려는 의도가 아니냐는 의혹이 제기되고 있다]

---

5 출처 : C헤럴드(CHERALD)(http://www.c-herald.co.kr)

3. 사건의 판결문 내용

1) 1심 판결문 내용의 일부

대전지방법원 서산지원

판 결

사 건 2018가단58184 손해배상(기)

3) 앞의 인정사실 및 그 근거된 증거들과 갑 제19호증의 기재를 종합하면 이 사건 전도방법은 대상자가 정당한 결정을 내릴 수 있는 기회를 막고 충분한 정보를 전달받지 못하도록 차단하기 위하여 행위자들이 신천지예수교회 소속이라는 것을 은닉한

채 대상자에게 배려와 친절을 베풀고 객관적 사실을 알려주는 주위 사람과도 그 관계를 끊게 하거나 악화시키는 형태로 이루어졌고, 대상자가 신도로 포섭된 이후에도 지속적인 관리를 행하였는바 이는 그 대상자로 하여금 포섭행위자들이 베풀던 친절과 호의 등에 이미 익숙해진 상태에서 그러한 친절과 호의가 순식간에 사라지고 외톨이가 될 수 있다는 등의 불안심리 등을 이용하여 사실상 자유의지를 박탈한 상태에서 피고 교회 등의 신도가 되도록 유도한 것으로 헌법에서 보호하는 종교의 자유를 넘어선 것이고, 사기범행의 기망이나 협박행위와도 유사하여 이는 우리 사회공동체 질서유지를 위한 법규범과도 배치되는 것이어서 위법성이 있다고 평가된다.

포섭행위자들이 베풀던 친절과 호의 등에 이미 익숙해진 상태에서 그러한 친절과 호의가 순식간에 사라지고 외톨이가 될 수 있다는 등의 불안 심리 등을 이용하여 "사실상 자유의지를 박탈한 상태에서 피고(신천지)교회 등의 신도가 되도록 유도한 것"으로 "헌법에서 보호하는 종교의 자유를 넘어선 것이고, 사기범행의 기망이나 협박행위와도 유사"하여 이는 "우리 사회공동체 질서유지를 위한 법규범과도 배치되는 것이어서 위법성이 있다고 평가"된다.

2) 이제는 신천지가 공개전도를 한다고 신천지 수뇌부가 밝히지만, 사실은 신천지 모략전도가 위법하다는 법원의 판결이 나오면서 어쩔 수 없는 선택이며, 공개전도로 전환하게 된 그 이면에 신천지가 청춘반환소송에서 패소한 이유가 있었다는 것을 신천지 신도들은 아마 잘 모를 것이다. 신천지는 지금까지 해 왔던 모략 전도방식은 진행시킬 수 없을 것이다. 그러나 신천지가 예전만큼 쉽게 모략 전도를 할 수는 없겠지만 법의 사각지대를 피하여 끊임없이 모략을 쓰기 위한 새로운 방법을 진화시킬 것으로 보이기 때문에 늘 경계를 하며 주의를 기울여야 한다.

"청춘반환소송"은 현재 진행형이다. 신천지의 모략 전도방식으로 신천지에 입교하여 신천지를 탈퇴한 분들이라면 청춘반환소송에 참여할 수 있다. 참여 방법은 "신천지 푸른하늘" 유튜브를 참조하기 바란다.

1 다섯째 천사가 나팔을 불매 내가 보니 하늘에서 땅에 떨어진 별 하나가 있는데 저가 무저갱의 열쇠를 받았더라/2 저가
갱을 여니 그 구멍에서 큰 풀무의 연기 같은 연기가 올라오매 해와 공기가 그 구멍의 연기로 인하여 어두워지며/3 또 황
연기 가운데로부터 땅 위에 나오매 저희가 땅에 있는 전갈의 권세와 같은 권세를 받았더라/4 저희에게 이르시되 땅의 풀
푸른 것이나 각종 수목은 해하지 말고 오직 이마에 하나님의 인 맞지 아니한 사람들만 해하라 하시더라/5 그러나 그들을
지는 못하게 하시고 다섯달 동안 괴롭게만 하게 하시는데 그 괴롭게 함은 전갈이 사람을 쏠 때에 괴롭게 함과 같더라/6
에는 사람들이 죽기를 구하여도 얻지 못하고 죽고 싶으나 죽음이 저희를 피하리로다/7 황충들의 모양은 전쟁을 위하여
한 말들 같고 그 머리에 금 같은 면류관 비슷한 것을 썼으며 그 얼굴은 사람의 얼굴 같고/8 또 여자의 머리털 같은 머리털
고 그 이는 사자의 이 같으며/9 또 철흉갑 같은 흉갑이 있고 그 날개들의 소리는 병거와 많은 말들이 전장으로 달려 들어
소리 같으며/10 또 전갈과 같은 꼬리와 쏘는 살이 있어 그 꼬리에는 다섯달 동안 사람들을 해하는 권세가 있더라/11 저희
임금이 있으니 무저갱의 사자라 히브리 음으로 이름은 아바돈이요 헬라 음으로 이름은 아볼루온이더라/12 첫째 화는 지
으나 보라 아직도 이 후에 화 둘이 이르리로다/13 여섯째 천사가 나팔을 불매 내가 들으니 하나님 앞 금단 네 뿔에서 한
이 나서/14 나팔 가진 여섯째 천사에게 말하기를 큰 강 유브라데에 결박한 네 천사를 놓아 주라 하매/15 네 천사가 놓였
그들은 그 년 월 일 시에 이르러 사람 삼분의 일을 죽이기로 예비한 자들이더라/16 마병대의 수는 이만만이니 내가 그들
를 들었노라/17 이같이 이상한 가운데 그 말들과 그 탄 자들을 보니 불빛과 자주빛과 유황빛 흉갑이 있고 또 말들의 머리는
자 머리 같고 그 입에서는 불과 연기와 유황이 나오더라/18 이 세 재앙 곧 저희 입에서 나오는 불과 연기와 유황을 인하여
람 삼분의 일이 죽임을 당하니라/19 이 말들의 힘은 그 입과 그 꼬리에 있으니 그 꼬리는 뱀 같고 또 꼬리에 머리가 있어
으로 해하더라/20 이 재앙에 죽지 않고 남은 사람들은 그 손으로 행하는 일을 회개치 아니하고 오히려 여러 귀신과 또는
나 듣거나 다니거나 하지 못하는 금, 은, 동과 목석의 우상에게 절하고/21 또 그 살인과 복술과 음행과 도적질을 회개치
하더라
1 다섯째 천사가 나팔을 불매 내가 보니 하늘에서 땅에 떨어진 별 하나가 있는데 저가 무저갱의 열쇠를 받았더라/2 저가
갱을 여니 그 구멍에서 큰 풀무의 연기 같은 연기가 올라오매 해와 공기가 그 구멍의 연기로 인하여 어두워지며/3 또 황
연기 가운데로부터 땅 위에 나오매 저희가 땅에 있는 전갈의 권세와 같은 권세를 받았더라/4 저희에게 이르시되 땅의 풀
푸른 것이나 각종 수목은 해하지 말고 오직 이마에 하나님의 인 맞지 아니한 사람들만 해하라 하시더라/5 그러나 그들을
지는 못하게 하시고 다섯달 동안 괴롭게만 하게 하시는데 그 괴롭게 함은 전갈이 사람을 쏠 때에 괴롭게 함과 같더라/6
에는 사람들이 죽기를 구하여도 얻지 못하고 죽고 싶으나 죽음이 저희를 피하리로다/7 황충들의 모양은 전쟁을 위하여
한 말들 같고 그 머리에 금 같은 면류관 비슷한 것을 썼으며 그 얼굴은 사람의 얼굴 같고/8 또 여자의 머리털 같은 머리털
고 그 이는 사자의 이 같으며/9 또 철흉갑 같은 흉갑이 있고 그 날개들의 소리는 병거와 많은 말들이 전장으로 달려 들어
소리 같으며/10 또 전갈과 같은 꼬리와 쏘는 살이 있어 그 꼬리에는 다섯달 동안 사람들을 해하는 권세가 있더라/11 저희
임금이 있으니 무저갱의 사자라 히브리 음으로 이름은 아바돈이요 헬라 음으로 이름은 아볼루온이더라/12 첫째 화는 지
으나 보라 아직도 이 후에 화 둘이 이르리로다/13 여섯째 천사가 나팔을 불매 내가 들으니 하나님 앞 금단 네 뿔에서 한
이 나서/14 나팔 가진 여섯째 천사에게 말하기를 큰 강 유브라데에 결박한 네 천사를 놓아 주라 하매/15 네 천사가 놓였
그들은 그 년 월 일 시에 이르러 사람 삼분의 일을 죽이기로 예비한 자들이더라/16 마병대의 수는 이만만이니 내가 그들
를 들었노라/17 이같이 이상한 가운데 그 말들과 그 탄 자들을 보니 불빛과 자주빛과 유황빛 흉갑이 있고 또 말들의 머리는
자 머리 같고 그 입에서는 불과 연기와 유황이 나오더라/18 이 세 재앙 곧 저희 입에서 나오는 불과 연기와 유황을 인하여
람 삼분의 일이 죽임을 당하니라/19 이 말들의 힘은 그 입과 그 꼬리에 있으니 그 꼬리는 뱀 같고 또 꼬리에 머리가 있어
으로 해하더라/20 이 재앙에 죽지 않고 남은 사람들은 그 손으로 행하는 일을 회개치 아니하고 오히려 여러 귀신과 또는
나 듣거나 다니거나 하지 못하는 금, 은, 동과 목석의 우상에게 절하고/21 또 그 살인과 복술과 음행과 도적질을 회개치
하더라
1 다섯째 천사가 나팔을 불매 내가 보니 하늘에서 땅에 떨어진 별 하나가 있는데 저가 무저갱의 열쇠를 받았더라/2 저가
저갱을 여니 그 구멍에서 큰 풀무의 연기 같은 연기가 올라오매 해와 공기가 그 구멍의 연기로 인하여 어두워지며/3 또
이 연기 가운데로부터 땅 위에 나오매 저희가 땅에 있는 전갈의 권세와 같은 권세를 받았더라/4 저희에게 이르시되 땅의
나 푸른 것이나 각종 수목은 해하지 말고 오직 이마에 하나님의 인 맞지 아니한 사람들만 해하라 하시더라/5 그러나 그들을

8

요한계시록 9장

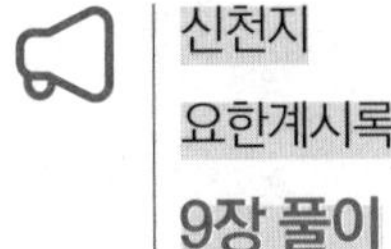

신천지 요한계시록 9장 풀이

1 다섯째 천사가 나팔을 불매 내가 보니 하늘에서 땅에 떨어진 별 하나가 있는데 저가 무저갱의 열쇠를 받았더라

"하늘에서 땅으로 떨어진 별"은 계2장 14절에 발람 같은 자요, 계13장 11절, 12절에 땅에서 올라온 짐승이며, 계13장의 666짐승이며, 계17장 11절에 여덟째 왕이며, 10뿔과 하나 되어 음녀의 나라를 빼앗고 음녀를 불태워 심판한 존재이다. 계8장 10절에 나오는 별을 의미하며 장막성전에 들어온 니골라와 같은 거짓 목자를 의미한다. "무저갱"은 오늘날 실상으로 사단의 처소인 지옥이자 멸망자들의 활동본부인 청지기교육원을 말한다. "무저갱의 열쇠"는 지옥의 문을 열기도 하고 닫기도 하는 지혜인데 예수님께서 이 열쇠를 일시적으로 "하늘에서 땅으로 떨어진 별"에게 주어서 배도한 장막 선민들을 벌하시려는 것이다.

2 저가 무저갱을 여니 그 구멍에서 큰 풀무의 연기 같은 연기가 올라오매 해와 공기가 그 구멍의 연기로 인하여 어두워지며

큰 풀무의 "연기"는 사단의 교권 즉, 비진리를 의미하며, "해"는 장막성전의 목자이고 "공기"는 성도들의 판단 할 수 있는 지각을 의미한다. "해와 공기가 연기로 인해 어두워진다"는 의미는 첫 장막의 목자와 성도들이 멸망자의 비진리로 인하여 심령이 어두워진다는 의미이다.

3 또 황충이 연기 가운데로부터 땅 위에 나오매 저희가 땅에 있는 전갈의 권세와 같은 권세를 받았더라

"황충이 연기 가운데로부터 땅 위에 나왔다"는 것은 바다에서 7머리 짐승의 조직체인 니골라당 즉, 황충이 장막성전을 42달간 짓밟기 위해 들어왔다는 의미이다. "저희"는 니골라당을 의미하고, "땅"은 장막성전을, "전갈의 권세"는 사람을 쏴서 죽이는 사단의 교리이자 사람을 다스릴 수 있는 권세를 말한다. 즉, 니골라당이라는 멸망자들이 비진리를 단상에서 전하고 외치면서 자신들의 교리를 장막성전에 들여와서 다스릴 수 있는 권세를 받았다는 것이고 이것을 땅에서 올라온 짐승이 황충을 이용하고 있는 것이다.

4 저희에게 이르시되 땅의 풀이나 푸른 것이나 각종 수목은 해하지 말고 오직 이마에 하나님의 인 맞지 아니한 사람들만 해하라 하시더라

"저희"는 황충인 니골라당을 의미하며, 여기서 "땅"은 장막성전을 제외한 비진리가 나오는 세상교회를 말한다. "땅의 풀이나 푸른 것이나 각종 수목은 해하지 말라"는 것은 장막성전을 제외한 세상교회의 각 교단에 속한 성도들은 해하지 말라는 것이다. "오직 하나님의 인 맞지 아니한 사람들만 해하라"는 의미는 세상의 각 교단을 제외한 배도한 일곱 금 촛대 장막이 42달간 심판을 받을 것이기 때문에 그때 장막성전의 선민 중 인 맞지 않은 자들만 해할 것이라는 의미이다. 첫 장막이 42달간 심판을 받고 난 이후 14만 4천 명을 인치고 그 후에 온 세상을 심판하실 것이다.

5 그러나 그들을 죽이지는 못하게 하시고 다섯 달 동안 괴롭게만 하게 하시는데 그 괴롭게 함은 전갈이 사람을 쏠 때에 괴롭게 함과 같더라

"그들을 죽이지 못하게 하시고 다섯 달 동안 괴롭게만 하신다"는 말은 하나님과 언약한 일곱 사자와 선민들이 배도하여 떠나가고 하나님께서 화가 나시어 죽고 싶을 정도로 괴롭게 만들기 위해 전갈이 쏘는 독과 같은 사단의 교리로 형벌을 내리시는 것이다. 마태복음 24장 37절과 같이 인자의 임함도 노아 때와 같다고 한 것처럼 다섯 달 동안 장막성전의 선민들을 괴롭게 한다는 의미이다.

6 그날에는 사람들이 죽기를 구하여도 얻지 못하고 죽고 싶으나 죽음이 저희를 피하리로다

장막의 선민들이 5절과 같은 형벌에 죽고 싶어도 죽지 못하는 고통을 말하는 것이다.

7 황충들의 모양은 전쟁을 위하여 예비한 말들 같고 그 머리에 금 같은 면류관 비슷한 것을 썼으며 그 얼굴은 사람의 얼굴 같고

여기서는 황충의 모양, 즉 니골라당의 조직체를 알려준다. 예비한 "말"이라는 것은 황충들이 들어 쓰는 사명자를 의미하며, "금 같은 면류관"은 자신들이 만들어 놓은 조직의 직분이나 감투와 권세를 의미하며, "그 얼굴은 사람의 얼굴 같다"는 것은 겉모습은 사람의 모습을 하고 있으나 마음은 흉악한 사단의 교리를 가지고 있는 짐승이라는 의미이다.

8 또 여자의 머리털 같은 머리털이 있고 그 이는 사자의 이 같으며

"여자의 머리털 같은 머리털이 있다"는 것은 우두머리 목자가 있다는 의미이며, "사자의 이"는 하나님의 양을 잡아먹는다는 의미로 멸망자를 빗대어서 말하는 것이다.

9 또 철흉갑 같은 흉갑이 있고 그 날개들의 소리는 병거와 많은 말들이 전장으로 달려 들어가는 소리 같으며

"철흉갑 같은 흉갑이 있다는 말"은 자신들의 교리만 믿고 아무리 진리를 말해주어도 이해를 못하고 깨닫지 못한다는 의미이며, "날개들의 소리"는 연결된 조직체와 동료들이 있다는 의미이다.

10 또 전갈과 같은 꼬리와 쏘는 살이 있어 그 꼬리에는 다섯 달 동안 사람들을 해하는 권세가 있더라

"전갈과 같은 꼬리와 쏘는 살이 있다"는 것은 전갈이 꼬리로 독을 쏘는데 이 전갈의 꼬리는 사단의 소속인 거짓 선지자인 발람과 같은 자이며 "쏘는 살"은 비진리를 말한다.

11 저희에게 임금이 있으니 무저갱의 사자라 히브리 음으로 이름은 아바돈이요 헬라 음으로 이름은 아볼루온이더라

"저희(황충)에게 임금이 있다"는 것은 계17장의 음녀를 말하며 황충의 대장 노릇을 하는 인물을 말한다. "아바돈과 아볼루온"은 파괴자 멸망자란 뜻이다.

12 첫째 화는 지나갔으나 보라 아직도 이 후에 화 둘이 이르리로다

첫째 화는 황충에게 다섯 달 동안 화를 당하였으나 아직 화 둘이 남았다는 것이다.

13 여섯째 천사가 나팔을 불매 내가 들으니 하나님 앞 금단 네 뿔에서 한

음성이 나서

"금단 네 뿔"은 모세가 장막의 번제 단에 네 뿔을 만들 듯이, 하나님 앞에서 예배를 인도하는 "네 영"들이다. 그중에서 한 음성이 나오는 것이다.

14 나팔 가진 여섯째 천사에게 말하기를 큰 강 유브라데에 결박한 네 천사를 놓아 주라 하매

"큰 강 유브라데"는 에덴동산에 있는 네 근원의 강들 가운데 하나였으나, 에덴동산을 사단 마귀가 뱀과 하나가 되어 장악하게 되었으므로 바벨론이며 지옥이다. 결박된 "네 천사"는 유다서 1장 6절과 같이 자기 지위를 지키지 아니하고 자기 처소를 떠난 범죄한 천사들이며 그들을 놓아주라고 하는 것이다.

15 네 천사가 놓였으니 그들은 그 년 월 일 시에 이르러 사람 삼분의 일을 죽이기로 예비한 자들이더라

범죄한 "네 천사"가 놓여서 영적으로 사람 삼분의 일을 죽이기로 한 그 년(年), 월(月), 일(日), 시(時)는 1981년 9월 20일 오후 2시 목사 임직식의 실상으로 나타난다. 설교자는 배도하여 떠나갔던 유재열이 선교사라는 이름으로 잠시 돌아와 설교를 하였으며, 설교 본문은 '딤후2:14-21'이었으며, 설교 제목은 '종의 자격'이었다. 안수 위원장은 김정두 목사였으며 안수 위원 유재열과 탁성환 목사였으며 임직식의 서약은 7가지 문답으로 서약을 하였다.

16 마병대의 수는 이만만이니 내가 그들의 수를 들었노라

마병대라고 한 것은 군대와 같은 조직을 이루고 있기 때문이며 이만만은 헤아릴 수 없이 무수히 많은 육체를 악령이 들어 쓴다는 것을 의미한다.

17 이같이 이상한 가운데 그 말들과 그 탄자들을 보니 불빛과 자주빛과 유
황빛 흉갑이 있고 또 말들의 머리는 사자 머리 같고 그 입에서는 불과 연
기와 유황이 나오더라

"말들과 탄자들"에서 말은 육체이며 탄자들은 사단이며, "불빛과 자주빛과 유황빛"은 그들의 주석을 이용한 각양각색의 교리를 말하며, "말들의 머리는 사자 머리 같다"는 것은 멸망자를 두고 말하며, "불과 연기와 유황이 나온다"는 것은 그 멸망자들의 입에서 나오는 비진리를 말한다.

18 이 세 재앙 곧 저희 입에서 나오는 불과 연기와 유황을 인하여 사람 삼
분의 일이 죽임을 당하니라

"불과 연기와 유황을 인하여"는 비진리가 나와서 배도한 선민 삼분의 일의 영이 죽는다는 것을 말한다.

19 이 말들의 힘은 그 입과 그 꼬리에 있으니 그 꼬리는 뱀 같고 또 꼬리에
머리가 있어 이것으로 해 하더라

"꼬리는 뱀 같고 또 꼬리에 머리가 있다는 것"은 거짓 선지자들 중에서 니골라, 발람처럼 머리가 되어 이끄는 자가 있다는 것이다.

20 이 재앙에 죽지 않고 남은 사람들은 그 손으로 행하는 일을 회개치 아
니하고 오히려 여러 귀신과 또는 보거나 듣거나 다니거나 하지 못하는 금,
은, 동과 목석의 우상에게 절하고

"이 재앙에 죽지 않고 남은 사람들"은 배도한 선민들 중 아직 회개하지 않은 자들이며 계시록 8장에서 삼분의 일 계시록 9장에서 삼분의 일이 죽었으니

아직 회개하지 않은 남은 삼분의 일이 있다. 금, 은, 동과 목석은 사단의 머리와 꼬리가 되는 우상이며 이들에게 절하여 우상숭배를 한다는 것이다.

21 또 그 살인과 복술과 음행과 도적질을 회개치 아니하더라

"살인"은 사단의 교리를 받아들이고 그들과 하나 되어 영적으로 서로 죽이는 것을 말하며, "복술"은 거짓 예언으로 점을 치고, "음행"은 장막에 들어온 사단의 교리를 받아들여서 이방신을 섬기는 것이다. "도적질"은 멸망자들이 장막의 성도들을 도적질하러 들어 올 때 하나님의 말씀을 지키지 않고 오히려 그들과 하나가 되어 멸망자를 도와주는 행위이다.

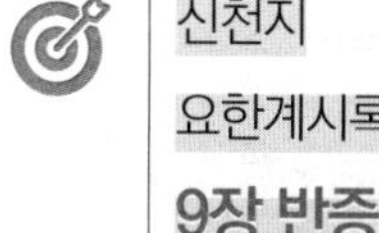

신천지
요한계시록
9장 반증

1. "그 년 월 일 시"에 이르러 사람 삼분의 일을 죽이기로 예비한 자들이더라

계9장은 장막성전의 상황을 이해하면 쉽다. 신천지가 주장하는 실상의 관점에서 살펴보자.

1절 다섯째 천사가 나팔을 불매 내가 보니 하늘에서 땅에 떨어진 별 하나가 있는데 저가 무저갱의 열쇠를 받았더라

우선, 신천지 실상으로 1절에 나오는 "하늘에서 땅에 떨어진 별"은 오평호 목사이다. 그가 계13장에 나오는 땅에서 올라온 짐승이기도 하다. 오평호 목사가 1975년에 장막성전을 개혁하기 위해 들어가 있었기 때문에 계13장의 바다에서 올라온 짐승(청지기교육원)보다 먼저 들어와 있었다. 청지기교육원은 계9장 15절에 "그 년 월 일 시"에 들어와서 목사 임직식을 한다.

청지기교육원은 계9장 3절의 황충이다. 즉, 오평호 목사가 7머리 조직체인 청지기교육원(황충)을 끌어들여 42달간 짓밟고 장막성전을 멸망시킨다는 것이다. 그 방법이 "년 월 일 시" 목사 임직식때 안수 한 번으로 바벨론 목자 17명을 양산해 내고 그때 장막성전의 선민들이 영적으로 삼분의 일이 죽게 되었다는 것이다.

[세계의 관심사1984년 2월] [종교세계관심사 1990년경]

필자는 신천지 서적인 종교세계관심사 세 가지 버전을 모두 가지고 있는데 첫 번째와 세 번째 버전은 고친 흔적이 너무 많고 지금 위의 버전은 첫 번째와 두 번째 버전인데 얼핏 비슷해 보이지만 상당히 중요한 부분에서 조작한 흔적이 있다. 왼쪽에는 안수를 받는 임직 목사가 15명이고 오른쪽의 임직 목사는 17명이다. 더 많은 자료는 "신천지 푸른하늘 투"블로그를 참조하기 바란다. 결국, 계9장 15절에 "그 년 월 일 시"는 위의 목사 임직식이 있었던 1981년 9월 20일 오후 2시를 말한다.

그런데 이 목사 임직식이 있기 훨씬 전부터 이만희씨가 장막성전에 가서 너희들이 배도자다 멸망자라고 외치는 것을 목격한 사람이 신천지에서 등장했다. 소위 "이긴자 간증"이라 해서 등장한 인물이다. 전국 모든 신천지 신도들 앞에서 간증을 하고 이만희씨도 이 간증을 보았다고 한다. 그 이긴자 간증을 했던 김0태 집사가 언급했던 말들을 간략하게 살펴보자.

[김○태 이긴자 간증]

정말 그럴듯하게 간증을 했지만 김씨의 간증은 완전히 새빨간 거짓말이다. 위의 내용들이 전부 스피치 연습해서 신천지 신도들을 기망할 목적으로 만들어졌다. 이 내용은 "신천지 푸른하늘 투" 블로그에서 1편부터 10편까지 시리즈로 게시되어 있어서 더 자세히 읽을 수 있다. 위의 목사 임직식 주보에서 임직 목사 숫자가 바뀐 것보다 더 중요한 사실은 안수를 받은 목사 중에서 마지막 축도를 누가 하는지 유심히 살펴보기 바란다. 이 내용은 계13장에서 다루어질 내용이고 중요한 부분이다.

2. 큰 강 유브라데강

유브라데강은 계9장과 계16장 12절에도 나온다.

천국비밀 계시록의 진상 (1985, 이만희 저) p140

[유브라데에 결박된 네 천사는 하늘의 네 바람이다. "유브라데"는 하나님의 동산 에덴의 물을 흘러보내는 네 근원중의 하나를 말한다(창2:14).

네 천사가 사명의 때를 기다리고 있음이 결박이요 때가 되어 그의 사명을 수행하게 된 것을 놓였다고 말한다]

이만희씨는 "계시록의 진상"에서는 "유브라데"는 하나님의 동산 에덴의 물을 흘러보내는 네 근원 중의 하나라고 밝히며, 결박된 "네 천사"는 하늘의 네 바람인데 "사명의 때"를 기다리고 있는 것이 "결박"이라고 한다.

천국비밀 요한 계시록의 실상 (2005, 보혜사·이만희 저) p198 - p199

[네 천사는 큰 날의 심판까지 결박하여 흑암에 가두어둔 범죄한 천사들이다(유1:6). (중략) 위의 성구에 본문을 비추어볼 때 범죄한 네 천사를 결박해둔 유브라데강은 지옥이다. 이곳을 에덴동산에서 흘러나오는 네 강 중 하나인 유브라데 강으로 비유한 까닭은 본문 사건이 영적으로 아담의 때와 같기 때문이다]

"요한 계시록의 실상"에서는 "네 천사"가 흑암에 가두어둔 "범죄한 천사"들이며, "유브라데강"은 네 천사를 결박해 둔 "지옥"이라고 한다. 이만희씨는 책을 쓸 때마다 내용이 달라진다.

3. 마병대의 수는 이만만

천국비밀 계시록의 진상 (1985, 이만희 저) p140

[이 같은 사연이 있기 때문에 배도한 선민을 치기 위해 예비한 자라고 한 것이다. 또 마병대의 수가 이만만이라 하였으니 "이만만은 2억"으로 사단의 조직에 속한 악령 그룹의 수인 곧 영의 수치를 말한다]

천국비밀 요한계시록의 실상 (2011, 보혜사·이만희 저) p175

[계시록 5장 11절에서 많은 천사의 수를 만만 천천이라고 한 것처럼, 이 마병대의 수 '이만만'은 사단에게 속한 영과 육이 헤아릴 수 없이 많음을 나타내는 것이다]

이만희씨는 계시록의 진상에서는 마병대 '이만만은 2억'이라고 했다가 사단에 속한 영과 육이 '헤아릴 수 없이 많음'을 나타내는 것이라고 고쳤다. 신천지에서는 어느 모 교단의 목사가 마병대의 수 "이만만이 2억"이라 한다고 놀리던 적이 있었다. 그런데 알고 보니 자신들이 믿고 있는 구원자도 마병대 수 이만만을 2억이라고 했었다. 이는 필시 이만희씨가 모 교단의 목사가 2억이라고 했던 것을 흉내 냈다가 말을 바꿨을 것으로 보인다.

쉬어가는 코너 **저는 신천지와 맺은 MOU를 파기합니다.**

최근 신천지는 해외 목사님들이 신천지와 MOU를 체결하고 있다고 대대적으로 홍보를 하고 있으며 해외 목사님들도 신천지 말씀을 인정하고 한국으로 몰려오고 있다고 홍보를 하고 있는 것 같다. 마치 14만 4천 명이 다 차서 해외 각국에서 흰 무리가 몰려오고 있다는 느낌과 인상을 연출하고 싶은 것은 아닐까? 신천지의 운영방식을 오랫동안 지켜본 필자가 먼저 드는 생각은 현재 신천지 내부의 어수선한 상황을 외부로 돌려서 신천지 신도들이 다른 생각을 못 하도록 정신적 예속을 시키려는 의도가 있지 않을까 하는 생각이다.

신천지가 운영하는 HWPL 등의 단체가 대외적인 행사를 자주 개최를 했었는데 2014년 9월 18일에도 해외 인사들을 한국에 모아 큰 행사를 진행하려는 정황이 포착이 되었다. 하지만 신천지 내에서 철저히 비밀리에 진행이 되고 있었고 당시 HWPL에 관한 인터넷 검색까지 통제가 되었던 상황이었다. 행사 2~3일 정도 남기고 2014년 9월 15~16일 경부터 HWPL에 관한 인터넷 검색이 가능했고 추진하려는 행사가 해외 "ICD(Institute for Cultural Diplomacy) 외교문화협회"와 관련이 있다는 사실을 알게 되었다.

그때부터 ICD 단체부터 시작해서 참석하는 사람들이 누구인지 필자는 폭풍검색을 시작하였다. ICD가 운영하는 해외 사이트를 가보니 이 단체를 통해서 많은 해외 관계자들이 연결되어 있고 많은 사람들이 움직이고 있다는 사실을 알게 되었다. 어떤 목적으로 신천지가 행사를 추진하는지 알 수는 없었지만, 행사 제목이 "World Alliance of Religions: Peace Summit" 라는 것을 보고 신천지가 주장하는 "종교 대통합"과 관련이 있을 것이라는 생각이 들었다. 당시만 하더라도 이만희씨와 김남희씨는 종교를 대통합하겠다는 슬로건과 함께 해외를 자주 나가던 시점이었다.

시간이 촉박했다. 분명히 해외 참석자들은 HWPL이 어떤 단체인지 모르고 그저 좋은 평화회담 정도로 생각하고 있었을 것이다. 해외에서 오는 외국인들의 비행기 표와 숙소비의 대부분을 신천지에서 대주었다는 것을 나중에 알게 되었다. 참석하는 외국인들에게 HWPL 단체가 어떤 단체인지를 알려야 하는데 시간이 하루 이틀 밖에 안 남은 상황에서 힘들었다. 어렵게 다음과 같은 명단을 입수는 했는데 연락을 할 수 있는 방법이 없었다.

World Alliance of Religions: Peace Summit 참석자 명단

16	Guinea-Bissau	Rui Duarte Barros	Prime Minister of the Republic of Guinea-Bissau
17	Croatia	Stjepan Mesić	Former President of the Republic of Croatia
18	Palau	Antonio Bells	Vice Presidents of the Republic of Palau
19	Kosovo	Begjet Pacoll	Deputy Prime Minister of the Republic of Kosovo
20	Bosnia and Herzegovina	Haris Silajdžić	Former President of Bosnia and Herzegovina
21	Togo	Agbéyomé Kodjo	Prime Minister of the Togolese Republic
22	USA	Mark C. Donfried	Executive Director and Founder of ICD

이메일이나 연락처는 없고 전부 나라 이름과 직책 이름들 뿐이었다. 그러던 중 낯익은 단어가 하나 눈에 들어왔다. "ICD", 내가 방금 전까지 검색해 봤던 사이트 이름이었다. 다시 ICD 홈페이지를 검색해서 이메일 주소를 찾아냈고 그 단체 대표인 Mark C. Donfrid씨에게 HWPL이 어떤 단체인지 이메일을 보냈다. 다른 한편에서는 해외 참석자들이 한국에 입국을 하고 있다는 소식도 들렸다. 이미 늦었구나 하고 포기하고 있었는데 몇 시간 후 The ICD Team에서 답신이 왔다.

답변 내용은 [HWPL이 주최하는 "World Alliance of Religions: Peace Summit" 행사 참석뿐만 아니라 동반자적 관계도 취소했다는 것과 ICD는 더 이상 HWPL과 관계가 없다는 내용]이었다. HWPL이 어떤 단체인지 눈치를 챈 것이다.

-----Original Message-----
From: "Mark C. Donfried"<info@culturaldiplomacy.org>
To: "푸른 하늘"<bluesky05292@naver.com>;
Cc:
Sent: 2014-09-16 (화) 00:01:50
Subject: RE: An Afternoon at SCJ HQ Part 1 Before the Storm.mp4

Dear Min Soo Jo,

Thank you for your email.

Please note that the Institute for Cultural Diplomacy has cancelled its participation and partnership with HWPL for the World Alliance of Religions Summit.

The Institute for Cultural Diplomacy has no further relations with HWPL.

With warm regards,

The ICD Team

그러나 안타깝게도 HWPL 단체와 그 행사의 목적을 잘 모르는 외국인들은 많이 참석했던 것으로 기억난다. 나름 성공적인 행사를 통해 신천지 신도들의 결속력을 다지는 역할을 했던 것 이다. 신천지가 대외적인 행사에 눈을 돌리는 이유는 뭔가 곧 이루어질 것처럼 포장을 해서 신천지 신도들의 눈과 귀를 가리고 진실을 은폐하고자 하는 목적이 있다고 생각한다.

주기적으로 신천지는 행사를 크게 벌인다. 막대한 자금력을 동원하여 대단한 일이 있는 것처럼 포장을 해서 영생에 목매고 있는 신도들과 전도에 힘들고 지친 신도들에게 잡히지 않는 신기루를 보여주고 다시 달리도록 채찍질하는 것이다. 이런 연장선상에서 최근에는 해외 목사님들이 신천지와 MOU를 체결하고 있다고 홍보를 하는 것으로 보인다. 이런 상황에서 아주 의미 있는 소식이 들려왔다.

미국 캘리포니아에서 "생명의 바람 교회"를 섬기고 계시는 에스라 김 목사님[6]께서 운영하시는 유튜브에 "저는 신천지와 맺은 MOU를 파기합니다"라는 제목의 영상이 올라온 것이다. 에스라 김 목사님이 신천지와 MOU 체결한 후 파기를 시킨 해외 목사님과 인터뷰하였고 그 내용은 아주 충격적이었다. 신천지에서 했던 방식이 일종의 기망 행위였던 것이다. "저는 신천지와 맺은 MOU를 파기합니다"라는 제목으로 "Free of Shincheonji" 유튜브에 다음과 같은 영상이 업로드되어 있다.

▲"신천지와 맺은 MOU를 파기한다"며 본인의 모든 영상을 삭제해 달라고 요청한 이스라엘 폰나파 목사 (출처: 유튜브 채널 Free of Shincheonji)

6 미국 캘리포니아에 있는 "생명의 바람교회" 담임목사, Free of Shincheonji 유튜브를 운영 중

이 영상이 유튜브에 올라가자 신천지에서는 “이스라엘 폰나파 목사님”과 관련된 영상은 모두 현재 삭제시킨 것 같다. 결국, 신천지가 어떤 단체인지를 모르고 MOU를 체결했다가 신천지와 이만희씨의 정체를 알게 되고 파기시킨 것이다. 지금도 신천지가 어떤 단체인지 모르고 MOU 체결을 한 해외 목사님들이 많이 있을 것으로 생각이 든다.

에스라 김 목사님은 “이스라엘 폰나파” 목사님을 시작으로 해외에서 신천지와 MOU 체결했던 목사님들을 찾고 있으며, 몇 분들과는 이미 연락이 닿아서 큰 성과를 거두고 있다. 그 내용은 “현대종교”에 실려 있다. 여기서는 한 가지 사례만 같이 공유하고 나머지 부분은 현대 종교에서 자세히 살펴보기 바란다.

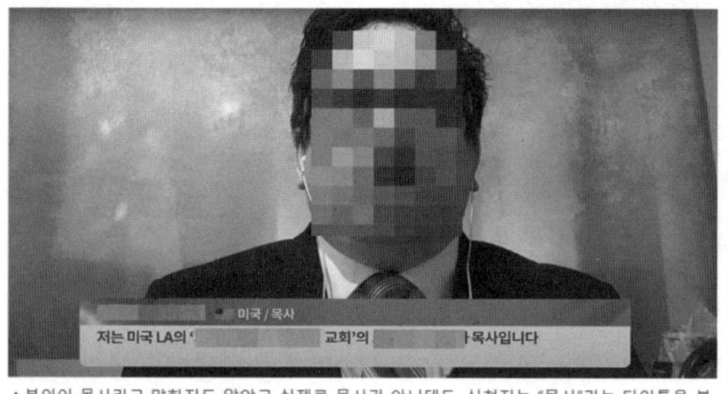

▲본인이 목사라고 말하지도 않았고 실제로 목사가 아닌데도, 신천지는 "목사"라는 타이틀을 붙여 놓았다. (출처: 신천지 유튜브)

{출처: 현대종교}

미국 인터뷰 참여자 A씨의 영상에는 “목사”라는 타이틀과 함께 “저는 미국 LA의 ○○○교회의 A 목사입니다”라는 번역이 달려 있다. 그런데 이분은 목사가 아니다. 남미계인 이 인터뷰 참여자는 스페인어를 사용하고 있다. 그런데 신천지는 한국 사람들이 스페인어를 사용하지 못한다고 생각해서인지 자기들 멋대로 본인이 말하지도 않은 "목사"라는 직함을 번역에 추가해 놓았다.

스페인어로 이분은 자신을 이렇게 소개한다. "Mi nombre es A. Yo vengo de la iglesia ○○○ en la cuidad de Los Angeles" 이 말을 한국어로 번역하면 "저의 이름은 A입니다. 저는 LA의 ○○○교회에서 왔습니다"가 된다. 목사가 아닌 분을 목사로 둔갑시켜 놓은 것이다.

보다시피 신천지에서 현재 해외 목사님들이 신천지와 MOU를 많이 체결하고 있다고 선전을 하지만 이분들이 구체적으로 어디 교회의 목사인지도 잘 알려져 있지도 않다. 만약 신천지 말대로 그렇게 많은 해외 목사님들이 신천지 말씀이 좋다고 MOU를 체결한다면 더욱더 당당하게 MOU를 체결했던 목사님을 소개하는 것이 신천지 교세 확장에 도움이 되지 않겠는가?

위에서 밝혔듯이 ICD 대표 Mark C. Donfrid씨 사례와 "이스라엘 폰나파" 목사님 사례처럼 신천지가 어떤 단체인지 정확하게 알면 신천지와 상대를 하려 하지 않을 것이다. 그럼에도 막대한 자금력을 동원해서 신천지가 해외로 눈길을 돌리는 이유는 한국에서 실추된 신천지의 대외적 이미지 때문에 더 이상은 큰 행사를 만들기가 힘들고, 행사를 한다 하더라도 한국에서는 금방 드러나게 되지만 해외에서 벌어지고 있는 행사는 안티신천지인들이 검증할 방법이 부족하고 신천지 신도들에게는 효과가 좋은 방법이기에 지속적으로 해외와 관련된 행사를 추진할 것으로 생각된다. 따라서 해외에 파견되어있는 각 교단의 지교회와 선교사들에게 신천지의 모략 전도방식과 신천지 교리의 허구성을 알려서 더 이상 해외의 교포들과 외국인들이 피해를 입지 않도록 해야 한다. 각 교단 목사님들의 절실한 도움이 필요한 시점이다.

1 내가 또 보니 힘센 다른 천사가 구름을 입고 하늘에서 내려 오는데 그 머리 위에 무지개가 있고 그 얼굴은 해 같고 그 발은
기둥 같으며/2 그 손에 펴 놓인 작은 책을 들고 그 오른발은 바다를 밟고 왼발은 땅을 밟고/3 사자의 부르짖는것 같이 큰 소
로 외치니 외칠 때에 일곱 우뢰가 그 소리를 발하더라/4 일곱 우뢰가 발할 때에 내가 기록하려고 하다가 곧 들으니 하늘에
소리나서 말하기를 일곱 우뢰가 발한 것을 인봉하고 기록하지 말라 하더라/5 내가 본바 바다와 땅을 밟고 섰는 천사가 하늘
향하여 오른손을 들고/6 세세토록 살아계신 자 곧 하늘과 그 가운데 있는 물건이며 땅과 그 가운데 있는 물건이며 바다와
가운데 있는 물건을 창조하신 이를 가리켜 맹세하여 가로되 1)지체하지 아니하리니/7 일곱째 천사가 소리 내는 날 그 나팔
불게 될 때에 하나님의 비밀이 그 종 선지자들에게 전하신 복음과 같이 이루리라/8 하늘에서 나서 내게 들리던 음성이 또 내
말하여 가로되 네가 가서 바다와 땅을 밟고 섰는 천사의 손에 펴 놓인 책을 가지라 하기로/9 내가 천사에게 나아가 작은 책
달라 한즉 천사가 가로되 갖다 먹어버리라 네 배에는 쓰나 네 입에는 꿀 같이 달리라 하거늘/10 내가 천사의 손에서 작은
을 갖다 먹어버리니 내 입에는 꿀 같이 다나 먹은 후에 내 배에서는 쓰게 되더라/11 저가 내게 말하기를 네가 많은 백성과
라와 방언과 임금에게 다시 예언하여야 하리라 하더라1 내가 또 보니 힘센 다른 천사가 구름을 입고 하늘에서 내려 오는데
머리 위에 무지개가 있고 그 얼굴은 해 같고 그 발은 불기둥 같으며/2 그 손에 펴 놓인 작은 책을 들고 그 오른발은 바다를
고 왼발은 땅을 밟고/3 사자의 부르짖는것 같이 큰 소리로 외치니 외칠 때에 일곱 우뢰가 그 소리를 발하더라/4 일곱 우뢰
발할 때에 내가 기록하려고 하다가 곧 들으니 하늘에서 소리나서 말하기를 일곱 우뢰가 발한 것을 인봉하고 기록하지 말라
더라/5 내가 본바 바다와 땅을 밟고 섰는 천사가 하늘을 향하여 오른손을 들고/6 세세토록 살아계신 자 곧 하늘과 그 가운
있는 물건이며 땅과 그 가운데 있는 물건이며 바다와 그 가운데 있는 물건을 창조하신 이를 가리켜 맹세하여 가로되 1)지체
지 아니하리니/7 일곱째 천사가 소리 내는 날 그 나팔을 불게 될 때에 하나님의 비밀이 그 종 선지자들에게 전하신 복음과
이 이루리라/8 하늘에서 나서 내게 들리던 음성이 또 내게 말하여 가로되 네가 가서 바다와 땅을 밟고 섰는 천사의 손에 펴
인 책을 가지라 하기로/9 내가 천사에게 나아가 작은 책을 달라 한즉 천사가 가로되 갖다 먹어버리라 네 배에는 쓰나 네 입
는 꿀 같이 달리라 하거늘/10 내가 천사의 손에서 작은 책을 갖다 먹어버리니 내 입에는 꿀 같이 다나 먹은 후에 내 배에서
쓰게 되더라/11 저가 내게 말하기를 네가 많은 백성과 나라와 방언과 임금에게 다시 예언하여야 하리라 하더라1 내가 또 보
힘센 다른 천사가 구름을 입고 하늘에서 내려 오는데 그 머리 위에 무지개가 있고 그 얼굴은 해 같고 그 발은 불기둥 같으며
그 손에 펴 놓인 작은 책을 들고 그 오른발은 바다를 밟고 왼발은 땅을 밟고/3 사자의 부르짖는것 같이 큰 소리로 외치니 외
때에 일곱 우뢰가 그 소리를 발하더라/4 일곱 우뢰가 발할 때에 내가 기록하려고 하다가 곧 들으니 하늘에서 소리나서 말하
를 일곱 우뢰가 발한 것을 인봉하고 기록하지 말라 하더라/5 내가 본바 바다와 땅을 밟고 섰는 천사가 하늘을 향하여 오른손
들고/6 세세토록 살아계신 자 곧 하늘과 그 가운데 있는 물건이며 땅과 그 가운데 있는 물건이며 바다와 그 가운데 있는 물
을 창조하신 이를 가리켜 맹세하여 가로되 1)지체하지 아니하리니/7 일곱째 천사가 소리 내는 날 그 나팔을 불게 될 때에 하
님의 비밀이 그 종 선지자들에게 전하신 복음과 같이 이루리라/8 하늘에서 나서 내게 들리던 음성이 또 내게 말하여 가로되
가 가서 바다와 땅을 밟고 섰는 천사의 손에 펴 놓인 책을 가지라 하기로/9 내가 천사에게 나아가 작은 책을 달라 한즉 천사
가로되 갖다 먹어버리라 네 배에는 쓰나 네 입에는 꿀 같이 달리라 하거늘/10 내가 천사의 손에서 작은 책을 갖다 먹어버리
내 입에는 꿀 같이 다나 먹은 후에 내 배에서는 쓰게 되더라/11 저가 내게 말하기를 네가 많은 백성과 나라와 방언과 임금에
다시 예언하여야 하리라 하더라1 내가 또 보니 힘센 다른 천사가 구름을 입고 하늘에서 내려 오는데 그 머리 위에 무지개가
고 그 얼굴은 해 같고 그 발은 불기둥 같으며/2 그 손에 펴 놓인 작은 책을 들고 그 오른발은 바다를 밟고 왼발은 땅을 밟고
사자의 부르짖는것 같이 큰 소리로 외치니 외칠 때에 일곱 우뢰가 그 소리를 발하더라/4 일곱 우뢰가 발할 때에 내가 기록하
고 하다가 곧 들으니 하늘에서 소리나서 말하기를 일곱 우뢰가 발한 것을 인봉하고 기록하지 말라 하더라/5 내가 본바 바다
땅을 밟고 섰는 천사가 하늘을 향하여 오른손을 들고/6 세세토록 살아계신 자 곧 하늘과 그 가운데 있는 물건이며 땅과 그
운데 있는 물건이며 바다와 그 가운데 있는 물건을 창조하신 이를 가리켜 맹세하여 가로되 1)지체하지 아니하리니/7 일곱
천사가 소리 내는 날 그 나팔을 불게 될 때에 하나님의 비밀이 그 종 선지자들에게 전하신 복음과 같이 이루리라/8 하늘에
나서 내게 들리던 음성이 또 내게 말하여 가로되 네가 가서 바다와 땅을 밟고 섰는 천사의 손에 펴 놓인 책을 가지라 하기로
내가 천사에게 나아가 작은 책을 달라 한즉 천사가 가로되 갖다 먹어버리라 네 배에는 쓰나 네 입에는 꿀 같이 달리라 하
늘/10 내가 천사의 손에서 작은 책을 갖다 먹어버리니 내 입에는 꿀 같이 다나 먹은 후에 내 배에서는 쓰게 되더라/11 저가
게 말하기를 네가 많은 백성과 나라와 방언과 임금에게 다시 예언하여야 하리라 하더라1 내가 또 보니 힘센 다른 천사가 구

9

요한계시록 10장

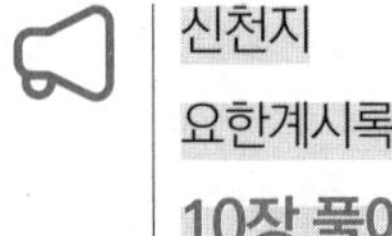

신천지 요한계시록 10장 풀이

1 내가 또 보니 힘센 다른 천사가 구름을 입고 하늘에서 내려오는데 그 머리 위에 무지개가 있고 그 얼굴은 해 같고 그 발은 불기둥 같으며

사도요한(내가)이 9장의 사건을 본 이후 10장의 사건을 계속 보게 되어 "또 보니"라는 표현을 쓴 것이다. "힘센 다른 천사"는 요16장에 나오는 "진리의 성령 보혜사"이고 계9장에서 나왔던 천사들과는 다른 천사이다. 여기서 "하늘"은 영의 세계이며 "구름"은 눈에 보이지 않는 수많은 천사들을 의미한다. "구름을 입고 내려온다"는 것은 수많은 천사들과 함께 하늘의 영의 세계에서 육의 세계로 내려온다는 것을 의미한다. "무지개"는 언약의 표시이며 힘센 다른 천사의 머리 위에 있는 무지개는 요16장에서 진리의 성령 보혜사를 보내 주겠다는 약속이다. 예수님의 형상으로 오시기 때문에 "얼굴은 해 같고 그 발은 불기둥 같다"라고 표현한 것이고 이 모습은 예수님의 변화된 모습을 나타내며 계1장에 나오는 예수님의 변화된 모습을 설명하는 것이다.

2 그 손에 펴 놓인 작은 책을 들고 그 오른발은 바다를 밟고 왼발은 땅을 밟고

"그 손에 펴 놓인 작은 책"은 계시록을 의미하며 "바다"는 멸망자들의 조직체이며 동시에 세상을 의미한다. "땅"은 배도한 일곱 금 촛대 장막과 성도들을 의미하며, 이 바다와 땅을 각각 오른발과 왼발로 "밟고"라는 의미는 펴 놓은 책

의 말씀을 가지고 배도자와 멸망자를 심판한다는 의미이다. 즉, 계9장까지는 배도자를 심판했다면 계10장은 천하만국을 손에 쥐고 있는 멸망자를 심판한다.

3 사자의 부르짖는 것 같이 큰 소리로 외치니 외칠 때에 일곱 우뢰가 그 소리를 발하더라

"일곱 우뢰"는 하나님의 보좌 앞에 있는 일곱의 영을 의미하며 사자(천사)와 함께 외치는 큰 소리는 펼쳐진 계시록에 기록된 말씀으로 심판을 하기 때문에 우뢰 소리가 발한다고 표현한 것이다.

4 일곱 우뢰가 발할 때에 내가 기록하려고 하다가 곧 들으니 하늘에서 소리 나서 말하기를 일곱 우뢰가 발한 것을 인봉하고 기록하지 말라 하더라

"일곱 우뢰가 발한다"는 것은 일곱 영이 펴 놓은 계시의 말씀으로 심판을 한다는 것이며 "인봉하고 기록하지 말라"란 의미는 사도요한 격 사명자가 계시록 책을 받아먹어 책에 기록된 모든 말씀을 깨달아 그의 마음에 기록하여 영원히 잊혀지지 않도록 기록해 주기 위해서 인봉하고 기록하지 말라고 한 것이다.

5 내가 본바 바다와 땅을 밟고 섰는 천사가 하늘을 향하여 오른손을 들고

여기에서 나오는 "천사"는 본 장의 1절에 나오는 배도자와 멸망자를 심판하는 힘센 천사이다.

6 세세토록 살아계신 자 곧 하늘과 그 가운데 있는 물건이며 땅과 그 가운데 있는 물건이며 바다와 그 가운데 있는 물건을 창조하신 이를 가리켜 맹세하여 가로되 지체하지 아니하리니

천지를 창조하신 하나님을 표현하는 것이다.

7 일곱째 천사가 소리 내는 날 그 나팔을 불게 될 때에 하나님의 비밀이 그 종 선지자들에게 전하신 복음과 같이 이루리라

이 구절은 계시록에 나오는 세 가지 비밀 중 두 번째 비밀이다. 일곱째 천사의 나팔인 사도요한 격 사명자를 들어서 계시의 말씀을 소리 내어 증거 할 때 하나님의 비밀이 밝히 드러나게 된다. 이때 "하나님의 비밀"은 영생과 부활의 비밀을 말한다. 고전15장 51절 말씀처럼 "마지막 나팔이 불려지게 되면 사망이 생명에게 삼킴 받아" 하나님의 백성인 인 맞은 14만 4천 명은 영생하는 부활체로 바뀌며 세상 나라는 그리스도와 하나님 나라가 된다는 의미이다.

8 하늘에서 나서 내게 들리던 음성이 또 내게 말하여 가로되 네가 가서 바다와 땅을 밟고 섰는 천사의 손에 펴 놓인 책을 가지라 하기로

하나님의 음성이 사도요한에게 "펴 놓은 계시록 책"을 가지라고 한 것은 영원히 지워지지 않도록 마음의 심비에 기록하라는 것이다.

9 내가 천사에게 나아가 작은 책을 달라 한즉 천사가 가로되 갖다 먹어버리라 네 배에는 쓰나 네 입에는 꿀 같이 달리라 하거늘

사도요한이 힘센 천사에게 책을 받아먹게 된다. "네 배에는 쓰다"는 의미는 계시록의 말씀을 깨달은 후에 계시록의 전장의 사건을 보게 되고 겪게 될 수많은 고난을 말하며, "꿀 같이 달다"라는 의미는 계시록의 전장의 비밀의 말씀을 깨달았으니 기쁘다는 것이다.

10 내가 천사의 손에서 작은 책을 갖다 먹어버리니 내 입에는 꿀 같이 다나 먹은 후에 내 배에서는 쓰게 되더라

사도요한이 작은 책, 즉 계시록을 받아먹게 되었을 때, "꿀 같이 달다"는 의미는 계시록의 비밀의 말씀을 깨달아 기쁘나 "배에서 쓰다"는 의미는 말씀을 깨달은 후에 겪게 될 고난과 고초를 의미한다.

11 저가 내게 말하기를 네가 많은 백성과 나라와 방언과 임금에게 다시 예언하여야 하리라 하더라

"백성과 나라와 방언과 임금"은 7머리 10뿔 짐승에게 사로잡혀 사단 마귀가 되어 버린 세상의 모든 교회와 그 죄 가운데 있는 모든 믿는 자들을 의미한다. "다시 예언"을 한다는 것은 책을 받아먹은 사도요한이 다시 계시록의 전장의 비밀을 전하여 바벨론에 사로잡힌 사람들을 빼내어 하나님의 나라를 창설한다는 것이다.

신천지 요한계시록 10장 반증

1. 일곱째 천사가 부는 일곱째 나팔 이만희씨

7절 일곱째 천사가 소리 내는 날 그 나팔을 불게 될 때에 하나님의 비밀이 그 종 선지자들에게 전하신 복음과 같이 이루리라

위의 7절에 일곱째 천사가 부는 일곱째 나팔은 신천지 실상으로 이만희씨이고, 그가 나팔을 부는 때가 신천지 역사가 시작되는 때이며 1984년 3월 14일이다. 계11장 15절에서 이만희씨가 나팔을 부니 세상 나라가 그리스도의 나라가 되어 세세토록 왕 노릇 하는 구절과 계12장 10절에서 "이제" 우리 하나님의 구원과 능력과 나라와 그리스도의 권세가 이루어졌다는 시점이 모두 신천지 역사의 시작점이다. "일곱째 나팔이 불리게 될 때" 영생의 비밀이 풀리고 인 맞은 14만 4천 명이 차서 신인합일이 이루어져 이 땅에서 세세토록 왕 노릇 한다고 하는데 이만희씨가 나팔을 불기 시작했던 신천기 1년부터 지금까지 단 한 번도 편안한 날이 없었다.

우선, 이만희씨만 보더라도 수원지법 형사11부(김미경 부장판사) 심리로 열린 8차 공판에서 신천지 신도들은 이만희 총회장이 절대 죽지 않는다고 철석같이 믿고 있는데 이만희씨는 다음과 같은 명언을 남겼다.

"나는 원래 입원한 상태에서 왔다(구속됐다)",

"내 수명이 재판이 끝날 때까지 이어질 수 있을지 염려된다",

"자살해서라도 고통 면하고파",

"현재의 고통을 말로 다 못하겠다. 차라리 살아있는 것보다 죽는 것이 편할 것 같다"

영생하나 보고 달려온 수많은 신천지 신도들을 무시한 무책임한 말이다. 빌라도 법정에서 빌라도가 예수께 묻는다. "네가 유대인의 왕이냐" 예수께서 대답하신다. "네 말이 옳도다" 하시며 대제사장과 장로들에게 고소를 당해도 아무런 변명도 하지 않으시고 온갖 수모를 당하는데 예수의 영이 함께 한다는 이만희씨는 위와 같은 구차한 변명과 핑계를 대며 보석금 1억원을 내고 구치소에서 풀려나와 있는 상태다. 또한 세상 법정에서 수십억을 변호사 비용으로 쓰고도 1심에서 56억 원의 공금횡령으로 징역 3년 집행유예 4년의 형을 받았다. 2심(수원고법 형사3부, 김성수 부장판사)에서는 오히려 형량이 더 늘어나 징역 3년에 집행유예 5년 준법교육수강 80시간을 받았으며 대법원의 판결을 기다리고 있다. 이 시대의 구원자가 세상 법정에서 법을 잘 준수하라고 80시간의 교육수강까지 덤으로 받았으니 체면이 말이 아니다.

그렇다면 신천지 신도들은 어떠한가? 매일 전도 압박에 심한 스트레스, 실적보고, 각종 행사 와 모임 참석, 지교회뿐만 아니라 지파, 심지어 총회에 내야 하는 내 자리 마련 건축헌금부터 각종 주정헌금에 이르기까지 너무 힘들 것이다. 일전에는 전도를 못하면, 110만원을 내야하는 말도 안 되는 일도 있었다. 그러면서 이만희씨는 해마다 2~3년, 2~3년 하면서 신도들을 속이고 있으며, 이제는 손만 뻗으면 닿을 정도로 거의 다 왔다고 했는데 코로나 사태가 터지는 바람에 그동안 고생하면서 모았던 신천지 신도들의 이탈자 수는 코로나 사태 이전보다 훨씬 더 많아졌다. 더 나아가 신천지의 비윤리적인 행태와 전도방식 그리고 이만희씨가 죽지 않고 자신들도 천년만년 살 수 있다는 황당무계한 신천지 교리가 세상에 드러나면서 이미지는 더욱 나빠졌다.

이만희씨가 일곱째 나팔을 39년째 불고 있는데, 영생한다는 이만희씨의 모습은 갈수록 노쇠하고 초라한 모습만 보이고, 그 모습을 감추기 위해 단상에 서야 할 때는 얼굴에 화장을 잔득하고 머리에 염색뿐만 아니라 쌍거풀 수술까지 했다. 심지어 이만희씨가 나팔을 불기 시작한 지가 언제인데 신천지 신도들부터 시작해서 강사, 지파장, 교육장도 사망을 하고 있다. 영생을 하는 곳이라고 큰소리를 쳐 놨으니 사람이 죽어도 쉬쉬하고 혹시나 누가 그 모습을 보고 시험 들지 않을까 노심초사한다.

빛군 훈련과 관련해서 죽은 여 청년의 죽음을 신천지인들 중에 몇 명이나 기억하고 알고 있으며, "영생이 별겁니까? 안 죽고 영원히 살면 그게 영생이지"라고 큰소리쳤던 법무부장도 사망했던 사실을 지금의 신천지 신도들은 알고 있을까? 유부남인 신천지 강사가 여 청년을 건드려서 이만희에게 진정을 해도 해결되기는 고사하고 개 버릇 남 못 주고 다른 지파 가서 똑같은 짓을 하고 있다는 것을 신천지 신도들은 알고 있을까? 신천지에서 수도 없이 많은 신천지 신도들이 사망을 하고 있는데 이만희씨는 그 장례식장에 몇 번이나 가 봤을까?

신천지는 스스로 성경에 발목이 잡혀 있는 자들이다. 영생한다고 했는데 사람이 죽어도 쉬쉬해야 하고, 수정같이 깨끗하다고 했는데 육적 음행과 모략이 난무하고, 육하원칙으로 일점일획 틀린 것이 없다고 했는데 수시로 교리수정을 하는 곳!! 이곳이 천국이라면, 일곱째 나팔이 불고 있는 이런 곳이 진짜 천국이라면 당장 떠나라!!

스펄전 목사가 이런 말을 했다.

"이 세상에 완벽한 교회는 없습니다. 혹시 그래도 완벽한 교회를 발견한다면 당신은 들어가지 마십시오. 당신 때문에 그 교회가 불완전해지기 때문입니다"

2. 책 받아먹은 이만희씨

천국 비밀 계시록의 실상 (1993, 이만희 저) p154

10절 내가 천사의 손에서 작은 책을 갖다 먹어버리니 내 입에는 꿀 같이 다나 먹은 후에 내 배에서는 쓰게 되더라

이만희씨는 자신이 작은 책(요한계시록)을 받아먹었다고 해서 기록된 자료를 다 찾아봤다.

1) 계시록 완전해석: "1980년 봄"에 받아먹음

2) 이○연교육장 유인물: "1980년 9월"에 받아먹음 (9월의 사건으로 유

명했음)

3) 신현욱 주장에 대한 바른증거: “1979년 가을”에 받아먹음

4) 천지창조: “1980년 초”에 받아먹음

책 받아먹었다는 날짜가 네 번이 다 제각각이다.

이만희씨의 기억력은 전 세계 수재들이 모여 있는 “멘사” 수준이다. 1) 1966년에 8명이 100일간 양육을 받고 2) 1966년 3월 14일 장막성전이 시작되었고, 3) 신종환씨의 고향도 알고 있고, 4) 신광일과 유재열은 17세로 나이가 같고, 5) 1975년에 오평호가 장막에 들어와서 10장로를 세웠고, 6) 1981년 9월 20일 오후 2시 목사 임직식이 있었고, 7) 1980년 10월에 유재열씨가 미국에 갔고 8) 1984년 4월에 한국에 왔고 등등 직접 경험하지 못한 사건이나 두 눈으로 확인할 수 없는 사건까지 기가 막히게 년도를 잘 기억을 하면서 정작 자신이 직접 경험했을 중요한 사건들과 년도는 기억을 못한다.

남들의 사건 중 알기도 어려운 깊은 것까지 통달한 이만희씨가 예수님이 찾아오셔서 안수를 준 아주 중요한 날짜는 기억을 못해서 네 번이나 바꾼다. 편지 보낸 날짜는 두말할 필요도 없고, 7명에게 보냈는지 한 명에게 편지를 보냈는지 기억을 못해 교리를 뜯어고치고 수정을 한다. 성경을 통달하게 된 책 받아먹은 날짜도 헷갈려서 다 제각각이고, 심지어는 자신의 형제간이 몇 명인지를 몰라서 11명인지, 12명인지 13명인지 헷갈려서 적는 곳마다 다 다르다..

더 나아가 자신이 몇째 아들로 태어난지를 몰라서 6번째라고 했다가 7번째라고 했다가 8번째라고 횡설수설을 한다. 안수를 상경해서 받았는지

고향 청도 현리교에서 받았는지를 헷갈려하고, 영계에 올라가서 보았다는 보좌마크도 수시로 변한다. 유재열씨가 미국 웨스트민스터에 입학한 적이 없다는 증거가 나오자 내가 따라가 봤나 이 사람아 즈그가 글 카니까 내 그런 줄 알았지!! 등등 자신이 경험한 사건은 기억을 잘 못한다.

어떻게 자신에게 벌어진 중요한 일과 사건은 하나같이 헷갈려서 책마다 다르게 적고 있는지 도대체 이해가 안 된다. 그것도 능력이라면 능력이겠지만 말이다. 남들의 사건 중 알기도 어려운 깊은 것까지 통달했다는 것들은 사실 현대종교 전신인 "성별지"에 나와 있는 내용들을 보고 외우고, 성경을 통달했다는 것은 여기저기 사이비 교주 밑에 전전하면서 "귀동냥"으로 들은 것을 성경에 끼워 맞춰 아는 척 하는 것이다.

자신이 경험하고 꼭 알아야 하는 안수, 편지, 책 받아먹은 사건 등을 남들이 겪은 사건들과 결합시키려다 보니 거짓말로 가공해서 만들어야 하고 결국은 틀어질 수밖에 없는 것이다. 이미 기록이 되어 증거로 남아있는 성별지 같은 곳에서 보고 외운 것은 바꾸거나 헷갈릴 수가 없다. 그러나 그 기록된 증거물 안에 자신을 끼워 넣어 예수 행세하면서 주인공을 만들려다 보니 안 맞는 것이다. 요한계시록의 주인공이 되고 싶은 종교사기꾼 이만희는 자신의 기억력의 한계와 남의 이야기에 끼워 맞춰도 온전한 자신의 경험이 아니다 보니 드러날 수밖에 없는 이음새가 발각이 되어 음흉한 마각의 정체가 드러난 것이다.

이런 단순한 상식적인 진실을 밝혀줘도 믿고 싶지 않은 신천지 신도들도 있을 것이다. 신천지에 올인했는데 자신이 틀릴 수 없다는 것이다. 아니 틀리면 안 된다고 생각한다. 자신들이 보고 싶은 것만 보고, 답지를 보면 틀릴 것 같아서 답지를 확인하기가 두려운 것이다.

이 책을 쓰는 중에 필자는 신현욱 전교육장에게 전화를 걸어서 물어보았다.

"이만희씨가 어디서 책을 받아먹었다고 합니까?"

"기도동산"에서요.

"인덕원 사거리 옆에 있는"

"한 발은 땅(첫 장막)을 한 발은 바다(이방)를 밟고 있는데 경계가 안양하고 과천 사이인데, 하나는 인덕원은 안양이고 하나는 과천은 서울이고.. 큭큭큭"

지금 생각해 보니 본인도 너무 터무니없어 웃겼던 모양이다.

쉬어가는 코너 **신천지 교리의 시작, 그 출발은 [신탄]에서 시작된다.**

이만희 총회장은 신탄의 저자가 자신이 아니라 [김건남, 김병희]의 이름으로 되어있기에 신천지나 자신의 책이 아니라고 주장을 한다. 이만희 총회장이 작성한 원고를 [김건남, 김병희]가 훔쳐 왜곡하여 책을 썼다는 것이 주된 이유이며, 또한 이들은 "1985"년에 신천지에서 제명되었으므로 더 이상 신천지 책이 아니며 이만희 총회장과는 무관하다는 것이다.

신천지 교적부를 살펴보자!

적그리스도 명단 (입교일자순)

	성 명	입교일자	사고일자	지파/교회
1	김병희	1984.03.14	1985.12.01	요한/안양
2	신상훈	1984.03.14	1985.12.01	요한/안양
3	홍종효	1984.03.14	1987.08.01	요한/안양

그렇다!! 신천지 생명록인 교적부에 신탄 저자 "김병희"가 적그리스도로 올라가 있다. 이만희 총회장의 주장대로 [김건남[7], 김병희]가 이만희의 원고를 훔쳐 왜곡하여 책을 썼기 때문에 그들은 1985년 12월 1일자로 적그리스도로 제명처리되었다는 주장이 일견 신빙성이 있어 보인다. 그것도 그냥 제명 처리된 것이 아니고 신천지 입장에서 [적그리스도]로 제명 처리하였으니 당연히 1985년 12월 2일부터는 [신탄] 책은 더 이상 신천지에서 사용하면 안 될 것이며, [적그리스도]의 불순한 서적이니 모두 폐기처분을 해야 했을 것이다.

그런데 과연 그러했을까? 폐기처분은 고사하고 적그리스도 [김건남, 김병희]가 신천지를 이탈했음에도 [신탄]을 무려 10년 넘게 마치 신천지 교리 서적으로 자신이 직접 쓴 책에 소개를 하고 이용하고 있었다면 이만희씨를 어떤 인간으로 우리가 해석을 해야 하나?

더 나아가 [신천지 교회의 설교]가 [신탄] 책을 토대로 설교가 이루어졌었다면 더 이상 신천지 교리와 이만희씨를 볼 필요가 없다. 종교를 빙자한 거짓 선지자라는 명백한 증거이기 때문이다. 자 그러면, 이만희 총회장이 쓴 책을 살펴보자.

■ **신천지 교회의 설교**

본 교회에서는 성경의 말씀만 가르치고 배운다. 증거자도 배우는 자도 육하원칙에 입각하여 듣고 보고 판단하며 성경의 말씀을 마음에 새겨 인 맞고 걸어다니는 성경이 되게 한다.

또 본 교회에서는 세계 제일의 말씀의 전장을 가진 승리자가 되게 하고 충신과 진실로 생명의 빛과 참 사랑의 도를 달성한다.

대화의 문은 수야로 열려 있고 매주 목요일 오후 2시부터 특강이 있다. (초교파적 모임)

또 본 교회에서 발간한 책이 전국 유명 서점에 나가고 있다.

이 책은 유.불.선 3대 도(道)의 어떤 선지자들이 말한 발세론 보다도 밝히 증거된 책이다. 성경 66권중 성경론, 창조론, 언약론, 배도론, 멸망론, 구원론, 부활론의 일곱 등분으로 설명한 것과 4복음에 예수님께서 장래사를 보고 믿으라고 약속한 징조(마태 24,25장)와 4복음의 예언이 성취되는 현장 계시록의 전장을 육하원칙으로 밝히 설명한 책이다. (책명:신탄, 계시록의 진상I/II, 계시록 완전 해설)

성도와 천국 (1996, 이만희 저) p31

위의 성도와 천국을 살펴보면 "신천지 교회의 설교"를 설명하면서 [신

7 김건남은 신천지에 입교한지 얼마 되지 않아 육이 사망했다고 한다.

탄] 책의 목차를 자세히 안내할 뿐만 아니라 "전국 유명서점"에 "배포"하였다고 자랑까지 하고 있다. 김병희씨는 85년도에 적그리스도가 되어 신천지를 탈퇴했는데 10년이 넘게 적그리스도가 쓴 [신탄] 책을 전국 유명서점에 배포했으며, 그동안 신천지 신도들과 서점에 팔았던 책값은 모두 신천지와 이만희씨가 챙겼을 것이다. 또한 신천지 신도들에게 적그리스도의 교리서를 계속 영적으로 먹이고 있었다는 말이 된다.

위의 이만희씨가 쓴 성도와 천국에서 "성경론, 창조론, 언약론, 배도론, 멸망론, 구원론, 부활론"을 언급하며 신탄을 소개를 하고 있다. 여기서 [신탄] 책 속의 목차를 한 번 살펴보자.

[신탄 차례]

차 례

지면 관계상 [신탄의 차례]만 캡쳐를 했다. 신탄 목차 순서가 [성경론, 창조론, 언약론, 배도론, 멸망론, 구원론, 부활론]으로 되어 있다. 1996년에 발행된 "성도와 천국"에서 설명해주고 있는 목차 순서가 토씨하나 틀리지 않고 똑같이 되어있다. 이 외에도 "신천지 발전사"와 "계시록의 진상"에서도 신탄 책을 소개하면서 [신탄]을 참조하라고 한다.

그런데 지금에 와서 [신탄]은 신천지 책이 아니라고 하는 것은 참으로 멸망의 가증한 자라 아니 할 수 없을 것이다. 무려 10여 년을 넘게 신천지 교리서로 [신탄] 책을 써 왔으면서도 뻔뻔한 이만희씨는 진용식 목사를 상대로 한 [소장]에 신탄이 신천지와 무관하다며 손바닥으로 하늘을 가리려고 한다. 이만희씨가 진용식 목사님을 상대로 낸 [소장]을 들여다보자.

소 장

원 고 1. 신천지 예수교 증거장막성전(약칭 : 신천지예수교회)
대표자 총회장 이만희
2. 이만희
원고들 주소 과천시 별양동
원고들 소송대리인 변호사 노, 김
주소 - 서울 서초구 서초동

피 고 1. 진용식
안산시 단원구 초지동
2. 탁지원
서울 노원구 상계6동

손해배상(기)청구의 소

청 구 취 지

(2) 9~11, 30면(81, 82면에서도 '신탄'을 거론하고 있음)
"이들은 교주 이만희를 재림 주, 그리스도, 보혜사, 구주, 사명자, 예언의 사자, 알파와 오메가, 일곱 인(印)을 떼는 자 등으로 주장한다. 이들의 교리서인 「신탄」에 나타난 주장을 확인해 보자." (이하 '신탄'에 나온 내용으로 생략합니다)
"이 책들 중에서도 이들의 핵심교리를 다룬 책은 [신탄]이라는 책인데, 이 책은 아무에게나 배포하지 않고, 이들의 핵심 요원들에게만 배포한다고 한다."
라고 기재한 부분

원고 신천지예수교회가 피고 진용식의 말처럼 가르친 적이 없음은 앞서 언급한 바와 같고 피고 진용식은 원고들의 교리서라면서 줄곧 '신탄'이라는 책자를 인용하고 있으나 위 '신탄'이라는 책자는 원고들의 교리서가 아닙니다. '신탄'의 저자 김건남, 김병희는 원고들이 주장하는 바와 다르게 위 책을 써서 원고 신천지예수교회에 피해를 주었고 현재 위 두 사람은 원고 신천지예수교회의 회칙에 따라 제명되었습니다. 그럼에도 피고 진용식은 사실여부도

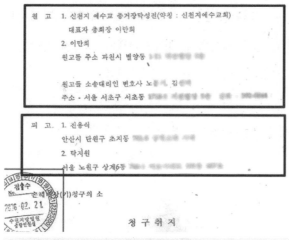

[김건남, 김병희]는 원고 신천지 예수교회에 피해를 주었고 현재 위 두

사람은 원고 신천지예수교회의 회칙에 따라 제명했기 때문에 [신탄] 책은 신천지 책자가 아니라고 주장한다. [김건남, 김병희]가 신천지를 이탈하고도 무려 10년이 넘게 [신탄]을 신천지 교리서로 사용하고, 자신이 쓴 [성도와 천국] 외에 각종 책에도 [신탄]을 소개하며 전국 유명서점에 배포하였다고 자랑까지 했으면서 [신탄]이 신천지 책자가 아니라고 고소까지 하는 것은 인면수심의 극치라고 볼 수 있을 것이다.

이만희씨는 "1985년 12월에 김병희"씨를 적그리스도로 제명시켜놓고 다음해인 1986년에 계시록 완전해설 (1986, 대언자 이만희 저)을 쓸 때 [신탄]책을 그대로 카피하는 뻔뻔함을 보인다.

지면상 "계시록 완전해설 목차"만 보기로 하자.

차 례

■ 머릿말

■ 총 론

제1장 성경론

제2장 창조론	제3장 언약론
제4장 배도론	제5장 멸망론
제6장 구원론	제7장 부활론

위의 "계시록 완전해설"도 신탄과 똑같이 "성경론, 창조론, 언약론, 배도론, 멸망론, 구원론, 부활론"으로 되어 있다.

이번에는 1992년도에 만든 천국 비밀 계시록의 진상을 보자. 천국 비밀 계시록의 진상(1992, 이만희 저)부록에서도 신탄을 똑같이 카피해서 넣었다.

위의 천국비밀 계시록의 진상 책은 1992년에 재판(再版)된 것이다. 신천지 책자가 아니라는 신탄을 그대로 카피해서 돈 받고(5000원) 팔아먹은 자가 바로 이만희씨다.

많은 분들이 "오늘날 신천지의 교리적 뿌리는 어디에서 나왔을까요?"라고 궁금해 하시는 분들이 많다. 필자 또한 신천지 교리의 뿌리가 궁금해서 "도서관"에 가서 문선명씨가 쓴 원리강론 두 종류를 빌려와서 분석을 했던 적이 있다. 필자가 내린 결론은 다음과 같다.

우선, 이만희씨는 사이비 교주들인 박태선 -> 유재열 -> 백만봉을 거치면서 '비유풀이', '세례요한 배도자', '보혜사', '장막성전 7별 7사자', '첫 장막', '창조 재창조', '배도 멸망 구원' '14만 4천', '이긴자', '실상' 등을 체득했던 것 같다. 이런 이만희씨의 사이비 경험담이 신탄의 밑거름이 되었고 글을 잘 쓰는 "김건남, 김병희"를 만나 그럴듯한 소설로 탄생시킨 것이다.

따라서, 신천지 교리의 뼈대를 형성하고 있는 책은 두말할 필요 없이 "신탄"이다. 다만, 통일교 강사 출신인 김건남, 김병희가 "원리강론"을 모티브로 '성경론', '창조론', '언약론', '배도론', '멸망론', '구원론'과 이만희씨가 사이비 집단을 전전하며 배웠던 이야기들이 잘 결합되어 그럴듯한 신천지의 핵심 교리가 만들어진 것으로 보인다.

결국, 신천지 교리와 실상의 근원이 오롯이 장막성전이라기보다는 박태선 신앙촌에서 배운 "이긴자", "14만 4천", "구원자"와 백만봉에게서 배운 "창조와 재창조", "노정순리", 장막성전을 모티브로하는 "7별 7사자 실상" 그리고 통일교 교리서인 "원리강론"을 바탕으로 김건남 김병희 두 사람을 통해서 신탄이 만들어졌고 그게 오늘날 신천지 뿌리라고 봐야 할 것 같다. 천지창조 (2007, 보혜사·이만희 저)도 제목만 달라지고 안에 내용이 상당부분 신탄과 일치하는 내용들이 있다는 것을 본 필자는 확인을 했다. 결국 이만희씨 입장에서는 신탄에서 벗어나려고 발버둥을 치더라도 그 근간이 되는 뼈대를 부술 수는 없을 것이다.

10

요한계시록 11장

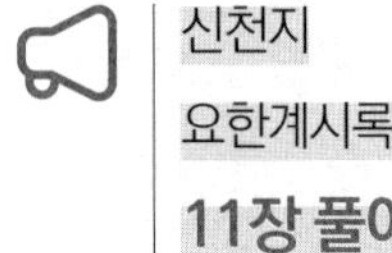

신천지 요한계시록 11장 풀이

1 또 내게 지팡이 같은 갈대를 주며 말하기를 일어나서 하나님의 성전과 제단과 그 안에서 경배하는 자들을 척량하되

"또 내게"는 사도요한에게 계10장에서 책을 받아먹게 하고 계11장에서 지팡이 같은 갈대를 주기 때문이다. "지팡이 같은 갈대"에서 지팡이는 의지하는 도구이고 갈대는 믿음이 연약한 자를 의미한다. 따라서 "지팡이 같은 갈대"는 비유적으로 마11장 7절에서 세례요한을 흔들리는 갈대라고 하듯 일곱 금 촛대 장막의 성도 한 사람을 의미하는 것이고 사도요한 격 사명자와 이 지팡이 같은 갈대가 두 증인이 되는 것이다. 구약에서는 아담과 하와, 모세와 아론과 같은 존재를 말한다. "일어나서"는 사도요한에게 하나님의 구원의 역사를 시작하라는 의미이며 "성전과 제단"은 첫 장막이 배도하여 예수님께서 촛대를 옮길 것이니 둘째 장막 즉 새 장막을 짓는 일이다. "척량"은 고전3장 16절에 사람이 성전이라고 하였듯이 하나님께서 거하실 사람의 마음에 성전을 짓기 위해 믿음과 지식의 분량을 달아 보는 것이며 이는 곧 하나님의 성전 된 백성들의 심령을 창조하는 것이다.

2 성전 밖 마당은 척량하지 말고 그냥 두라 이것을 이방인에게 주었은즉 저희가 거룩한 성을 마흔 두 달 동안 짓밟으리라

"성전 밖 마당은 척량하지 말고 그냥 두라"는 의미는 배도한 일곱 금 촛대

장막 즉, 밖 마당은 배도하여 무너졌기 때문에 척량하지 말라는 것이며 7머리 10뿔 짐승인 "이방인"에게 42달 동안 짓밟히도록 허락하신 것이다.

3 내가 나의 두 증인에게 권세를 주리니 저희가 굵은 베옷을 입고 일천 이백 육십 일을 예언하리라

여기서 "내가"는 예수님이고 "두 증인"은 책 받아먹은 사도요한 격 사명자와 그를 돕는 영적 배필인 지팡이 같은 갈대이다. "권세"는 말씀을 가르치는 것을 말하며, "옷"은 말씀과 사명이다. "굵은 베옷을 입고 예언하리라"는 말은 일천이백육십일 동안 멸망자인 7머리 10뿔이 장막을 짓밟고 있는 동안 말씀을 가르치는 권세를 받은 두 증인은 배도한 장막성전의 사자들에게 회개를 촉구하고 동시에 장래 일을 알리는 것을 말한다.

4 이는 이 땅의 주 앞에 섰는 두 감람나무와 두 촛대니

"두 감람나무"는 슥4장에서 볼 수 있듯이 특별히 택함을 받고 성별 된 거룩하게 된 두 사람을 말하며, "두 촛대"는 등불과 등대의 사명으로서 하나님의 보좌 앞에 있는 일곱의 영과 함께 하는 사람이다. 즉, 빛과 같은 말씀으로 무지하고 어두운 심령들을 깨우쳐 주는 역할을 하는 두 사람을 의미한다.

5 만일 누구든지 저희를 해하고자 한즉 저희 입에서 불이 나서 그 원수를 소멸할찌니 누구든지 해하려 하면 반드시 이와 같이 죽임을 당하리라

"저희"는 두 증인이며 "불이 나서 그 원수를 소멸"한다는 말은 심판의 말씀으로 그들을 멸망을 시킨다는 것이다. 따라서 이 두 증인을 해하려고 하는 자들은 이와 같은 영적인 죽음과 멸망을 받는다.

6 저희가 권세를 가지고 하늘을 닫아 그 예언을 하는 날 동안 비 오지 못하게 하고 또 권세를 가지고 물을 변하여 피 되게 하고 아무 때든지 원하는 대로 여러 가지 재앙으로 땅을 치리로다

"하늘을 닫아 그 예언을 하는 날 동안 비 오지 못하게 한다"는 것은 비는 말씀인데 성전 밖 마당, 즉 배도한 첫 장막에는 개와 돼지에게 거룩한 진주를 주지 말라고 했듯이, 더 이상 하나님의 말씀을 전하지 말라는 의미다. "물을 변하여 피가 되었다"는 것은 "땅"인 첫 장막의 배도한 선민들의 교리인 물(말씀)이 실상은 7머리 10뿔 짐승의 비진리임이 드러난 것이 짐승의 피가 되었다는 것이다.

7 저희가 그 증거를 마칠 때에 무저갱으로부터 올라오는 짐승이 저희로 더불어 전쟁을 일으켜 저희를 이기고 저희를 죽일터인즉

"증거를 마칠 때"는 일천이백육십일 멸망의 기간이 끝나 갈 때를 의미이며, 두 증인(저희)이 일곱 금 촛대 장막이 첫 언약인 하나님의 말씀을 저버리고 배도하게 되어 하나님의 심판을 받아 이방인에게 멸망 받게 되는 때이다. "무저갱으로부터 올라오는 짐승"은 계9장에 나오는 7머리 멸망자인 황충(청지기교육원)을 의미한다. 따라서 여기에 나오는 "전쟁"은 두 증인과 황충의 영적 전쟁을 말하며 첫 번째 전쟁에서는 황충이 이기고 두 증인이 영적으로 죽임을 당하게 된다. 여기서 "죽는다"는 것은 육체의 죽음이 아니라 바다에서 올라온 짐승들에 의해 하나님께 받았던 교권을 일천이백육십일 동안 박탈당하는 것인데 빌라도 법정에 예수님이 처형당한 것처럼 오늘날도 두 증인이 세상 법에 고소를 당해서 말씀을 증거하지 못하게 되고, 멸망의 기간 42달 동안 교권을 빼앗겼다는 것이다.

8 저희 시체가 큰 성 길에 있으리니 그 성은 영적으로 하면 소돔이라고도 하고 애굽이라고도 하니 곧 저희 주께서 십자가에 못 박히신 곳이니라

"큰 성"은 하나님과 언약을 한 첫 장막이며, 두 증인(저희)이 죽임을 당하는 장소는 일곱 금 촛대 장막이다. 영적으로 하면 롯 때 멸망 받는 소돔과 같고 모세 때는 애굽과 같으며 초림 때는 예루살렘과 같은 그런 곳이고 예수님이 십자가에 못 박혀 돌아가신 골고다와 같은 곳이다. 즉, 증거의 말씀으로 배도와 멸망을 외치다가 명예훼손으로 세상 법정에 세워져 두 증인으로서의 더 이상 말씀을 증거하지 못하고 사명이 끊어진 것이다.

9 백성들과 족속과 방언과 나라 중에서 사람들이 그 시체를 사흘 반 동안을 목도하며 무덤에 장사하지 못하게 하리로다

"백성들과 족속과 방언과 나라"는 바다에서 올라온 짐승들이 치리하고 있는 각 성도, 교단, 교리, 교회를 의미한다. "목도"는 멸망자들과 행음을 하고 있는 장막성전의 성도들뿐만 아니라 각 교단 소속의 모든 성도들도 지켜보면서 더 이상 예언을 증거하지 못하는 것을 보고 놀리며 조롱하는 것을 의미한다. "무덤"은 무저갱에서 올라온 황충과 그 조직체를 의미하며 "장사하지 못하게 한다"는 것은 진리가 없고 비진리로 변한 장막의 성도로 가입시키거나 교인으로 받아들이지 않는 다는 것이다.

10 이 두 선지자가 땅에 거하는 자들을 괴롭게 한고로 땅에 거하는 자들이 저희의 죽음을 즐거워하고 기뻐하여 서로 예물을 보내리라 하더라

"땅에 거하는 자들을 괴롭게 한다"는 의미는 사단의 소속이 되어 버린 하늘 장막에 회개를 촉구하는 편지뿐만 아니라 계시의 말씀으로 배도와 멸망을 증거

하기 때문이다. "죽음"은 멸망자들로부터 교권을 박탈당하고 예수님이 빌라도의 법정에 섰던 것처럼 오늘날도 사도요한 격 사명자가 멸망자로부터 세상 법으로 고소를 당하게 되고 더 이상 예언과 계시의 말씀을 증거하지 못하는 것이다. 기뻐하며 서로 "예물"을 보낸다는 의미는 두 증인이 영적으로 죽음을 당해 서로 좋아서 하는 말들을 의미한다.

11 삼일 반 후에 하나님께로부터 생기가 저희 속에 들어가매 저희가 발로 일어서니 구경하는 자들이 크게 두려워하더라

"삼일 반"은 문자 그대로 삼일 반을 말하며 이 삼일 반이 지나면 멸망자들을 심판하는 형벌의 기간인 삼 년 반도 끝이 난다. "생기"는 하나님의 말씀이고, "구경하는 자들"은 첫 장막의 선민들이다. "저희가 발로 일어섰다"는 말은 두 증인이 다시 예언을 증거하는 행동을 시작했다는 것이다. 두 증인이 삼일 반 후에 생기를 받고 일어난다는 것은 계11장 1절에서 성전과 제단을 척량하라는 영이 날 때부터 시작된 단9장 24절에서 27절처럼 70 이레의 기간 중 마지막 한 이레의 절반 곧, 3일 반 동안 희생되었다가 창2장 7절 아담에게 생기가 들어가고, 요6장 63절에 살리는 것은 영의 말씀이듯, 말씀을 가지고 증거하는 권세가 죽었다가 다시 산 것을 말한다.

12 하늘로부터 큰 음성이 있어 이리로 올라오라 함을 저희가 듣고 구름을 타고 하늘로 올라가니 저희 원수들도 구경하더라

"큰 음성"은 하나님의 음성이고, "구름을 타고 간다"는 것은 구름은 영이므로 성령의 인도를 받아서 하늘로 간다는 것이다. 두 증인이 "하늘로 올라가는 것"은 영의 세계인 하나님의 보좌 앞으로 갔다가 다시 육의 세계인 하늘 장막에 가서 배도와 멸망의 사건을 다시 외친다는 것이다. 따라서 저희"원수"들도 구경한다는 것은 멸망자들과 배도한 선민들도 다시 첫 장막으로 돌아와서 계시의 말씀을 증거하는 두 증인을 보게 되는 것을 말한다.

13 그 시에 큰 지진이 나서 성 십분의 일이 무너지고 지진에 죽은 사람이 칠천이라 그 남은 자들이 두려워하여 영광을 하늘의 하나님께 돌리더라

그 시에 "큰 지진"이 났다는 것은 두 증인이 다시 육의 세계의 하늘 장막에 가서 말씀을 증거 할 때 두 증인을 보고 장막성전 사람들의 마음이 크게 흔들리는 것을 말한다. "성 십분의 일이 무너지는 것"은 장막성전 조직체의 십분의 일이 무너지는 것이며 배도한 장막 성도들 칠천 명이 영적으로 죽게 된다. "그 남은 자들"은 배도와 멸망의 증거의 말씀을 듣고 멸망을 피하여 이긴 자가 있는 시온산으로 나온 자들이다.

14 둘째 화는 지나갔으나 보라 세째 화가 속히 이르는 도다

둘째 화는 계9장 13절부터 불게 되는 여섯 번째 나팔을 불어서 벌어지는 사건이며 계11장 14절까지 이어진다.

15 일곱째 천사가 나팔을 불매 하늘에 큰 음성들이 나서 가로되 세상 나라가 우리 주와 그 그리스도의 나라가 되어 그가 세세토록 왕 노릇 하시리로다 하니

일곱 째 천사가 부는 나팔은 구원의 나팔이다. 영은 육을 들어 쓰듯이 나팔은 사람인데 이 일곱 번째 나팔은 계10장에서 책 받아먹은 사도요한 격 사명자이며 하나님의 역사를 완성할 알파와 오메가이다. 사도바울도 나팔소리에 죽

은 자들이 썩지 아니할 것으로 다시 살고 우리도 변화하리라고 했듯이 이 마지막 일곱 번째 나팔이 부는 소리는 영생이 시작되는 비밀이다. 이 마지막 나팔이 부는 계시의 말씀을 듣고 인 맞은 14만 4천 명이 차고 흰 무리가 몰려오면 하늘 영계의 거룩한 성 새 예루살렘이 이 땅의 육의 세계에 내려와서 우리 주 그리스도와 하나님의 나라가 완성이 되어 세세토록 왕 노릇 하는 것이다.

16 **하나님 앞에 자기 보좌에 앉은 이십 사 장로들이 엎드려 얼굴을 대고 하나님께 경배하여**
17 **가로되 감사하옵나니 옛적에도 계셨고 시방도 계신 주 하나님 곧 전능 하신이여 친히 큰 권능을 잡으시고 왕노릇 하시도다**

일곱째 나팔이 불기 전에는 사단이 왕 노릇 하였으나 마지막 일곱째 나팔이 불리면서 사망이 생명에게 삼킨 바 되어 세상 나라가 하나님과 그리스도의 나라가 되어 이십사 장로들도 하나님께 찬양과 경배를 하는 것이다.

18 **이방들이 분노하매 주의 진노가 임하여 죽은 자를 심판하시며 종 선지자들과 성도들과 또 무론대소하고 주의 이름을 경외하는 자들에게 상 주시며 또 땅을 망하게 하는 자들을 멸망시키실 때로소이다 하더라**

"이방"은 하나님과 언약을 한 첫 장막을 침노하여 장막을 주관하던 사단 소속의 짐승들이며 세상 나라가 하나님의 나라가 되어 분노를 하게 되는 것이다. 이제 이방의 때가 끝이 나고 새 하늘 새 땅이 열리는 때이므로 주의 이름을 경외하는 자들에게는 "상"을 주시는데 이 상은 왕 같은 제사장이라는 직분과 영생의 복이다. "땅을 망하게 하는 자들"은 멸망자들이며 그들의 때인 42달이 끝나고 일곱 번째 멸망자 심판을 하는 나팔이 불려질 때 멸망자들은 심판을 받아 사라지기 된다.

19 이에 하늘에 있는 하나님의 성전이 열리니 성전 안에 하나님의 언약궤
가 보이며 또 번개와 음성들과 뇌성과 지진과 큰 우박이 있더라

"하나님의 성전"은 증거장막성전이며 "성전이 열렸다"는 것은 일곱 번째 나팔이 부는 소리를 듣고 일곱 번째 나팔이 있는 새 장막이자 영적 새 이스라엘인 증거장막성전으로 나아가는 길이 열렸다는 것이다. "하나님의 언약궤"는 언약의 말씀이면서 동시에 이 언약의 말씀을 증거하는 이긴 자가 된다. "번개"는 영들이 빠르게 움직이는 것이고 "음성들과 뇌성"은 이긴 자가 치리를 하면서 하시는 말씀의 소리이고, "지진"은 이긴 자가 치리하는 소리를 듣고 백성들이 마음이 요동하며 움직이는 것이다. "우박"은 100근이 나가는 이긴 자를 표현한 것이다.

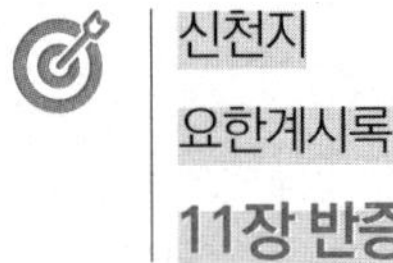

신천지
요한계시록
11장 반증

1. 계11장 9절, 11절에 나오는 삼일 반은 실상으로 삼년 반인가 문자 그대로 삼일 반인가?

9절 백성들과 족속과 방언과 나라 중에서 사람들이 그 시체를 사흘 반 동안을 목도하며 무덤에 장사하지 못하게 하리로다

11절 삼일 반 후에 하나님께로부터 생기가 저희 속에 들어가매 저희가 발로 일어서니 구경하는 자들이 크게 두려워하더라

하나님과 언약한 첫 장막에 멸망자 오평호 목사가 들어와 청지기교육원을 끌어들여 선민들에게 이방 교리인 비진리를 먹이고 있었다. 이때 두 증인인 이만희씨와 홍종효씨가 장막성전에 가서 배도의 사건과 멸망의 사건을 수차례 외치다가 많은 고초와 폭행을 당하고 급기야는 오평호 목사의 지시에 의해 성북구치소로 끌려가게 되고 예수님처럼 세상 법정에 섰다고 주장한다.

이 사람들은 중부 경찰서 앞 다방에 있을 때 이 오목사의
지시로 이 사람을 홍종효 라는 사람하고 둘을 잡아서
성북 구치소로 끌고 갔던 것 이였죠.

[오목사의 지시로 성북구치소로 끌려갔다고 하는 이만희씨]

이만희씨는 결국 1980년 10월 26부터 1981년 2월 2일까지 약 100일간 구치소에 수감 되고 선고유예 2년 반까지 받았다는 것이다. 이것이 두 증인이 예언을 증거 할 수 없는 영적 죽음이고 삼일 반이라고 실상 교육을 시켰다.

일단, 오평호 목사의 지시로 이만희씨가 성북구치소로 끌려가고 명예훼손으로 고소를 당했다고 하는 부분은 이만희씨의 새빨간 거짓말이다. 필자가 오평호 목사와 직접 통화하여 이 부분을 물었고 확인한 결과 오평호 목사는 이만희씨를 잘 모르고 그런 일이 없다고 한다. 이만희씨가 어떤 이유로 1980년 10월 26부터 1981년 2월 2일까지 약 100일간 구치소에 수감 되고 선고유예 2년 반을 받았는지 확인할 길이 없고, 정말 수감 된 적이 있었는지 있었다면 그 이유가 뭔지 확인을 해야 하는 부분이다. 그러나 이만희씨가 자신의 구치소 수감 기간을 계시록 11장에 나오는 삼일 반에 맞춰놓고 있으니 다음 글을 읽고 판단해 보기를 바란다.

1) 천국비밀 계시록의 진상 (1985, 이만희 저) p165 ~ p166

[이미 기록된 대로 두 증인은 검찰에 의하여 구속되기에 이르렀고, 일백일간의 옥고를 치르게 된다. 여기서 우리가 한 가지 이해하고 넘어갈 것은 삼 년 반 동안 그의 시체를 장사하지 못하게 한 대목이다. 결론부터 말하거니와 두 증인의 시체를 장사하지 못하게 했다는 것은 결코, 육체를 죽이거나 삼일 반에 해당하는 삼 년 반 동안 영창에 가둬 둔 행위를 말하는 것이 아니다. 두 증인이 증거를 시작하여 마쳤던 그해의 시월에 구속되었으므로, 사실상 한 해가 지나서 이듬해 2월에 석방되어 풀려났다. 그러나 풀려날 때에 2년 반의 선고유예 처분을 받음으로써 징계를 당한 기간은 세

해 반에 이르게 된다. 또 죽였다는 말은 육체적인 죽음이 아니고, 말씀을 증거하지 못하도록 유예 처분을 내렸으니 결국 죽은 입장에 처하게 된 것이다. (중략) 이와 같이 두 증인도 육체적인 죽임을 당한 것이 아니라, 증거와 전도를 할 수 없도록 가이사 법에 의하여 규제를 받음으로써, 실형기와 유예 기간을 합한 3년 반 동안 죽어있게(지내게) 된 것이다. (중략) 본문이 제시하고 있는 삼일 반은 두 증인이 받은 실제 형기와 선고유예 기간을 합한 삼 년 반을 말한다]

이만희씨는 "천국 비밀 계시록 진상"에서 "80년 10월에 수감되어 81년 2월에 석방(약 100일)이 되어 한 해가 지나갔으니 1년으로 치고, 선고유예 2년 반을 합하여 삼 년 반이라는 것"이다. 정말 소가 웃을 일이다. 아무리 억지로 끼워 맞추기로서니 100일을 1년으로 치자는 것이다. 아무튼 이렇게 해서 "3년 반"을 만들었는데, 왜 이만희씨는 초등학생도 하지 않는 이런 고무줄 셈법으로 삼 년 반을 만들어야 했을까? 그 이유는 청지기교육원이 장막성전(1절 성전 밖 마당)에 들어와 짓밟는 멸망의 기간 42달과 연결하기 위해서이다.

이 멸망의 기간 42달인 삼 년 반은 하나님께서 장막성전을 짓밟도록 허락하신 기간이고, 같은 기간 동안 두 증인은 예언을 증거하는 사명이 일시 중단이 되어야 한다고 생각하여 구치소에서 있었던 100일(1년)과 선고유예 2년 반을 합한 3년 반 동안 영적으로 죽어지내는 기간이라고 세팅을 한 것이다. 그래서 이런 말도 안 되는 셈법으로 삼일 반을 삼 년 반과 같은 기간이라고 우기고 있었던 것이다.

2) 계시록 완전해설 (1986, 대언자 이만희 저) p141

[이 두 증인을 땅에 장사하지 못하게 하고 삼일 반 동안 목도하며 서로 예물을 보낸다는 말은 육신을 죽여 땅에 묻는 것이 아니고 예언을 못하게 그 사명을 죽이는 것이니 곧 법으로 삼일 반(42달) 동안 막는다는 말이다. 삼일 반은 자기들의 기간 42달이다. 예수님 때와 같이 가이사 법으로 두 증인을 잡아 가두고 잘되었다고 예물을 주고받는다]

"계시록 완전해설"에서도 삼일 반을 자기들의 기간 42달이라 하고 있다. 이만희씨는 처음 요한계시록에 자신의 경험담을 접목하여 소설을 쓰기로 마음먹기 시작했을 때 두 증인이 죽어있는 삼일 반을 멸망의 기간 3년 반에 맞추기 위해 억지로 구치소 수감 기간과 선고유예 기간을 고무줄 늘이듯 늘여서 세팅을 했는데 이게 큰 착오였던 것이다. 결국 이만희씨는 자신의 세상 경험과 사이비 집단을 전전하며 배웠던 경험을 성경에 끼워 맞춰서 계시받은 척 연기를 하다가 거짓말이 들통이 나면 앞에 썼던 책들을 폐기 처분하는 수법을 써 왔던 것이다. 이만희씨는 지난 39년 동안 자기는 많은 책들을 써왔다고 호언장담을 한다. 심지어 공금횡령으로 구치소에 있을 때도 간수에게 자신은 책 쓰는 사람이라고 소개를 했으니 말이다.

그러나 생각해보라. 그렇게 많은 책을 썼다고 하는데 실제로 신천지가 요한계시록을 제대로 풀이한 책으로 인정하는 것은 "천지창조(2007)"와 "천국 비밀 요한계시록의 실상(2011, 파란색)"밖에 없다. 나머지 책들 대부분은 요한계시록보다는 부수적인 내용을 다루는 책들이다. 그런데 더 놀라운 것은 "천지창조"책 안에 요한계시록 풀이는 전체분량의 6분의 1정도로 수박 겉핥기식으로 풀어서 부실하기 짝이 없고 그마저도 오류투성이다. "천국 비밀 요한계시록의 실상"도 2005년도 버전을 다시 뜯어서 고친 책이며, 거짓말하다 들통이 난 것을 모두 다 수정해서 2011년도 다시 재판한 것이고 이 책도 오류투성이다.

이만희씨가 썼던 책이 그 많은 세월이 지나면서 제대로 남아있는 책이 없다. 책을 폐기처분하면서 이만희씨는 단 한 번도 자신의 실수로 책이 잘못 나왔다고 인정한 적이 없으며 모조리 신천지를 이탈한 사람이나, 대필자의 실수 혹은 아랫사람에게 그 잘못을 전가한다. 그동안 얼마나 많은 실상이 조작되고 짜깁기 되어왔는지 넉넉히 짐작이 된다. 신천지를 탈퇴한 사람들이 바보라서 이탈을 했겠는가?

다음은 이만희씨가 쓴 "천국 비밀 계시록의 진상"을 보자. 이 책은 1992년에 발행된 책인데 1985에 발행된 "천국 비밀 계시록의 진상"과 제목이 같다. "동명이서(書)"인 셈이다.

3) 천국 비밀 계시록의 진상 (1992, 이만희 저) p206

[이 증거가 그들에게는 죽기보다도 듣기 싫었던 것이다. 그래서 이 소리를 하지 못하도록 두 증인을 가이사의 법으로 조치한 것이다. 그러므로 명예훼손이라는 죄의 명분으로 빌라도 법정에 서게 되었고 선고유예(삼년반:년수)로 출옥되었으니 이 기간이 곧 이방 짐승의 때 42달이다. 이렇게 이방이 42달간 자기들 마음대로 짓밟게 되었고 두 증인은 1,260일간 예언할 사명이 가이사의 법에 의하여 죽게 된 것이다. 죽었다는 말은 육체의 죽음을 말하는 것이 아니라 복음을 전하지 못하도록 사명이 삼일 반 동안 죽은 것을 말한다]

1992년에 출판된 "계시록의 진상"에서도 자신의 구치소에 있었던 "100일 기간"과 "선고유예 2년 반"을 합한 삼 년 반을 이방 짐승의 때 42달과 연결시키면서 1260일간(42달) 복음을 전하지 못하는 사명이 삼일 반 동안 죽은 것이라고 책에 기록을 했다. 여기서 분명하게 두 증인이 1,260일 예언할 사명이 끊어진 기간과 짐승의 때 42달을 같은 기간으로 보고 있다. 즉, 세상 법에 의해 죽게 된 삼 년 반(1,260일) 기간과 멸망자가 들어와 짓밟는 짐승의 때 삼 년 반(42달)을 같은 기간으로 풀이했다. 아주 중요한 내용이다. 왜냐하면 지금은 신천지에서 두 증인이 죽어지내는 기간은 문자 그대로 삼일 반이며 멸망의 기간은 3년 반이고 두 증인이 예언하는 1,260일과 짐승의 때 42달은 다른 것이라고 가르치고 있기 때문이다. 두 증인이 죽어 지내는 기간을 3년 반에서 삼일 반으로 엄청난 시간을 뒤집은 것이다. 이 정도면 계시고 나발이고 끝난 것이다.

이만희씨와 신천지는 1984년 3월 14일에 시작해서 1992년에 출간된 책까지 최소 8년 이상은 계11장에 나오는 삼일 반을 삼 년 반이라고 가르쳤다. 이것이 계시 복음이요 실상의 복음이라고 하면서 이만희씨가 책으로 입으로 가르쳐 왔던 내용이다. 그런데 이제는 뻔뻔하게 두 증인의 죽어지내는 기간을 삼 년 반을 삼일 반으로 바꾼다. 이만희씨가 "삼 년 반을 문자 그대로 삼일 반"으로 실상을 뜯어고친 내용을 살펴보자.

4) 천국 비밀 계시 (1998, 증인 보혜사·이만희 저) p206-p207

[그러나 죽임을 당한 두 증인이 삼일 반 후에 다시 생기를 받아 구름을 타고 하늘로 올라가게 되고 원수들도 본다고 한다. 본문의 삼일 반은 문자 그대로 삼일 반이며, 다니엘 9장 24~27절에는 한 이레의 절반이라고 하였으니 이는 70 이레 중 마지막 한 이레의 절반을 말한다. 성전을 중건하라는 영이 날 때부터의 70 이레는 형벌의 기간이요 이 형벌의 기간이 끝나면 하나님께서 대적에게 베푸는 심판이 있게 된다. 그러므로 본문의 두

증인이 삼일 반 후에 생기를 받고 일어난다는 말은 본 장 1절에서 성전과 제단을 척량하라는 영이 날 때부터 시작된 70 이레의 기간 중 마지막 한 이레의 절반 곧 삼일 반 동안 희생되었다가 다시 생기를 받아 일어나는 것을 말하는 것이다]

이만희씨는 1998년 "천국 비밀 계시" 책을 쓸 때부터 두 증인의 죽어지내는 기간인 "삼 년 반"을 문자 그대로 "삼일 반"으로 변개를 시키기 시작했다. 삼 년 반에서 삼일 반으로 바꾼 것은 시간상으로 너무 큰 차이다. 그런데 왜 바꿨을까? 다음은 2005년에 출간된 "천국 비밀 요한계시록의 실상"을 살펴보자.

5) 천국 비밀 요한계시록의 실상 (2005, 보혜사·이만희 저) p236

[이 "삼일 반"은 문자 그대로의 기간이며 다니엘 9장 24~ 27절에 기록된 칠십 이레 중 마지막 한 이레의 절반을 말한다. 칠십 이레의 시작점은 본 장 1절 예언이 응하여 성전과 제단을 척량하라는 영 즉 성전을 중건하라는 명령이 날 때요 마침 점은 하나님의 장막이 이방 멸망자에게 짓밟히는 삼 년 반이 끝나는 때이다. 그러므로 두 증인의 말씀 전파가 중단되었던 칠십째 이레의 삼일 반이 끝나고 나머지 삼일 반이 지나면 칠십 이레가 끝나는 동시에 형벌의 기간인 삼 년 반도 끝이 난다]

이 책에서도 삼일 반은 문자 그대로 삼일 반을 말한다. 혹시 이 책을 읽고 있는 분들 중에 삼 년 반에서 삼 일 반으로 바뀌면서 이상한 점을 발견하였는지 궁금하다. 1) ~ 3)까지 책에서는 다니엘서 9장에 관해서 언급한 곳이 없다. 그런데 4) ~ 5)에서는 다니엘서 9장을 언급하기 시작한다. 다시 말해서 1998년 "천국 비밀 계시"를 쓸 때부터 다니엘서 9장을 계시록

11장 삼 일반에 연결시켜 작정하고 삼 년 반을 삼일 반으로 뜯어고치겠다는 강력한 의지가 보인다.

지금부터 왜 삼 년 반에서 삼일 반으로 바뀔 수밖에 없었는지를 설명하겠다. 크게 두 가지 이유로 삼 년 반을 삼일 반으로 바꿀 수밖에 없었을 것이다.

첫째, 신천지에서 가르치는 멸망의 기간은 1980년 9월 14일부터 1984년 3월 14일까지다.

5. 천지창조(2007) 책자 발간 후(後) (신교육장 => 이만희 총회장에게 70이레 질문 후: 최흥희교육실상)

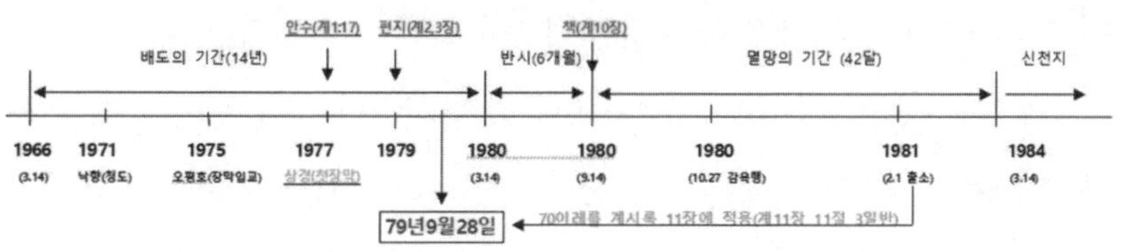

다니엘 9장 70이레를 계시록 11장에 적용
490÷30 = 1년 4개월 10일 + 6일(큰달) => 81년 2월 2일 — 1년 4개월 16일 = 79년 9월 28일

이 멸망의 기간은 하나님이 허락하신 42달이라고 이미 세팅했기 때문에 두 증인이 영적으로 죽어지내는 기간도 42달이라고 이만희씨는 생각했을 것이다. 따라서 구원자인 두 증인이 영적으로 죽어지내는 기간이 구치소에 갇혀 있는 기간과 선고유예를 합하여 42달 즉, 3년 반의 기간이라고 생각하고 100일 구치소에 있었던 기간을 1년으로 치고 선고유예 2년 반을 합하여 3년 반이라고 세팅을 한 것이다. 그러나 잘 생각해 보면 이것이 문제가 있다.

1) 이만희씨는 자신이 구치소에 수감 된 1980년 10월 26일부터 멸망의 기간 3년 반을 계수하는 실수를 한 것이다. 즉, 수감 된 1980년 10월 26일부터 3년 반을 계수하면 84년 4월 26일이 되어 신천지 창립일을 훌쩍 넘어가서 신천지가 멸망의 기간에 들어가 있는 모순이 발생한다.

2) 멸망의 기간이 시작되는 시점(1980년 9월14일)과 이만희씨가 구치소에 수감 되는 시점(1980년 10월 26일)이 1달하고 12일이 차이가 난다. 구치소에 수감(100일 = 1년)과 선고유예 2년 반 합하여 두 증인이 삼 년 반 죽어지낸다 했는데, 이만희씨는 이미 멸망의 기간을 "1980년 9월 14일"부터 1984년 3월 14일까지 세팅을 해 둔 상태다. 모순이 앞에서도 발생한 것이다. 멸망의 기간 3년 반에 집착한 나머지 앞, 뒤로 발생한 시간적인 간극을 놓친 것이다. 두 증인은 3년 반 동안 죽어있는 기간이라고 책에 기록을 하고 문제가 있다는 것을 나중에 눈치를 챈 것이다.

둘째, 다니엘서 9장 24~27절을 인용하기 시작한 것에 주목을 해야 한다. 1998년 이전의 책에는 계11장의 삼일 반을 언급하면서 다니엘서 9장을 인용한 적이 없다. 그러면 왜 다니엘서를 인용하게 되었는가? 위에서 언급한 대로 이만희씨는 두 증인이 죽어지내는 기간을 멸망자가 들어와 42달 짓밟는 기간에 맞추기 위해서 구치소 언급을 하며 두 증인이 42달 동안 예언을 할 수 없는 상황을 세팅을 한 것이다. 그런데, 계11장 1절 "또 내게 지팡이 같은 갈대를 주며 말하기를 일어나서 하나님의 성전과 제단과 그 안에서 경배하는 자들을 척량하되"에서 "일어나서"는 하나님의 구원의 역사를 시작하라는 의미이고 "하나님의 성전과 제단"은 둘째 장막 즉, 증거장막성전(신천지)을 짓는 일이다. "경배하는 자들을 척량"하라는 것은 하나님의 백성들의 심령을 창조하는 일이다.

그렇다면 두 증인이 멸망의 기간 3년 반 동안 죽어지내는 것이 아니고 하나님의 나팔을 계속 불며 예언을 해서 새 장막을 지을 뿐만 아니라 그 새 장막 안에서 하나님께 경배할 백성을 계속 척량을 해야 한다는 것이다. 즉, 두 증인은 삼 년 반 동안 영적으로 죽어서는 안 된다는 것을 이만희씨는 눈치챈 것이다. 이 부분을 신천지 내에서 신천지 실상을 잘 아는 누군가 이만희씨에게 알려줬는지는 알 수 없으나, “멸망의 기간과 두 증인이 영적으로 죽은 기간”을 3년 반으로 세팅해 놨다가 조작한 것이 들통나자 두 증인이 예언하는 1260일과 멸망의 기간 3년 반 즉, 삼일 반은 다르다고 말을 바꾸기 시작하면서 다니엘 9장 24절~27절을 끌고 들어온다.

즉, 단 9장의 한 이레(7일)의 절반은 삼일 반이므로 계시록 11장의 삼일 반은 삼 년 반이 아니라 문자 그대로 삼일 반이라고 연결한 것이다. 삼 년 반이라고 계시받았던 이만희씨가 삼일 반으로 바꾸기 위해 다니엘서 9장을 가져온 것이다. 이만희씨는 “천지창조”책부터는 다시 다니엘서를 요한계시록에 접목시키지 말라고 한다. 말을 번복한 이유는 차후 설명하겠지만 다니엘서를 요한계시록에 접목하지 말아야 한다면 다시 문자 그대로 삼일 반이 아니라 원래 가르쳤던 삼 년 반으로 바꿔야지 이 양반아!!

지금은 가르치는 강사마다 다르고 배운 신천지 신도들마다 다르게 말하고 있다. 이 부분을 확인하기 위하여 필자가 운영하는 “신천지 푸른하늘” 유튜브에서 신천지를 탈퇴한 분들을 대상으로 설문 조사를 했고, 각 지파나 강사마다 각각 다르게 가르치고 있다는 것을 알게 되었다. 그럴 수밖에 없을 것이다. 먼저 신천지에 입교해서 이만희씨에게 직접들은 강사가 있을 것이고 나중에 강사가 되어서 들은 사람도 있을 것인데 그때는 이미 교리가 바뀐 상태였을 것이기 때문에 소위 오래된 강사와 이제 막 강사가 된 사람하고 가르치는 내용이 다를 수밖에 없는 것이다. 이 모든 잘못은 누구의 탓인가? 계시를 잘 못 받은 이만희씨 탓이다. 이 상황을 이만희씨는 너무나 잘 알고 있을 것인데 신천지 신도들은 자신들의 실수로 벌어진 일이라고 자책을 하거나 머리가 나쁘다며 자신의 머리를 때리고 있을지도 모르겠다.

다시 돌아와서, 그렇다면 이만희씨가 구치소가서 100일간 수감되고 선고유예 2년 반을 받았던 기간, 즉 예언을 증거하지 못한 기간은 어떻게 풀이할 것인가? 이만희씨 주장대로 정말 3년 반 동안 법적인 처벌을 받았다면 두 증인으로서 증거를 하지 못한 것인데 그 기간은 계시록 어디에 갖다 붙일 것인지 이만희씨에게 묻는다. 입만 뻥긋하면 거짓말하는 이만희씨 대답해 보기 바란다. 두 증인의 삼일 반을 조작한 이 부분에서도 신천지 실상 교리가 엉터리라는 것을 눈치채고 신천지를 탈퇴한 초창기 신도들이 많았을 것으로 생각된다.

계11장의 이 부분은 신천지 강사들도 어려워한다. 당연하다. 이만희씨 계시는 다 거짓말이기 때문에 정확하게 이야기해 줄 수가 없다. 그럼에도 불구하고 신천지 교리와 실상을 잘 알아야 하는 상당히 어려운 부분이기 때문에 이 부분을 신천지 신도들에게 이해만 시킬 수 있다면, 그리고 이해한 신천지 신도들이라면 이만희씨의 정체를 파악하고 다 신천지를 탈퇴할 수 있을 것이라고 생각한다.

2. 다니엘서를 계시록에 접목시키지 마라

이 부분은 신현욱 교육장과 관련이 있다. 그 부분을 하나씩 짚어 보자. 밑에 나오는 "천국 비밀 요한계시록의 실상"은 같은 책이다. 다만, 1) 신현욱 교육장이 신천지를 탈퇴하기 전인 2005년 발행된 책이고 2) 신현욱 교육장이 신천지를 탈퇴하고 2011년에 발행된 책이다. 안의 내용물의 형태나 포맷은 그대로 유지하고 거짓말을 들킨 부분만 대폭 수정을 하여 신천지 신도들에게 다시 팔아먹은 책이다.

1) 천국 비밀 요한계시록의 실상 (2005, 보혜사·이만희 저) p236

[이 "삼일 반"은 문자 그대로의 기간이며 다니엘 9장 24~27절에 기록된 칠십이레 중 마지막 한 이레의 절반을 말한다. 칠십 이레의 시작점은 본장 1절 예언이 응하여 성전과 제단을 척량하라는 영 즉 성전을 중건하라는 명령이 날 때요 마침점은 하나님의 장막이 이방 멸망자에게 짓밟히는 삼 년 반이 끝나는 때이다. 그러므로 두 증인의 말씀 전파가 중단되었던 칠십째 이레의 삼일 반이 끝나고 나머지 삼일 반이 지나면 칠십 이레가 끝나는 동시에 형벌의 기간인 삼 년 반도 끝이 난다]

2) 천국비밀 요한계시록의 실상(2011, 보혜사·이만희 저) p211

[두 증인의 영적 죽음의 기간인 이 "3일 반"은 문자 그대로의 기간이다. 여기서 참고로 말하는 것은, 다니엘 9장 27절의 '한 이레의 절반'은 본문의 '3일 반'과 다른 것이다. 다니엘 9장 24-27절의 일은 예수님 초림 때 다 이루신 것이고, 본문의 예언은 그때와는 다른 것이다. 본문에서 성도가 깨달아야 할 것은, 다니엘9장의 '지극히 거룩한 메시야(기름 부음 받은 자)'는 예수님이요, 에스겔 2-3장의 '책 받아먹은 인자'도 초림의 예수님이었으나, 본 장의 '죽었다 살아난 두 증인'은 예수님이 아니요, 주를 모시고 선 두 증인이라는 사실이다. 그리고 다니엘서는 중건하라는 말씀이요, 계시록 11장에서는 성전과 제단과 그 안에서 경배하는 자들을 척량하라고 하셨다. 또 다니엘 9장에는 예물을 받지 않는다고 하였고, 계시록 11장에는 예물을 서로 주고받는다고 하였으며, 예수님은 무덤에 장사 되었고, 계시록 11장에는 죽은 두 증인을 무덤에 장사하지 않았다]

1)의 "천국 비밀 요한계시록의 실상"에서 이만희씨는 [다니엘 9장 24~27절을 인용하여 칠십 이레의 시작점은 본 장(계11장) 1절 예언이 응하여 성전과 제단을 척량하라는 영 즉 성전을 중건하라는 명령이 날 때고, 마침점은 하나님의 장막이 이방 멸망자에게 짓밟히는 삼 년 반이 끝나는 때이다] 라면서 다니엘서를 요한계시록에 접목을 시켰다.

2)의 "천국 비밀 요한계시록의 실상"에서 이만희씨는 [두 증인의 영적 죽음의 기간인 이 "3일 반"은 문자 그대로의 기간이다. 여기서 참고로 말하는 것은, 다니엘 9장 27절의 '한 이레의 절반'은 본문의 '3일 반'과 다른 것이다] 라면서 다니엘서 9장과 요한계시록 11장이 다르다는 것을 장황하고 길게 적었다. 그러나 이미 책은 기억하고 있다. 이만희씨가 말을 바꾸고 거짓말하고 있다는 것을 말이다.

상황은 이랬다. 이만희씨가 계11장 설교를 할 때 단9장에 나오는 70 이레를 계11장에 접목을 시키기에 신 교육장이 이만희씨에게 "70 이레를 오늘날 실상으로 어디에 접목"을 시켜야 하는지 물었다. 갑작스런 질문에 당황한 이만희씨는 구치소에서 수감되고 나온 날짜에서 역산을 하면 된다고 말을 던진 것이다. 그런데 신 교육장이 역산을 해 보니 사데 백만봉씨 밑에 있는 기간이 나와 실상이 맞지 않게 되고 그러면서 안수받는 사건과 편지 사건의 날짜가 전체적으로 틀어지게 되었던 것이다. 이에 당황한 이만희씨는 신교육장이 신천지를 탈퇴하자마자 다니엘서를 요한계시록에 끼워 맞춘 자는 "신현욱"이라고 덮어씌우고 천지창조(2007)책자를 새로 발간해서 마치 자신은 다니엘서를 요한계시록에 접목시키지 않은 것처럼 시치미를 떼고 있다. 그 후 2011년에 과거(2005) 출간되었던 "천국 비밀 요한계시록의 실상"의 내용도 대폭 수정하여 재발간한 것이다. 그러나 이것도 거짓이다. 이만희씨가 직접 다니엘서를 요한계시록에 접목시켜서 가르쳤던 영상이 "신천지 푸른하늘 투" 블로그에 올라가 있다.

3. 저희가 듣고 구름을 타고 "하늘"로 올라가니

계11장 12절

하늘로부터 큰 음성이 있어 이리로 올라오라 함을 저희가 듣고 구름을 타고 "하늘"로 올라가니 저희 원수들도 구경하더라

12절에 나오는 "하늘"은 어디일까요?

1) 천국 비밀 계시록의 진상 (1985, 이만희 저) p167 - p168

[따라서 구름을 타고 하늘로 올라갔으니 이는 다시 부여받은 천명 곧 하나님의 말씀(구름)에 순종(타고)하여 그의 제단이요 하늘나라인 둘째 장막을 비로소 일으키니 이것이 하늘에 열린 증거 장막의 성전이다. (중략) 이것이 발로 일어선 것이며 구름을 타고 하늘로 올라갔으니 이는 말씀을 다시 베풀기 위해 새 언약의 장막 곧 둘째 휘장 뒤에 있는 증거 장막을 여시는 것이다. (중략) 두 증인이 음성을 듣고 구름을 타고 하늘로 올리워 감은 진리(구름)의 말씀을 가지고 둘째 장막, 곧 손으로 창조하지 아니하고 오직 말씀을 증거하는 제단을 일으키심을 말한다]

처음에 이만희씨는 12절에 나오는 "하늘"을 둘째 장막 즉, 증거장막성전이요 새 언약의 장막 곧 둘째 휘장 뒤에 있는 증거 장막이라고 한다.

2) 천국 비밀 계시 (1998, 증인 보혜사 이만희 저) p207

[하늘은 계13장 6절의 하늘 곧 금 촛대 장막이며 원수들은 일곱 머리와 열 뿔 가진 짐승 소속의 백성들이다. 그러므로 증인이 원수들이 있는 첫

장막에 갔기 때문에 원수들도 본다고 한 것이다]

여기서는 "하늘"을 금 촛대 장막 즉, 장막성전을 말하고 있다. 교리를 또 바꿔치기 한 것이다.

3) 천국비밀 요한계시록의 실상 (2011, 보혜사·이만희 저) p212

[구름을 타고 가는 것은 영으로 가는 것이며, 하늘로 올라간다는 것은 주께서 계신 곳으로 가는 것이다. (중략) 부활한 두 증인이 영계 하나님께 올라가는 것은 영인 사단이 보게 되고, 육계의 하늘 장막으로 가는 것은 육체인 멸망자들도 보게 된다]

"천국 비밀 요한계시록의 실상"에서 "하늘"은 영계의 하늘도 되고 하늘 장막, 즉 장막성전도 된다는 것이라며 교리를 희석시키고 있다. 그런데 웃기는 것이 "영계" 하나님께 올라간 것은 거룩한 하나님 보좌 앞으로 가는 것이고 그 모습을 사단이 보고 있다면 하늘에서 이룬 것 같이 이 땅에서도 거룩한 증거장막성전에 올라갈 때 그 원수들이 보는 게 더 맞지 않겠는가? 어찌 멸망자가 다 짓밟고 귀신의 처소가 된 장막성전에 올라가서 육체인 멸망자들이 보게 된 다는 것인가? 일곱사자들은 이미 다 흩어지고, 유씨는 미국에 가 있고, 멸망자 일곱머리가 장막에 들어간 적이 없는데 말이다. 아무튼 이만희씨는 계11장 12절 "하늘"을 둘째 장막(증거장막성전: 신천지) -> 첫 장막(장막성전) -> 영계 + 첫 장막(장막성전)으로 교리를 수정 변개한 것은 틀림없다. 이런 자를 구원자로 믿고 있다니 참으로 한심할 노릇이다.

4. 성 십분의 일이 무너지다

천국비밀 계시록의 진상 (1985, 이만희 저) p169

[당초에 바벨론 성이 구성된 내면을 살펴보면 일곱 머리의 대적이 들어와서 열 사람의 장로를 뽑는다. 이렇게 해서 일곱 머리와 열 뿔의 집단이 곧 바벨론 도성이 된 것이다. 따라서 이 성은 열 사람의 장로가 성전 기둥이 되어 받치고 있는데 하나님은 그 기둥 가운데서 하나를 뽑아 취하신다. 그 결과 성의 십분의 일이 무너진 꼴이 된다. 다시 말하면 열 뿔 가운데서 한 뿔이 그곳에서 뽑히어 빠져나간다. 즉 두 증인의 증거의 말씀을 옳게 받아들여 하나님의 성산으로 이적함으로써 하나님은 그 성의 십분의 일인 십의 일조를 받으신 셈이다. 이로써 성 십분의 일이 무너진다는 요한의 예언은 실상으로 적중하게 된 것이다]

일곱 금 촛대 장막이었던 첫 장막이 귀신의 처소인 바벨론이 되면서 이 장막성전을 구성하는 조직이 일곱 머리 열 뿔인데, 특히 열 사람의 장로가 장막성전을 떠받치는 성전 기둥이고 하나님께서 그중 한 장로를 뽑아서 성산인 신천지로 이적을 하게 하였고 그 성(장막성전)의 십분의 일인 십일조를 받았다는 것이다. 성 십분의 일이 무너진다는 요한의 예언이 실상으로 적중했다고 자화자찬을 하고 있다.

여기서 말하는 열 뿔 중 한 장로는 "라병준"씨를 두고 한 말이다. 장막성전 출신 라병준씨는 신천지 실상으로 멸망자 소속이었다. 그가 초창기에 신천지로 들어가서 신천지 헌법인 "성헌"을 작성하는데 같이 참여했던 인물이다. 멸망자 출신이 신천지 성헌을 만드는데 함께 하는 것도 우습지만 라병준씨가 신천지로 이적한 것이 "성의 십일조"를 받은 것이라고 했다면 신천지를 이탈하거나 사망하는 일이 없어야 하지 않겠는가? 신천지 초창기에 라병준씨는 잠시 보이고 그 이후로는 보이지 않는 인물이다. 그런데 하나님이 십일조를 받았다면 영원히 남아있어야 하는 것이 아닌가? 하나님이 받은 십일조가 죽거나 신천지를 나가버린다면 십일조를 하나님이 받긴 받은 건지 이만희씨에게 묻는다.

신천지 실상으로 "성의 십분의 일이 무너졌다"는 것을 이만희씨는 더 이상 실상으로 밝히지 못하고 각 책에 희석을 시켜서 구렁이 담 넘어가듯이 넘어가고 있다. 계11장 두 증인에 대한 반증은 계15장에서 추가로 반증을 할 것이고 나머지 반증할 내용들은 크게 비중을 차지하지 않는 부분들이기 때문에 계11장 반증은 이정도로 마치고자 한다.

쉬어가는 코너 **이만희씨의 형제는 몇 명일까?**

이만희씨가 쓴 [영핵]에는 "12아들 중 6번째"로 태어났다고 소개를 하고 있다.

Ⅳ. 신천지 소개

1. 신천지교회 이만희의 신앙 간증(요약)

본인은 경북 청도군 출신으로 3대 외동아들이었던 나의 아버지의 12아들 중 6번째로 태어났다. 내가 태어나기 전 매일 기도생활을 하시던 나의 할아버지는 어느날 몽중에 해, 달, 별이 어두워지고 떨어진 후 다시 하늘이 열리더니 빛이나와 나의 어머니에게 비추는 것을 보시고 나의 이름을 "빛"이라는 뜻을 지닌 만희(萬熙)라고 지어 두셨고 그것이 지금의 나의 이름이 되었다. 평생 살아온 과정에 죽을 고비가 많아 나는 가끔 감히 하나님도 보셨으면 눈물 없이 보지 못하셨을 것이라고 표현하기도 한다.

나는 할아버지가 돌아가신 후 박군의 심정(요한복음)과 학생문장독본을 밤마다 한장씩 다음은 약10년 전 신천지가 운영하는 카페에 있는 내용을 필자가 캡쳐한 자료이다. 이만희 총회장이 직접 쓴 약력에 “12남 1녀 중 8번째 아들”로 태어났다고 소개를 하고 있다.

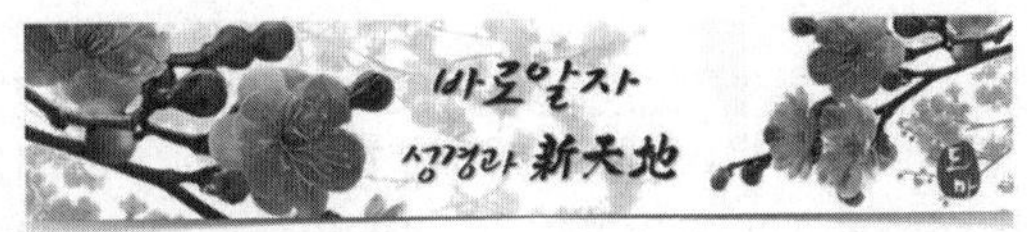

신천지 이만희 총회장님이 직접 쓰신 약력

내 이름 만희(萬熙)는 ‘빛이 가득하다’ 는 뜻이다. 내가 태어나기 전 조부께서 하늘에서 빛이 내려와 온 대지를 비추는 태몽을 꾸고, 출생 전에 미리 지어놓으신 이름이다. 위 비방 카페의 이사야님처럼 혹자는 내가 평소에는 만희라고 하면서, 가끔 희재(熙宰)라는 이름으로 둔갑하여 성도들을 속이고 있다며 나를 비난하고 있다. 그러나 희재라는 이름은 족보에 올려진 것이므로, 혹자의 비난은 나에게 응당한 것이 아니다. 성도를 기만한 대가로 벌을 받아야 한다면, 알지도 못하면서 비방부터 하고보는 그들이 받아야 할 것이다.

나는 조선의 왕가 전주 이 씨의 자손이며, 12남 1녀 중 8째 아들이다. 일정 당시 입학 기준이었던 12세에 국민학교를 들어가 광복 이듬해에 졸업했다. 그리고 모교에서 중학교 과정을 공부했다. 임시 정부 시절이었던 그 때는 마땅한 선생이 없었다. 17세에 서울로 올라와 그 다음해 용산에 있던 성화전문학원을 다녔다. 그 후 6. 25전쟁으로 피난 길을 떠나 경기도 광주를 거쳐 고향 시골과 부산에서 잠시 지냈다. 22세에는 군에 입대하여 하사관 학교를 졸업하고 전방에 배치되어 특수부대에 지원했다. 제대 후 부산 미군사 고문단(KMG)에 2년간 취직하였다. 그리고 잠시 시골 고향에서 농사일을 돕다가 하늘의 별과 성령의 인도로 신앙 생활을 시작하게 되었다. 그때 나이 27세였다. 그 후 본격적인 신앙 생활을 하면서 경기도 부천에 있던 신앙촌과 과천 소재 장막 성전을 거쳐 지금에 이르렀다.

[영핵]에서는 "12아들 중 6번째"로 태어났고, [카페에서 캡쳐한 글]에서는 "12남 1년 중 8번째 아들"로 소개를 하고 있다. 2021년 구치소에서 이만희씨가 쓴 [십자가의 길] 책에서는 "12형제 중 일곱 번째" 아들로 태어났다고 소개를 하고 있다.

머리말

- 악풍에 밀린 옥중 생활 -

나는 전주 이씨 효령대군 가문에서, 효령대군의 15대 손이신 고조부님, 16대 손이신 증조부님, 17대 손이신 조부님을 거쳐, 18대 손이자 3대 독자이신 아버지로부터 12형제 중 일곱 번째 아들로 시골 가난한 농가에서 태어났으며, 효령대군의 19대 자손이다. 조부님의 태몽에 의하면 나는 ‘빛’으로 태어났고, 하여 이름을 ‘희(熙: 빛 희)’라고 하였다. 우리나라는 일제강점기의 제2차 세계 대전 종전 후 8.15 광복을 맞이하였고, 미군정기(美軍政期)를 거쳐 이승만(1-3대), 윤보선, 박정희(5-9대), 최규하, 전두환(11-12대), 노태우, 김영삼, 김대중, 노무현, 이명박, 박근혜, 문재인(19대) 대통령 대에 이르는 시대를 살아왔다.

8. 나의 신앙의 역사를 되돌아보며

우리 가문은 증조할아버지, 할아버지, 아버지가 3대 외동으로 내려오셨고, 아버지 때 12형제가 태어났다.

나는 그중 일곱 번째의 아들이었다. 이름은 만희(萬熙). 왜 만희인가? 할아버지와 어머니의 말씀에 의하면, 할아버지가 꿈(태몽)에 하늘이 열리고 강한 빛이 어머니에게 임한 것을 보고 내 이름을 '빛[熙]'으로 지어 두셨다가, 내가 태어난 후 그 이름으로 부르게 된 것이라 한다.

하나 나는 시골 가난한 농가에 태어나 무척 고생을 하며 자라 왔다. 군에서 제대한 후 농가에서 살아왔다. 나는 어릴 때 할아버지로부터 하늘에는 하나님이 계신다는 말씀을 듣고 믿어 왔다. 할아버지는 아침

[영핵]에서는 "12아들 중 6번째"로 태어났고, [카페에서 캡쳐한 글]에서는 "12남 1녀 중 8번째 아들"로 태어났고 [십자가의 길]에서는 "12형제 중 7번째" 아들로 태어났다고 소개를 하고 있다. "12형제"인지 "13남매"인지 정확하지도 않지만 이만희씨는 자신이 몇 번째 아들로 태어났는지를 몰라서 "세 번을 쓴 간증에서 세 번 다 틀리는 놀라운 기억력"을 가지고 있다. 그런데 더 놀라운 사실이 있다.

다음은 이만희씨가 김남희씨와 혼례를 마치고 자신의 고향인 경북 청도에 내려가 "부모 산소 앞에 세워둔 비석"이다. "친자 이만희, 후인 김남희" 이름이 비석에 들어가 있으며 이만희씨 형제들의 이름도 들어가 있는 비석이다. 그 중 이만희씨 형제만 기록된 부분을 캡쳐했다.

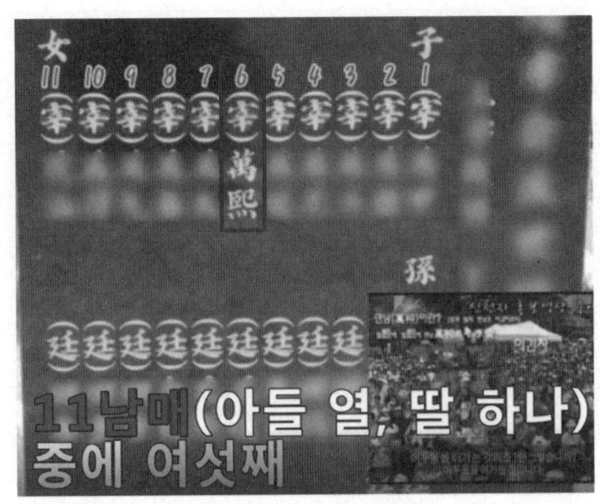

세어보니 총 11남매이다. 아들이 10명이고 딸이 1명이다. 아무리 파렴치한 사람이라도 설마하니 부모의 산소 앞에 있는 비석에까지 거짓말을 하지는 않을 것 같다. 결국 12형제가 아니다. 이 부분을 좀 더 명확히 하기 위해 동네 주민의 증언도 들어 보았다.

청도동네주민: (이만희)그 형제간이 많았다.
신천지피해자: 몇 형제?
청도동네주민: 11남매거든 아버지 어머니가 11남매를 낳았다
신천지피해자: 11남매 12남매는 아니고
청도동네주민: 11남매
신천지피해자: 12는 아니고
청도동네주민: 아들 열, 딸 하나 11남매
신천지피해자: 12는 아니고 11이었네
청도동네주민: 그래가 키우고 참 그 농사짓고 장가가고 큰 아들 일본도 가고

동네 주민도 이만희씨의 형제간이 11남매 즉, "아들 열, 딸 하나" 정확하게 말하고 있다. 비석에 적혀 있는 11남매와 정확히 일치한다. 이만희씨가 거짓말을 하고 있을 가능성이 농후하다. 형제간을 다 합해도 11남매밖에 안 되는데 왜 이만희씨는 12형제에 집착을 했을까? 12형제의 숫자도 엉터리지만 자신이 "몇 번째 아들로 태어났는지"를 세 번의 진술에서 세 번이 다 달랐다. 누가 봐도 이만희씨가 거짓말을 하고 있다는 합리적인 의심이 든다.

오랜 시간동안 이만희씨의 책과 자료를 분석해 본 결과, 필자가 판단해 보건데 이만희씨는 자신을 성경 속 인물과 매칭을 시키려는 시도를 많이 하는 것 같다. 특히 자신의 형제가 12형제인 것처럼 거짓말을 하는 것은 마치 요셉을 포함한 12형제가 이스라엘 12지파의 조상이 되었듯이 자신도 요셉처럼 12형제라는 인상을 주어 신천지 신도들에게 하나님이 택한 목자인 것처럼 보이기 위한 수작인 듯하다. 어쩌면 이만희씨는 그의 부모가 기왕지사 11남매를 낳았으니 아들 한 명 더 낳아서 열둘을 맞춰 줬으면 더 그럴듯하게 속일 수 있었을 것이라고 생각을 했을지도 모른다.

정말 하나님이 택한 인물이라면 형제의 숫자까지 속여 가며 거짓말을 할 필요가 없다. 진짜는 거짓말이 필요가 없으며 있는 그대로 보여주면 될 것이다. 가짜들이 진짜처럼 행세하기 위해서 포장을 하고 거짓말을 하는 것이다. 우리말에 하나를 보면 열을 안다고 한다. 형제간이 11명인지 12명인지 13명인지도 모르고 자신이 몇째 아들로 태어났는지도 모르는 자가 하는 거짓말을 신천지 신도들은 언제까지 속고 믿고 있을 것인가? 형제의 숫자까지도 속이는 이만희씨가 무슨 거짓말을 못하겠는가!! 위와 관련된 자료들은 "신천지 푸른하늘 투"블로그와 "신천지 푸른하늘" 유튜브에 많이 있다.

11

요한계시록 12장

신천지
요한계시록
12장 풀이

1 하늘에 큰 이적이 보이니 해를 입은 한 여자가 있는데 그 발 아래는 달이 있고 그 머리에는 열두 별의 면류관을 썼더라

여기서 "하늘"은 영의 세계가 아닌 육의 세계인 장막성전이고, "해를 입은 한 여자"의 발아래는 달이 있고 그 머리에는 열두 별이 있다. 창세기 37장에 야곱, 즉 이스라엘의 가족을 해 달 별로 비유하고 있으므로 이 해를 입은 여자가 있는 곳이 하나님이 택한 하늘 장막이었으며 하나님이 함께하는 목자인 장막성전의 일곱 별 사자 중 한 명(유재열)이었다. 이 해를 입은 여자는 장막성전에서 영명이 삼손이며 작은 태양이라는 뜻을 가지고 있다. "면류관"은 여자가 맡고있는 사명과 직분을 말한다.

2 이 여자가 아이를 배어 해산하게 되매 아파서 애써 부르짖더라

"아이"는 앞으로 철장으로 만국을 다스릴 아이이며, "해산하게 되매 아파서 부르짖는다"는 것은 이 여자가 배도해서 모든 권세를 자신이 낳을 아이(이만희)에게 다 빼앗기고 배도했기 때문에 오는 고통이다.

3 하늘에 또 다른 이적이 보이니 보라 한 큰 붉은 용이 있어 머리가 일곱이요 뿔이 열이라 그 여러 머리에 일곱 면류관이 있는데

"또 다른 이적"이라는 것은 하나님의 나라인 장막성전에 큰 붉은 용이 올라

왔으니 이적이라고 한 것이다. 붉은 용에게 "머리가 일곱이요 뿔이 열"이 있다는 것은 일곱 목자와 열 장로가 한 조직체(청지기교육원)로 되어있다는 것이며 그 머리에 있는 일곱 "면류관"은 일곱 목자들이 각각 사명과 직분을 가지고 있다는 뜻이다. 계20장 2절에 '용을 잡으니 곳 옛 뱀이요 마귀요 사단이라'고 한 것으로 보아 창세기 3장에 1절에 나오는 옛 뱀이며, 정체가 마귀요 사단이라는 것이다.

4 그 꼬리가 하늘 별 삼분의 일을 끌어다가 땅에 던지더라 용이 해산하려는 여자 앞에서 그가 해산하면 그 아이를 삼키고자 하더니

"꼬리(오평호)"는 용에게 속한 거짓 선지자를 말하고 계8장에 나오는 "쑥"이며 계13장에 나오는 땅에서 올라오는 짐승이다. 하늘 장막에 있는 "별"은 성도를 말한다. "용의 꼬리가 별 삼분의 일을 끌어다가 던진다"는 것은 거짓 목자들이 하나님이 택한 장막의 성도들의 삼분의 일을 땅에 던져 영이 죽고 세상에 속한 육으로 돌아갔다는 의미이다. 용이 하늘 장막에 들어와 해 달 별을 입은 여자가 아이를 낳으면 삼키려고 하면서 42달간 장막을 주관하게 된다.

5 여자가 아들을 낳으니 이는 장차 철장으로 만국을 다스릴 남자라 그 아이를 하나님 앞과 그 보좌 앞으로 올려가더라

여자가 아이를 영적으로 낳고 이 아이는 "장차" 용과 싸워서 이긴 후 철장으로 만국을 다스릴 것이고, "철장"은 온 세상을 다스릴 수 있는 치리권과 하나님의 말씀이다. 이 아이는 장차 만국을 다스릴 아이임으로 "하나님 앞과 그 보좌 앞으로 올려 "가는데 이 보좌는 예수님께서 이긴 자에게 주겠다고 하신 보좌이다.

6 그 여자가 광야로 도망하매 거기서 일천 이백 육십일 동안 저를 양육하
기 위하여 하나님의 예비하신 곳이 있더라

"광야"는 물 없고 말씀 없는 곳이며 비진리만 나오는 곳이다. 광야(웨스트민스터)는 여자를 위해 일천이백육십일 동안 하나님이 예비하신 곳이며 이 여자가 자기 곳인 광야에서 이방교리를 배우게 된다.

7 하늘에 전쟁이 있으니 미가엘과 그의 사자들이 용으로 더불어 싸울새 용
과 그의 사자들도 싸우나

영계의 하늘에서 하나님의 "천사장인 미가엘과 그의 사자들" 그리고 "용과 그의 사자들"이 영의 세계에서 영적 전쟁을 하고 있다. 그러나 영계의 전쟁이 있으면 동시에 이 땅에서도 하나님의 소속과 사단의 소속이 전쟁을 하게 된다.

8 이기지 못하여 다시 하늘에서 저희의 있을 곳을 얻지 못한지라

영의 세계에서 용과 그의 사자들이 미가엘 천사장과의 싸움에서 이기지 못하고 땅으로 내어 쫓기게 된다.

9 큰 용이 내어 쫓기니 옛 뱀 곧 마귀라고도 하고 사단이라고도 하는 온 천
하를 꾀는 자라 땅으로 내어 쫓기니 그의 사자들도 저와 함께 내어쫓기니
라

결국, 용이 전쟁에서 패하여 그의 사자들과 함께 땅에 내어 쫓기게 된다. "온 천하를 꾀는 자"라는 것은 땅에 내어 쫓긴 용의 무리가 만국을 미혹하고 있다는 것이다. 여기서 "땅"은 장막성전이 아닌 정해지지 않은 어떤 다른 장소이다.

10 내가 또 들으니 하늘에 큰 음성이 있어 가로되 이제 우리 하나님의 구원과 능력과 나라와 또 그의 그리스도의 권세가 이루었으니 우리 형제들을 참소하던 자 곧 우리 하나님 앞에서 밤낮 참소하던 자가 쫓겨났고

"이제"는 영적 새 이스라엘 신천지가 시작되는 1984년 3월 14일이다. 하늘의 전쟁에서 용이 쫓겨나고 이제 "하나님의 구원과 능력과 나라와 또 그의 그리스도의 권세가 이루었다"는 것을 큰 음성으로 알리는 말씀이다. 즉, 배도자, 멸망자 심판을 하고 난 후 후천 세계인 하나님 나라가 창설되는 것이다.

11 또 여러 형제가 어린 양의 피와 자기의 증거하는 말을 인하여 저를 이기었으니 그들은 죽기까지 자기 생명을 아끼지 아니하였도다

"어린양의 피"는 예수님께서 우리의 죄를 대속하시고 우리에게 크신 은혜를 베푸신 말씀이며, "증거하는 말"은 계시의 말씀으로 42달 동안 7머리 10뿔 짐승이 멸망자의 정체였음을 드러내는 말로 사단을 이기는 것을 말한다. "죽기까지 자기 생명을 아끼지 아니했다"는 것은 갖은 고난과 역경을 겪으면서 끝까지 싸웠다는 의미이다.

12 그러므로 하늘과 그 가운데 거하는 자들은 즐거워하라 그러나 땅과 바다는 화 있을찐저 이는 마귀가 자기의 때가 얼마 못 된 줄을 알므로 크게 분내어 너희에게 내려갔음이라 하더라

"하늘과 그 가운데 거하는 자들"은 이긴 자와 함께하는 자들이고, "땅"은 배도한 장막성전의 교인들이고 "바다"는 7머리 10뿔 짐승에게 속한 세상 교회의 교인들이다. "마귀가 분내어 내려갔다"는 것은 용이 자기의 때인 42달이 다 되어 가매 곧 무저갱에 갇히게 될 날이 머지않았으므로 땅에 속한 사람들을 괴롭

히려는 것이다.

13 용이 자기가 땅으로 내어쫓긴 것을 보고 남자를 낳은 여자를 핍박하는 지라

"용"은 아이 때문에 쫓겨났고 아이 때문에 자신이 가진 권세를 빼앗겼기 때문에 아이를 핍박하려는 것이다.

14 그 여자가 큰 독수리의 두 날개를 받아 광야 자기 곳으로 날아가 거기서 그 뱀의 낯을 피하여 한 때와 두 때와 반 때를 양육 받으매

해 달 별을 입은 여자가 뱀인 용의 낯을 피해 독수리 두 날개인 비행기를 타고 3년 반 동안 하나님이 예비하신 자기 곳 광야에서 이방 교리를 배우기 위해 도망을 간다.

15 여자의 뒤에서 뱀이 그 입으로 물을 강 같이 토하여 여자를 물에 떠내려가게 하려 하되

"뱀이 그 입으로 물을 강 같이 토한다는 것"은 사단의 영이 들어간 멸망자의 입에서 나오는 거짓말과 비진리를 말한다. "여자의 뒤에서 뱀이 그 입으로 물을 강 같이 토한다는 것"은 해를 입은 여자였던 삼손이 배도하고 광야에서 양육 받기 위해 도망을 가고 없는 자리에서 땅에서 올라온 짐승(오평호)이 신학교를 가도록 권유했으면서도 광야로 떠나자 비난하고 조롱하고 헐뜯는다는 의미이다.

16 땅이 여자를 도와 그 입을 벌려 용의 입에서 토한 강물을 삼키니

“용의 입에서 토한 강물을 삼키니”는 땅에서 올라온 짐승이 배도한 장막성전 목자의 허물을 들추어 핍박하는 말을 듣고 장막 성도들이 자신들의 목자였던 여자의 편이 되어 감싸준다는 것이다.

17 용이 여자에게 분노하여 돌아가서 그 여자의 남은 자손 곧 하나님의 계명을 지키며 예수의 증거를 가진 자들로 더불어 싸우려고 바다 모래 위에 섰더라

“여자의 남은 자손”은 장막 성도들이 배도를 한 후 하나님께 심판을 받아 멸망 받은 장막에서 나와 어린양의 피와 증거하는 말씀으로 용과 싸워 이긴 아이와 그 형제들을 말한다. “바다 모래”는 바벨론이 된 세상의 교인들을 말한다.

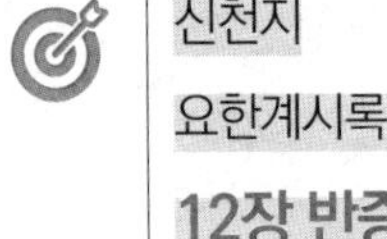

신천지 요한계시록 12장 반증

1 하늘에 큰 이적이 보이니 해를 입은 한 여자가 있는데 그 발 아래는 달
이 있고 그 머리에는 열두 별의 면류관을 썼더라
6 그 여자가 광야로 도망하매 거기서 일천이백육십일 동안 저를 양육하
기 위하여 하나님의 예비하신 곳이 있더라
14 그 여자가 큰 독수리의 두 날개를 받아 광야 자기 곳으로 날아가 거기
서 그 뱀의 낯을 피하여 한 때와 두 때와 반 때를 양육 받으매

계12장과 13장은 배도자 유재열, 멸망자 오평호, 구원자 이만희가 장막성전(하늘 장막)에 함께 출현하기 때문에 신천지에서는 아주 중요한 계시록 장이다. 계12장을 신천지에서 어떻게 풀이하는지 이미 기술하였지만, 다시 정리하면 "하늘"은 장막성전을 말하며, 해 달 별은 이스라엘을 상징하기 때문에 해 달 별을 입은 한 여자는 하나님이 택했던 장막성전의 한 목자인 유재열이다. 광야는 하나님이 예비하신 곳이고 실상으로는 미국의 웨스트민스터 신학교이다. 유재열씨는 3년 반(일천이백육십일, 한 때 두 때 반 때)동안 뱀인 멸망자의 낯을 피해 양육을 받기 위해 이방 교리를 가르치는 웨스트민스터 신학교에서 3년 반 동안 공부를 하고 박사학위를 받아 돌아오게 된다. 이 예언의 말씀이 오늘날 실상으로 대한민국에서 성취가 된다는 것이고 이 계시록 사건을 이만희씨가 직접 보고 듣고 확인을 했

다는 것이다.

◀ 이방 멸망자에게 모든 권한을 넘겨주고 미국 웨스트 민스트 신학교에서 학업을 받는 중 유재열씨의 모습

(겔44:7-8, 계12:6,13)

첫 장막성전에서 어린종, 주님, 선지자님 등으로 불리우는 유재열씨는 오평호 목사에게 모든 권한을 넘겨주고 1980, 10월 말경에 미국으로 유학을 떠나게 된다. 미국의 웨스트민스트 신학교에서 신학 박사학위를 받아 3년 6개월후인 1984년에 돌아온다. 요한계시록 12장 6절에서 13절의 말씀대로 뱀의 낯을 피하여 큰 독수리의 두날개를 받아 광야로 가서 한 때 두 때, 반 때를 양육받는 일이 현실적으로 나타난 사건이다.

— 44 —

[신천지 발전사 44쪽]

위 내용은 [신천지 발전사] 44쪽에 있는 내용으로 "유재열씨가 1980년 10월 말경에 미국으로 유학을 떠나 3년 6개월 후인 1984년에 돌아온다는 내용"이며 계12장의 내용이 실상으로 응해졌다는 내용이다. 요한계시록 12장 6절에서 13절 말씀대로 "여자 유재열씨가 뱀의 낯을 피하여 큰 독수리와 두 날개를 받아 미국 웨스트민스터에 가서 한 때 두 때, 반 때를 양육을 받고 박사학위를 받아서 돌아왔다"는 내용을 이만희씨와 신천지 강사들은 1984년 신천지 창립 후 25년 이상 신천지 신도들에게 교육하며 주입시켜왔다.

[이만희씨 설교영상 캡쳐]

[김○록 통합교육영상 캡쳐]

이만희씨가 직접 단상에서 위와 같이 가르쳤던 영상들은 인터넷에 무수히 많이 떠돌아다니고 있으며 필자가 운영하는 "신천지 푸른하늘 투"블로그와 "신천지 푸른하늘 투" 유튜브에서도 확인이 가능하다.

필자가 유재열의 미국 유학에 의문을 품기 시작한 것은 아주 사소한 것에서 시작되었다. 신천지에서는 유재열씨가 고등학교 2학년 중퇴를 하고 장막성전에 뛰어든 인물이라고 밝히는데 3년 반 만에 박사학위를 받아서 돌아왔다는 것이 납득되지 않았다. 그래서 2009년 필자가 직접 미국 웨스트민스터 신학교에 유재열씨가 입학을 한 적이 있는지 문의를 했고 웨스트민스터 대학에서 그에 대한 답변을 보내왔다.

WESTMINSTER  THEOLOGICAL SEMINARY

April 15, 2009

Mr. [redacted] Jo
(Postal Code [redacted])
[redacted]
[redacted], Kyeong Sang Nam Do
Republic of Korea

Re: Student Enrollment Verification

Dear Mr. [redacted] Jo:

Thank you for your inquiry.

According to our records, the following people were never enrolled as students at Westminster Theological Seminary:

Jae Yul You
Jae Yeol Ryu

Sincerely yours,

Melinda Dugan
Registrar and Director of Financial Aid

cc: Admissions

According to our records, the following people were never enrolled as students at Westerminster Theological Seminary: Jae Yul You, Jae Yeol Rye

"우리의 기록에 따르면 다음 사람(유재열)이 웨스트민스터 신학교의 학생으로서 등록을 한 적이 없다"는 것이다.

지금까지 신천지 신도들을 철저히 기망을 하면서 이만희씨가 종교사기 행각을 해 왔던 것이다. [신천지 발전사] 44쪽에 유재열씨가 찍힌 장소도 미국의 웨스트민스터 신학교에서 촬영된 것이 아니고 "뉴욕 성 패트릭 성당"의 입구에서 찍은 사진이다.

위의 공식적인 웨스트민스터 신학교 답변서가 공개가 되고, 신천지를 탈퇴하고자 하는 청년이 이만희씨와 면담을 하면서 "유재열씨가 미국 웨스트민스터 신학교에서 박사학위를 받아 온 적이 있느냐?" 질문을 하자 이만희씨는 다음과 같은 "명언"을 남기게 된다.

"내가 따라가 봤나 즈그가 글 카니까 내 그런 줄 알았지"

지난 25년 이상 이만희씨가 가르쳐 왔던 유재열 웨스트민스터 실상 교리가 산산조각이 나는 순간이며 계시를 예수님께 받은 것이 아니고 남들이 하는 거짓말을 듣고 앵무새처럼 조잘거리고 있었던 것이다. 결국 이만희씨는 하나님으로부터 직통 계시를 받아서 하늘의 것을 보고 증거하고 가르쳤던 것이 아니라 여기저기서 귀동냥으로 들은 것을 계시록에 끼워 맞춰 성경적인 것처럼 짜깁기 한 것이다. 거짓 선지자는 증험과 성취함도 없다고 하는데 이런 중요한 배도 멸망 구원이라는 신천지 실상에서 첫 시발점인 "배도" 실상교리부터 엉터리이니 이만희씨는 적그리스도, 거짓 선지자임이 틀림없다.

쉬어가는 코너 신현욱 쿠데타 사건의 진실

1. 사건의 발단

2006년 10월경 이만희씨의 지시로 전국강사 교육명령이 있었고, 장소는 전국에서 모이기 쉬운 대전 맛디아 지파에서 2박 3일 진행되었다. 교관 숙소는 대전교회 건물 맞은편에 있었으며 신현욱 전 교육장은 이○석 교육장과 같은 방을 쓰게 되었고 다음 날 가르칠 성막에 대해서 대화를 주고받으면서, 계20:4절 신인합일, 신천지 절기 문제 등등 대외적으로 비판을 받고 있는 부분에 대해서 수정되고 개혁되어야 할 부분에 대해서 서로 공감하게 된다. 이후 신천지 내에서 아쉬움이 있고 고쳐져야 할 부분에 대해 신현욱 교육장, 이○석 교육장, 박○호 교육장, 금천 담임강사 권남궤, 수지 담임강사 조현섭도 마음이 모아진다.

2006년 11월 첫째 주간에 이○석 교육장이 위의 5명이 모인 자리에서 이만희 총회장의 여자문제를 언급하게 된다. 이○석 교육장이 담임 강사로 있는 화곡교회의 "심모" 여강사와 포장마차에서 술을 마시면서 이만희씨와의 관계를 담임이었던 이○석교육장에게 다 털어놓았던 것이다. "심모" 여강사는 대중교통을 이용해서 이만희씨가 어디에 가서 술을 사고, 어디 숙소로 이동하는지에 대한 구체적인 내용을 언급하며 이만희씨와의 깊은 관계까지 적나라하게 이○석 교육장에게 이야기를 한다. 이 사건이 도화선이 되어서 신현욱 교육장은 이만희 총회장과 빨리 만나서 신천지의 여러 부조리와 교리적인 문제 등, 신천지 개혁에 필요한 내용들을 건의해야겠다고 마음을 먹고 11월 12일 저녁에 이만희 총회장을 만나려고 디데이를 잡는다. 아직 이만희 총회장에게 구체적으로 언급은 하지 않은 상태였다.

한편, 이○석교육장은 개혁과 관련하여 압구정 김남희 원장도 개혁에 참여시키고자 대화를 시도했다가 대화가 잘 진행이 되지 않자 신현욱 교육장에게 전화를 하게 되고 밤 11시에 신현욱 교육장은 압구정으로 향하게 된다. 여기서 세 명은 밤늦도록 이야기를 하고 결국 김남희 원장의 마음도 모아졌다.

신현욱 교육장은 이만희 총회장을 만나서 여러 문제를 논의하기 전에 신천지 내에서 고쳐져야 할 부분들을 새빛교회 중진 이상의 교역자들과 의견을 나누고자 중진들을 밤11시에 새빛교회 BMA 센터에 소집한다. 그 때 만들어진 영상이 소위 말하는 "신현욱 쿠데타 사건의 진실"이라는 제목의 영상이다. 때는 2016년 11월 10일 밤11시며, 중진 교역자 약 20명 이상이 새빛교회 BMA센터에서 모인 것이다. 유튜브에 [신현욱 쿠데타 사건의 진실]이라고 검색하면 볼 수 있다.

신천지 개혁을 위해서 이만희씨를 만나기 전 중진 교역자들과의 자리에서 그동안 가지고 있었던 생각들을 허심탄회하게 심경을 밝히는 영상이다. 신천지를 탈퇴하기 전의 상황이므로 신현욱 교육장의 심리상태와 상황을 알고 싶은 신천지 신도들은 꼭 한 번 보기를 추천한다.

한편, 이○석 교육장도 신현욱 교육장처럼 자신이 담임으로 있는 교회의 중진들을 모아서 개혁에 대한 논의를 했던 것 같다. 그런데 그 내용이 그대로 녹음이 되어서 이만희 총회장에게 보고가 되면서 신천지 개혁은 물거품이 되고 결국 신현욱 교육장은 신천지와 이만희씨의 정체를 알아볼 수 있는 계기가 되었다.

그 당시 이만희씨가 신현욱 교육장에게 했던 세 마디가 있다.

"판을 깨자는 거냐?"

"칼부림 나는 꼴 보고 싶냐?"

"네가 나를 잘 몰라"

2. 신현욱 교육장이 신천지를 탈퇴하고 벌어진 일

우선, 신천지에서 가장 먼저 작업한 것들 중 하나가 "쿠데타 관련 동영상 DVD"와 신현욱 교육장이 가르쳤던 "테이프를 소각"시키는 일이었다.

특별 경고문

수 신 : 지파장, 교회담임
참 조 : 전 성도
제 목 : 쿠데타 관련 동영상DVD 및 녹음테이프, 교재 소각

초림 예수님은 구약이 성취된 것을 증거 하셨다(요5:17-19).

우리 신천지는 신약이 성취된 것을 증거 했다(계1:1-3).

우리는 하늘로서 보고 들은 그의 증거를 받아 인침 받은 천민(天民)이다.

우리 신천지(계시 신학)는 바벨론의 교리(음행의 포도주, 선악과) 주석의 말을 섞어 먹이는 것을 용납하지 않는다(계2:14, 17:4-5).

금번 교리 쿠데타 관련 동영상 DVD와 녹음테이프를 다 소각하라. 또한 대전에서 전국 강사 교육 시 주석에 입각한 교육 녹음테이프 및 동영상, 관련 교재 및 유인물 등을 찾아 소각하고, 신천기 23년 1월부터 현재까지 신현욱 교육장 강의 테이프 및 동영상, 교재 등도 소각하고 그 모든 결과를 총회에 보고하라. 만일 문제의 DVD를 보거나 듣거나 전하는 자는 신천지에서 추방된다.

우리 신천지는 바벨론의 교리 주석을 인정하지 않는다. 다 소각하라. 우리는 오늘날 계시 된 믿음으로 창조된 새 시대의 천민(天民)이다. 누구든지 이 명령을 어기는 자는 우리 신천지에서 추방된다.

우리 모두 하나님의 보좌에서 흐르는 수정 같은 생명수로 생명나무 열매되어 소원성취 하자.

신천기 23년 11월 23일

신천지예수교 총회장

쿠데타 관련 동영상 DVD를 소각시키게 하고 신천지에서 찍은 영상들을 신천지 신도들에게 보여주고 신현욱 때리기에 들어가기 시작한다. "쿠데타를 도모하려다 도망을 갔다" 그리고 "70억을 횡령했다" 등 본격적으

로 신천지 내부 신도들 단속에 들어가기 시작한 것이다.

다음 내용들은 필자가 운영하는 "신천지 푸른하늘" 블로그에 올렸던 게시글에 대해 신천지 신도들이 와서 댓글을 달았던 내용이다. 증거를 남기기 위해서 필자는 모두 다 캡쳐해 놓은 상태였다.

사례1) 신천지 5년 있다가 탈퇴한 분이 보내온 경험담의 일부를 캡쳐 한 것이다.

지금은 몸이 좋지 않아서 아무것도 생각하기 싫다고 했고, 몸이 좋아지면 언니말대로
예배를 따로 그시간에 드리고 그시간에 다시 언니와 말씀공부를 하려고 약속까지 했습니다.
진심이였습니다.. 정말.. 집에와서 그래 내가 잘못생각했다.. 미쳤다.. 라고 생각이 들었으니까요...

그러던중....정말 비방글을 검색한게 아니라 우연하게 신현욱전도사님의 소송 판결문을 보게
되었습니다. 그내용은 70억 횡령, 감금폭행 등등 거짓이라는내용들...
내가 그런글을 올렸다고 미쳤다고 생각이 들었으나 그 판결문을 보고 정말 또다시
한대맞은 느낌이였습니다.

그때는 내가 지금 미쳤다고 생각되는게 아니라 이상하다. 여러의문이 들기 시작했고.
그 판결문역시 조작된것은 아닐까 하는 생각에 상담소에 가서 직접 확인을 해봐야 겠다는
마음이 들기 시작했습니다.

또한 그당시 가평 사진이 인터넷에 돌아다니는걸 보게 되었고, 정말 내 두눈으로 확인을 해봐야겠다는
생각이 절실했습니다. 신천지 어느 사람과도 얘기를 하면 당연히 선악과라고 내 영이죽는다고 할꺼라
고, 못가게 할것이 뻔할 것이고, 이미 너무 많은 사진들, 자료들, 그쪽에 사람들이 찍었을 테고 눈으로
확인을 해야 겠다는 생각이 너무나 들어 계속해서 연락을 주시는 분들.. 결국 구리에 있는 상담소까지
발걸음을 하게 되었습니다.

처음 신현욱 교육장이 신천지를 탈퇴했을 당시에는 공금을 "70억 원을 횡령했다", "수십억을 횡령했다"등 말이 많았던 시기며 신천지 내부에서도 그렇게 회자가 되었다.

사례2) 신천지 신도가 "신천지 푸른하늘" 블로그에 단 댓글이다

신현욱 교육장이 신천지를 탈퇴한지 6~7년이 지나자 "70억" 횡령금액에서 "5천만 원"으로 줄어든 것 같다. 그리고 더 황당한 것은 필자를 "신현욱"으로 착각하고 댓글을 단 내용을 보고는 한참을 웃었다.

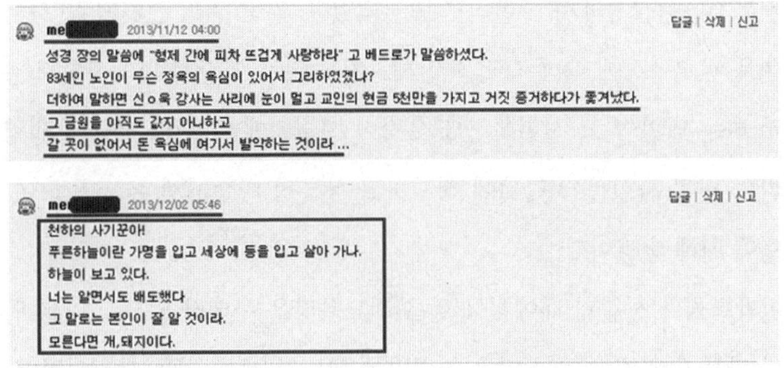
me
2013/11/12 04:00
답글 | 삭제 | 신고
성경 장의 말씀에 "형제 간에 피차 뜨겁게 사랑하라" 고 베드로가 말씀하셨다.
83세인 노인이 무슨 정욕의 욕심이 있어서 그리하였겠나?
더하여 말하면 신ㅇ욱 강사는 사리에 눈이 멀고 교인의 현금 5천만을 가지고 거짓 증거하다가 쫓겨났다.
그 금원을 아직도 갚지 아니하고
갈 곳이 없어서 돈 욕심에 여기서 발악하는 것이라 ...
me
2013/12/02 05:46
답글 | 삭제 | 신고
천하의 사기꾼아!
푸른하늘이란 가명을 입고 세상에 등을 입고 살아 가나.
하늘이 보고 있다.
너는 알면서도 배도했다
그 말로는 본인이 잘 알 것이라.
모른다면 개,돼지이다.

사례3) 신천지 강사 "신현욱 횡령" 기록한 전단지 배포 후 벌금형 받음

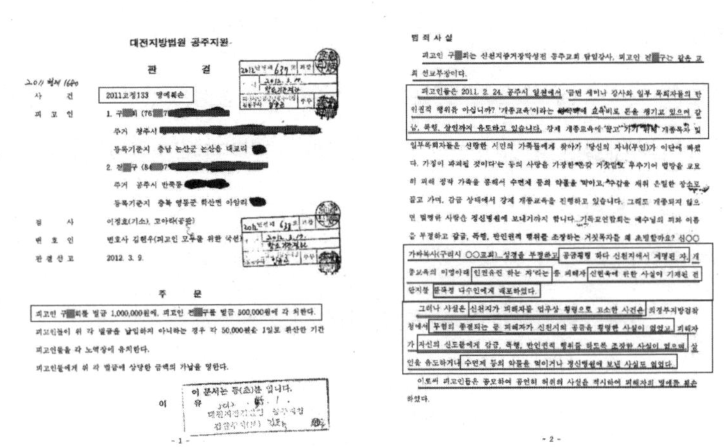

대전지방법원 공주지원

판 결

2011형제1640

사 건 2011고정133 명예훼손

피 고 인 1. 구■■ (76■■7■■■)
주거 청주시 ■■■
등록기준지 충남 논산군 논산읍 대교리 ■
2. 전■구 (84■■7■■■)
주거 공주시 반죽동 ■■
등록기준지 충북 영동군 학산면 아암리 ■

검 사 이정호(기소), 고아라(공판)

변 호 인 변호사 김현우(피고인 모두를 위한 국선)

판 결 선 고 2012. 3. 9.

주 문

피고인 구■희를 벌금 1,000,000원에, 피고인 전■구를 벌금 500,000원에 각 처한다.

피고인들이 위 각 벌금을 납입하지 아니하는 경우 각 50,000원을 1일로 환산한 기간 피고인들을 각 노역장에 유치한다.

피고인들에게 위 각 벌금에 상당한 금액의 가납을 명한다.

이 문서는 등(초)본 입니다.

\- 1 -

범 죄 사 실

피고인 구■희는 신천지증거장막성전 공주교회 담임강사, 피고인 전■구는 같은 교회 선교부장이다.

피고인들은 2011. 2. 24. 공주시 일원에서 '금번 세미나 강사와 일부 목회자들의 반인권적 행위를 아십니까? '개종교육'이라는 명목하에 교육비로 돈을 챙기고 있으며 감금, 폭행, 살인까지 유도하고 있습니다. 강제 개종교육에 '끌고' 가기 위해 개종목자 및 일부목회자들은 선량한 시민의 가족들에게 찾아가 '당신의 자녀(부인)가 이단에 빠졌다. 가정이 파괴될 것이다'는 등의 사망을 가장한 온갖 거짓말로 부추기어 법망을 교묘히 피해 정작 가족을 통해서 수면제 등의 약물을 먹이고, 수갑을 채워 은밀한 장소로 끌고 가며, 감금 상태에서 강제 개종교육을 진행하고 있습니다. 그래도 개종되지 않으면 멀쩡한 사람을 정신병원에 보내기까지 합니다. 기독교연합회는 예수님의 피와 이름을 부정하고 감금, 폭행, 반인권적 행위를 조장하는 거짓목자를 왜 초빙할까요? 신OO 가짜목사(구리시 OO교회)...성경을 부정하고 공금횡령 하다 신천지에서 제명된 자, 개종교육의 미명아래 인권유린 하는 자'라는 등 피해자 신현욱에 관한 사실이 기재된 전단지를 불특정 다수인에게 배포하였다.

그러나 사실은 신천지가 피해자를 업무상 횡령으로 고소한 사건은 의정부지방검찰청에서 무혐의 종결되는 등 피해자가 신천지의 공금을 횡령한 사실이 없었고, 피해자가 자신의 신도들에게 감금, 폭행, 반인권적 행위를 하도록 조장한 사실이 없으며, 살인을 유도하거나 수면제 등의 약물을 먹이거나 정신병원에 보낸 사실도 없었다.

이로써 피고인들은 공모하여 공연히 허위의 사실을 적시하여 피해자의 명예를 훼손하였다.

\- 2 -

신천지 공주교회 담임 강사가 공주시에서 세미나를 하기로 예정되어 있던 신현욱 전교육장에 대한 허위사실을 기록한 전단지를 유포하여 명예훼손죄로 벌금형에 처해진 경우이다. 공주시 전역에서 불특정다수인에게 배포된 전단지에는 신현욱 전교육장에 대해 "가짜목사(구리시 00교회), 성경을 부정하고 공금횡령하다 신천지에서 제명된 자"라고 기록되어 있었다.

그러나 신천지가 신현욱 전교육장을 공금횡령으로 고소한 사건은 이미

의정부지방검찰청에서 무혐의로 종결되었다. 결국 위의 신천지 두 강사는 신현욱 전교육장에 대해 직접 확인해보지도 않고 이만희씨와 신천지 총회에서 하는 말만 믿고 신현욱 전교육장이 신천지에 있을 때 공금을 횡령한 자라며 허위 사실을 전단지에 적시하고 불특정 다수에게 유포를 하여 벌금형에 처해진 것이다.

이만희씨가 신천지 내에서 신현욱 전교육장을 쿠데타 일으킨 나쁜 인간으로 만들기 위해 얼마나 많은 거짓말을 했는지 알 수 있는 사건이었다.

3. 공금횡령에 대해 엄격했던 신천지의 잣대는 왜 이만희씨에게는 작동하지 않는가?

신천지 신도들은 이만희씨가 57억원을 공금 횡령했던 사실을 알고 있는가? 아직 대법원의 결정을 기다리고 있는 상황이지만 고등법원 판결의 주문을 살펴보자.

사건번호: 2021노65(횡령)수원고등법원 제3형사부

주 문

원심판결 중 피고인 A에 대한 G경기장 관련 업무방해 및 건조물침입 무죄 부분과 유죄 부분을 파기한다.

피고인 A를 징역 3년에 처한다.
다만, 이 판결 확정일부터 5년간 위 형의 집행을 유예한다.
피고인 A에게 80시간의 준법교육 수강을 명한다.

검사의 나머지 항소와 피고인 B, D의 항소를 모두 기각한다.

3. 선고형의 결정

피고인은 A의 총회장 및 K의 대표이사로서 화성경기장 관리업무를 방해하고 경기장에 침입하는 범행을 공모하였고, A 규정 등에 따른 적법한 절차를 거치지 아니한 채 오랜 기간 수차례에 걸쳐 A 및 K의 재산을 임의로 사용하였다. 피고인의 전체 횡령액은 5,728,560,784원으로 상당한 금액이고, 위 돈은 대부분 각 지파 소속 교회 교인들의 헌금이나 후원금으로 마련된 것으로 보이는데, 피고인은 앞서 본 A 규정 등을 내세워 평소 A의 재정이 투명하게 관리되고 있는 것처럼 행세하면서도 교인들의 믿음을 저버린 채 위 돈을 개인적인 용도로 사용하였으므로 그 죄책이 가볍지 않다. 그럼에도 피고인은 자신의 책임을 부인하면서 잘못을 진지하게 반성하고 있다고 보이지 않는다.

공금횡령을 했다고 신현욱 전교육장을 손가락질을 하고 비난을 했던 신천지 신도들의 손가락은 왜 이만희씨에게 향하고 있지 않는가? 당신들이 낸 57억 원을 "재정이 투명하게 관리되고 있는 것처럼 행세하면서도 교인들의 믿음을 저버린 채 개인적인 용도로 사용하여 죄책이 가볍지도 않고 잘못을 진지하게 반성도 하지 않는 뻔뻔한 이만희씨"에게는 왜 거룩한 분노를 내지 않는지 묻지 않을 수 없다. 양심에 손을 얹고 생각해 보기 바란다. 그러고도 신앙인이라고 할 수 있는가?

1 내가 보니 바다에서 한 짐승이 나오는데 뿔이 열이요 머리가 일곱이라 그 뿔에는 열 면류관이 있고 그 머리들에는 참람된
름들이 있더라/2 내가 본 짐승은 표범과 비슷하고 그 발은 곰의 발 같고 그 입은 사자의 입 같은데 용이 자기의 능력과 보좌
큰 권세를 그에게 주었더라/3 그의 머리 하나가 상하여 죽게 된 것 같더니 그 죽게 되었던 상처가 나으매 온 땅이 이상히 여
짐승을 따르고/4 용이 짐승에게 권세를 주므로 용에게 경배하며 짐승에게 경배하여 가로되 누가 이 짐승과 같으뇨 누가 능
이로 더불어 싸우리요 하더라/5 또 짐승이 큰 말과 참람된 말 하는 입을 받고 또 마흔 두달 일할 권세를 받으니라/6 짐승이
을 벌려 하나님을 향하여 훼방하되 그의 이름과 그의 장막 곧 하늘에 거하는 자들을 훼방하더라/7 또 권세를 받아 성도들과
워 이기게 되고 각 족속과 백성과 방언과 나라를 다스리는 권세를 받으니/8 죽임을 당한 어린 양의 생명책에 창세 이후로
명되지 못하고 이 땅에 사는 자들은 다 짐승에게 경배하리라/9 누구든지 귀가 있거든 들을찌어다/10 사로잡는 자는 사로잡
것이요 칼로 죽이는 자는 자기도 마땅히 칼에 죽으리니 성도들의 인내와 믿음이 여기 있느니라/11 내가 보매 또 다른 짐승
땅에서 올라오니 새끼양 같이 두 뿔이 있고 용처럼 말하더라/12 저가 먼저 나온 짐승의 모든 권세를 그 앞에서 행하고 땅과
에 거하는 자들로 처음 짐승에게 경배하게 하니 곧 죽게 되었던 상처가 나은 자니라/13 큰 이적을 행하되 심지어 사람들 앞
서 불이 하늘로부터 땅에 내려오게 하고/14 짐승 앞에서 받은바 이적을 행함으로 땅에 거하는 자들을 미혹하며 땅에 거하
자들에게 이르기를 칼에 상하였다가 살아난 짐승을 위하여 우상을 만들라 하더라/15 저가 권세를 받아 그 짐승의 우상에게
기를 주어 그 짐승의 우상으로 말하게 하고 또 짐승의 우상에게 경배하지 아니하는 자는 몇이든지 다 죽이게 하더라/16 저
모든 자 곧 작은 자나 큰 자나 부자나 빈궁한 자나 자유한 자나 종들로 그 오른손에나 이마에 표를 받게 하고/17 누구든지
표를 가진 자 외에는 매매를 못하게 하니 이 표는 곧 짐승의 이름이나 그 이름의 수라/18 지혜가 여기 있으니 총명 있는 자
그 짐승의 수를 세어 보라 그 수는 사람의 수니 육백 육십 륙이니라
1 내가 보니 바다에서 한 짐승이 나오는데 뿔이 열이요 머리가 일곱이라 그 뿔에는 열 면류관이 있고 그 머리들에는 참람된
름들이 있더라/2 내가 본 짐승은 표범과 비슷하고 그 발은 곰의 발 같고 그 입은 사자의 입 같은데 용이 자기의 능력과 보좌
큰 권세를 그에게 주었더라/3 그의 머리 하나가 상하여 죽게 된 것 같더니 그 죽게 되었던 상처가 나으매 온 땅이 이상히 여
짐승을 따르고/4 용이 짐승에게 권세를 주므로 용에게 경배하며 짐승에게 경배하여 가로되 누가 이 짐승과 같으뇨 누가 능
이로 더불어 싸우리요 하더라/5 또 짐승이 큰 말과 참람된 말 하는 입을 받고 또 마흔 두달 일할 권세를 받으니라/6 짐승이
을 벌려 하나님을 향하여 훼방하되 그의 이름과 그의 장막 곧 하늘에 거하는 자들을 훼방하더라/7 또 권세를 받아 성도들과
워 이기게 되고 각 족속과 백성과 방언과 나라를 다스리는 권세를 받으니/8 죽임을 당한 어린 양의 생명책에 창세 이후로
명되지 못하고 이 땅에 사는 자들은 다 짐승에게 경배하리라/9 누구든지 귀가 있거든 들을찌어다/10 사로잡는 자는 사로잡
것이요 칼로 죽이는 자는 자기도 마땅히 칼에 죽으리니 성도들의 인내와 믿음이 여기 있느니라/11 내가 보매 또 다른 짐승
땅에서 올라오니 새끼양 같이 두 뿔이 있고 용처럼 말하더라/12 저가 먼저 나온 짐승의 모든 권세를 그 앞에서 행하고 땅과
에 거하는 자들로 처음 짐승에게 경배하게 하니 곧 죽게 되었던 상처가 나은 자니라/13 큰 이적을 행하되 심지어 사람들 앞
서 불이 하늘로부터 땅에 내려오게 하고/14 짐승 앞에서 받은바 이적을 행함으로 땅에 거하는 자들을 미혹하며 땅에 거하
자들에게 이르기를 칼에 상하였다가 살아난 짐승을 위하여 우상을 만들라 하더라/15 저가 권세를 받아 그 짐승의 우상에게
기를 주어 그 짐승의 우상으로 말하게 하고 또 짐승의 우상에게 경배하지 아니하는 자는 몇이든지 다 죽이게 하더라/16 저
모든 자 곧 작은 자나 큰 자나 부자나 빈궁한 자나 자유한 자나 종들로 그 오른손에나 이마에 표를 받게 하고/17 누구든지
표를 가진 자 외에는 매매를 못하게 하니 이 표는 곧 짐승의 이름이나 그 이름의 수라/18 지혜가 여기 있으니 총명 있는 자
그 짐승의 수를 세어 보라 그 수는 사람의 수니 육백 육십 륙이니라
1 내가 보니 바다에서 한 짐승이 나오는데 뿔이 열이요 머리가 일곱이라 그 뿔에는 열 면류관이 있고 그 머리들에는 참람된
름들이 있더라/2 내가 본 짐승은 표범과 비슷하고 그 발은 곰의 발 같고 그 입은 사자의 입 같은데 용이 자기의 능력과 보좌
큰 권세를 그에게 주었더라/3 그의 머리 하나가 상하여 죽게 된 것 같더니 그 죽게 되었던 상처가 나으매 온 땅이 이상히 여
짐승을 따르고/4 용이 짐승에게 권세를 주므로 용에게 경배하며 짐승에게 경배하여 가로되 누가 이 짐승과 같으뇨 누가 능
이로 더불어 싸우리요 하더라/5 또 짐승이 큰 말과 참람된 말 하는 입을 받고 또 마흔 두달 일할 권세를 받으니라/6 짐승이
을 벌려 하나님을 향하여 훼방하되 그의 이름과 그의 장막 곧 하늘에 거하는 자들을 훼방하더라/7 또 권세를 받아 성도들과
워 이기게 되고 각 족속과 백성과 방언과 나라를 다스리는 권세를 받으니/8 죽임을 당한 어린 양의 생명책에 창세 이후로
명되지 못하고 이 땅에 사는 자들은 다 짐승에게 경배하리라/9 누구든지 귀가 있거든 들을찌어다/10 사로잡는 자는 사로잡

12

요한계시록 13장

신천지 요한계시록 13장 풀이

1 내가 보니 바다에서 한 짐승이 나오는데 뿔이 열이요 머리가 일곱이라
그 뿔에는 열 면류관이 있고 그 머리들에는 참람된 이름들이 있더라

본 장 1절부터 10절까지는 바다에서 올라오는 짐승에 대한 내용인데 "바다에서 나오는 한 짐승"은 귀신의 나라 바벨론의 한 소속이며 조직체인 청지기교육원이다. "뿔"은 권세이며, "면류관"은 직분이나 직책을 말하는데 "뿔이 열이요. 머리가 일곱"이라는 것은 7명의 목자와 장로라는 권세를 받은 10명의 장로로 구성된 바벨론 소속의 조직이라는 것이다. "참람된 이름"은 자신들의 이름이 높아지고 싶어서 자기들끼리 만든 직분 같은 감투를 말한다.

2 내가 본 짐승은 표범과 비슷하고 그 발은 곰의 발 같고 그 입은 사자의
입 같은데 용이 자기의 능력과 보좌와 큰 권세를 그에게 주었더라

"용에게 큰 권세를 받은 이 바다에서 올라온 짐승"은 "생김새가 표범과 비슷하고 발은 곰의 발 같고 그 입은 사자의 입 같다"고 한다. 이 의미는 장막성전의 선민들을 양으로 비유할 때 "바다에서 올라온 짐승"이 장막성전에 들어와서 양들을 영적으로 서서히 죽이는 상황을 비유하기 위해서 표현한 것이다.

3 그의 머리 하나가 상하여 죽게 된 것 같더니 그 죽게 되었던 상처가 나으
매 온 땅이 이상히 여겨 짐승을 따르고

"그의 머리가 하나 상하여 죽게 된 것 같다"는 것은 7머리 즉 일곱 명의 목자들 사이에서 이들을 대표하는 조직체인 청지기교육원장의 자리를 두고 서로 차지를 하려고 하니 마음의 상처를 입었다는 것이다. 이 청지기교육원장의 자리가 계17장의 음녀의 자리가 된다. "상처가 나았다는 것"은 자리다툼이 있었지만, 원만히 해결되었다는 것이다. "온 땅"은 지교회를 포함한 배도한 선민들인데 이러한 일을 지켜보면서도 기이히 여기며 이 짐승을 따른다.

4 용이 짐승에게 권세를 주므로 용에게 경배하며 짐승에게 경배하여 가로되 누가 이 짐승과 같으뇨 누가 능히 이로 더불어 싸우리요 하더라

모든 성도들이 용과 짐승에게 "경배"한다는 것은 장막성전에 들어온 7머리 짐승을 참 목자로 인정하고 그 짐승을 따라 귀신의 예배를 한다는 것이다. 용이 짐승에게 권세를 주는 이유는 사단 마귀가 하는 일을 시키기 위해서이다.

5 또 짐승이 큰 말과 참람된 말 하는 입을 받고 또 마흔두 달 일할 권세를 받으니라

"큰 말"은 짐승이 용에게 비진리를 전하는 주석을 받았다는 것이며, "참람된 말하는 입을 받았다"는 것은 하늘 장막에 올라와서 가르칠 수 있는 권세와 교권을 받았다는 의미이다. 이 짐승이 일할 수 있는 기간은 마흔두 달이며 장막을 짓밟는 권세를 가지고 있다.

7 또 권세를 받아 성도들과 싸워 이기게 되고 각 족속과 백성과 방언과 나라를 다스리는 권세를 받으니

"성도"는 장막성전의 배도한 선민들이며, "권세"는 바다에서 올라온 짐승

이 "각 족속과 백성과 방언과 나라" 즉, 바벨론이 되어버린 장막성전을 다스릴 수 있는 권세를 받은 것이다.

8 죽임을 당한 어린 양의 생명책에 창세 이후로 녹명되지 못하고 이 땅에
사는 자들은 다 짐승에게 경배하리라

"생명책"은 이긴 자가 있는 증거장막성전의 교적부이고, 세상을 둘로 나누면 이 생명책에 기록이 된 자와 기록이 되지 않은 자로 나눌 수 있는데, 생명책에 녹명되지 못한 자는 유황 불 못으로 가고, 이긴 자가 증거하는 말씀을 인정하고 예복을 빨아 입고 등과 기름을 준비한 자들은 왕 같은 제사장과 영생의 복을 받게 된다.

9 누구든지 귀가 있거든 들을찌어다
10 사로잡는 자는 사로잡힐 것이요 칼로 죽이는 자는 자기도 마땅히 칼에
죽으리니 성도들의 인내와 믿음이 여기 있느니라

"사로잡는 자"는 장막성전에서 7머리 10뿔 짐승이기 때문에 "사로잡히는 자"는 장막성전의 성도들이고, 사로잡는 자들인 7머리 10뿔 짐승은 나중에 이긴 자에게 사로잡히게 된다. "칼"은 성령의 검이자 말씀의 검이고 42달 후 이 짐승은 이긴 자의 예수님의 피와 증거의 말씀의 검으로 죽임을 당한다. 42달만 참으면 이긴 자를 통하여 구원의 길이 열리므로 성도들의 인내가 여기 있다는 뜻이다.

11 내가 보매 또 다른 짐승이 땅에서 올라오니 새끼 양 같이 두 뿔이 있고
용처럼 말하더라

11절부터는 바다짐승과 다른 "땅 짐승"이 하늘 장막에 올라온다고 한다. "두 뿔"있다는 것은 장막의 성도들 중 "땅 짐승"을 도와주고 힘을 실어줄 권세자가 두 명이 있다는 의미이고 "용처럼 말한다"는 것은 용을 대신하여 대언을 해 준다는 의미이다.

12 저가 먼저 나온 짐승의 모든 권세를 그 앞에서 행하고 땅과 땅에 거하는 자들로 처음 짐 에게 경배하게 하니 곧 죽게 되었던 상처가 나은 자니라

"저"는 땅에서 올라온 짐승이고, "먼저 나온 짐승"은 바다에서 올라온 짐승이다. "땅과 땅에 거하는 자들"은 배도한 장막의 선민들이고 "처음 짐승에게 경배"를 한다는 것은 바다에서 올라온 짐승을 참 목자로 믿고 그들이 전하는 비진리를 받아들이는 것이다.

13 큰 이적을 행하되 심지어 사람들 앞에서 불이 하늘로부터 땅에 내려오게 하고

"큰 이적"은 땅에서 올라온 짐승이 장막성전에 장로교법에 따라서 당회장이 되고, "불"은 자신들의 주석을 바탕으로 하는 짐승의 교리이며 첫 장막의 단상에서 자신들의 교리를 장막의 성도들에게 가르치며 영이 죽게 설교를 하는데 이것이 "큰 이적"이다.

14 짐승 앞에서 받은바 이적을 행함으로 땅에 거하는 자들을 미혹하며 땅에 거하는 자들에게 이르기를 칼에 상하였다가 살아난 짐승을 위하여 우상을 만들라 하더라

"칼에 상하였다가 살아난 짐승"은 7머리 짐승 중 한 명이고 청지기교육원장이다. "땅에 거하는 자들"은 장막의 성도들인데 "이 살아난 짐승"을 위해 우상을 만든다는 것이다. "우상"은 목사 임직식을 통해 안수 한 번으로 거짓 목자 17명을 만든 것이다.

15 저가 권세를 받아 그 짐승의 우상에게 생기를 주어 그 짐승의 우상으로 말하게 하고 또 짐승의 우상에게 경배하지 아니하는 자는 몇이든지 다 죽이게 하더라

"저가 권세를 받아 그 짐승의 우상에게 생기를 주었다"는 것은 년 월 일 시에 이마에 표를 받게 하여 우상 17명의 거짓 목자를 세워서 그들이 단상에서 설교를 하고 비진리를 전하는 것이다. "죽이게 한다"는 것은 "짐승의 우상"인 거짓 목자의 말에 순종하지 않고 따르지 않으면 장막 성도들을 출교시킨다는 의미이다.

16 저가 모든 자 곧 작은 자나 큰 자나 부자나 빈궁한 자나 자유한 자나 종들로 그 오른손에나 이마에 표를 받게 하고

"모든 자 곧 작은 자나 큰 자나 부자나 빈궁한 자나 자유한 자나 종들"은 장막성전에 있는 모든 선민들을 말한다. "그 오른손에나 이마에 표를 받게 한다"는 것은 년 월 일 시에 사단의 교리를 따르게 하도록 서약하는 것으로 모든 자들이 짐승의 표를 받게 하는 목사 임직식이다. "짐승의 표"는 짐승의 교법에 따라 안수받는 것을 말하며 "오른손에 표"를 받는 것은 오른손을 들어 선서하여 짐승의 교리를 인정하는 것이다.

17 누구든지 이 표를 가진 자 외에는 매매를 못하게 하니 이 표는 곧 짐승
의 이름이나 그 이름의 수라
18 지혜가 여기 있으니 총명 있는 자는 그 짐승의 수를 세어 보라 그 수는
사람의 수니 육백 육십 륙이니라

"매매를 못하게 한다"는 것은 땅에서 올라온 짐승이 목사 임직식을 통하여 목자로 전도자로 세워놓은 사람 말고는 말씀을 전하지 못하는 행위이다. "육백 육십육"은 땅에서 올라온 짐승이 가지고 있는 지식의 분량을 나타내는 상징수이다.

신천지 요한계시록 13장 반증

1. 바다에서 올라온 짐승

1) 7머리 10뿔은 바다에서 올라오는 짐승이다

1절 내가 보니 바다에서 한 짐승이 나오는데 뿔이 열이요 머리가 일곱이라 그 뿔에는 열 면류관이 있고 그 머리들에는 참람된 이름들이 있더라

계13장 1절부터 10절까지는 바다에서 올라온 짐승에 대한 내용이다. 성경대로 정확하게 말하면 바다에서 한 짐승이 나오는데 "머리가 일곱이고 뿔이 열"이다. 신천지 실상으로 7머리는 청지기교육원 소속의 일곱 목사이고, 10뿔은 열 명의 권세자인 장로들이라고 한다. 따라서 세상 비진리(바다) 가운데 있던 7머리 10뿔 짐승(청지기교육원)이 하나님과 언약을 한 장막성전에 침노하여 첫 장막인 장막성전을 멸망시켰다는 것이 이만희 씨 주장이다. 성경대로 보면 바다에서 7머리와 10뿔이 나온다. 그렇다면 청지기교육원 소속의 열 장로가 있었을까? 단 한 명의 장로도 없었다. 그런데 억지로 끼워 맞춘다. 배도한 장막성전에 장로 10명이 열 뿔이고 청지기교육원 소속의 목자들과 합쳐서 7머리 10뿔이라는 것이다. 객관적으로 보면 바다(청지기교육원)에서 7머리만 들어왔고, 장막성전(첫 장막)에 있던 10뿔을 억지로 연결시켜서 7머리 10뿔 실상을 만든 것이다. 성경대로 이루어졌다고 하지만 실상은 억지다. 이 정도 억지는 애교로 봐 주자.

2) 바다에서 올라온 7머리는 누구인가?

계13장 일곱 머리 실상 (신천지 계시록 통합교육)

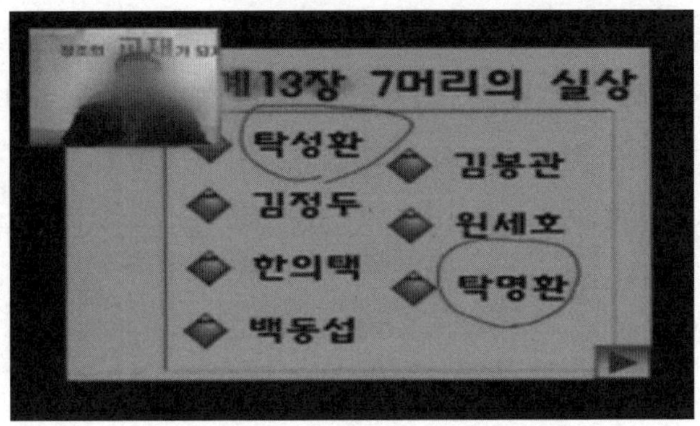

[탁성환, 탁명환, 김봉관, 김정두, 원세호, 한의택, 백동섭]

이만희씨가 말하는 청지기교육원 소속의 일곱 머리는 위와 같으며 대표격인 탁성환 목사를 바다에서 올라온 짐승이라고 흔히 신천지에서 부른다. 자, 그러면 위의 내용들을 확인해 보자.

멸망자 조직체인 청지기교육원은 어떻게 구성이 되었을까? 이만희씨가 쓴 "계시록의 진상"을 보면 자세히 알 수 있다.

천국비밀 계시록의 진상 (1985, 이만희 저) p196

[구체적으로 말하면, 이 멸망자의 집단이 첫 장막을 삼키기 위해 구성된 조직에는 스스로 만들어 보직한 참람된 감투가 있다. 원장, 부원장, 사무총장, 총무국장, 서무국장, 전임강사, 소장 등 일곱 사람 모두 이 같은 직분을 가지고 언약으로 펼친 예비 제단의 첫 장막을 삼키는 일을 자행한 것이다]

위의 내용에 따르면 청지기교육원의 조직은 "원장, 부원장, 사무총장, 총무국장, 서무국장, 전임강사, 소장"으로 구성되어 있다는 것이다. 신천지 개국공신이었던 윤요한 교육장도 7머리 실상을 원장: 탁성환, 부원장: 김정두, 사무총장: 김봉관, 총무국장: 오평호, 서무국장: 한의택, 전임강사: 원세호, 소장(후원): 탁명환 이렇게 가르쳤다.

또한 신천지에서 발행한 [1984, 세계의 관심사] 19쪽에도 기록이 되어 있다.

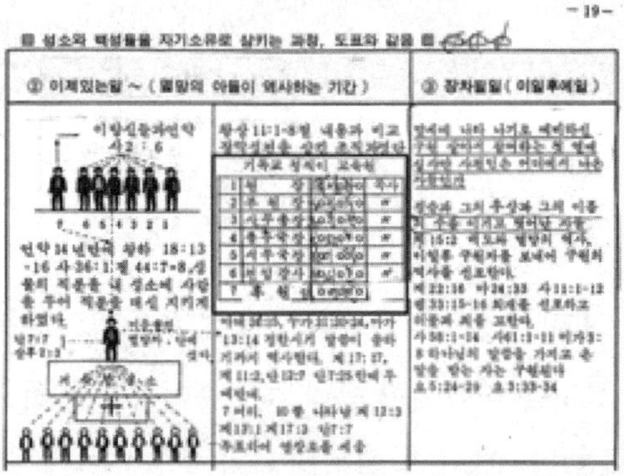

위와 같이 장막성전을 삼킨 기독교 청지기교육원의 조직과 명단을 신천지는 다음과 같이 밝히고 있다. 원장: 탁성환, 부원장: 김정두, 사무총장: 김봉관, 총무국장: 오평호, 서무국장: 한의택, 전임강사: 원세호, 소장(후원): 탁명환

눈썰미가 있고 예리하신 분들은 좀 이상하다는 것을 눈치챘을 것이다. 2005년경에 김○록 교육장이 실시했던 계시록 통합교육에서는 청지기교육원의 7머리 명단이 다음과 같다고 가르쳤으며, 현재도 신천지는 다음 7명을 7머리라고 가르친다.

- 탁성환, 탁명환, 김봉관, 김정두, 원세호, 한의택, 백동섭

그런데 이만희씨가 쓴 책(1985)과 세계의 관심사(1984)에는 청지기교육원의 7머리 명단은 아래와 같다.

- 탁성환, 탁명환, 김봉관, 김정두, 원세호, 한의택, 오평호

처음에 일곱 머리에 들어가 있던 "오평호 목사"가 빠지고 그 자리에 "백동섭 목사"가 들어가 있다. 7머리 명단이 바뀐 것이다. 예수님의 계시를 통해 이만희씨가 직접 계시록의 전장 사건을 보고 들었다고 하는데 명단이 바뀐 것이다. 그리고 천국 비밀 계시록의 진상 (1985, 이만희 저 p197)에서는 다음과 같이 기록되어 있다.

p197

[짐승의 머리 하나가 왜 상하여 죽게 되었는지 그 내력을 살펴보자. 일곱 머리는 일곱 사람의 당회장임을 이미 언급하였다. 이 일곱 사람 가운데 한 사람은 첫 장막의 간판을 기성교단의 이름으로 갈아치운 후 이 제단을 맡는 당회장이 되었다]

p199

[이 짐승이 마흔 두달간 일한 권세를 받았다는 말이 곧 그들의 때를 말하는 것이다. 계11장과 12장에서도 반복 해설한 바 있듯이 역천의 배도자 삼손과 그의 방백과 성도들이 짐승에게 붙어 경배하는 기간이 마흔 두 달로 정해져 있는 것은 분명한 것이다]

첫 장막(장막성전)에 들어가 기성 교단의 이름으로 바꾼 이 제단의 당회장은 오평호 목사다. 문맥을 살펴보면 7머리에 오평호 목사가 들어가 있었으며 7머리 중 하나인 이 짐승이 42달간 장막을 짓밟는다는 것이다. 따

라서 처음에 바다에서 올라온 짐승은 오평호 목사였던 것이다.

그런데 이만희씨는 왜 바꾸었을까? 이유는 간단하다. 실상을 짜깁기하고 조작한 것이 안 맞았던 것이다.

계13장 11절에 나오는 땅 짐승이면서도 동시에 계17장에 나오는 여덟째 왕이 되는 인물이 한 명 더 필요한데 이만희씨가 거기까지는 생각을 못한 것이다. 그래서 이만희씨는 오평호 목사를 바다에서 올라온 짐승에서 땅에서 올라온 짐승으로 중요한 실상 교리를 바꾸게 된다. 이 부분은 땅 짐승에서 더 자세히 다루기로 하자.

청지기교육원 소속의 7머리 중 한 명이었던 오평호 목사가 땅 짐승으로 내려갔으니 한 명을 채워 넣기 위해 백동섭 목사를 슬그머니 집어넣은 것이다. 백동섭 목사는 청지기교육원이나 장막성전하고 전혀 관련이 없는 인물이다. 그럼에도 마치 백동섭 목사가 청지기교육원 소속인 것처럼 조작을 한 것이다. 이만희씨가 계시받은 자가 아니라는 명백한 증거가 된다.

3) 바다에서 올라온 일곱 목자가 42달 동안 장막성전에 들어간 적은 있는가?

그런데 12장으로 가 보면은 이렇게 돌아(들어와)있어 역사한
기간은 42달입니다. 아멘~~ 42달이에요. 그들이 짓밟는 곳도
거기 있을 즉에 즈그가 짓밟았으니까 42달 짓밟는 것 이구요
그런 것입니다. 그래서 12장으로 가보니까 그 용이 들어 왔을
때에 해를 입은 여자가 아이를 낳게 되죠? 아멘~

대답은 “NO”다. 이만희씨는 다음 설교 영상에서 바다에서 올라온 짐승인 멸망자가 42달간 장막성전을 짓밟아야 한다고 강조를 한다. 이 책을 읽고 있는 신천지 신도들이 있다면 묻겠다.

질문1) 장막성전에 몇 머리가 들어가야 합니까?

질문2) 장막성전에 들어간 멸망자가 얼마간 장막을 짓밟아야 합니까?

다음 이만희씨 설교내용을 보고 진지하게 답변을 해 보기 바란다.

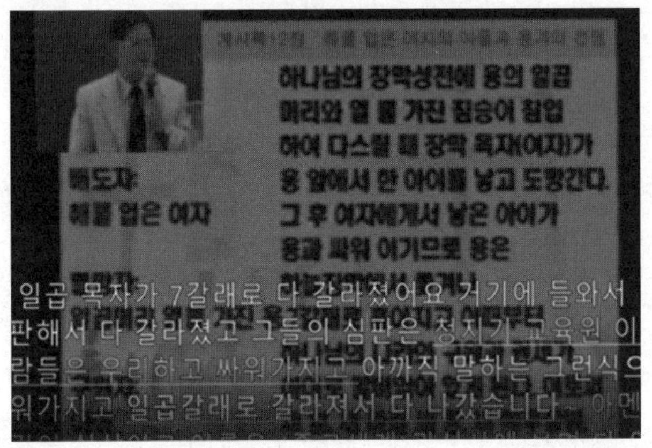

그렇다. 신천지 신도들이 이만희씨에게 배운 실상 그대로, 그리고 성경대로 일곱 머리가 들어와서 42달간 장막을 짓밟아야 한다. 그러나, 일곱 머리가 장막성전을 들어간 적이 없다. 그리고 42달 짓밟은 적도 없다. 위에서 말한 이만희씨의 설교내용은 일부의 사실을 섞어서 일곱 머리가 42달간 장막을 짓밟은 것처럼 거짓말하고 있는 것이다.

장막성전에 일곱 머리 중 탁성환, 김정두 두 분만 목사 임직식날 하루 있었던 것이 전부이다. 42달이 아니고 겨우 몇 시간 있었다. 42달간 이 멸망자들이 들어와서 장막의 선민들에게 비진리를 먹이며 사단과 같이 행음을 하는 기간이 42달인데 일곱 머리도 아니고 겨우 2머리만 들어가서 그것도 겨우 몇 시간 있었다. 계13장의 내용하고도 전혀 맞지 않다. 한 마디로 이만희씨가 사이비 집단만 전전하던 자신의 경험담을 가공하여 짜깁기한 것이다.

4) 머리 하나가 상하여 죽게 된 것 같은 상처

3절 그의 머리 하나가 상하여 죽게 된 것 같더니 그 죽게 되었던 상처가 나으매 온 땅이 이상히 여겨 짐승을 따르고

천국 비밀 계시록의 진상 (1985, 이만희 저) p197

[짐승의 머리 하나가 왜 상하여 죽게 되었는지 그 내력을 살펴보자. 일곱 머리는 일곱 사람의 당회장임을 이미 언급하였다. 이 일곱 사람 가운데 한 사람은 첫 장막의 간판을 기성 교단의 이름으로 갈아치운 후 이 제단을 맡는 당회장이 되었다. 그가 신흥종교 헌장 및 그들의 교리에 입각하여 목회를 맡아 오던 중 심각한 문제에 봉착하기에 이른다. 그것은 삼손(언약을 받은 일곱 천사 중의 대표 인물 곧 교주)과의 교리 차에서 발생하는 불신과 반감이었다. 그는 목회를 맡은 지 수개월도 못되어 심한 갈등에 시달리게 되었고 시일이 지날수록 문제의 심각도가 더해가자 견딜 수 없는 정신적인 고통을 당하다가 급기야는 단에 서서 말씀을 가르칠 수 없는 지경에 이른다. 그는 그의 측근들에게 자기의 고민을 털어놓고 하소연하다가, 삼손을 불러와 상의하기로 결심한 것이다. 12장에서 밝혔듯이 삼손은 당시 그에게 교권을 넘겨주고 해외에 가서 신학을 연수하고 있었다. 일시 귀국한 삼손은 성도들을 설득하였다. 자신이 세운 목자이니 그에게 순종하여 달라는 부탁이 그것이다. 교주의 설득을 받은 성도들이 그의 말을 추종하

여 지지하게 된 것이다. 사도요한은 이 같은 일련의 사건을 환상 가운데서 미리 보고 머리 하나가 상하여 죽게 되었다가 나으매 회생한 것으로 기록하고 있다]

위의 내용을 정리하면 오평호 목사가 장막을 치리하는 중 삼손(유재열)과 교리 차이에서 발생하는 불신과 반감 때문에 심각한 문제에 봉착하자 삼손이 오평호 목사는 자신이 세운 목자이니 교리가 좀 달라도 순종해 달라고 장막성전 신도들에게 부탁을 하게 되고 이 신도들이 다시 오평호 목사를 지지하게 되니, 이런 일련의 사건이 머리 하나가 상하여 죽게 되었다가 나은 것이라고 이만희씨가 환상 가운데 이 모든 실상으로 보았다는 것이다.

천국 비밀 계시록의 실상 (1993, 이만희 저) p196

[일곱 머리 중 하나가 상하여 죽게 되었다가 그 상처가 나으매 온 땅이 이상히 여겨 짐승을 따르고, 용이 짐승에게 마흔두 달간 일할 입과 말과 권세를 주므로 이 땅들이 용과 짐승에게 경배한다고 한다. 본문의 짐승의 상처는 실족(누명)받은 마음의 상처를 말함이요, 짐승을 따르는 온 땅은 흙으로 비유된 육체(창2:7, 욥33:6)를 말한 것이다. 마흔두 달(3년 반)간 일할 권세와 입과 말을 받았다는 말은 상처받은 누명을 벗고 다시 당회장이 되어 교권으로 다스리게 된다는 말이다]

위의 내용도 장막성전의 당회장이 된 오평호 목사를 의미한다. 이만희씨는 7머리 중 한 머리가 오평호 목사라고 분명히 밝히고 있으며 오목사가 받은 상처는 실족(누명)받은 마음의 상처라는 것이다.

"계시록의 진상"에서는 "죽게 된 상처"가 삼손과와 "교리차이 때문에 발생하는 상처"라고 했는데 "계시록 실상"에서는 "실족(누명)받은 마음의 상처" 때문이라고 한다. 이만희씨는 실상 교리를 변개시켜서 희석시키고 있다. 오목사가 어떤 누명을 썼는지 이만희씨는 절대 말할 수 없을 것이다. 본 적이 없기 때문이다. "죽게 된 상처"를 다음 "요한계시록의 실상"에서는 더욱 황당하게 바뀐다.

천국 비밀 요한계시록의 실상 (2011, 보혜사·이만희 저) p254

[요한은 짐승의 일곱 머리(목자) 중 하나가 상처를 입고 죽게 되었다가 상처가 나으매 온 땅이 이 짐승을 따른다고 한다(3절). 일곱 머리 중 하나가 입게 된 상처는 일곱 머리인 동류 목자 사이에서 자리다툼을 하다가 생긴 마음의 상처이다. 상처로 죽게 될 뻔한 것은 실족할 정도의 마음이 상하였다는 말이며 상처가 나았다는 것은 그 일이 잘 해결되었다는 뜻이다]

이만희씨는 위의 책자에서 "죽게 된 상처"는 일곱 목사들 사이에서 자리다툼으로 생긴 마음의 상처라고 말을 바꿨다. 대폭 실상 교리의 변화가 나타나는 대목이다. 이유는 간단하다. 바다에서 올라온 짐승이 오평호 목사에서 탁성환 목사로 바뀌었기 때문이다. 지금은 바다에서 올라온 짐승을 대표 목사인 탁성환으로 가르친다. 오평호 목사가 바다짐승일 때는 "상처"가 장막성전 안에서 "삼손과의 교리 차이" 때문에 오는 상처라고도 했다가 "누명"을 써서 오는 마음의 상처라고도 했다.

그러나 탁성환 목사가 장막성전에 들어가 42달 장막을 짓밟은 적이 없는데도 탁성환 목사를 바다짐승으로 바꾸면서 "죽게 된 상처"를 기껏 만들어 낸 것이 일곱 목사들 사이에서 "자리다툼으로 입은 마음의 상처"라고 한 것이다. 이만희씨 혼자 상상의 나래를 펼치고 있는 대목이다.

2. 땅에서 올라온 짐승

1) "바다짐승"이 오평호씨 일 때 "땅 짐승"은 누구였을까?

11 내가 보매 또 다른 짐승이 땅에서 올라오니 새끼양 같이 두 뿔이 있고 용처럼 말하더라

11절부터는 땅 짐승에 관한 내용이다. 신천지가 지금은 오평호 목사를 땅 짐승으로 가르치고 있다. 그러나 이만희씨는 처음에는 "바다짐승"을 오평호 목사로 계시받고 통달하여 계시록 진상을 썼다. 그때 땅 짐승은 누구였는지 살펴보자.

천국 비밀 계시록의 진상 (1985, 이만희 저) p201

[멸망의 아들인 처음 짐승이 하늘 장막을 장악하여 명실공히 당회장으로 재직하던 중 성도들로부터 심한 반발을 받게 되어 죽을 지경에 이르렀다가 그의 명예를 회복할(상한 머리를 낫게 할) 좋은 찬스를 만들었다]

위 내용을 보면 바다짐승(처음 짐승)이 오평호 목사라는 것을 알 수 있다. 실제로 장막성전에 들어가서 당회장까지 했던 사람은 오평호 목사이기 때문이다. 계속 이어서보자.

p 201

[그것은 해외에 있는 교주를 불러들여 자기에 대한 지지를 호소하는 한편 전 교회의 임원을 전원 퇴임시키고 17명의 가짜목사를 양산해 낸 것이다. 이 17명의 목사들은 모두가 성도들 가운데서 선발하였으며 사실상 목사 안수를 받을 만한 아무런 자격도 구비하지 아니한 자들에게 그들 총회의 일방적인 결정으로 안수를 하였던 것이다. 그리고 "그 17인의 신임목

사 가운데서 한 사람을 대표로 강단에 세워 축도를 하게 함으로써 짐승으로부터 안수를 받은 새끼(양) 짐승 즉 땅에서 단상으로 올라오게 한 것이다." 사도요한은 환상을 통하여 2천 년 이후의 일을 뚫어 본 계시였다]

위 내용을 보면 "그 17인의 신임목사 가운데서 한 사람을 대표로 강단에 세워 축도를 하게 함으로써 짐승으로부터 안수를 받은 새끼(양) 짐승 즉, 땅에서 단상으로 올라오게 한 것이다." 라고 밝히고 있다. 땅 짐승을 이만희씨는 설명을 하고 있는 것이다. 그렇다면 다음 목사 임직식 주보를 보면 땅 짐승을 알 수 있을 것이다.

1981년 9월 20일 오후 2시에 목사 임직식이 있었다. 그 목사 임직식 주보를 살펴보자.

[목사임직식 주보]

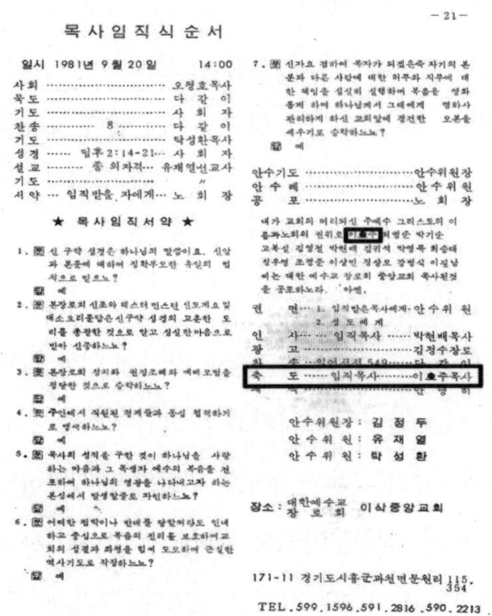

목사임직식순서

－21－

일시 1981년 9월 20일 14:00

사회 ……………… 오평호목사
묵도 ……………… 다 같 이
기도 ……………… 사 회 자
찬송 …… 8 …… 다 같 이
기도 ……………… 탁성환목사
성경 …… 딤후 2:14-21 … 사 회 자
설교 …… 종의자격 … 유재열선교사
기도 ……………… 〃
서약 … 임직받을 자에게 … 노 회 장

★ 목사임직서약 ★

1. 문 신구약 성경은 하나님의 말씀이요, 신앙과 본분에 대하여 정확무오한 유일의 법칙으로 믿으뇨?
답 예
2. 문 본장로회 신조와 웨스트민스터 신도게요 및 대소요리문답은 신구약 성경의 교훈한 도리를 총괄한 것으로 알고 성실한 마음으로 받아 신종하느뇨?
답 예
3. 문 본장로회 정치와 권징조례와 예배모범을 정당한 것으로 승낙하느뇨?
답 예
4. 문 주안에서 직원된 형제들과 동심 협력하기로 맹세하느뇨?
답 예
5. 문 목사의 성직을 구한 것이 하나님을 사랑하는 마음과 그 독생자 예수의 복음을 전포하여 하나님의 영광을 나타내고자 하는 본심에서 발생한줄로 자신하느뇨?
답 예
6. 문 어떠한 핍박이나 반대를 당할지라도 인내하고 충심으로 복음의 진리를 보호하며 교회의 성결과 화평을 힘써 도모하며 근실한 역사기도로 작정하느뇨?
답 예
7. 문 신자요 겸하여 목자가 되겠은즉 자기의 본분과 다른 사람에 대한 의무와 직무에 대한 책임을 성실히 실행하며 복음을 영화롭게 하며 하나님께서 그대에게 명하사 관리하게 하신 교회앞에 경건한 모본을 세우기로 승낙하느뇨?
답 예

안수기도 ……………… 안수위원장
안 수 례 ……………… 안 수 위 원
공 포 ……………… 노 회 장

내가 교회의 머리되신 주예수 그리스도의 이름과 노회의 권위로 이●수 허병순 박기순 고복실 김영천 박현배 김귀석 박영목 최승대 정우영 조경준 이상빈 정상모 강병식 이진남 씨는 대한 예수교 장로회 중앙교회 목사된것을 공포하노라. 아멘.

권 면 … 1. 임직받은목사에게 · 안 수 위 원
2. 성 도 에 게
인 사 … … 임직목사 …… 박현배목사
광 고 ……………… 김정수장로
찬 송 … 일어서서 549 …… 다 같 이
축 도 …… 임직목사 …… 이●주목사
[illegible]

안수위원장 : 김 정 두
안 수 위 원 : 유 재 열
안 수 위 원 : 탁 성 환

장소 : 대한예수교 장로회 이삭중앙교회

171-11 경기도시흥군과천면문원리 115. 354

TEL. 599. 1596. 591. 2816. 590. 2213

위의 목사 임직식 주보를 보면 안수를 받은 17인 중에서 임직 목사가 된 이0주씨가 단상에 올라와서 축도를 하였다는 것을 알 수 있다. 따라서 이만희씨가 계시로 본 땅 짐승은 이○주씨이다. 이만희씨가 환상을 통하여 2천 년 후에 계13장의 바다짐승은 오평호씨이고 "땅 짐승"은 "이0주"라는 것을 계시받고 계시록의 진상에 기록한 것이다. 그런데 지금은 바다짐승은 탁성환이고, 땅 짐승은 오평호라고 말을 바꾼다. 계시를 받은 것이 아니고 짜깁기하고 있다는 반증이다.

2) 오평호 목사는 당회장으로 있으면서 10장로를 임명한 적이 있는가?

계13장 1절의 바다에서 올라온 짐승은 7머리 10뿔 짐승이다. 그런데 신천지는 바다(세상)에서 7명이 올라오고 땅(장막성전)에서 오평호 목사가 10장로(10뿔)를 임명하는데 이 둘을 합쳐서 7머리 10뿔 짐승이라고 한다. 물론 성경하고 맞지 않고, 자신이 사이비 집단을 전전하면서 경험한 내용을 바탕으로 한 일방적인 이만희씨 주장이다. 그럼에도 불구하고 그 일방적인 주장조차도 엉터리라는 것을 우리가 위에서 살펴보았다. 다음 내용은 지금까지 단 한 번도 언급이 되지 않은 아주 충격적인 내용이다.

오평호 목사가 장막성전에 들어가서 당회장이 되기까지 그리고 그 이후로 10장로를 임명한 사실이 있을까? 필자는 이 책을 쓰기 시작할 때까지는 오평호 목사가 10장로를 임명했다고 생각했고 그렇게 지금까지 믿고 있었다. 신천지에서 그렇게 주장을 하고, 필자가 안티 신천지 활동을 시작할 때부터 그 부분은 인정하는 분위기였고, 오평호씨가 10장로를 세운 적이 없다는 반증을 한 것을 단 한번도 본적이 없기 때문이다. 그러던 중 필자가 계13장을 쓰면서 그냥 무심결에 마지막 팩트 체크 차원에서 오평호 목사에게 전화를 했다.

"목사님, 장막성전이나 이삭교회에 당회장으로 계셨을 때 10장로를 직접 세운 적이 있으신지요?"

오평호목사님의 대답은 충격적이었다.

"그런 적이 없습니다. 10장로를 세우려면 임명을 해야 하는데 그런 적이 없습니다."

머리를 한 방 맞은 기분이다. 만약 이게 사실이라면 그야말로 신천지 실상은 산산조각이 나는 상황이다. 자, 차분하게 다시 한번 확인을 해 보자.

신천지에서는 바다에서 올라온 청지기교육원 소속 7목자와 땅 짐승인 오평호 목사가 장막성전의 12장로를 사퇴시키고 장로교법에 따라서 10장로를 다시 세워서 7머리 10뿔이 된다고 귀에 인이 박히도록 들었을 것이다. 또한 [신천지 발전사]나 신천지 실상 자료에 보면 오평호 목사가 10장로를 세웠다는 사진도 보여주지 않았던가!

우선, 오평호 목사가 10장로를 세웠다면서 보여주는 [신천지 발전사]에 있는 사진을 살펴보자.

[신천지발전사 44쪽]

위의 사진에 [오평호 목사가 이삭교회 당회장이 된 후 12장로를 사퇴시키고 장로교회의 교법에 따라 10장로(10뿔: 남7 + 여3)를 세웠다]고 적혀 있다. 위의 사진을 신천지 신도들은 실상교육을 받으면서 모두 보았을 것이다. 이 사진을 오평호 목사에게 보여주었다. 다음 필자와 오평호 목사와 주고받은 문자를 보자.

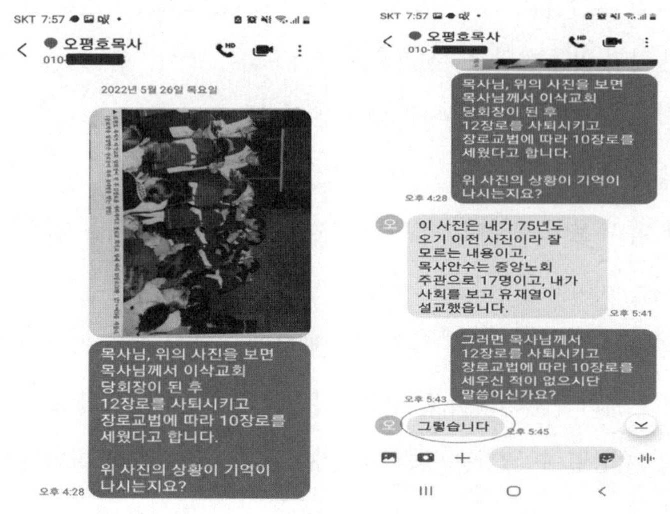

위의 주고받은 내용을 정리하면 이렇다. 위의 문자를 주고받기 전 필자가 먼저 오평호 목사에게 전화를 걸어 "목사 임직식" 상황과 10장로를 세운 적이 있는지를 물었다. 이에 오평호 목사는 목사 임직식 상황이 오래전 일이라 기억이 나지 않아서 자신의 일기장을 한 번 살펴봐야겠지만 10장로는 임명하는 부분이기 때문에 자신이 10장로를 임명한 사실이 없다는 부분에서는 통화 중에도 단호했다. 그래서 필자가 다시 오평호 목사에게 신천지 발전사 44쪽 사진을 찍어서 보낸 것이고, 일기장을 살펴보고 난 이후 보내온 답변이 위의 문자이다.

오평호목사는 다음과 같이 답변을 했다.

"이 사진(발전사44쪽)은 75년도 내가 오기 이전 사진이라 잘 모르는 내용이고, 목사안수는 중앙 노회 주관으로 17명이고, 내가 사회를 보고 유재열이 설교했습니다"

이에 필자가 다시 다음 질문을 했다.

"그러면 목사님께서 12장로를 사퇴시키고 장로교법에 따라 10장로를 세우신 적이 없다는 말씀이신가요?

필자의 질문에 오평호 목사의 마지막 답변은

"그렇습니다"

만약 이 내용이 사실이라면 이만희씨가 숨겨왔던 또 다른 거짓말이 폭로가 되는 것이고 7머리 10뿔 짐승은 말 그대로 이만희씨 혼자 소설을 쓰고 있었다는 명백한 증거가 될 것이기 때문에 상당히 충격적인 내용이다.

그러나 여기서 간과하지 말아야 할 문제는 위의 내용 또한 오평호 목사의 개인 주장일 수 있다는 것도 염두해야 한다. 위 내용을 밝히는 이유는 필자가 계13장의 반증 글을 쓰는 도중에 너무나 당연히 받아들여졌던 사실들이 당사자인 오평호 목사는 다른 주장을 하고 있기에 향후 끝까지 검증을 할 필요성을 알리기 위한 목적도 있기 때문이다.

이 부분은 신천지 실상의 근간을 흔드는 중요한 내용이기 때문에 객관적인 사실이 나올 때까지 검증할 것이다. 오평호 목사의 주장이나 이만희씨의 주장 모두 필자는 마음을 열어둔 상태로 검증할 것이다.

쉬어가는 코너 김○태 집사의 실상 간증 (이긴자 증거)

가짜 증인 김○태를 앞잡이로 세워서 실상 간증(이긴자 증거)이라는 제목으로 전국 12지파 신천지 신도들을 대상으로 다음과 같은 영상을 보여주었다. 신천지를 다녀보거나 겪어본 사람들은 이만희씨 허락 없이는 이런 영상이 전국적으로 나갈 수 없다는 것을 잘 알 것이다.

김○태 이긴자 간증이 나오게 된 배경은 이렇다. 바야흐로 2012년 1월 26일로 거슬러 올라간다. 2012년 1월 26일에 지명한 전 신천지 강사의 기자회견이 터진다. 지명한 전 신천지 강사는 부산 야고보 지파 소속 마산 신천지 교회 강사였다. 지명한 전 신천지 강사의 기자회견의 일부를 우선 보겠다.

출처: 기독교포탈뉴스

지명한 전 강사 "진리는 변하지 않는 것, 그러나 신천지 교리는 변개되더라"

신천지 부산 야고보지파에서 10년 동안 강사 생활을 하다가 탈퇴한 지명한 전 강사는 먼저 한국교회 앞에 사죄의 뜻을 밝혔다. 그는 "신천지로 인해 피해를 입으신 많은 목사님들과 성도님들께 진심으로 고개 숙여 사죄드린다" 며 "신천지로부터의 탈퇴를 공식 선언하고 그동안 무지 가운데 꼭두각시가 되어 많은 영혼을 미혹했던 과거의 잘못을 하나님과 한국교회 앞에 알리고 용서를 구한다" 고 말했다.

지 씨는 신천지를 탈퇴한 가장 큰 이유에 대해 "진리는 변하지 않는 것인데 신천지의 교리는 변개되었다" 며 "변개된 교리의 수는 이루 말할 수 없이 많았다" 고 말했다. 실제 사실과는 다른 신천지의 교리들, 그에 맞춰 변개되는 교리들로 인해 의문과 갈등이 시작됐고 이로 인해 결국 신천지의 거짓된 실체에 눈을 뜨게 됐다는 것이다(지명한 전 강사 기자회견문 참고).

▲ 지명한 강사

지 씨는 실제 사실과 다르거나 변개된 신천지의 주요 교리 몇 가지를 지적했다.

먼저 신천지에서는 장막성전의 유재열 교주가 미국의 웨스트 민스터 신학교에 입학하여 장로교 교리를 배우러 간 것을 계시록 12장의 해를 입은 여자가 광야로 도망가는 예언의 실상이라고 가르쳤다는 것이다. 그러나 사실을 확인해 보니 유 씨는 웨스트 민스터 신학교에 입학한 적이 없다고 한다.

둘째, 신천지에서는 계시록 13장 1절에 나오는 7머리를 원세호 목사, 탁명환 소장 등 7명이라고 가르친다는 것이다. 지 씨는 신천지에서 7머리의 실상의 인물들이 장막성전에 들어가서 그곳을 멸망시켰다고 수백번 넘게 들었지만 확인해 본 결과 7명의 사람들은 장막성전에 들어간 적이 없다는 것이다.

셋째, 계시록 14장에 나오는 흰무리의 육체영생 교리다. 신천지에서는 육체영생을 가르치며 14만 4천명은 천년왕국에서 육체로 영생을 하지만 셀 수 없이 많은 흰무리들은 천년왕국이 끝난 후 비로소 영생을 얻을 수가 있다고 가르쳤다는 것이다. 그런데 2008년 12월 이후부터는 어찌 일인지 흰무리도 천년왕국 안에서 영생을 하고 세상의 왕이 된다는 교리를 가르쳤다고 지 씨는 주장했다.

지명한 전 신천지 강사가 기자회견 때 신천지에서 7머리의 실상의 인물들이 장막성전에 들어가서 그곳을 멸망시켰다고 수백 번 넘게 들었지만 확인해 본 결과 7명의 사람들은 장막성전에 들어간 적이 없다고 폭로를 한 것이다. 한 마디로 신천지 핵심 실상 교리인 멸망자가 엉터리였다고 폭로를 한 것이다. 상황이 이렇다보니 전국 신천지도 어수선한 분위기였겠지만 부산 야고보지파는 비상사태였을 것이다. 따라서 이 상황을 모면해야 할 타개책이 필요했는데 그 때 등장한 인물이 김0태였다. 다른 곳도 아니고 하필 지명한 강사가 있었던 마산교회에서 기자회견이 있은 지 얼마 지나지 않아 김○태씨가 갑자기 등장한 것이다. 김○태씨는 40년 전 장막성전의 모든 사건들을 기억해 내는 초인적인 능력으로 부산 야고보 지파를 필두로 전국으로 이긴자 간증을 하게 되면서 지명한 전 신천지 강사의 기자회견을 잠재우는데 어느정도 성공을 한 것 같았다. 그러나 도둑질도 꼬리가 길면 잡히는 법인데 김○태씨의 간증이 모두 거짓말이었던 것이 드러나기 시작했다.

김○태씨가 40년 전의 사건을 모조리 기억을 해내는 기염을 토해낸 것이다. 이만희씨는 자신이 안수받은 사건도 기억이 잘 안나 가물가물하는데, 김○태씨는 장막성전에 첩자로 들어가서 장막성전의 사건을 이만희씨보다 기억을 더 잘해 낸 것이다. 김○태씨가 증언한 내용들을 간략하게 정리해 보면

1. 81년 9월 20일 목사임직식 하는 날 "탁명환, 탁성환, 한의택, 김정두, 원세호, 김봉관, 백동섭"의 이름과 직책을 정확하게 기억함

2. 백동섭 목사가 단상에서 대표기도를 했다고 함.

3. 이만희씨가 장막에 가서 "너희가 짐승이고 배도자다 멸망자다 외치다가 만신창이가 될 정도로 맞고 코뿐만 아니라 강냉이(이)가 다 나갔다고 증언함

4. 이만희씨가 배도 멸망을 외치는 사건 때문에 안수식이 중단되기도 했다고 증언함

5. 자신이 장막성전에 있다가 삼청교육대에 다녀와서 이만희씨가 어떻게 되었는지 묻는 점

6. 목사 임직식이 장막성전 막계리에서 벌어졌던 것을 생생하게 기억해 냄

김○태씨의 이런 간증을 듣고 신천지 신도들은 이만희 총회장의 갖은 고초를 떠올리며 눈물을 한없이 흘렸다고 한다. 위 내용을 간증한 김○태씨의 수준이나 눈물을 흘리는 신천지 신도들의 수준이나 한심하기 짝이 없었다. 신천지 신도들이 자신들이 알고 있어야 할 요한계시록의 실상을 전혀 모르고 있다는 반증이 되었다.

하지만 김○태 집사는 스피치 연습을 야무지게 했지만 한계가 있었다. 김○태씨의 간증을 처음 접한 필자는 장장 10편에 걸쳐서 김○태씨의 거짓말을 밝혀내서 직접 운영하는 블로그에 게시를 하였다. "신천지 푸른하늘 투" 블로그에 올라가 있으며, "신천지 푸른하늘" 유튜브에는 지명한 전 신천지 강사와 이 주제에 대해 한 시간 넘게 생생하게 통화한 내용을 올려두었다. 필요하신 분들은 찾아보기 바란다.

여기서는 간략하게 김○태씨의 간증에서 몇 가지 말도 안 되는 거짓말을 지적해 보겠다.

첫째, 백동섭 목사님은 청지기교육원과 전혀 관련이 없는 분이고 장막성전 근처에도 간 적이 없는데 목사 임직식날 백동섭 목사가 단상에서 대표기도를 했다니 얼마나 기가 찰 노릇인가!

둘째, 목사 임직식에 일곱 목사가 간 적이 없는데 김○태씨는 일곱 목사가 다 왔다고 거짓말 함

셋째, 이 부분이 거짓말 중에 백미였던 것 같은데 목사 임직식은 문원리에 있는 이삭 중앙교회에서 했는데 김○태씨는 막계리에 있는 장막성전에서 목사 임직식을 했다는 큰 실수를 한 것이다.

이만희씨가 장막에 가서 배도, 멸망을 외쳤다는 것도 완전히 새빨간 거짓말이고, 김○태씨가 삼청교육대 관련해서 언급한 것도 시간 계산이 안 맞아서 거짓말이 들통이 났다. 필시, 지명한 전 신천지 강사의 기자회견을 무마시키고 신천지 신도들을 속여서 이탈을 막기 위한 수작으로 신천지 수뇌부들의 작품이었을 것으로 보인다.

마지막으로, 김○태씨의 어깨에 새겨진 "일곱별과 장막성전 1975"에서 1975년은 장막성전에 들어가서 문신을 새긴 해라고 한다. 1975년이면 오평호 목사가 장막성전을 개혁하기 위해 들어갔던 해이다. 오평호 목사님께 김○태씨 얼굴과 어깨문신을 보여주면서 이 사람을 아느냐고 물어 봤다. 전혀 모르는 인물이라는 답변이 왔으며 그 내용도 블로그에 올라가 있다. 어쩐지 40년 된 문신이 마치 어제 한 것처럼 너무 선명하더라!!

13

요한계시록 14장

신천지 요한계시록 14장 풀이

1 또 내가 보니 보라 어린 양이 시온산에 섰고 그와 함께 십사만 사천이 섰
는데 그 이마에 어린 양의 이름과 그 아버지의 이름을 쓴 것이 있도다

"어린양"은 예수님이고, "이마에 어린양의 이름과 아버지 이름이 기록된 십사만 사천"은 계10장에서 책 받아먹은 사도요한 격 사명자의 증거의 말씀을 듣고 인정하고 택함 받는 선민들이다. 14만 4천 명에 들기 위해서는 이긴 자가 있는 시온산, 증거장막성전에 가서 예복과 등과 기름을 준비해서 교적부에 등록이 되어야 한다.

2 내가 하늘에서 나는 소리를 들으니 많은 물소리도 같고 큰 뇌성도 같은
데 내게 들리는 소리는 거문고 타는 자들의 그 거문고 타는 것 같더라

"하늘"은 1절과 같은 장소인 거룩한 영적 새 예루살렘인 시온산 보좌 앞이다. "많은 물소리 같다"는 것은 시온산에서 흘러나오는 말씀이 맑고 청아하다는 것이고, "큰 뇌성"은 그 흘러나오는 말씀하는 소리가 너무나 우렁차며, "거문고 타는 것 같다"는 것은 증거되는 계시의 말씀이 듣기에 너무나 아름답다는 것이다.

3 저희가 보좌와 네 생물과 장로들 앞에서 새 노래를 부르니 땅에서 구속
함을 얻은 십사만 사천인 밖에는 능히 이 노래를 배울 자가 없더라

초림 때 "새 노래"는 구약의 예언이 성취된 실상이고, 재림 때 "새 노래"는 예수님께서 약속하신 예언이 성취된 실상으로 나타난 것을 알리는 증거의 새 말씀이다. 이 새 노래를 십사만 사천 밖에 배울 자가 없는 이유는 이 계시의 말씀을 증거하는 이긴 자는 오직 시온산에만 있고, 인 맞은 14만 4천 명이 이긴 자와 함께 있기 때문이다.

4 이 사람들은 여자로 더불어 더럽히지 아니하고 정절이 있는 자라 어린 양이 어디로 인도하든지 따라가는 자며 사람 가운데서 구속을 받아 처음 익은 열매로 하나님과 어린 양에게 속한 자들이니

"이 사람들" 즉, 14만 4 천명이 "여자로 더불어 더럽히지 않는다"는 것은 계2장의 이세벨이나 계17장의 7머리 짐승을 타고 있는 음녀가 주는 비진리와 교리를 받아들이지 않고 신앙의 절개와 믿음을 지킨다는 것이다. "어디로 인도하든지 따라가는 것"은 말씀에 순종을 한다는 의미이고, "사람 가운데서 구속을 받아 처음 익은 열매"는 첫 열매 14만 4천 명이다.

5 그 입에 거짓말이 없고 흠이 없는 자들이더라

"거짓말이 없고 흠이 없다는 것"은 바벨론의 거짓 목자에게 비진리를 받지 않아 심령이 깨끗한 상태에서 진리를 전하는 온전한 말씀과 행실을 말하며 세상에서 말하는 그런 거짓말이 아니다.

6 또 보니 다른 천사가 공중에 날아가는데 땅에 거하는 자들 곧 여러 나라와 족속과 방언과 백성에게 전할 영원한 복음을 가졌더라

여러 나라와 족속과 방언과 백성들이 짐승에게 패하여 다스림을 받는 사람

들이 "땅에 거하는 자"들이고 이들은 바벨론에 사로잡힌 하나님의 선민들이다. "영원한 복음"은 봉함된 예언의 말씀이 성취되는 실상을 복음이라고 하며 그 실상의 복음을 영원히 세세토록 증거하기 때문에 영원한 복음이라고 하는 것이다.

7 그가 큰 음성으로 가로되 하나님을 두려워하며 그에게 영광을 돌리라 이는 그의 심판하실 시간이 이르렀음이니 하늘과 땅과 바다와 물들의 근원을 만드신 이를 경배하라 하더라

"심판하실 시간이 이르렀다"는 것은 멸망자의 때인 42달이 다 되어 간다는 의미이며, "하늘과 땅과 바다와 물들의 근원을 만드신 이를 경배하라"는 것은 짐승에게 경배하지 말고 이제 하나님께 경배하라는 것이다.

8 또 다른 천사 곧 둘째가 그 뒤를 따라 말하되 무너졌도다 무너졌도다 큰 성 바벨론이여 모든 나라를 그 음행으로 인하여 진노의 포도주로 먹이던 자로다 하더라

"큰 성 바벨론"은 멸망자의 조직체로서 계17장의 음녀가 주관하는 청지기 교육원과 이 거짓된 목자들이 다스리고 있는 비진리 종교 세계를 말한다. "음행"은 사단의 교리를 받아들이고 교제하는 것인데 비진리인 진노의 포도주를 첫 장막의 선민들에게 먹이고 42달의 이방의 기간이 끝나면 이긴 자가 있는 시온산에 14만 4천 명이 차게 되면서 바벨론이 심판받아서 무너지게 되는 것이다.

9 또 다른 천사 곧 세째가 그 뒤를 따라 큰 음성으로 가로되 만일 누구든지

짐승과 그의 우상에게 경배하고 이마에나 손에 표를 받으면

이 구절의 "짐승"은 바다에서 올라온 짐승이고, 배도한 일곱 사자가 있는 하늘 장막에서 목사 임직식을 통하여 안수 한 번으로 짐승의 표를 받고 17명의 거짓 목자를 만들어 낸 것이 "우상"이다.

10 그도 하나님의 진노의 포도주를 마시리니 그 진노의 잔에 섞인 것이 없
이 부은 포도주라 거룩한 천사들 앞과 어린 양 앞에서 불과 유황으로 고난
을 받으리니

"짐승과 우상에게 경배하고 이마나 손에 표를 받으면" 하나님의 심판의 말씀인 진노의 포도주를 마시게 되어 거룩한 천사와 어린양 앞에서 밤낮 쉬지 않고 불과 유황의 고난을 받는다.

11 그 고난의 연기가 세세토록 올라가리로다 짐승과 그의 우상에게 경배
하고 그 이름의 표를 받는 자는 누구든지 밤낮 쉼을 얻지 못하리라 하더라
12 성도들의 인내가 여기 있나니 저희는 하나님의 계명과 예수 믿음을 지
키는 자니라

"고난의 연기가 세세토록 올라간다"는 것은 밤낮 쉼을 얻지 못하고 영원한 고난을 받는 것이기 때문에 하나님의 계명과 예수의 믿음을 잘 지키는 인내가 필요하다는 것이다.

13 또 내가 들으니 하늘에서 음성이 나서 가로되 기록하라 자금 이후로 주
안에서 죽는 자들은 복이 있도다 하시매 성령이 가라사대 그러하다 저희
수고를 그치고 쉬리니 이는 저희의 행한 일이 따름이라 하시더라

"자금 이후"는 지금부터의 의미이며 멸망의 기간 42달이 지난 후이다. "자금 이후로 주 안에서 죽는 자들은 복이 있다"는 의미는 하나님의 말씀을 통하여 죄는 죽고 의로움이 사는 것을 말한다. "복"은 왕 같은 제사장과 영생의 복이다.

14 또 내가 보니 흰 구름이 있고 구름 위에 사람의 아들과 같은 이가 앉았
는데 그 머리에는 금 면류관이 있고 그 손에는 이한 낫을 가졌더라

"흰 구름"은 거룩한 천사, 성령, 많은 천사들을 의미한다. "사람의 아들 같은 이"는 예수님의 모양을 하고 있는 천사이며, "구름 위에 앉았다는 것"은 많은 천사들을 다스리고 지휘하고 있다는 것이다. "금 면류관"은 하나님의 말씀을 통해 주신 직분이고, "이한 낫"은 추수하는 말씀이기도 하고 계시의 말씀을 가진 사람이기도 하다.

15 또 다른 천사가 성전으로부터 나와 구름 위에 앉은 이를 향하여 큰 음
성으로 외쳐 가로되 네 낫을 휘둘러 거두라 거둘 때가 이르러 땅에 곡식이
다 익었음이로다 하니
16 구름 위에 앉으신 이가 낫을 땅에 휘두르매 곡식이 거두어지니라

다른 천사가 성전에 계시는 하나님에게 명령을 받고 나와서 구름 위에 앉은 이에게 추수의 때를 알리고 있다. "낫을 휘두른다"는 말은 증거의 말씀을 전하여 택하신 자를 추수하여 모은다는 것이다.

17 또 다른 천사가 하늘에 있는 성전에서 나오는데 또한 이한 낫을 가졌더
라
18 또 불을 다스리는 다른 천사가 제단으로부터 나와 이한 낫 가진 자를

향하여 큰 음성으로 불러 가로되 네 이한 낫을 휘둘러 땅의 포도송이를 거두라 그 포도가 익었느니라 하더라

"성전"과 "제단"은 같은 곳이다. 여기서 나오는 "포도"는 배도한 첫 장막의 선민들인데 처음에는 택함을 받았지만 버려지게 된다. 이유는 7머리 10뿔 짐승과 행음을 한 행위 때문이다. "포도송이"도 참 포도나무에서 나는 알곡인 "참 포도나무"가 있고 가라지인 "들 포도나무"도 있는데 첫 장막의 선민들은 "들 포도나무"이기에 택하신 백성이라도 하나님의 진노의 심판을 받는다.

19 천사가 낫을 땅에 휘둘러 땅의 포도를 거두어 하나님의 진노의 큰 포도주 틀에 던지매
20 성 밖에서 그 틀이 밟히니 틀에서 피가 나서 말굴레까지 닿았고 일천육백 스다디온에 퍼졌더라

"포도주 틀"은 7머리 10뿔 짐승이 있는 바벨론을 말하며, "성 밖에서 그 틀이 밟혔다"는 것은 심판을 받았다는 것이다. "말굴레"는 사람의 입이고, "일천육백 스타디온"은 천리의 거리이며 심판을 받았다는 말씀이 온 세상에 퍼져나가 세상 목사들에게 다 전해진다는 것이다.

신천지
요한계시록
14장 반증

1. 인 맞은 첫 열매 14만 4천인

2013년에 곧 자신들이 14만 4천명 인 맞은 자들이 될 줄 알고 부푼 꿈을 꾸었던 신천지 신도들이 필자가 운영하는 블로그에 댓글을 남겼던 적이 있다.

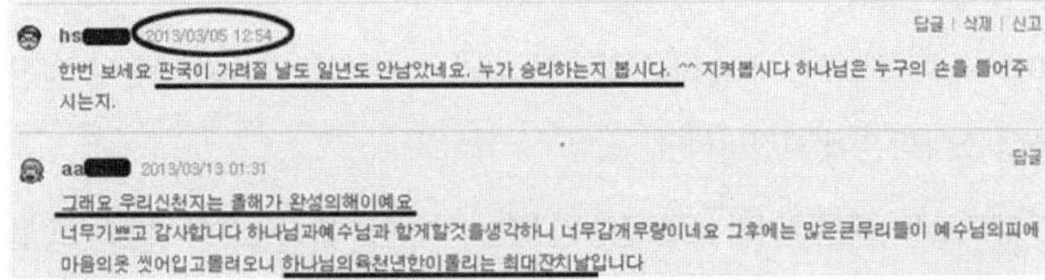

2013년 3월 5일

한 번 보세요. 판국이 가려질 날도 일 년도 안 남았네요. 누가 승리하는지 봅시다. 지켜봅시다. 하나님은 누구의 손을 들어주시는지.

2013년 3월 13일

그래요 우리 신천지는 올해가 완성의 해이예요, 너무 기쁘고 감사합니다. 하나님과 예수님과 함께 할 것을 생각하니 너무 감개무량이네요. 그 후에는 많은 큰 무리들이 예수님의 피에 마음의 옷을 씻어 입고 몰려오니 하나님의 육 천년 한이 풀리는 최대 잔치 날입니다.

이때가 신천기 30년 표어가 "십사만 사천 완성의 해"였다. 이만희씨가 신천지 신도들에게 곧 역사완성 될 것처럼 허파에 바람을 많이 넣어 주었던 것으로 보인다. 이제 손만 뻗으면 닿을 거리에 와 있다고 했을 것으로 보인다. 그러나 안타깝게도 위의 두 사람이 댓글을 단지 9년이 넘었는데도 신천지는 아무 변화도 없다. 위 두 사람은 아직 신천지에 남아있을지 궁금하다.

이처럼 인 맞은 14만 4천 명이 차면 자신들은 왕 같은 제사장이 되어서 흰 무리를 백성으로 삼아 나라를 다스리게 될 것이라고 귀에 인이 박히도록 들어왔을 것이다. 흰 무리보다는 왕 같은 제사장이 되어서 잘생기고 예쁜 유명 연예인뿐만 아니라 유명한 셰프와 돈 많은 사람들을 흰 무리로 삼아서 호의호식하며 떵떵거리며 살고자 하는 욕심도 일부 있었던 것을 부인하지 못할 것이다. 신천지 내부에서도 14만 4천 명에 들어서 왕 같은 제사장이 되면 뭐 하고 싶은지 서로 농담 삼아 이야기들도 많이 하곤 했을 것이다.

다음은 신천지 공식 카페 [진바신]에서 이만희씨가 쓴 내용이다. 필자가 2010년 3월 8일 진바신에 올라온 것을 캡쳐 한 것이다. 진바신은 [진성신] 전신이다.

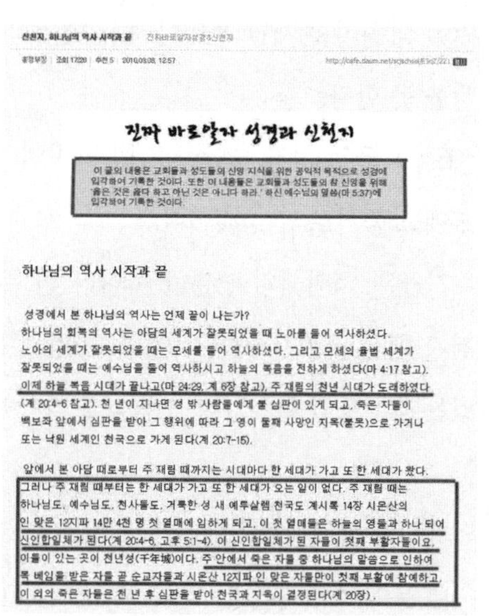
신천지, 하나님의 역사 시작과 끝

진짜 바로알자 성경과 신천지

이 글의 내용은 교회들과 성도들의 신앙 지식을 위한 공익적 목적으로 성경에 입각하여 기록한 것이다. 또한 이 내용들은 교회들과 성도들의 참 신앙을 위해 '옳은 것은 옳다 하고 아닌 것은 아니다 하라.' 하신 예수님의 말씀(마 5:37)에 입각하여 기록한 것이다.

하나님의 역사 시작과 끝

성경에서 본 하나님의 역사는 언제 끝이 나는가?
하나님의 회복의 역사는 아담의 세계가 잘못되었을 때 노아를 들어 역사하셨다. 노아의 세계가 잘못되었을 때는 모세를 들어 역사하셨다. 그리고 모세의 율법 세계가 잘못되었을 때는 예수님을 들어 역사하시고 하늘의 복음을 전하게 하셨다(마 4:17 참고). 이제 하늘 복음 시대가 끝나고(마 24:29, 계 6장 참고), 주 재림의 천년 시대가 도래하였다(계 20:4-6 참고). 천 년이 지나면 성 밖 사람들에게 불 심판이 있게 되고, 죽은 자들이 백보좌 앞에서 심판을 받아 그 행위에 따라 그 영이 둘째 사망인 지옥(불못)으로 가거나 또는 낙원 세계인 천국으로 가게 된다(계 20:7-15).

앞에서 본 아담 때로부터 주 재림 때까지는 시대마다 한 세대가 가고 또 한 세대가 왔다. 그러나 주 재림 때부터는 한 세대가 가고 또 한 세대가 오는 일이 없다. 주 재림 때는 하나님도, 예수님도, 천사들도, 거룩한 성 새 예루살렘 천국도 계시록 14장 시온산의 인 맞은 12지파 14만 4천 명 첫 열매에 임하게 되고, 이 첫 열매들은 하늘의 영들과 하나 되어 신인합일체가 된다(계 20:4-6, 고후 5:1-4). 이 신인합일체가 된 자들이 첫째 부활자들이요, 이들이 있는 곳이 천년성(千年城)이다. 주 안에서 죽은 자들 중 하나님의 말씀으로 인하여 목 베임을 받은 자들 곧 순교자들과 시온산 12지파 인 맞은 자들만이 첫째 부활에 참예하고, 이 외의 죽은 자들은 천 년 후 심판을 받아 천국과 지옥이 결정된다(계 20장).

[진바신]에서 이만희씨가 쓴 내용을 정리하면 이렇다.

1. 14만 4천 명만 신인합일(神人合一)하여 첫째 부활에 참여하고 이 외 죽은 자들은 천년 심판을 받아 천국과 지옥이 결정된다.

주 재림 때는 주후 기원(紀元) 곧 서기(西紀)가 중단되고 신천기(新天紀)가 시작된다. 즉, 신천기 역사는 주 재림 때로부터 시작되는 것이다. 천년 시대는 용이 잡히어 무저갱에 가둔 후이며(계 20:1-3), 개들과 술객들과 행음자들과 살인자들과 우상 숭배자들과 및 거짓말을 좋아하며 지어내고 믿지 않는 자마다 천년성 밖에 있게 된다(계 22:15).

천 년 기간 중 성 밖에 있는 자들이 성 안에 들어갈 수 있는 조건은 마음의 옷 두루마기를 빨아 입어야 하고(계 22:14) 생명책에 녹명되어야 한다(계 21:27). 천 년 후 심판 때는 두루마기를 빨아 입은 성 밖의 세탁소(장막) 사람들은 심판을 피하여 성 안으로 들어오게 된다. 신천기 1,000년이 차면 사단이 무저갱에서 놓여나와 성 밖 사람들을 미혹하고, 또 성을 공격한다. 이 때 하나님이 성 밖 사람들에게 불을 내려 불 심판을 하게 된다(계 20:7-10). 이 때 신인합일체(신의 소생)가 된 성 안 사람들에게는 불 심판이 없다. 성 밖 사람들은 소멸(燒滅)되어 산 사람이 없고 다 죽은 영뿐이다. 이 영들은 무론대소하고 다 백보좌 앞에서 자기 행위에 따라 책(성경)에 기록된 대로 심판을 받아 지옥 또는 천국으로 가게 되고, 음부와 사망도 둘째 사망 지옥 불에 던져진다(계 20:11-15).(이 때 천 년 전에 죽은 자들도 함께 심판을 받는다.) 이러므로 사단의 영도, 죽은 자들의 영도, 성 밖 육체들도 다 끝나게 된다. 그러나 첫째 부활자인 천년성 안 사람들(신인합일체)은 심판받는 일이 없이 영원한 천국에서 살게 된다.

이 글은 천 년 후에도 증거가 될 것이다. 필자는 듣고 보고 깨달은 것을 증거한 것이다. 주 재림 이후에는 또 다른 목자도 또 다른 세계도 도래하는 일이 없다. 오직 신인합일체가 된 시온산 12지파의 인 맞은 첫째 부활자만이 영원히 존재할 뿐이다. 이는 성경을 통달한 자의 말이니, 믿고 따르는 자는 영생의 복을 받을 것이다.

오늘날 구원받기를 원하는 참 신앙인이라면, 지금의 때와 자기 자신과 자기 목자와 추수꾼과 약속의 목자를 분별하여 알아야 하며, 자기가 찾아가야 할 곳이 어디임을 깨닫고 실천해야 한다.

2. 첫째 부활자인 천년 성안의 신인합일 된 14만 4천 명은 심판받는 일이 없어 영원한 천국에서 살게 된다.

3. 흰 무리는 첫째 부활에 참여하지 못하고 흰 무리가 되기 위해서는 천년 후에 두루마기를 빨아 입은 후에 천년 성안에 들어갈 수 있다.

4. [신천기 역사]는 주 재림 때부터 시작한다고 밝히고 있으니 현재 신천기 연호를 쓰는 신천지에는 예수님이 재림했다는 뜻이다.

5. 오직 신인합일이 된 시온산 12지파의 인 맞은 첫째 부활자 14만 4천만이 영원히 존재할 뿐이다. 즉, 흰 무리는 첫째 부활자들이 아니므로 영생을 못 한다.

6. 이 글은 성경 통달한 자의 말이며 직접 보고 들은 자의 말이니 천년 후에도 증거로 남을 것이다.

지금은 14만 4천 명뿐만 아니라 흰 무리도 영생한다고 하니 중요한 신천지 핵심 교리가 바뀐 것이다. 천년 후는 고사하고 불과 12년밖에 안 지났는데 신도가 늘어났다고 핵심 교리가 바뀐 것이다.

계시록 완전해설 (1986, 대언자 이만희 저) p 117

[본문에서 말하는 이 일 후란 12지파 144,000명을 다 인친 후라는 말로

서 각 나라와 족속과 백성과 방언에서 아무라도 능히 셀 수 없는 큰 무리가 흰옷을 입고 나온다. (중략) "큰 환란"은 144,000을 인 칠 때까지 땅의 네 바람을 불게 하니 환란이 생기게 된다. 이때에 이 소식이 온 세상에 더욱 널리 알려지므로 수많은 성도가 나오게 되고 이 소식을 알게 되니 악은 꺾이고 선이 승하게 되어 세상 나라가 하나님의 나라가 된다. 그러므로 수를 헤아릴 수 없는 흰 무리가 그의 성전 곧 자기 교회에서 하나님을 섬기게 되는 것이다. 이 일이 첫 언약의 장막이 6장에서 심판을 받고 거기서 나온 조금 남은 씨로 다시 농사하여 7장에서 인쳐 12지파 144,000을 인친 다음 각 교회에서 나오게 되는 것이니 이것이 구원의 순리이다. 이 인침 받은 사람들이 하나님께서 말씀하신 약속의 씨요, 자녀들이다]

위 내용은 14만 4천 명뿐만 아니라 흰 무리도 영생한다고 수정했던 교리보다 더 황당하다. 14만 4천 명 인친 후에 큰 환란을 피하여 나오는 흰 무리가 있는데 이때 세상 나라가 하나님 나라가 되어서 그 바벨론 교회였던 그 자리, 그곳에서 흰 무리가 하나님을 섬기게 된다는 것이다. 그것이 각 교회에서 나오게 되는 것이며 구원의 순리라는 것이다. 지금은 흰 무리가 신천지로 금은보화를 싸들고 몰려온다고 하지 않았는가?

천지창조 (2012, 보혜사·이만희 저) p203-p204

[요한계시록 성취 때 하나님의 인을 맞은 사람은 각 지파 1만 2천 명씩 열두 지파 모두 14만 4천 명이다. 14장 1절에 보면, 시온산에 모인 14만 4천 명의 이마에 하나님과 어린양의 이름을 쓴 것이 있다고 한다. 이는 하나님과 예수님 말씀으로 인을 맞았다는 의미이다. 하나님과 예수님으로부터 계시의 말씀을 듣고 인정하는 사람은 하나님과 예수님의 인을 맞게 된

다. (중략) 천사들이 14만 4천 명의 이마에 하나님의 인을 다 치면, 각 나라와 족속과 백성과 방언에서 셀 수 없는 큰 무리가 흰옷을 입고 나온다. (중략) 그런데 14만 4천 명과 흰옷 입은 큰 무리, 이 둘 사이에는 확실한 차이가 있음을 알아야 한다. 9절의 '이 일 후'라는 말은 하나님의 인 맞은 14만 4천 명과 큰 환난에서 나온 흰옷 입은 사람들의 신분을 구분해 주는 경계가 된다. 14만 4천 명은 처음 익은 열매로서(계14:1~5) 영적 새 이스라엘 목자(제사장, 왕)가 되고, 흰옷 입은 큰 무리는 성도(백성)가 된다. 이들이 하나님께 택함 받는 순서도 먼저는 14만 4천 명이며, 그다음은 흰옷 입은 무리이다]

위의 내용을 정리하면 다음과 같다.

1. 14만 4천 명과 흰 무리가 영적 새 이스라엘의 선민이 되어서 다 영생한다.

2. 그러나 14만 4천 명과 큰 환난에서 나오는 흰 무리는 9절을 기준으로 명확하게 구분이 되는데 14만 4천 명은 왕 같은 제사장이 되고, 흰 무리는 백성이 된다.

3. 택함 받는 순서도 천사들이 14만 4천을 먼저 인치고 나라와 족속과 백성과 방언에서 셀 수 없는 큰 무리가 흰옷을 입고 나온다.

4. 이들이 택함 받는 순서도 14만 4천이 먼저고 그다음이 흰옷 입은 무리이다.

지금은 14만 4천 명뿐만 아니라 흰 무리도 영생을 하지만 등급이 있다는 것이다. 14만 4천 명은 왕 같은 제사장이고 흰 무리는 백성이 된다는 것이다. 그런데 이 영생의 꿈이 물거품이 되는 환난이 발생했다. 바로 코로나 사태이다.

이만희씨가 환난이 "코로나"라고 책에 밝힌 것이다. 다음 이만희씨가 옥중에서 썼다는 [십자가의 길]을 보자.

십자가의 길 - 옥중 글 - (2021.03.30.)

p5

신천지예수교회는 마치 성경 말씀을 도장을 찍은 것같이 각인(各人)의 마음에 새겨 창조된, 인 맞은 12지파 144,000 제사장 나라이다(계 7장, 14장). 그리고 예수님의 피로 죄 사함 받은 흰 무리도 12지파에 속한다. 지금의 때는 인 맞은 12지파 144,000명 완성 후 있게 되는 흰 무리 창조를 위한 큰 환난의 때이다(계 7:9-14).

[지금의 때는 인 맞은 12지파 144.000명 완성 후 있게 되는 흰 무리 창조를 위한 "큰 환난의 때"이다(계7:9-14)]

이만희씨는 흰 무리 창조를 위한 계7장의 [큰 환난]의 때라고 밝히고 있다. 큰 환난의 때는 14만 4천 명이 인 맞고 난 후라는 것은 재차 언급하지 않아도 다 알 것이다. 구원의 순서에서 14만 4천 명이 먼저 구원을 받고 흰 무리가 몰려온다고 귀에 인이 박히도록 들었다는 것도 우리가 다 아는 바이다.

p85

30. 신천지 성도들과 시험과 대환난

대환난과 시험은 인 맞은 수 144,000명이 차면 있게 된다고 계 7장은 말하고 있다. 또 이 대환난에서 많은 흰 무리가 나온다고 기록되어 있다.

분명한 조건부이다. 인 맞은 144,000명이 차면 대환난이 오고 그 가운데서 흰 무리가 나온다고 한다. 흰 무리가 국내에서는 올 사람이 없으니 외국에서 목사들이 몰려오는 것처럼 장난치고 있는 것은 아니겠지? 영생은? 영생은 어떻게 되는 건가?

p85

"아버지 하나님, 예수님, 이 고통과 환난이 언제 끝납니까? 아버지 하나님의 가족 신천지 성도들 지켜 보호하여 주십시오. 주신 말씀, 믿음 지켜 주십시오.

이만희씨가 "이 고통과 환난이 언제 끝나는지" 호소를 하는 것 보니 환난은 환난인가보다.

p229

120. 인 맞은 12지파 창조 후의 큰 환난과 흰 무리 창조

온 세상에 임한 시험(계 3:10)과 큰 환난(계 7장)은 144,000이 인 맞은 후에 있게 되는 일이다. 이 일은 이루어질 예언이기에 피해 갈 수 없다. 우리는 지금 큰 환난 중에 있다.

우리는 지금 예언에 기록된 순서대로 큰 환난과 시험을 겪고 있다. 이 시험에서 이겨야 한다. 해서 계시록에 '이 일 후, 이 일 후' 하신 것이다. 우리는 이 대환난에서도 흰 무리가 나아올 수 있도록 해야 한다. 무엇을 어떻게 해야 흰 무리가 깨달아 나아올까? 인 맞은 우리 144,000은 각자가 생각한 것을 종합하여 그것을 알리는 방법을 찾아내야 한다. 인터넷, 신문, 전광판, 이메일 등.

대박은 여기서부터다. [인 맞은 우리 144,000은 각자가 생각한 것을 종합하여 그것을 알리는 방법을 찾아내야 한다. 인터넷, 신문, 전광판, 이메일 등]

분명히 14만 4 천명을 인치고 난 이후에 흰 무리가 몰려온다고 했는데, 흰 무리가 몰려오는 것은 고사하고 인터넷, 신문, 전광판, 이메일 등 온갖 방법을 동원하여 흰 무리를 모으라는 것이다. 또다시 고생문이 활짝 열린 것이다. 이만희씨 당신이 했던 말이 기억나지 않는가? 벌써 치매가 온 것은 아니길 바란다.

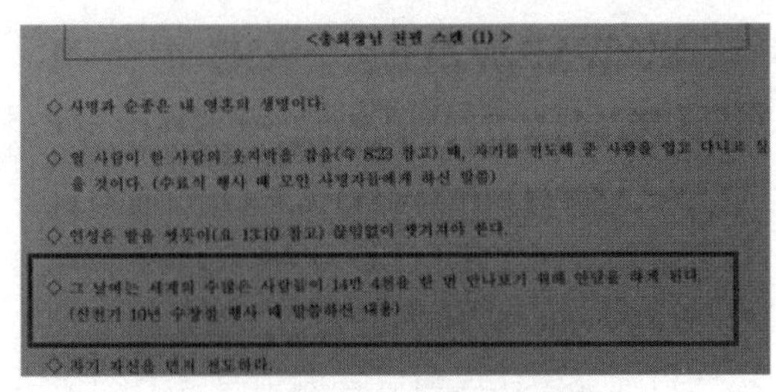

◇ 사명과 순종은 내 영혼의 생명이다.

◇ 그 날에는 세계의 수많은 사람들이 14만 4천을 한 번 만나보기 위해 안달을 하게 된다.
(신천기 10년 수장절 행사 때 말씀하신 내용)

◇ 자기 자신을 먼저 전도하라.

[하늘누룩: 이긴 자의 정신 p9]

그날에는 14만 4천을 한 번 만나기 위해서 안달이 난다고 호언장담을 하던 사람이 다름 아닌 이만희씨였다. 그러나 실상은 어떠한가? 14만 4천 명을 세상 사람들이 별로 안 좋아하는 것 같다. 그러니 숨어서 모략 전도를 해야 하고, 오라고 사정사정하며 이메일도 보내고, 돈을 쏟아부어 광고전단지도 만들어야 하는 가련한 인생들이 된 것 같다. 박제가 된 것처럼 신천지 신도들 머릿속에 항상 박혀있었던 14만 4천 명이 찾

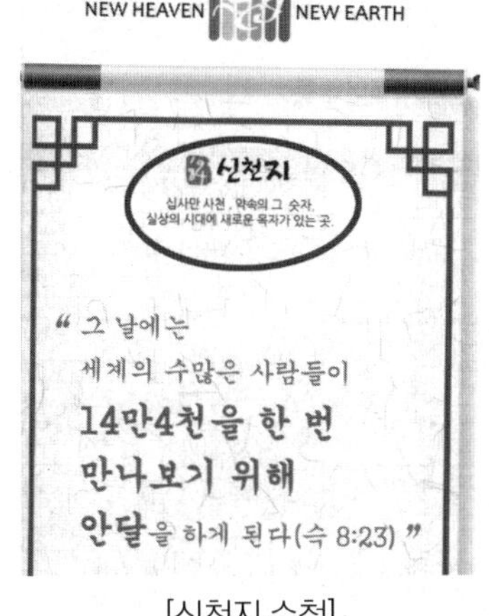

[신천지 수첩]

다고 이만희씨는 밝히고 있는데 아무런 변화가 없다.

14만 4천을 만나기 위해서 안달 좋아하네. 신천지 신도들 중에 자신이 인 맞은 14만 4천 명 안에 들어간지도 모르고 있는데 이만희씨는 신천지 신도들이 14만 4천이 인 맞았다고 한다. 그러면 14만 4천 명 빼면 나머지는 흰 무리인가? 신천지 신도들은 꼭 물어보기 바란다. 자신이 14만 4천 명 안에 들어가 있는지 흰 무리에 들어가 있는지. 하기야 자신이 제일 잘 알 것이다. 밥 먹고 화장실 들락거리는 자신의 모습을 보면 영생할 몸이 아니란 것을. 긴 악몽에서 이제 서서히 깨어나기 바란다.

쉬어가는 코너 네 이웃의 여자를 탐하지 말라

2021년 12월 9일 충격적인 기사가 일제히 쏟아져 나온다. 신천지 신도 A씨가 무고로 김남희씨를 고소하여 징역 2년형을 받았다는 제목이다. 기사 내용을 읽어보면 더욱 충격적이다.

조선비즈 2021.12.09. 네이버뉴스
신천지 비판한 '前 2인자' **김남희 허위 고소**한 신도, 징역 2년
이에 A씨는 과거 김씨와 관련한 세무조사 당시 **허위** 소명을 했던 점을 들어 김씨를 고소했다. 지난 2010년 이 총회장은 김씨의 이혼 **위자료**와 생활비 명목으로 ...

노컷뉴스 2021.12.09. 네이버뉴스
'신천지 탈퇴' **김남희** 무고...신천지 신도 징역 2년
이에 A씨는 과거 김씨와 관련한 세무조사 당시 **허위** 소명을 했던 점을 이용해 김씨를 **고소**했다. 사건이 발생하기 전인 2010년 5월 이 교주는 김씨의 이혼 **위자료**...

뉴시스 PICK 2021.12.09. 네이버뉴스
신천지 비판 **김남희** 상대로 "빌린돈 안갚는다" 무고한 50대 징역형
않았다"며 **허위** 사실로 김씨를 **고소**를 진행해 무고한 혐의로 기소됐다. A씨는 앞서 2010년 이 총회장이 김씨의 이혼 **위자료**와 생활비를 주려고 신천지 계좌에서 **30**...

서울신문 PICK 2021.12.09. 네이버뉴스
신천지 비판한 '2인자 **김남희**' 상대로 무고한 신도 징역 2년
앞장섰던 **김남희** 씨를 상대로 "**30억**원을 빌려놓고 갚지 않았다"고 **허위 고소**한 신도가 징역형을 받았다... 김씨를 **고소**했다. 사건이 발생하기 10여년 전인 2010년 ...

프레시안 2021.12.09. 네이버뉴스
신천지 '前 실세' **김남희** 상대 무고한 50대 여성 신도 실형 선고
비판했던 **김남희** 씨를 무고한 50대 여성 신도가 법원에서 실형을 선고받았다. 수원지법 형사12부(부장판사... 재판부는 "피고인은 김 씨가 **30억** 원을 차용금 명목으...

연합뉴스 2021.12.09. 네이버뉴스
신천지 비판한 '2인자' **김남희** 상대로 무고한 신도 징역 2년
앞장섰던 **김남희** 씨를 상대로 "**30억**원을 빌려놓고 갚지 않았다"고 **허위 고소**한 신도가 징역형을 받았다... 김씨를 **고소**했다. 사건이 발생하기 10여년 전인 2010년 ...

데일리굿뉴스 2021.12.09.
신천지 비판 '**김남희**' 상대로 **고소**한 교도 징역 2년
당시 **허위** 소명을 했던 점을 이용해 김씨를 **고소**했다. 사건이 발생하기 10여년 전

다음은 언론에 나왔던 기사 제목을 캡쳐한 것이다.

위의 기사 내용을 종합해 보면 신천지 신도 A씨도 문제가 있지만, 신

천지 막후에서 벌어지고 있었던 사건의 진상이 백일하에 드러난 충격적인 내용이 들어가 있다. 특히, 이 사건이 드러나기 전까지 해왔던 이만희씨의 행위는 경악을 금치 못한다.

김남희씨는 이만희씨의 내연녀로서 경기도 가평에 위치한 평화의 궁전에서 동거하는 사이였다. 그런데 신천지 신도 A씨는 김남희씨가 신천지를 탈퇴한 지 얼마 지나지 않아 허위의 사실로 고소를 한 것이다. 언론에 폭로된 기사의 내용을 읽어보면 다음과 같이 정리된다.

1. 사건의 시작은 시간 순서상 모두 이만희씨로 부터 출발한다.

“2010년” 이만희 총회장이 김남희씨 이혼 위자료와 생활비를 주려고 신천지 계좌에서 30억 원을 출금해서 김남희씨에게 줬다는 것이다. 이 사실을 알게 된 신천지 신도 A씨는 이만희씨와 친분을 쌓기 위해 30억 원을 대출을 받아 이만희씨에게 주었다는 것이다.

충격적이다. 김남희씨가 전 남편과 이혼을 했다고 이만희씨가 30억을 주었다는 것이다. 그것도 신천지 계좌에서. 방 한 칸도 없다던 이만희씨가 30억을 어떻게 만들었을까? 30억의 출처는 어떤 식으로 든 문제가 많다.

첫째, 이만희씨 개인 재산에서 나온 것이라면 방 한 칸 없이 청빈한 사람처럼 자신을 미화시킨 이만희씨는 신천지 신도들을 기망한 것이고 그 돈의 출처를 밝혀야 한다.

둘째, 정말 언론 기사대로 신천지 계좌에서 나왔다면 더 큰 문제가 아닐 수 없다. 공금을 횡령한 것이다. 신천지 신도들의 믿음을 저버린 채 신도들의 헌금을 이용하여 자신의 내연녀와 이혼을 하였다고 30억을 준 것이다.

여기서 한 번 더 생각할 부분이 있다. 법원 판결에 나온 내용을 언론에서 대대적으로 기사화 한 것이기 때문에 이만희씨가 김남희씨에게 이혼위자료 30억을 준 것은 틀림없을 것이다. 그렇다면 이 30억이라는 큰돈을 누구에게 준 것일까?

우선, 김남희씨에게 줬을 가능성이 있다. 자신의 내연녀가 되어주는 조건일 가능성이 있다. 그렇지 않고서야 이혼을 했다고 전 남편이 김남희씨에게 위자료를 주는 것이 아니라 이만희씨가 위자료를 주는 것은 말이 안 된다. 신천지 내에서 이혼한 사람들이 많다. 그렇다고 이만희씨에게 이혼위자료로 단돈 3만 원이라도 받아본 이혼녀가 있는가? 틀림없이 내연녀가 되어주는 조건으로 30억을 줬을 가능성이 크다.

두 번째는 김남희씨 전 남편에게 30억을 주었을 가능성이 있다. 만약 이게 사실이라면 전남편은 김남희씨와 이혼하는 조건으로 30억을 받았을 것이다. 전달 방법은 전남편에게 바로 전달되었을 가능성도 있지만 희박해 보인다. 자금 추적을 할 경우 문제가 생길 수도 있고 모양새가 좋지 않다. 그래서 가장 안전한 방법이 김남희씨를 통해서 전달하는 방법인데 30억을 받아서 김남희씨와 전남편이 15억씩 나누었을 가능성도 배제할 수 없다.

그렇다 하더라도 이만희씨의 행태는 불량하다. 이만희씨가 두 사람의 이혼에 관련이 없다면 이만희씨가 30억을 줄 이유가 전혀 없다. 그것도 위자료와 생활비까지 말이다. 결국 30억이라는 거금이 신천지 계좌 혹은 자신의 자금이 투입이 되었다는 소리는 두 사람의 이혼에 직·간접적 영향을 미쳤다는 합리적 의심을 할 수밖에 없다. 그래서 이 당시 바벨론 소속과 하나님 소속이 같이 함께 살면 갈라서야 한다는 설교를 두 번이나 했던 것 같다. 아무튼 사건의 시작은 이만희씨가 이혼 위자료와 생활비 명목으로 신천지 계좌에서 30억을 김남희씨에게 준 것이다. 이 내용을 알게 된 신천지 신도 A씨가 30억 원을 대출을 받아 친분을 쌓기 위해 이만희씨에게 주게 된 것으로 보인다.

2. 2013년 국세청에서 세무조사가 시작되었다

"2013년" 서울지방국세청에서 신천지를 상대로 세무조사가 시작된 것 같다.

3. 2017년 김남희씨가 신천지를 탈퇴한다

"2017년" 김남희씨가 신천지를 탈퇴하면서 이만희씨는 내연녀였던 김남희씨와 전쟁을 선포한다. 이때 이만희씨는 "김남희에게 돈을 준 자는 신고하라"는 내용의 '총회장 특별지시사항'을 내려 김씨에게 돈을 주거나 빌려줬다고 신고한 신도들로 하여금 김씨에 대해 차용금 사기로 고소하거나 반환청구 소송을 제기하도록 한 것이다. (참조: 연합뉴스, 서울뉴스, 뉴시스, 노컷뉴스 등등)

4. 2019년 신천지 신도 A씨는 김남희씨를 허위로 고소한다.

"2019년" 신천지 신도 A씨는 2019년 11월 "김씨가 2010년 6월 30억 원을 빌리고 3개월 이내에 갚겠다고 했으나 원금과 이자를 갚지 않았다"며 허위 사실로 김남희씨를 고소한다. 그러나 이 배경에는 "김남희에게 돈을 준 자는 신고하라"는 내용의 '총회장 특별지시사항'이 이미 있었고 차용금 사기로 고소하라는 암묵적 분위기가 있었을 것을 보인다.(참조: 연합뉴스, 서울뉴스, 뉴시스, 노컷뉴스 등등) 이 과정에서 신천지 신도 A씨는 다음과 같은 내용으로 2019년에 김남희씨를 허위의 사실로 고소를 하게 된다.

'김씨(김남희)가 2010년 5월 신천지로부터 30억 원을 빌렸다가 같은 해 6월 이를 변제했는데, 변제한 30억 원은 김씨가 A씨로부터 빌린 차용금이다'

신천지 신도 A씨는 위와 같은 허위의 소명자료를 제출하였다가 결국 조사과정에서 들통이 나서 "무고죄" 처분을 받게 된다. 또한 신천지 신도 A씨는 위조한 약정서뿐만 아니라 이만희 총회장과 동거하던 김남희씨의 생활비를 보조하기 위해 회사 자금 6억3000여만 원을 김남희씨 급여 명목으로 지급하는 등 개인적인 용도로 사용해 횡령한 혐의로도 기소되어 징역 2년이라는 형벌을 받게 되었다. 신천지 신도 A씨가 다녔던 회사가 궁금하다. 도대체 무슨 회사이기에 그리고 신천지와 무슨 관계가 있기에 김남희씨 생활비를 보조해 준다는 명분이 들어가 있었으며 6억3천만 원이라는 큰돈을 횡령을 할 수 있었는지도 궁금하다.

그러나 무엇보다 여기서 놓쳐서는 안 되는 부분이 있다. 바로 "이만희씨의 비열한 행태이다"

본처를 놔두고 김남희씨와 내연관계였던 것도 지탄을 받아야 할 행동이지만 김남희씨가 전 남편과 이혼하는 과정에서 신천지 계좌에 있는 30억 원을 위자료와 생활비로 줬다는 것은 있을 수 없는 일이 벌어진 것이다. 신천지 신도들 앞에서는 온갖 거룩한 척하고 깨끗한 척하면서 뒤에서는 신도들 돈의 공금을 횡령이나 하고 이웃의 여자를 탐하는 더러운 짓만 골라서 하고 있었던 것이다.

더욱 심각한 것은 이만희씨 본인이 불륜을 저질렀다가 파경에 이르렀음에도 반성은커녕 신천지 신도들에게 그 책임을 전가하거나 혹은 특별지시사항을 내려서 고소를 종용하는 듯한 행태는 인면수심 그 자체로 볼 수 있다. 이런 사람이 예수의 영이 함께 한다니 웃음만 나온다. 불륜을 저지르고 남의 여자를 탐할 때 함께 하고 있던 예수님은 그냥 보고만 있더냐!!

이만희씨에게 묻지 않을 수 없다.

1 또 하늘에 크고 이상한 다른 1)이적을 보매 일곱 천사가 일곱 재앙을 가졌으니 곧 마지막 재앙이라 하나님의 진노가 이것으
로 마치리로다/2 또 내가 보니 불이 섞인 유리 바다 같은 것이 있고 짐승과 그의 우상과 그의 이름의 수를 이기고 벗어난 자
이 유리바다 가에 서서 하나님의 거문고를 가지고/3 하나님의 종 모세의 노래, 어린 양의 노래를 불러 가로되 주 하나님 곧 전
능하신이시여 하시는 일이 크고 기이하시도다 2)만국의 왕이시여 주의 길이 의롭고 참되시도다/4 ㄱ)주여 누가 주의 이름을
두려워하지 아니하며 영화롭게 하지 아니하오리이까 오직 주만 거룩하시니이다 주의 의로우신 일이 나타났으매 만국이 와서
주께 경배하리이다 하더라/5 또 이 일 후에 내가 보니 하늘에 증거 장막의 성전이 열리며/6 일곱 재앙을 가진 일곱 천사가
전으로부터 나와 맑고 빛난 3)세마포 옷을 입고 가슴에 금띠를 띠고/7 네 생물 중에 하나가 세세에 계신 하나님의 진노를 가
히 담은 금대접 일곱을 그 일곱 천사에게 주니/8 하나님의 영광과 능력을 인하여 성전에 연기가 차게 되매 일곱 천사의 일
재앙이 마치기까지는 성전에 능히 들어갈 자가 없더라1 또 하늘에 크고 이상한 다른 1)이적을 보매 일곱 천사가 일곱 재앙
가졌으니 곧 마지막 재앙이라 하나님의 진노가 이것으로 마치리로다/2 또 내가 보니 불이 섞인 유리 바다 같은 것이 있고 짐
과 그의 우상과 그의 이름의 수를 이기고 벗어난 자들이 유리바다 가에 서서 하나님의 거문고를 가지고/3 하나님의 종 모세
노래, 어린 양의 노래를 불러 가로되 주 하나님 곧 전능하신이시여 하시는 일이 크고 기이하시도다 2)만국의 왕이시여 주의
이 의롭고 참되시도다/4 ㄱ)주여 누가 주의 이름을 두려워하지 아니하며 영화롭게 하지 아니하오리이까 오직 주만 거룩하
니이다 주의 의로우신 일이 나타났으매 만국이 와서 주께 경배하리이다 하더라/5 또 이 일 후에 내가 보니 하늘에 증거 장막
성전이 열리며/6 일곱 재앙을 가진 일곱 천사가 성전으로부터 나와 맑고 빛난 3)세마포 옷을 입고 가슴에 금띠를 띠고/7 네
물 중에 하나가 세세에 계신 하나님의 진노를 가득히 담은 금대접 일곱을 그 일곱 천사에게 주니/8 하나님의 영광과 능력을
하여 성전에 연기가 차게 되매 일곱 천사의 일곱 재앙이 마치기까지는 성전에 능히 들어갈 자가 없더라1 또 하늘에 크고 이
한 다른 1)이적을 보매 일곱 천사가 일곱 재앙을 가졌으니 곧 마지막 재앙이라 하나님의 진노가 이것으로 마치리로다/2 또
가 보니 불이 섞인 유리 바다 같은 것이 있고 짐승과 그의 우상과 그의 이름의 수를 이기고 벗어난 자들이 유리바다 가에 서
하나님의 거문고를 가지고/3 하나님의 종 모세의 노래, 어린 양의 노래를 불러 가로되 주 하나님 곧 전능하신이시여 하시는
이 크고 기이하시도다 2)만국의 왕이시여 주의 길이 의롭고 참되시도다/4 ㄱ)주여 누가 주의 이름을 두려워하지 아니하며
화롭게 하지 아니하오리이까 오직 주만 거룩하시니이다 주의 의로우신 일이 나타났으매 만국이 와서 주께 경배하리이다 하
라/5 또 이 일 후에 내가 보니 하늘에 증거 장막의 성전이 열리며/6 일곱 재앙을 가진 일곱 천사가 성전으로부터 나와 맑고
난 3)세마포 옷을 입고 가슴에 금띠를 띠고/7 네 생물 중에 하나가 세세에 계신 하나님의 진노를 가득히 담은 금대접 일곱
그 일곱 천사에게 주니/8 하나님의 영광과 능력을 인하여 성전에 연기가 차게 되매 일곱 천사의 일곱 재앙이 마치기까지는
전에 능히 들어갈 자가 없더라1 또 하늘에 크고 이상한 다른 1)이적을 보매 일곱 천사가 일곱 재앙을 가졌으니 곧 마지막 재
이라 하나님의 진노가 이것으로 마치리로다/2 또 내가 보니 불이 섞인 유리 바다 같은 것이 있고 짐승과 그의 우상과 그의
름의 수를 이기고 벗어난 자들이 유리바다 가에 서서 하나님의 거문고를 가지고/3 하나님의 종 모세의 노래, 어린 양의 노래
불러 가로되 주 하나님 곧 전능하신이시여 하시는 일이 크고 기이하시도다 2)만국의 왕이시여 주의 길이 의롭고 참되시도다
ㄱ)주여 누가 주의 이름을 두려워하지 아니하며 영화롭게 하지 아니하오리이까 오직 주만 거룩하시니이다 주의 의로우신
이 나타났으매 만국이 와서 주께 경배하리이다 하더라/5 또 이 일 후에 내가 보니 하늘에 증거 장막의 성전이 열리며/6 일
재앙을 가진 일곱 천사가 성전으로부터 나와 맑고 빛난 3)세마포 옷을 입고 가슴에 금띠를 띠고/7 네 생물 중에 하나가 세
에 계신 하나님의 진노를 가득히 담은 금대접 일곱을 그 일곱 천사에게 주니/8 하나님의 영광과 능력을 인하여 성전에 연기
차게 되매 일곱 천사의 일곱 재앙이 마치기까지는 성전에 능히 들어갈 자가 없더라1 또 하늘에 크고 이상한 다른 1)이적을
매 일곱 천사가 일곱 재앙을 가졌으니 곧 마지막 재앙이라 하나님의 진노가 이것으로 마치리로다/2 또 내가 보니 불이 섞인
리 바다 같은 것이 있고 짐승과 그의 우상과 그의 이름의 수를 이기고 벗어난 자들이 유리바다 가에 서서 하나님의 거문고
가지고/3 하나님의 종 모세의 노래, 어린 양의 노래를 불러 가로되 주 하나님 곧 전능하신이시여 하시는 일이 크고 기이하시
다 2)만국의 왕이시여 주의 길이 의롭고 참되시도다/4 ㄱ)주여 누가 주의 이름을 두려워하지 아니하며 영화롭게 하지 아니
오리이까 오직 주만 거룩하시니이다 주의 의로우신 일이 나타났으매 만국이 와서 주께 경배하리이다 하더라/5 또 이 일 후
내가 보니 하늘에 증거 장막의 성전이 열리며/6 일곱 재앙을 가진 일곱 천사가 성전으로부터 나와 맑고 빛난 3)세마포 옷을
고 가슴에 금띠를 띠고/7 네 생물 중에 하나가 세세에 계신 하나님의 진노를 가득히 담은 금대접 일곱을 그 일곱 천사에게
니/8 하나님의 영광과 능력을 인하여 성전에 연기가 차게 되매 일곱 천사의 일곱 재앙이 마치기까지는 성전에 능히 들어갈

14

요한계시록 15장

신천지 요한계시록 15장 풀이

1 또 하늘에 크고 이상한 다른 이적을 보매 일곱 천사가 일곱 재앙을 가졌
으니 곧 마지막 재앙이라 하나님의 진노가 이것으로 마치리로다

여기서 "하늘"은 영의 세계가 아닌 이긴 자가 있는 둘째 하늘이며 증거장막 성전이다. 계12장의 이적은 해를 입은 한 여자가 해산의 고통과 붉은 용과 관련이 있다면 본 절에서 "다른 이적"은 멸망자에게 대한 심판을 베풀기 때문이며 마지막 재앙이다. 재앙은 심판인데 계6장에 선민을 심판하는 일곱 인의 재앙이 첫 번째요. 계8장, 9장, 11장, 13장 용의 무리가 선민을 삼키는 일들을 알리는 일곱 나팔의 재앙이 두 번째요. 계15장 다른 이적인 재앙은 계16장에 선민과 짐승과 짐승의 나라에 쏟아지는 재앙이 일곱 대접의 재앙으로 심판이 끝나니 마지막 세 번째의 재앙이다.

2 또 내가 보니 불이 섞인 유리 바다 같은 것이 있고 짐승과 그의 우상과
그의 이름의 수를 이기고 벗어난 자들이 유리바다 가에 서서 하나님의 거
문고를 가지고

"불이 섞인 유리바다"는 말씀인 불로 심판을 베풀고 있기 때문이며, 계4장에 나오는 "유리바다"는 영계의 하나님의 보좌에 있는 유리바다이고 본 구절의 "유리바다"는 하늘에서 이룬 것 같이 땅에서도 이루기 위해서 내려온 육계의 증거장막성전의 유리바다이다. "짐승과 그의 우상과 그의 이름의 수(666)를 이기

고 벗어난 자들"은 14만 4천 명이고, "거문고"는 성경 말씀으로 하나님의 말씀을 전한다는 의미이다.

3 하나님의 종 모세의 노래, 어린 양의 노래를 불러 가로되 주 하나님 곧 전능하신이시여 하시는 일이 크고 기이하시도다 만국의 왕이시여 주의 길이 의롭고 참되시도다

"모세의 노래"가 구약의 율법이라면 "어린양의 노래"는 신약의 예언이고 이 예언이 실상으로 성취가 되었을 때 14만4 천명이 부르는 새 노래가 되는 것이다.

4 주여 누가 주의 이름을 두려워하지 아니하며 영화롭게 하지 아니하오리이까 오직 주만 거룩하시니이다 주의 의로우신 일이 나타났으매 만국이 와서 주께 경배하리이다 하더라

"주의 의로우신 일"은 짐승과 우상과 싸워 이기는 이긴 자가 출현하게 하시고 짐승과 우상과 그 이름의 수를 이기고 벗어나서 모세의 노래와 어린양의 노래를 부르게 하는 것이다.

5 또 이 일 후에 내가 보니 하늘에 증거 장막의 성전이 열리며

"이 일 후"는 짐승과 우상과 그 이름의 수를 이기고 벗어난 후를 말한다. "증거장막성전"은 만국이 와서 예배를 드릴 곳이며 예수님과 거룩한 성 새 예루살렘이 임하는 곳이다. 또한 길 예비사자인 첫 장막에서 있었던 계시록 전장의 사건과 나타났던 실체와 실상을 증거하는 곳이며 이긴 자와 인 맞은 14만 4천명과 흰 무리가 함께 있는 곳이다.

6 일곱 재앙을 가진 일곱 천사가 성전으로부터 나와 맑고 빛난 세마포 옷
을 입고 가슴에 금띠를 띠고
7 네 생물 중에 하나가 세세에 계신 하나님의 진노를 가득히 담은 금대접
일곱을 그 일곱 천사에게 주니

"일곱 재앙을 가진 일곱 천사"가 성전에서 나오고 네 생물 중 하나가 일곱 금 대접을 각각 성전에서 나온 일곱 천사에게 준다. 하나님의 진노를 담은 "금 대접 일곱"은 증거장막성전 소속의 일곱 금 대접의 역할을 하는 육체인 사명자들이다. 일곱 금 대접의 사명자를 택한 이유는 짐승과 우상과 그 이름의 수를 이기고 벗어난 자들이기도 하고 일곱 금 촛대 장막에서 벌어지고 있는 배도와 멸망의 사건을 현장에서 직접 목격한 자들이기 때문이다.

8 하나님의 영광과 능력을 인하여 성전에 연기가 차게 되매 일곱 천사의
일곱 재앙이 마치기까지는 성전에 능히 들어갈 자가 없더라

여기서 "연기"는 배도자와 멸망자를 심판하는 진노의 말씀이므로 무저갱에서 나오는 비진리 하고는 "다른 연기"이다. "일곱 재앙이 마치기까지는 성전에 능히 들어갈 자가 없다"는 말은 심판을 끝내기 전에는 짐승에게 표 받은 자들이 증거장막성전에 들어갈 수 없다는 뜻이다.

신천지 요한계시록 15장 반증

1. 증거장막성전에 들어갔다가 배도한 두 증인과 대접

7절 네 생물 중에 하나가 세세에 계신 하나님의 진노를 가득히 담은 금대접 일곱을 그 일곱 천사에게 주니

위의 일곱 대접은 계16장에서 일곱 천사가 땅(장막성전)에 쏟게 된다. 신천지 실상 인물로 일곱 대접은 다음과 같다.

이만희, 홍종효, 지○섭, 이종호, 양을규, 김대원, 심재권

신천지 실상 인물이 이번에도 바쁘다. 김대원씨는 필자와의 전화통화에서 자신이 신천지 실상 인물인 일곱 대접에 들어가 있는지도 몰랐다고 하고, 장막성전을 나온 이후 다시 장막성전에 간 적이 없는데 진노의 대접을 쏟았다는 것 자체가 어불성설이다. 특히, 일곱 대접인 홍종효씨는 계11장에 두 증인이다. 계11장 반증에서 다 다루지 않았던 부분을 여기서 다루고자 한다.

계시록 완전해설 (1986, 대언자 이만희 저) p138 - p139

[요한이 천사로부터 받은바 책과 "지팡이"는 하나님 보좌 지성소에 있는 만나와 "살구 열매가 맺힌 지팡이"이다. (중략) 이와 같이 둘째 장막 지성소에는 두 그룹과 두 비석과 만나와 싹 난 지팡이가 있으니 이들이 성령의 법을 입은 두 목자가 만나(떡)와 열매인 생명 양식을 가지고 출현하는

것을 말해 주는 것이다. (중략) 모세는 이스라엘 두령들에게 자기들을 대신해서 지팡이 하나씩을 가지고 오라고 하였으나 아론의 지팡이에만 살구 열매가 맺혔다. 그리고 꽃이 피고 살구가 맺힌 지팡이는 지성소에 들어가셨다. 이는 죽었다가 다시 산 나무 곧 "생명 나무"라는 말이요, 예수님은 하늘에서 내려온 산 떡이었는데 십자가를 지신 후 지성소에 들어가셨으니 이것이 곧 "만나"요, 이 "만나"와 "살구나무 열매"가 곧 지성소에 있는 두 사명자이다. 이 일을 이사야 6장에 말씀하시기를 범죄 한 선민을 자른 후에 그 뿌리(예수)에서 한 가지가 나고 그 줄기에서 한 싹이(사11)이 나서 결실하니 이들이 "두 목자"이다. 계11장에 "죽었다가 다시 생기 받아 살아나니 지팡이에 싹"이 난 것이요, "부활"이라 이 둘이 "두 증인"이요, "두 감람나무"이다]

위의 계시록 완전해설에서 이만희씨는 홍종효씨를 다음과 같이 평가한다. 지팡이(홍종효)는 1) 살구 열매가 맺힌 지팡이 2) 지성소에 있는 싹 난 지팡이 3) 성령을 입은 열매 4) 죽었다가 다시 산 생명 나무 5) 살구나무 열매 6) 뿌리(예수)에서 나온 한 싹이 난 것이요 부활이다

붙일 수 있는 찬사는 거의 다 붙인다. 심지어 생명 나무라고까지 한다. 그러나 이미 첫 장막이 폐하여 둘째 장막인 지성소까지 들어간 홍종효씨가 1987년 8월 신천지를 탈퇴한다. 위의 이만희씨가 홍종효씨에게 붙인 화려한 수식어만 보면 신천지를 탈퇴하는 것 자체가 모순이다. 홍종효씨를 "죽었다가 다시 산 생명 나무"라고 까지 했는데, 지성소에 있는 싹 난 지팡이며 생명 나무가 신천지를 탈퇴해 버린 것이다. 너무 웃기는 상황이다. 홍종효씨가 탈퇴하자 이만희씨의 태도는 180도 바뀐다. 다음 천국 비밀 계시를 보자.

천국비밀 계시 (1998, 증인 이만희 보혜사 저) p198

[요한이 받은 지팡이 같은 갈대는 무엇인가? 에스겔 29장 6절에 애굽을 갈대 지팡이라고 하셨고, 이 애굽은 이사야 31장 3절에서 사람이라고 하였다. 그러므로 본문에서 천사가 요한에게 준 지팡이 같은 갈대는 아담에게 붙여준 하와와 모세를 도운 아론같이 요한을 도와주는 사명자를 비유한 것인데 신앙이 온전치 못하기 때문에 흔들리는 갈대로 비유한 것이다. 이는 예수님의 제자들이 세례요한의 제자들의 말을 듣고 믿음이 흔들리는 것을 보고 예수님께서 흔들리는 갈대냐고 책망하신 것과 같다]

홍종효씨가 이탈하자 천국 비밀 계시에서는 이만희씨가 홍종효씨를 다음과 같이 평가한다.

지팡이(홍종효)는 1) 애굽 2) 요한을 돕는 사명자 3) 신앙이 온전치 못함 4) 흔들리는 갈대등 계시록 완전해설과는 완전히 다른 부정적인 의미들만 붙여 놨다. "계시록 완전해설"을 버리고 다른 책을 써야 했던 가장 큰 이유 중 하나가 바로 홍종효씨가 신천지를 탈퇴한 사건이다. 계시록 전장을 통달했다는 이만희씨에게 아주 중요한 두 증인과 일곱 대접의 실상이요 계 2장 3장 서신의 대필자인 홍종효씨가 둘째 장막인 증거장막성전을 버리고 탈퇴할 것이라는 계시는 예수님께 받지 못했나 보다. 계시록 완전해설을 쓸 때는 두 증인인 홍종효씨가 탈퇴할 것을 꿈에도 생각하지 못하고 계시록을 통달한 것처럼 완전한 해설을 썼을 텐데, 그렇게 고생해서 쓴 책을 폐기 처분하는 신세가 되었으니 말이다. 성경을 통달한 자가 아니라는 반증이다.

2. 이만희씨는 지팡이를 언제 받아야 하는가?

이만희씨는 "계시록 완전해설" 머리말에 1980년 봄에 책과 지팡이를 받았다고 한다. 그리고 초창기 자료에는 이만희씨가 1980년 9월에 받았고 이 사건을 9월의 사건이라고 강사들이 가르쳤다. 책을 받아먹고 계10장 11절에서 사도요한이 백성과 나라와 방언과 임금에게 다시 예언해야 하고 계11장 1절에서 지팡이 같은 갈대를 받기 때문에 책과 지팡이 받는 사건은 거의 동시에 발생해야 한다. 그래서 이만희씨는 책과 지팡이 받는 날짜는 항상 세트로 움직였다.

자, 그러면 여기서 의문이 든다. 천지창조 p218 (보혜사·이만희 저)에서 이만희씨는 1979년도에 첫 장막에 편지를 했고, 1980년 초에 천사로부터 작은 책을 받았다고 한다. 여기서는 지팡이 받았다는 기록이 없다. 따라서 1980년 초에 책을 받을 때 지팡이(홍종효)도 받았을 것이다. 그런데 이게 말이 안 된다. 이만희씨는 일곱 사자에게 편지를 보낼 때 대필자인 홍종효씨가 대신 글을 써서 보냈다고 한다. 설교시간에도 자신이 쓴 것이 아니고 다 홍종효씨가 편지를 썼다고 하지 않는가! 이만희씨와 홍종효씨가 함께 하는 두 증인의 역사는 편지를 같이 쓰기 시작했기 때문에 계11장에서부터 시작되는 것이 아니고 결국 편지를 쓰는 시점인 계2장, 3장에서 함께 시작을 했다고 봐야한다. 그렇다면 이만희씨는 지팡이(홍종효)를 받아야 하는 시점은 최소한 1979년이나 그 이전에 받아야 한다는 말이 된다. 결국, 계11장에 두 증인(이만희, 홍종효)이 나오는데 계2, 3장부터 홍종효씨가 대신 대필을 해 주고 지팡이 같은 역할을 하고 있었으니 신천지 계11장 두 증인의 역사는 실상이 맞지 않게 된다. 이러한 근본적인 문제가 발생하는 이유는 신천지 실상 인물이 부족해서 한 사람이 여러 역할을 하기에 문제가 되는 것이다.

종교세계관심사

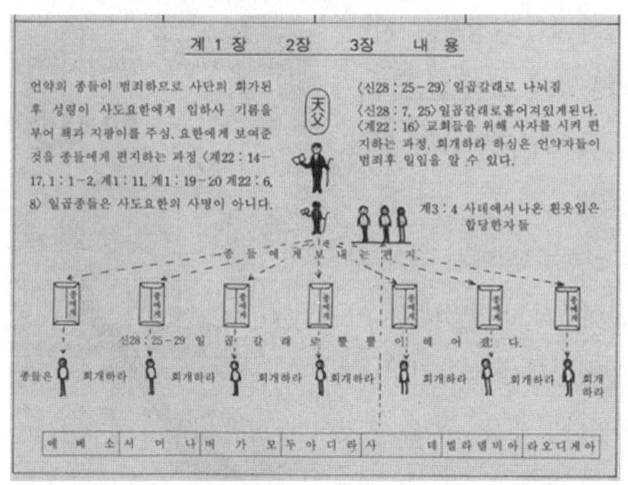

위의 내용은 [계1장, 2장, 3장] 내용이다. 그런데 계1장 안수받고, 계2장, 3장에 회개의 편지를 보내고, 계10장에서 책을 받고 계11장에서 지팡이를 받아야 하는데, 위의 그림은 [계1장 2장 3장]에서 [계10장 계11장] 사건까지 다 벌어지고 있는 황당한 상황이다. 처음에 이만희씨가 소설을 쓰기 위해서 각본을 쓸 때는 "계시록 완전해설"처럼 1980년 봄에 안수받고 책과 지팡이를 받았다고 세팅을 해 놓은 것이고 그걸 초창기 종교세계관심사에 실상 그림으로 나타낸 것이다. 그러므로 계시록 완전해설에 인위적으로 조작을 시도를 했다가 시간이 지나면서 거짓말이 들통이 나자 바꾸기 시작한 것이다.

그리고 하나 더 추가를 하면 책과 지팡이를 들고 있는 사도요한 그림 옆에 세 사람이 서있고, 계3:4 사데에서 나온 흰옷 입은 합당한 자들이라고 적혀있다. 즉, 계6장의 밀 한 되 보리 석 되(4명)이며 이들이 백만봉사데교회에서 나왔다는 것이다. 다음 [종교세계의 관심사] 마지막 버전 76쪽을 보자. 앞의 실상 그림과 대조를 해 보면 많은 차이가 있음을 알 것이다.

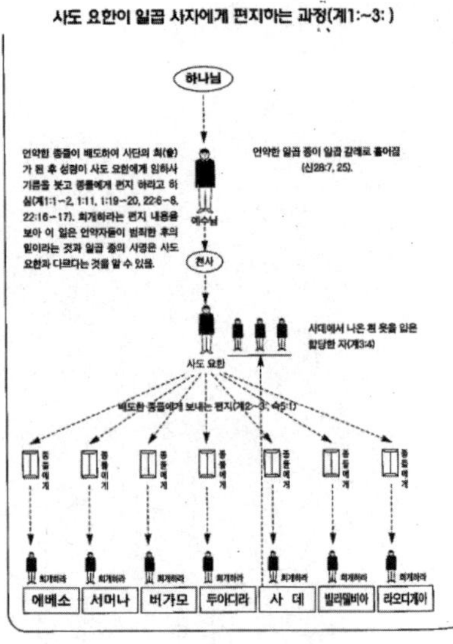

드디어 실상 그림에서 책과 지팡이가 없어졌다. 이만희씨는 이전 종교세계관심사에 그린 실상 그림이 틀렸다는 것을 눈치를 챈 것이다. 정말 자신이 예수님께 안수를 받고 책을 받아 먹고 통달했다면 이런 큰 실수를 할 수가 없다. 안수받은 사건과 편지사건과 책과 지팡이 받은 사건을 헷갈리다니 말이 되는가!! 그리고 설령 이만희씨가 편지를 썼다고 하더라도 당시는 이미 네 사람이 장막을 이탈하고 수신자가 없기 때문에 편지를 받을 수도 없는 상황인데 편지를 보냈다고 우기고 있다. 한심하다.

쉬어가는 코너 2012년 전무후무한 요한계시록 실화영화 불발

2012년 11월 26일(신천기 27년) 신천지에서는 '요한계시록이 영화'로 제작될 것이라고 대대적으로 홍보를 했던 적이 있다. 그 당시는 신천지 요한계시록 영화가 전국 영화관에 상영이 될 것이며 이 영화가 나가면 모든 세상 사람들이 신천지를 다시 보게 될 것이며, 많은 사람들이 신천지로 몰려와서 뭔가 큰일이 벌어지고 신천지 역사가 곧 완성이 될 것이라고 신천지 신도들은 흥분을 감추지 못했던 시점이다.

[2012년 신천지에서 홍보했던 포스터]

[2012년에 신천지 요한계시록 영화홍보 블로그 캡쳐]

신천지 요한계시록실화[신천지 요한계시록실화] 영화 모스트보다 더 감동적인 신천지 요한계시록실화영화 11월26일 개봉!
/ 영화.드라마

singing 2012.11.10 19:51

http://blog.daum.net/bgyk2316/196

신천지 요한계시록실화[신천지 요한계시록실화] 체코영화 모스트보다 더 감동적인 **신천지 요한계시록실화영화**가 드디어 11월26일 개봉!
그동안 **신천지 요한계시록실화**가 있기까지 **신천지**에 대한 왜곡과 편견이 언론매체들의 이슈화로 세간의 이목을 놓지않는 **신천지 요한계시록실화 신천지영화**가 하나님의 6천년역사 완성을 고스란히 보여줄것입니다

지난여름 열대야로 잠못이룬 수많은 시간들을 회상하면서
신천지 요한계시록실화영화를 통해 주님의 진정한 뜻이 무엇인가
깨닫기를 바라는 마음으로 이글을 씁니다

2012년 11월 26일 신천지 요한계시록 실화가 각 영화관에서 상영이 될 것이라고 신천지 카페와 블로그등 홍보를 대대적으로 하면서 신천지 안에

서 요란했던 시점이다. 더 나아가 이만희씨는 설교시간에 이(계시)복음을 영화로 만들어서 전해야 한다고 했다.

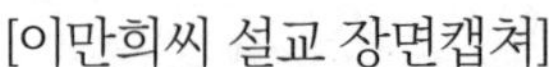
[이만희씨 설교 장면캡쳐]

신천기 27년에 이만희씨는 단상에서 영화로도 이 실상을 전해야 한다고 설교를 하면서 정말 신천지 신도들 사이에서는 이 모든 역사가 곧 완성이 되어서 그동안 힘들었던 모든 일들을 갚아 주시고 애통함과 눈물을 닦아 주실 것이라고 희망에 차 있었다. 그러나 부푼 가슴을 안고 그토록 '극장 영화 상영'을 기다렸건만 2012년 11월 26일이 되어도 감감무소식이다. 기다리던 요한계시록 영화가 모든 세상 사람들이 함께 보도록 극장에서 상영은 고사하고 쉬쉬하면서 신천지 내에서 신천지 신도들 대상으로만 틀어주었다.

대단한 일이 벌어질 줄 알았던 그 뜨거웠던 신천기 27년!! 신천기 27년을 겪었던 신천지 신도들은 그해 정말 가슴 뜨거운 한 해였던 것을 알 것이다. 그러나 돌이켜 생각하면 얼마나 또한 허망한 일이었을까? 그해에 영화가 상영되어 이 신천지 역사가 곧 완성될 것이라는 뜨거운 피 끓음이 있었지만, 이제는 그 사건들이 역사의 뒤안길로 접어들며, 나도 그것을 경험하였노라 정도의 조그만 해프닝이 되고 말았다.

신천지는 대외적인 행사나 대단한 일이 있을 것 같은 기획을 주기적으로 할 수밖에 없다. 이제 곧, 뭔가 이루어지기를 바라는 신천지 신도들에게는 '당근'이 필요하기 때문이다. 쉼 없이 바쁘게 신천지 신도를 움직이게 만들 수 있는 이유도 바로 이 '당근'이 있기 때문이다. 영생하여 왕 같은 제사장이 되는 그 당근 말이다. 신천지 신도들에게 이 '당근'을 가지기 위해서는 잠시 한순간의 고생을 감내하라고 강요를 해도 아무도 찍소리를 못한다. 장차 다가올 큰 영광을 위하여 기꺼이 그 '채찍'을 받아들이겠다는 것이다. '당근과 채찍'은 사이비 집단에서 신도들을 상대로 아주 약발이 잘 먹히는 방법이다.

그런데 웃긴 것은, 그 영화가 만들어지고 지금은 신천지 안에서도 안 틀어준다. 그 영화의 주인공인 "새 요한(이만희)"역을 맡았던 배우가 신천지를 탈퇴했다는 소리가 들린다. 너무 웃긴다. 새 요한이가 신천지가 틀렸다고 뛰쳐나온 것이다. 새 요한 이만희 체면이 말이 아니다.

신천기 27년!! 그 해 열광했던 신천지 신도 여러분!! 돌이켜 보면 어떤 기분이 드시나요?

또다시 여러분들을 열광시키는 행사가 곧 준비될 것입니다!! 이만희씨와 그 일당들이 "당근과 채찍"을 이용하여 여러분들의 영혼을 기망하면서요.

1 또 내가 들으니 성전에서 큰 음성이 나서 일곱 천사에게 말하되 너희는 가서 하나님의 진노의 일곱 대접을 땅에 쏟으라 하
라/2 첫째가 가서 그 대접을 땅에 쏟으매 악하고 독한 헌데가 짐승의 표를 받은 사람들과 그 우상에게 경배하는 자들에게 나
라/3 둘째가 그 대접을 바다에 쏟으매 바다가 곧 죽은 자의 피 같이 되니 바다 가운데 모든 생물이 죽더라/4 세째가 그 대접
강과 물 근원에 쏟으매 피가 되더라/5 내가 들으니 물을 차지한 천사가 가로되 전에도 계셨고 시방도 계신 거룩하신 이여 이
게 심판하시니 의로우시도다/6 저희가 성도들과 선지자들의 피를 흘렸으므로 저희로 피를 마시게 하신 것이 합당하니이다
더라/7 또 내가 들으니 제단이 말하기를 그러하다 주 하나님 곧 전능하신 이시여 심판하시는 것이 참되시고 의로우시도다
더라/8 네째가 그 대접을 해에 쏟으매 해가 권세를 받아 불로 사람들을 태우니/9 사람들이 크게 태움에 태워진지라 이 재앙
을 행하는 권세를 가지신 하나님의 이름을 훼방하며 또 회개하여 영광을 주께 돌리지 아니하더라/10 또 다섯째가 그 대접
짐승의 보좌에 쏟으니 그 나라가 곧 어두워지며 사람들이 아파서 자기 혀를 깨물고/11 아픈 것과 종기로 인하여 하늘의 하
님을 훼방하고 저희 행위를 회개치 아니하더라/12 또 여섯째가 그 대접을 큰 강 유브라데에 쏟으매 강물이 말라서 동방에
오는 왕들의 길이 예비되더라/13 또 내가 보매 개구리 같은 세 더러운 영이 용의 입과 짐승의 입과 거짓 선지자의 입에서 나
니/14 저희는 귀신의 영이라 이적을 행하여 온 천하 임금들에게 가서 하나님 곧 전능하신이의 큰 날에 전쟁을 위하여 그들
모으더라/15 보라 내가 도적 같이 오리니 누구든지 깨어 자기 옷을 지켜 벌거벗고 다니지 아니하며 자기의 부끄러움을 보
지 아니하는 자가 복이 있도다/16 세 영이 히브리 음으로 아마겟돈이라 하는 곳으로 왕들을 모으더라/17 일곱째가 그 대접
공기 가운데 쏟으매 큰 음성이 성전에서 보좌로부터 나서 가로되 되었다 하니/18 번개와 음성들과 뇌성이 있고 또 큰 지진
있어 어찌 큰지 사람이 땅에 있어 옴으로 이같이 큰 지진이 없었더라/19 큰 성이 세 갈래로 갈라지고 만국의 성들도 무너지
큰 성 바벨론이 하나님 앞에 기억하신바 되어 그의 맹렬한 진노의 포도주 잔을 받으매/20 각 섬도 없어지고 산악도 간데 없
라/21 또 중수가 한 1)달란트나 되는 큰 우박이 하늘로부터 사람들에게 내리매 사람들이 그 박재로 인하여 하나님을 훼방하
그 재앙이 심히 큼이러라
1 또 내가 들으니 성전에서 큰 음성이 나서 일곱 천사에게 말하되 너희는 가서 하나님의 진노의 일곱 대접을 땅에 쏟으라 하
라/2 첫째가 가서 그 대접을 땅에 쏟으매 악하고 독한 헌데가 짐승의 표를 받은 사람들과 그 우상에게 경배하는 자들에게 나
라/3 둘째가 그 대접을 바다에 쏟으매 바다가 곧 죽은 자의 피 같이 되니 바다 가운데 모든 생물이 죽더라/4 세째가 그 대접
강과 물 근원에 쏟으매 피가 되더라/5 내가 들으니 물을 차지한 천사가 가로되 전에도 계셨고 시방도 계신 거룩하신 이여 이
게 심판하시니 의로우시도다/6 저희가 성도들과 선지자들의 피를 흘렸으므로 저희로 피를 마시게 하신 것이 합당하니이다
더라/7 또 내가 들으니 제단이 말하기를 그러하다 주 하나님 곧 전능하신 이시여 심판하시는 것이 참되시고 의로우시도다
더라/8 네째가 그 대접을 해에 쏟으매 해가 권세를 받아 불로 사람들을 태우니/9 사람들이 크게 태움에 태워진지라 이 재앙
을 행하는 권세를 가지신 하나님의 이름을 훼방하며 또 회개하여 영광을 주께 돌리지 아니하더라/10 또 다섯째가 그 대접
짐승의 보좌에 쏟으니 그 나라가 곧 어두워지며 사람들이 아파서 자기 혀를 깨물고/11 아픈 것과 종기로 인하여 하늘의 하
님을 훼방하고 저희 행위를 회개치 아니하더라/12 또 여섯째가 그 대접을 큰 강 유브라데에 쏟으매 강물이 말라서 동방에
오는 왕들의 길이 예비되더라/13 또 내가 보매 개구리 같은 세 더러운 영이 용의 입과 짐승의 입과 거짓 선지자의 입에서 나
니/14 저희는 귀신의 영이라 이적을 행하여 온 천하 임금들에게 가서 하나님 곧 전능하신이의 큰 날에 전쟁을 위하여 그들
모으더라/15 보라 내가 도적 같이 오리니 누구든지 깨어 자기 옷을 지켜 벌거벗고 다니지 아니하며 자기의 부끄러움을 보
지 아니하는 자가 복이 있도다/16 세 영이 히브리 음으로 아마겟돈이라 하는 곳으로 왕들을 모으더라/17 일곱째가 그 대접
공기 가운데 쏟으매 큰 음성이 성전에서 보좌로부터 나서 가로되 되었다 하니/18 번개와 음성들과 뇌성이 있고 또 큰 지진
있어 어찌 큰지 사람이 땅에 있어 옴으로 이같이 큰 지진이 없었더라/19 큰 성이 세 갈래로 갈라지고 만국의 성들도 무너지
큰 성 바벨론이 하나님 앞에 기억하신바 되어 그의 맹렬한 진노의 포도주 잔을 받으매/20 각 섬도 없어지고 산악도 간데 없
라/21 또 중수가 한 1)달란트나 되는 큰 우박이 하늘로부터 사람들에게 내리매 사람들이 그 박재로 인하여 하나님을 훼방하
그 재앙이 심히 큼이러라
1 또 내가 들으니 성전에서 큰 음성이 나서 일곱 천사에게 말하되 너희는 가서 하나님의 진노의 일곱 대접을 땅에 쏟으라 하
라/2 첫째가 가서 그 대접을 땅에 쏟으매 악하고 독한 헌데가 짐승의 표를 받은 사람들과 그 우상에게 경배하는 자들에게 나
라/3 둘째가 그 대접을 바다에 쏟으매 바다가 곧 죽은 자의 피 같이 되니 바다 가운데 모든 생물이 죽더라/4 세째가 그 대접
강과 물 근원에 쏟으매 피가 되더라/5 내가 들으니 물을 차지한 천사가 가로되 전에도 계셨고 시방도 계신 거룩하신 이여 이

15

요한계시록 16장

신천지 요한계시록 16장 풀이

1 또 내가 들으니 성전에서 큰 음성이 나서 일곱 천사에게 말하되 너희는 가서 하나님의 진노의 일곱 대접을 땅에 쏟으라 하더라

"큰 음성"은 하나님의 음성이고, "땅"은 처음에 하나님과 언약한 "하늘 장막"이었으나 하나님과 일곱 영이 떠나게 되므로 결론적으로 처음 하늘이 없어지고 귀신의 처소인 바벨론이 되었기 때문에 땅이라고 하는 것이다. "하나님의 진노의 일곱 대접을 땅에 쏟는" 이유는 배도한 일곱 사자와 배도한 선민들에게 말씀으로 심판을 할 뿐만 아니라 동시에 잘못을 뉘우치고 회개하고 돌아오게 하려는 것이다.

2 첫째가 가서 그 대접을 땅에 쏟으매 악하고 독한 헌데가 짐승의 표를 받은 사람들과 그 우상에게 경배하는 자들에게 나더라

"땅"은 배도한 일곱 금 촛대 장막이고 하나님과 언약한 첫 장막이다. "악하고 독한 헌데"는 첫 장막의 배도한 선민들이 이방 교리인 비진리를 받아먹은 허물을 말하며 이들이 바로 짐승의 표를 받는 사람들이다. "그 우상에게 경배하는 자들"은 배도한 첫 장막의 선민들을 말한다.

3 둘째가 그 대접을 바다에 쏟으매 바다가 곧 죽은 자의 피같이 되니 바다 가운데 모든 생물이 죽더라

"바다"는 비진리로 가득한 세상을 말하는데 첫 장막이 언약을 배도하며 세상 바다가 되어 버렸다는 것이고, "죽은 자의 피"는 짐승의 교리인데 세상 바다가 된 장막의 백성들이 짐승의 피를 받아먹음으로써 영이 죽고 육체로 돌아갔다는 것이다.

4 세째가 그 대접을 강과 물 근원에 쏟으매 피가 되더라

"강"은 전도자이고, "물 근원"은 비진리를 전하는 목자이고, "피가 되었다"는 것은 피는 사단의 교리인 비진리이므로 결국, 멸망자들이 하나님의 백성들을 잡아먹은 짐승의 피였다는 것이 드러난 것을 말한다.

5 내가 들으니 물을 차지한 천사가 가로되 전에도 계셨고 시방도 계신 거
룩하신 이여 이렇게 심판하시니 의로우시도다
6 저희가 성도들과 선지자들의 피를 흘렸으므로 저희로 피를 마시게 하신
것이 합당하니이다 하더라
7 또 내가 들으니 제단이 말하기를 그러하다 주 하나님 곧 전능하신 이시
여 심판하시는 것이 참되시고 의로우시도다 하더라

5절에 "이렇게 심판한다"는 것은 배도한 장막의 선민을 심판하는 것을 말하고, 6절에 "저희"는 사단의 목자와 전도자들이며, "성도들과 선지자들의 피를 흘렸다는 것"은 하나님의 백성들을 비진리로 먹여서 죽인 악한 행위를 말한다. 따라서 사단의 목자와 전도자인 "저희"들도 똑같이 피의 말씀으로 심판을 받게 하는 것이 합당하다는 것이다. 7절의 이러한 전능하신 하나님의 심판이 의롭다는 것이다.

8 네째가 그 대접을 해에 쏟으매 해가 권세를 받아 불로 사람들을 태우니
9 사람들이 크게 태움에 태워진지라 이 재앙들을 행하는 권세를 가지신 하
나님의 이름을 훼방하며 또 회개하여 영광을 주께 돌리지 아니하더라

"해"는 사단의 거짓 목자이고, "불"은 거짓 목자의 진노의 말이다. 이 불로 장막의 백성들을 괴롭히고 있다. 멸망자인 짐승이 하나님의 진노의 대접을 쏟아도 회개는 고사하고 장막의 백성들을 사단의 거짓 교리로 더욱 괴롭히고 있는 상황이다.

10 또 다섯째가 그 대접을 짐승의 보좌에 쏟으니 그 나라가 곧 어두워지며
사람들이 아파서 자기 혀를 깨물고

"짐승의 보좌"는 멸망자들의 본거지인 청지기교육원이고 "그 나라가 어두워졌다는 것"은 사단의 거짓 교리인 비진리가 이긴 자의 증거로 드러나게 되어 더 이상 진리라고 주장하지 못하는 것이다. "사람들"은 장막의 선민들이고 "자기 혀를 깨물었다"는 것은 비진리를 진리인 줄 착각하고 말씀을 잘 못 전한 자신들의 입이다.

11 아픈 것과 종기로 인하여 하늘의 하나님을 훼방하고 저희 행위를 회개
치 아니하더라

"아픈 것과 종기"는 장막의 선민들이 스스로 거짓 교리를 짐승에게 받았음을 깨닫게 되고 자신들의 흠이 세상에 드러났기 때문에 생긴 근심과 마음의 상처이다. 그럼에도 불구하고 장막의 선민들은 회개치 않고 있다.

12 또 여섯째가 그 대접을 큰 강 유브라데에 쏟으매 강물이 말라서 동방에

서 오는 왕들의 길이 예비되더라

"큰 강 유브라데"는 7머리 10뿔 짐승이 활동하는 멸망자의 활동 본부인 청지기교육원이고 바벨론 소속의 거짓 목자들이다. "강물이 말랐다"는 것은 심판을 받아 더 이상 교리나 말씀이 나오지 않는 것이고, "동방"은 첫 장막인 장막성전인데 에덴동산을 회복시키기 위함이라는 것을 알리기 위해 빙자한 것이다. 동방에서 오는 "왕들"은 장막에서 사로잡힌 선민들 중에 짐승과 그의 우상과 그의 이름의 수를 이기고 벗어난 자들이다.

13 또 내가 보매 개구리 같은 세 더러운 영이 용의 입과 짐승의 입과 거짓 선지자의 입에서 나오니

"용의 입과 짐승의 입과 거짓 선지자의 입"에서 나오는 것은 "개구리 같은 세 더러운 영"이라고 한다. "용, 짐승, 거짓 선지자"들은 세상의 목자들을 비유한 것이고, 개구리는 주로 뱀의 먹이이며 서식지가 주로 더러운 곳에 있기 때문에 "개구리 같은 세 더러운 영"은 사단 마귀가 주관하는 귀신의 영을 비유한 것이다. 따라서 "용의 입과 짐승의 입과 거짓 선지자의 입"에서 나오는 귀신의 영은 비진리가 나오는 것이다.

14 저희는 귀신의 영이라 이적을 행하여 온 천하 임금들에게 가서 하나님 곧 전능하신이의 큰 날에 전쟁을 위하여 그들을 모으더라

"온 천하 임금들"은 앞 절의 용, 짐승, 거짓 선지자들이다. "큰 날에 전쟁"은 아마겟돈 전쟁이고, "그들을 모은다"는 것은 전능하신 하나님과 사단의 무리들이 전쟁을 하기 위해서 온 천하의 목자들을 불러 모은다는 것이다.

15 보라 내가 도적 같이 오리니 누구든지 깨어 자기 옷을 지켜 벌거벗고 다니지 아니하며 자기의 부끄러움을 보이지 아니하는 자가 복이 있도다

"누구든지 깨어 자기 옷을 지켜 벌거벗고 다니지 아니하며 자기의 부끄러움을 보이지 아니하는 자"는 혼인 잔치에 참여하기 위해서 예복을 잘 갖춰 입고 옳은 행실을 해야 한다. 즉, 하나님과 언약한 말씀을 저버리지 않고 옳은 행실을 하여야 하는 것이다.

16 세 영이 히브리 음으로 아마겟돈이라 하는 곳으로 왕들을 모으더라

"아마겟돈"은 이긴 자들이 모여 있는 증거장막성전이고, "왕들"은 세상의 모든 목자를 말한다.

17 일곱째가 그 대접을 공기 가운데 쏟으매 큰 음성이 성전에서 보좌로부터 나서 가로되 되었다 하니

"공기 가운데 쏟는다"는 것은 입에서 입으로 퍼져나가는 입소문, 풍문, 언론 보도를 통해서 계시록의 예언대로 배도와 멸망의 사건이 곳곳으로 소문이 퍼져나가는 것을 말한다.

18 번개와 음성들과 뇌성이 있고 또 큰 지진이 있어 어찌 큰지 사람이 땅에 있어 옴으로 이같이 큰 지진이 없었더라

"번개와 음성들과 뇌성"은 하나님의 진노와 심판을 말하며, "큰 지진"은 배도한 첫 장막의 사람들도 소문을 듣고 마음이 요동치며 크게 흔들리는 것이다.

19 큰 성이 세 갈래로 갈라지고 만국의 성들도 무너지니 큰 성 바벨론이

하나님 앞에 기억하신바 되어 그의 맹렬한 진노의 포도주 잔을 받으매
20 각 섬도 없어지고 산악도 간데 없더라

“큰 성 바벨론”이 세 갈래로 갈라져 없어지게 된다. 결국 하나님의 진노와 심판으로 멸망자들의 조직체인 바벨론이 무너지는 소문이나 풍문을 듣고 멸망자에게 속한 자들이 세 갈래로 갈라지는데 1) 하나님과 언약을 파기한 배도한 첫 장막(배도자)으로 2) 귀신의 나라 바벨론(멸망자)으로 3) 말씀을 깨닫고 증거장막성전(구원자)으로 갈라진다. “만국의 성, 각 섬과 산악”은 귀신의 처소였던 바벨론 소속의 모든 지교회를 말한다.

21 또 중수가 한 달란트나 되는 큰 우박이 하늘로부터 사람들에게 내리매
사람들이 그 박재로 인하여 하나님을 훼방하니 그 재앙이 심히 큼이러라

“큰 우박”은 증거장막성전에 있는 이긴자이다. 우박의 무게 “한 달란트”는 약 백 근(60kg)이 나가는 진노의 말씀을 담은 약속의 목자의 몸무게이다.

신천지 요한계시록 16장 반증

1. 아마겟돈

“유브라데”강에 대해서는 이미 계9장에서 다루었기 때문에 여기서는 “아마겟돈”을 알아보자.

계16:16 세 영이 히브리 음으로 “아마겟돈”이라 하는 곳을 왕들을 모으더라

천국비밀 계시록의 진상 (1992, 이만희 저) p322

[세 영이 아마겟돈이라 하는 곳으로 왕들을 모으더라고 하신다. 그런데 이 아마겟돈은 어디인가? 아마겟돈은 이스라엘 선민과 이방의 대적과 싸운 곳이요, 사울과 다윗이 골리앗과 싸운 전쟁터이다. 그러므로 아마겟돈은 예루살렘이 아니요, 예루살렘 앞 멸망의 산 해골 골짜기이다. 이 골짜기가 곧 바벨론이요, 귀신의 처소요, 대적의 일곱 머리가 있는 곳이다. 그러므로 “아마겟돈”은 대적의 “일곱 머리(7목자)가 모인 총회”라는 것을 알 수 있다]

성경에 대한 계시와 주석 (2009, 신천지 총회교육부; 사명자교육용) p115

[본문의 아마겟돈은 계시록이 이루어지는 그곳 즉 사단 소속과 하나님

소속이 싸우는 영적 전쟁터인 아마겟돈이며, 전쟁은 각자의 교리로 싸우는 영적 싸움을 말한다. 이 영적 전쟁터(아마겟돈)는 계2, 3장의 현장 곧 12장, 13장의 현장이다. 오늘날 계시록대로 이루어진 실체들이 그 증거이다]

천국 비밀 요한계시록의 실상 (2005, 보혜사·이만희 저) p356

[본문의 아마겟돈은 이 육적인 지명을 비유한 곳으로 멸망자 짐승의 무리가 침노하여 전쟁을 벌인 '하늘 장막(계13:6, 12:7)'을 가리킨다. 이들은 비록 12장과 같이 하늘 장막에서 쫓겨나 땅으로 내려갔으나 하나님을 대적하기 위해 다시 하늘 장막으로 군사를 모은다. 그러나 계19장에 의하면 어린양의 군대에게 패하게 된다. 여기에서 전쟁이란 각자의 교리대로 싸우는 영적인 전쟁을 말한다]

천국 비밀 요한계시록의 실상 (2011, 보혜사·이만희 저) p331

[그러면 아마겟돈은 어디인가? 멸망자 짐승의 무리가 '하늘 장막'에(계13:6, 12:7) 침노하여 장막 선민들과 전쟁을 벌여 이겼으나(13장), 12장의 여자가 낳은 아이와 그 형제들에게 패하게 되어 하늘 장막에서 쫓겨나 땅으로 내려갔다. 이들은 하나님을 대적하기 위해 천하 임금들 곧 바벨론 목자들을 모아 다시 하늘 장막으로 모인다. 그러나 계시록 19장에 의하면 어린양의 군대에게 패하게 된다. 여기서 아마겟돈은 하늘 장막을 가리킨다. 그리고 선민 하늘 장막이 멸망 당한 후 새로운 하나님의 나라 신천지 증거장막성전(약칭 '신천지')이 창조되니, 바벨론의 모든 목자들이 힘을 모아 신천지를 대적하고 있으므로, 지금은 "신천지가 영적 전쟁터"가 된다 할 수 있다.

천지창조 (2012, 보혜사·이만희 저) p239

[아마겟돈은 바벨론 목자들이 자신들과 싸워 이긴 승리자들을 치려고 모이는 영적 전쟁터이다. 이곳은 천사와 진노의 대접이 나온 곳이요, 14장과 15장의 이긴 자들이 모인 곳인 유리바다가 있는 하나님의 보좌 앞 증거 장막 성전이다]

위의 "아마겟돈"의 장소를 정리하면 다음과 같다.

1) 계시록의 진상: "아마겟돈"은 대적의 "일곱 머리(7목자)가 모인 총회"

2) 계시와 주석: 이 "영적 전쟁터(아마겟돈)"는 계2, 3장의 현장 곧 "12장, 13장의 현장"

3) 요한계시록의 실상(2005): "아마겟돈"은 "하늘 장막(계13:6, 12:7)"

4) 요한계시록의 실상(2011): "아마겟돈"은 "하늘 장막", 그리고 "신천지"가 영적 전쟁터

5) 천지창조(2012): "아마겟돈"은 하나님의 보좌 앞 "증거장막성전"

아마겟돈 변천사: ① "일곱 머리(7목자)가 모인 총회" → ② "12장, 13장의 현장"(장막성전) → ③ "하늘 장막(장막성전: 계13:6, 12:7)" → ④ "하늘 장막"과 "신천지" → ⑤ "증거장막성전"

참 많이도 바뀌었네. "일곱 머리가 모인 총회"는 도대체 어딜까? "하늘 장막(장막성전)"도 아니고 "신천지(증거장막성전)"가 아닌 것은 분명하다. 이만희씨가 너희들이 배도자고 멸망자라고 장막성전에 가서 증거의 말씀으로 싸웠기 때문에 "12장, 13장 사건 현장"이 되는 "하늘 장막(장막성전)"이 "아마겟돈"이라는 것은 이해는 된다. 그러나 신천지(증거장막성전)

가 아마겟돈이라는 것은 너무 억지다.

처음에 "일곱 머리가 모인 총회"라고 했던 이유는 유브라데강(청지기교육원)과 연결시키려고 했던 것인데 이만희씨가 청지기교육원에 가서 너희들이 멸망자다고 외친 적이 없으니 수정해서 "하늘 장막"이라고 했던 것 같다. 계18장에서 증거의 말씀으로 싸워서 이기고 바벨론을 멸망시킨 후 만들어진 것이 신천지인데 여기가 또다시 아마겟돈이라는 것이 말이 되는가?

하늘 장막(장막성전)이 배도하여 새 목자를 택해서 심판을 하고 처음 하늘과 땅이 없어지고 새 하늘 새 땅이 만들어졌다면, 다시는 그 새 하늘 새 땅에서 사망과 애통하는 것이나 곡하고 아픈 것이 없으며 모든 눈물을 닦아 주셔야 한다. 그 이유는 처음 것(장막성전)들이 다 지나갔기 때문이다. 그런데 새 하늘 새 땅이 아마겟돈의 장소가 되어서 영적 전쟁을 하고 육으로 사망하고 눈물과 고통이 하루도 끊이지 않고 있는데 이게 무슨 천국이란 말인가!

계16장의 예언된 사건은 실상으로 이루어졌다고 천지창조 책자에 이만희씨는 기록을 했다. 그렇다면 계16장의 아마겟돈은 하늘 장막(장막성전)으로 끝난 사건이고 이미 끝난 아마겟돈을 다시 신천지로 말을 바꾸는 것은 이만희씨가 본 실상은 가짜라는 증거다.

2. 동방에서 오는 왕들은 누구인가?

계16:12 또 여섯째가 그 대접을 큰 강 유브라데에 쏟으매 강물이 말라서 동방에서 오는 왕들의 길이 예비되더라

위의 성경 구절을 신천지 식으로 풀이하면 "유브라데강"은 7머리 10뿔 짐승이 활동하는 멸망자의 활동 본부인 청지기교육원이다. 강물이 말랐다

는 것은 대접을 쏟으니, 7머리 10뿔 짐승(바벨론)이 심판을 받아 더 이상 교리나 말씀이 나오지 않게 되어 첫 장막인 동방에서 짐승과 그의 우상과 그의 이름의 수를 이기고 벗어난 자들이 올 수 있는 길이 열렸다는 것이다. 따라서 "동방에서 오는 왕들"은 "이긴 자들이며 왕 같은 제사장들"이 될 사람들이라는 것이다.

한마디로 정리하면 "불학무식"하고 "무지의 소치"다. 한글만 제대로 전후 맥락을 살펴보면 위와 같이 엉터리로 해석하지 않을 텐데, 언어를 수학 공식 끼워 맞추듯 하니 문제가 생기는 것이다. 신천지식 비유 풀이가 위험한 이유가 여기에 있다.

결론부터 말하면 이만희씨는 계16장이 하나님의 진노의 일곱 대접을 쏟아붓고 심판한다고 면서도 여섯째 진노의 대접을 유브라데강에 쏟아붓고 강물이 말라서 쳐들어오는 "동방에서 오는 왕들"을 누군지를 몰라서 "왕 같은 하나님의 제사장이 될 사람들"이라고 말한다. 정말 무식해도 이렇게 무식할 수 있는지 참담한 심정이며 이런 무식한 자를 구원자로 믿고 있는 신천지 신도들이 한편으로는 한심하기도 하고 다른 한편으로는 너무 애처롭다. 자 차분하게 한 번 살펴보자.

천지창조 (2010, 보혜사·이만희 저) p238

[유브라데 강물이 말랐다는 것은, 강물과 같은 그들의 교리가 멸망자들의 마음과 입에서 더 이상 나오지 않았다는 뜻이다. 그 이유는 그들의 교리가 비진리라는 것이 판명되었기 때문이다. 유브라데 강물이 마르자, 즉 멸망자들의 교리가 사라지자, 증거의 말씀이 구원의 처소(증거장막성전)로 나오는 길이 된다]

천국 비밀 요한계시록의 실상 (2014, 보혜사·이만희 저) p325-326

[동방에서 오는 왕들은 왕 같은 하나님의 제사장이 될 사람들을 말한다. 이들은, 유브라데 강물과 같은 거짓 목자들의 교리가 비진리로 드러나자 그들을 사로잡고 있던 멸망자들을(계13:9-10) 벗어나, 하나님께서 임하신 증거장막성전으로(계15:5) 나아온다. 이때 '증거의 말씀'이 그들을 인도하는 길이 된다]

위의 내용에서 볼 수 있듯이 이만희씨는 "동방에서 오는 왕들"은 왕 같은 하나님의 제사장이 될 사람들을 말하며 "길이 예비되었다"는 것은 하나님께서 임하신 증거장막성전으로(계15:5) 나아오는 길이 열렸다는 것으로 해석을 한 것이다. 자, 그러면 성경 구절을 살펴보자.

계16:12 또 여섯째가 그 대접을 큰 강 유브라데에 쏟으매 강물이 말라서 "동방에서 오는 왕들"의 길이 예비되더라

계16:13 또 내가 보매 개구리 같은 세 더러운 영이 용의 입과 짐승의 입과 거짓 선지자의 입에서 나오니

계16:14 저희는 귀신의 영이라 이적을 행하여 "온 천하 임금들"에게 가서 하나님 곧 전능하신 이의 큰 날에 전쟁을 위하여 그들을 모으더라

계16:15 보라 내가 도적 같이 오리니 누구든지 깨어 자기 옷을 지켜 벌거벗고 다니지 아니하며 자기의 부끄러움을 보이지 아니하는 자가 복이 있도다

계16:16 세 영이 히브리 음으로 아마겟돈이라 하는 곳으로 "왕들"을 모으더라

위 내용은 12절부터 여섯째 천사가 동방에서 오는 왕들을 심판하기 위해 하나님의 진노한 대접을 유브라데 강에 쏟아서 16절의 아마겟돈으로

왕들을 불러 모으는 연속적인 사건이며 뜬금없이 진노의 대접을 쏟아서 심판을 하다가 왕 같은 제사장이 되기 위한 사람들을(왕들) 위한 길을 예비했다는 의미가 아니다. 따라서 13절과 14절처럼 개구리 같은 귀신의 영들이 이적을 행하며 하나님과 전쟁을 하기 위해 온 천하 임금들(동방에서 오는 왕들)을 아마겟돈으로 불러 모으는 일련의 사건이다. 15절은 예수님의 강림하심이 임박하였으며 이러한 날에 대하여 믿는 사람들에게 준비하고 깨어있으라고 언급한 것이다.

즉, 계16장 12절의 "동방에서 오는 왕들", 14절의 "온 천하 임금들", 16절의 "왕들"은 다 같은 존재들을 나타내고 있으며 이 세상 권세를 가진 자들이 전능하신 하나님에게 대적한다는 것이다. 그래서 한글 이해력이 부족한 이만희씨나 신천지 신도들을 위해서 [쉬운 성경]은 계16장 12절을 다음과 같이 표현했다.

[쉬운 성경]

계16:12 여섯째 천사가 대접을 큰 유프라테스 강에 쏟아부었습니다. 그러자 강물이 다 마르고 동방의 왕들이 쳐들어올 수 있는 길이 열렸습니다.

계16:13 또 용과 짐승과 거짓 예언자의 입에서 개구리같이 생긴 악한 영 셋이 튀어나오는 것을 보았습니다.

계16:14 이 악한 영들은 귀신들의 영이었습니다. 그들은 기적을 행할 수 있는 능력이 있었습니다. 그 영들은 전능하신 하나님의 큰 심판 날에 대비하여 함께 싸울 온 세계의 왕들을 모으러 나갔습니다.

계16:15 그때, 한 음성이 들렸습니다. "보아라! 내가 생각지도 못한 때에 도둑같이 너희들에게 갈 것이다. 깨어서 옷을 단정히 입고 있는 자는 복이 있으리니, 벌거벗은 채 부끄러움을 당하지 않게 될 것이다."

계16:16 그 악한 영들은 히브리 말로 아마겟돈이라는 곳에 왕들을 다 집결시켰습니다.

위에서 보듯이 개역 한글에서 [동방에서 오는 왕들의 길이 예비되더라]라는 표현을 쉬운 성경에서는 [동방의 왕들이 쳐들어올 수 있는 길이 열렸다]고 풀어서 적어놓은 것이다. 이걸 어떻게 왕 같은 제사장들이 신천지 증거장막성전에 들어갈 길이 열렸다고 해석을 할 수 있는지 참으로 한심할 뿐이다. 결론적으로 보면 계16장 12절의 "동방에서 오는 왕들"은 전능하신 하나님과 대적하려는 대적자들이다. 이만희씨와 신천지 신도들은 스스로 하나님과 대적하는 적그리스도들이라고 밝히고 있는 꼴이니 이 얼마나 무지몽매한 인간들인가!!

3. 이만희씨는 중수가 한 달란트나 되는 큰 우박이다.

1) 다음 구절에서 이만희씨는 스스로 "큰 우박"임을 자처한다.

계16:21 또 중수가 한 달란트나 되는 "큰 우박"이 하늘로부터 사람들에게 내리매 사람들이 그 박재로 인하여 하나님을 훼방하니 그 재앙이 심히 큼이러라

[설교영상 캡쳐]

이만희씨는 자신의 몸무게가 60kg이고 이는 한 달란트에 해당하는 100근의 무게라는 것이다. 따라서 큰 우박이 하늘로부터 내린다는 것은 자신의 진노의 말씀을 땅에 쏟아내어 진리의 말씀으로 비진리인 세상 목자들을 심판한다는 것이다.

우선, 한 달란트와 60kg의 관계가 어떻게 되는지 궁금했다. 100근은 이만희씨 주장이고 또 "근" 단위가 성경에 없기에 제외시킨다. 성경에 나오는 한 달란트와 파운드의 무게를 확인해 보자. 아가페 성경 사전에 따르면 한 달란트는 34.27kg 이라는 것을 알 수 있다. 큰 우박이 한 달란트라고 했기 때문에 일단 달란트로 계산하면 큰 우박의 무게는 34.27kg이다. 필자가 찾아본 모든 영어 성경 버전에서는 "한 달란트"를 "75파운드 또는 100파운드"로 되어있었다. 파운드 계산은 네이버 두산동아 계산법을 따랐다.

출처: 네이버 두산동아

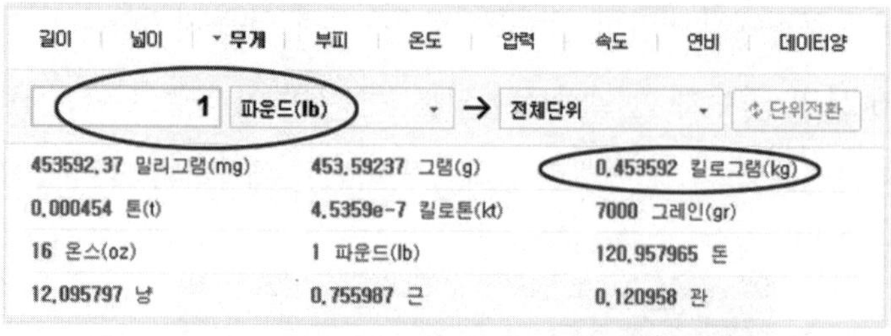

위의 단위 표를 토대로 계산을 해보면 다음과 같은 결과가 나온다.

1파운드가 0.453592kg이다. 따라서 100파운드는 45.3592kg 무게가 나가고 75파운드로 계산할 경우 34.0194kg 이다. 이만희씨의 몸무게와는 전혀 맞지 않다. 그냥 아무거나 갖다 붙이는 것 같다. 이런 작업들이 바로 인간을 신격화하기 위한 작업이 아니고 뭐겠는가?

2) 하늘에서 떨어지는 큰 우박이 하나밖에 없나?

계16:21 절을 다시 한번 살펴보자

계16:21 또 중수가 한 달란트나 되는 "큰 우박"이 하늘로부터 사람들에게 내리매 사람들이 그 박재로 인하여 하나님을 훼방하니 그 재앙이 심히 큼이러라

하늘에서 떨어지는 우박이 단수일까? 복수일까? 한글은 단수, 복수의 개념이 약하다. 그러나 위의 "큰 우박"을 조금만 생각을 해 보면 단수라고 주장할 수가 없다.

[NIV] 계16:21

From the sky huge hailstones of about a hundred pounds each fell upon men. And they cursed God on account of the plague of hail, because the plague was so terrible.

위의 NIV 버전을 보면 우박은 영어로 hailstone인데 "hailstones"으로 복수로 되어 있다.

[NASB] 계16:21

And huge hailstones, about one hundred pounds each, came down from heaven upon men; and men blasphemed God because of the plague of the hail, because its plague was extremely severe.

위의 NASB 버전에서는 huge hailstones 라고 처음부터 복수라고 알려 주고 있다. 또한 각각(each)이 100파운드 무게(about one hundred pounds each)가 나간다는 것은 복수란 의미다.

[쉬운 성경]

계16:21 무게가 한 달란트나 되는 "큰 우박들"이 하늘에서 쏟아졌습니다. 사람들은 우박 때문에 재난이 너무나 커서, 하나님을 향해 저주를 퍼부었습니다. 너무나 끔찍한 재난이었습니다.

쉬운 성경에서도 [큰 우박들]로 되어있다.

결국, 계16장 21절에 나오는 "큰 우박"이 이만희씨라는 주장은 몸무게에서도 안맞지만 단수 복수 개념도 모르고 짜깁기를 한 것이다. 너무나 몰상식한 방식으로 성경을 풀이하는 이만희씨와 신천지 신도들이 안타깝다.

쉬어가는 코너 빛의 군대훈련 (사선을 넘어 천국으로)

2013년경부터 신천지에서는 "빛의 군대훈련", 일명 "빛군" 훈련이 있었다. 그 훈련방식이 잔인하고 비인간적이며 신천지 신도들의 정신적 예속을 가속화시켜 신천지 교주 이만희를 신격화하는데 그 목적이 있었다. 더 나아가 내연녀였던 김남희씨를 신천지 신도와 이만희씨를 연결시켜 주는 인물로 부각시켜 신천지의 실질적인 후계자를 구축하려는 의도도 담겨있었던 것으로 보인다. 그러던 중 갑자기 "빛군"훈련이 흐지부지 사라지게 되었는데, "빛군" 훈련과 관련하여 훈련을 받던 "여 청년"의 사망사고가 발생하여 "빛군" 훈련이 중단되었다는 사실이 밝혀지면서 신천지와 관련있는 사람들을 충격에 휩싸이게 했다.

다음 내용은 신천지에서 운영했던 네이버 카페에 올라왔던 "빛군"훈련 내용이다. 자신들이 운영하는 사이트에 공개적으로 올렸다가 코로나가 터진 후 각종 언론에서 신천지에 대한 집중취재가 시작되면서 밑에 게시글을 현재는 삭제한 상태다. 당시 MBC 방송에서 빛군 훈련과 관련하여 방송을 취재하는 것을 알고 여 청년의 사망 소식이 언론에 공개될 것이 두려워 삭제를 하지 않았을까하는 생각이 든다. 다행히 필자가 2013년 초에 캡쳐를 해두었다. 다음 내용을 읽어보면 어떤 상황이었는지 대충 짐작을 할 수가 있다.

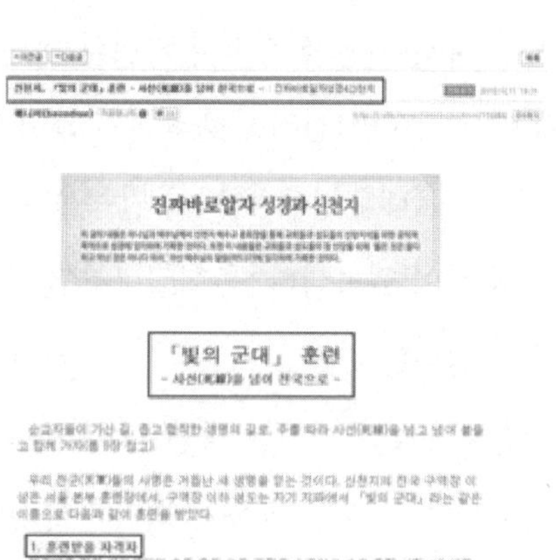

진짜바로알자 성경과 신천지

「빛의 군대」 훈련

- 사선(死線)을 넘어 천국으로 -

1. 훈련받을 자격자

2. 입소식 첫날

3. 첫날 등록 후

다음은 "빛군"훈련에 직접 참여했던 분이 그 당시 필자에게 보내온 경험담이다.

2013년 5월 23일 필자에게 보내온 [빛의 군대훈련]경험담

안녕하십니까? 저는 신천지에서 00를 거쳐서 00회장으로 사명을 감당하던 자입니다. 신천지의 거짓과 더러움을 깨닫고는 더 이상 출석할 수가 없어 지금은 신천지에 출석하지 않고 있습니다.

빛의 군대훈련에 대해서 말씀을 드리겠습니다. 빛의 군대의 모태가 되는 훈련이 있습니다. 총회전도사 강사 교육인데요. 이 교육은 3주 동안 진행이 됩니다.

마지막 날은 9시간 동안 정신 체력 훈련을 받는 것으로 마무리됩니다. 청계산에 올라서 밤을 새워가면서 얼차례와 기합 그리고 총회장에 대한 절대복종의 프로그램으로 진행이 됩니다. 그와 유사한 훈련으로 빛의 군대훈련을 만들어 전 성도가 총회장에 대한 절대 믿음과 순종을 교육하려고 계획된 교육입니다.

신천지의 모든 윗 사명자들도 계급장을 떼고서 교육을 받게 되었습니다. 입소하기 전 신천지 성도 기도문과 총회장의 기도문을 외우게 합니다. 기도로 준비를 하게 하며 이번 교육을 통해서 신인합일의 기회를 얻을 수 있다는 듯이 교육을 진행합니다.

저는 ○○○소속이었으므로 ○차 빛의 군대에 입소를 하게 되었습니다. 준비물과 음식은 절대로 반입이 되지 않고 정장 한 벌에 운동복 한 벌이었습니다. 입소 당일 입소 전부터 교관들이 훈련생들의 군기를 잡으며 가슴에 빨간색 하트를 착용하고 이것이 이긴자의 심장이며 교육에 불순종을 하거나 낙오된 자는 이긴자의 심장을 받을 수 없으며 모든 사명을 내려놓게 한다는 멘트로 훈련생들의 마음을 잡기 시작합니다.

집합 장소에 모이면 모든 짐은 한곳에 모아놓고 입소시험을 보게 됩니다. 입소시험은 버스에 올라타서 천지일보 신문을 가지고 신천지를 소개하는 활동을 동영상으로 촬영하여 제출하게 합니다.

"안녕하십니까. 저는 신천지예수교 증거장막성전 사명자 OOO입니다. 제가 오늘 여러분에게 하늘에서 전해주는 진리의 말씀을 증거하고자 합니다."라는 멘트로 신천지를 소개하며 신문을 10부씩 돌려야 비로써 입소시험을 볼 수가 있습니다.

입소시험은 신천지 성도 기도문입니다. 그 뒤에 동영상과 시험성적을 집계하여 불순종 스티커를 배부합니다. 스티커가 다섯 장이 되면 퇴소를 당하게 됩니다. 본격적으로 교관의 훈련에 대한 브리핑이 시작이 됩니다. 이 훈련은 보혜사가 명하신 훈련이다. 이 훈련에는 절대복종과 순종만 해야 한다. 그리고 보혜사가 왜 이 훈련을 명하셨는가? 왜 압구정인가? 왜 합숙 훈련인가? 하지만 알 수가 없었습니다. 왜 압구정이며 왜 합숙 훈련인지를....

브리핑이 끝난 뒤에 모든 훈련생들이 자신의 죄를 고백하는 시간을 갖습니다. 북한에서 공개 재판을 하는 것처럼 자신의 모든 치부를 드러내게 합니다. 정말 부끄럽지요. 나중에 안일이지만 그 속에 분위기 메이커가 있어서 그 사람이 분위기를 만들면서 자신의 죄를 먼저 고백하게 한다는 것을 알게 되었습니다. 그렇게 고백이 끝나면 정장을 입은 채로 다음 장소로 이동을 합니다. 두 시간 정도 걸어서 훈련장에 도착을 하면 정장을 입은 채로 정신 체력 훈련을 받습니다. 신천지 사명자로 일하다보니 돈이 없어서 변변찮은 정장 한 벌 없는데 정장을 입은 채로 진흙탕을 구르게 만듭니다. 남녀노소 구분하지 않고 굴립니다.

저는 OOO 출신이라 정신 체력 훈련은 자신이 있었지만 같이 갈던 O

○님은 연로하심에도 열외를 해주지 않고 훈련을 시키더군요. 여자 훈련생들도 같은 입장이구요. 나중에 알고 보니 정보를 미리 입수한 자들은 헌 양복에 헌 구두를 신고 왔지만, 대다수의 사명자들은 새 양복에 새 구두를 신고 왔습니다.

그렇게 3시간이 넘는 정신 체력 훈련 뒤 다시 두 시간을 걸어서 교육장으로 이동을 합니다.

교육장에 도착을 하면 운동복으로 갈아입고 기도회를 합니다. 본격적인 신격화 작업이 시작이 됩니다. 왜 압구정인줄 아느냐? 그 이유는 신천지가 총회장이 없는 신천지에서 총회장이 있는 신천지로 건너기 위해서는 나미가 다리가 돼야하기 때문이다. 그리고 지금까지 총회장이 겪은 고통의 만분의 일이라도 느끼기 위해서 합숙을 명했다는 것입니다. 이해가 되지는 않았지만 보혜사의 명령이기에 순종하며 기도 모임을 했습니다.

그렇게 심한 훈련을 받고도 물 한 모금 마시지 못하게 했습니다. 심지어는 화장실에도 가지 못하게 지켰습니다. 기도 모임 도중에 피곤해서 자는 훈련생이 있으면 다시 교육장 옥상에 모아놓고 정신 체력 훈련을 시키고, 솔직히 이건 아니다 싶더군요.

그렇게 기도 모임이 끝나면 아침을 줍니다. 무박 3일 동안 밥 한 끼 물 한 모금 안 준다더니 김밥 한 줄과 열 명당 1.8리터 생수 한 병을 줍니다. 김밥을 남겨도 안 되고 물을 더 먹어도 안 된다고 하더군요.

그 뒤에 다시 교육이 시작이 됩니다. 메트릭스 영화를 보여주고 이긴자 그리기라는 교육을 통해서 나는 과연 이긴자와 무엇이 닮았으며 무엇을 닮아가야 하는지 교육을 하고 나의 메트릭스가 무엇인지 발표를 하게 합니다. 지루한 교육을 온종일 받고서 밤 7시 산으로 버스를 타고 이동을 합니다. 다시 시작된 정신 체력 훈련 7시부터 12시까지 체력 훈련을 받고서 돌을 짊어지고 산행을 시작합니다.

가는 곳마다 이어지는 질문과 정신 체력 훈련 그렇게 여러 가지 코스를 가다 보면 주위에 팀원이 없어져도 알지 못합니다. 교관들이 팀원 중 한 명을 미리 열외 시켜 지옥에 묶어놓고 땅에 머리만 남기고 묻습니다. 그리고 나서 외치게 합니다. "총회장님 살려주세요"라고요....

팀원이 부족한 다른 훈련생들은 그 팀원을 찾으려고 다시 돌을 들고 산을 내려가야 합니다.

그 뒤 마지막 코스는 십자가를 지고 그 위에 모든 팀원들의 돌을 넣은 배낭을 한사람이 메고 올라가야 합니다. 저는 십자가를 지고 올라갔습니다. 그 비탈길을 오르다가 산 아래로 추락한 훈련생도 있습니다. 다행히 생명에는 지장이 없었지만 극심한 탈수증상으로 한동안 입원을 했습니다.

그리고 다시 그 십자가와 돌을 들고 내려와서 돌을 버림으로 훈련은 끝이 납니다. 그리고 이어지는 부복식 천주교 신부들이 신부 서품을 받을 때 행하는 부복식을 통해서 빨간색 하트 이긴자의 심장을 받습니다. 그리고 응원 온 성도들이 주위를 둘러싸며 목자의 심정 노래를 부릅니다.

정말 그냥 눈물이 나더군요. 그것이 하나님의 은혜라고 생각을 했습니다. 그 뒤 교육장으로 이동을 해서 3일 동안 교육받은 소감을 발표합니다. 3일 동안 교회의 성도들은 밤을 새워가며 기도합니다.

지금 생각해보면 김남희를 후계자로 세우기 위한 밑 작업으로 시작된 훈련이 빛의 군대훈련이었으며 이긴자에게 맹목적인 복종을 하게 만들려던 수작이라는 것을 알았습니다.

1 또 일곱 대접을 가진 일곱 천사 중 하나가 와서 내게 말하여 가로되 이리 오라 많은 물위에 앉은 큰 음녀의 받을 심판을 네
보이리라/2 땅의 임금들도 그로 더불어 음행하였고 땅에 거하는 자들도 그 음행의 포도주에 취하였다 하고/3 곧 성령으로
를 데리고 광야로 가니라 내가 보니 여자가 붉은 빛 짐승을 탔는데 그 짐승의 몸에 참람된 이름들이 가득하고 일곱 머리와
뿔이 있으며/4 그 여자는 자주 빛과 붉은 빛 옷을 입고 금과 보석과 진주로 꾸미고 손에 금잔을 가졌는데 가증한 물건과 그
음행의 더러운 것들이 가득하더라/5 그 이마에 이름이 기록되었으니 비밀이라, 큰 바벨론이라, 땅의 음녀들과 가증한 것들
어미라 하였더라/6 또 내가 보매 이 여자가 성도들의 피와 예수의 증인들의 피에 취한지라 내가 그 여자를 보고 기이히 여
고 크게 기이히 여기니/7 천사가 가로되 왜 기이히 여기느냐 내가 여자와 그의 탄바 일곱 머리와 열 뿔 가진 짐승의 비밀을
게 이르리라/8 네가 본 짐승은 전에 있었다가 시방 없으나 장차 무저갱으로부터 올라와 멸망으로 들어갈 자니 땅에 거하는
들로서 창세 이후로 생명책에 녹명되지 못한 자들이 이전에 있었다가 시방 없으나 장차 나올 짐승을 보고 기이히 여기리라
지혜 있는 뜻이 여기 있으니 그 일곱 머리는 여자가 앉은 일곱 산이요/10 또 일곱 왕이라 다섯은 망하였고 하나는 있고 다른
는 아직 이르지 아니하였으니 이르면 반드시 잠간 동안 계속하리라/11 전에 있었다가 시방 없어진 짐승은 여덟째 왕이니
곱 중에 속한 자라 저가 멸망으로 들어가리라/12 네가 보던 열 뿔은 열 왕이니 아직 나라를 얻지 못하였으나 다만 짐승으로
불어 임금처럼 권세를 일시 동안 받으리라/13 저희가 한 뜻을 가지고 자기의 능력과 권세를 짐승에게 주더라/14 저희가 어
양으로 더불어 싸우려니와 어린 양은 만주의 주시요 만왕의 왕이시므로 저희를 이기실터이요 또 그와 함께 있는 자들 곧 부
심을 입고 빼내심을 얻고 진실한 자들은 이기리로다/15 또 천사가 내게 말하되 네가 본바 음녀의 앉은 물은 백성과 무리와
국과 방언들이니라/16 네가 본바 이 열 뿔과 짐승이 음녀를 미워하여 망하게 하고 벌거벗게 하고 그 살을 먹고 불로 아주 사
리라/17 하나님이 자기 뜻대로 할 마음을 저희에게 주사 한 뜻을 이루게 하시고 저희 나라를 그 짐승에게 주게 하시되 하나
말씀이 응하기까지 하심이니라/18 또 네가 본바 여자는 땅의 임금들을 다스리는 큰 성이라 하더라1 또 일곱 대접을 가진 일
천사 중 하나가 와서 내게 말하여 가로되 이리 오라 많은 물위에 앉은 큰 음녀의 받을 심판을 네게 보이리라/2 땅의 임금들
그로 더불어 음행하였고 땅에 거하는 자들도 그 음행의 포도주에 취하였다 하고/3 곧 성령으로 나를 데리고 광야로 가니라
가 보니 여자가 붉은 빛 짐승을 탔는데 그 짐승의 몸에 참람된 이름들이 가득하고 일곱 머리와 열 뿔이 있으며/4 그 여자는
주 빛과 붉은 빛 옷을 입고 금과 보석과 진주로 꾸미고 손에 금잔을 가졌는데 가증한 물건과 그의 음행의 더러운 것들이 가
하더라/5 그 이마에 이름이 기록되었으니 비밀이라, 큰 바벨론이라, 땅의 음녀들과 가증한 것들의 어미라 하였더라/6 또 내
보매 이 여자가 성도들의 피와 예수의 증인들의 피에 취한지라 내가 그 여자를 보고 기이히 여기고 크게 기이히 여기니/7
사가 가로되 왜 기이히 여기느냐 내가 여자와 그의 탄바 일곱 머리와 열 뿔 가진 짐승의 비밀을 네게 이르리라/8 네가 본 짐
은 전에 있었다가 시방 없으나 장차 무저갱으로부터 올라와 멸망으로 들어갈 자니 땅에 거하는 자들로서 창세 이후로 생명
에 녹명되지 못한 자들이 이전에 있었다가 시방 없으나 장차 나올 짐승을 보고 기이히 여기리라/9 지혜 있는 뜻이 여기 있으
그 일곱 머리는 여자가 앉은 일곱 산이요/10 또 일곱 왕이라 다섯은 망하였고 하나는 있고 다른이는 아직 이르지 아니하였
나 이르면 반드시 잠간 동안 계속하리라/11 전에 있었다가 시방 없어진 짐승은 여덟째 왕이니 일곱 중에 속한 자라 저가 멸
으로 들어가리라/12 네가 보던 열 뿔은 열 왕이니 아직 나라를 얻지 못하였으나 다만 짐승으로 더불어 임금처럼 권세를 일
동안 받으리라/13 저희가 한 뜻을 가지고 자기의 능력과 권세를 짐승에게 주더라/14 저희가 어린 양으로 더불어 싸우려니
어린 양은 만주의 주시요 만왕의 왕이시므로 저희를 이기실터이요 또 그와 함께 있는 자들 곧 부르심을 입고 빼내심을 얻고
실한 자들은 이기리로다/15 또 천사가 내게 말하되 네가 본바 음녀의 앉은 물은 백성과 무리와 열국과 방언들이니라/16 네
본바 이 열 뿔과 짐승이 음녀를 미워하여 망하게 하고 벌거벗게 하고 그 살을 먹고 불로 아주 사르리라/17 하나님이 자기
대로 할 마음을 저희에게 주사 한 뜻을 이루게 하시고 저희 나라를 그 짐승에게 주게 하시되 하나님 말씀이 응하기까지 하심
니라/18 또 네가 본바 여자는 땅의 임금들을 다스리는 큰 성이라 하더라1 또 일곱 대접을 가진 일곱 천사 중 하나가 와서 내
말하여 가로되 이리 오라 많은 물위에 앉은 큰 음녀의 받을 심판을 네게 보이리라/2 땅의 임금들도 그로 더불어 음행하였고
에 거하는 자들도 그 음행의 포도주에 취하였다 하고/3 곧 성령으로 나를 데리고 광야로 가니라 내가 보니 여자가 붉은 빛
승을 탔는데 그 짐승의 몸에 참람된 이름들이 가득하고 일곱 머리와 열 뿔이 있으며/4 그 여자는 자주 빛과 붉은 빛 옷을 입
금과 보석과 진주로 꾸미고 손에 금잔을 가졌는데 가증한 물건과 그의 음행의 더러운 것들이 가득하더라/5 그 이마에 이름
기록되었으니 비밀이라, 큰 바벨론이라, 땅의 음녀들과 가증한 것들의 어미라 하였더라/6 또 내가 보매 이 여자가 성도들의
와 예수의 증인들의 피에 취한지라 내가 그 여자를 보고 기이히 여기고 크게 기이히 여기니/7 천사가 가로되 왜 기이히 여기

16

요한계시록 17장

신천지 요한계시록 17장 풀이

1 또 일곱 대접을 가진 일곱 천사 중 하나가 와서 내게 말하여 가로되 이리 오라 많은 물위에 앉은 큰 음녀의 받을 심판을 네게 보이리라

사도요한이 환상과 이상으로 본 상황이다. "많은 물 위에 앉은 큰 음녀"는 바벨론 조직체 대표 인물로서 바벨론 목자이다.

2 땅의 임금들도 그로 더불어 음행하였고 땅에 거하는 자들도 그 음행의 포도주에 취하였다 하고

"땅의 임금들"은 세상의 목자들이고, "음행"은 사단에게 비진리를 받고 그들을 따르는 행위를 말한다. "땅에 거하는 자들"은 세상교회에 속한 성도들이고 "음행의 포도주에 취했다"는 것은 사단으로부터 받은 비진리를 취할 정도로 많이 받아드리고 섞었다는 것이다.

3 곧 성령으로 나를 데리고 광야로 가니라 내가 보니 여자가 붉은빛 짐승을 탔는데 그 짐승의 몸에 참람된 이름들이 가득하고 일곱 머리와 열 뿔이 있으며

"광야"는 늘 하나님의 백성들이 시험을 받는 곳이다. 예수님도 광야에서 40일 동안 금식기도 하시면서 사단의 유혹은 받은 곳이다. 본 장 1절에서 여자가 "많은 물 위에 앉아 있다는 말"은 백성, 무리, 열국, 방언들을 다스린다는 의

미이다. "백성, 무리, 열국, 방언"은 멸망자 소속 일곱 목자가 다스리는 교인들을 말한다. "붉은빛 짐승"은 계12장 3절의 붉은 용을 비유한 것이고 "참람된 이름"은 자기들끼리 만든 직분과 직책을 말한다. 이 음녀가 참람된 이름이 가득한 7머리 10뿔 위에 앉았다는 것은 사단에 소속된 목자 중에서 가장 큰 자이며 청지기교육원장을 의미한다.

4 그 여자는 자주빛과 붉은빛 옷을 입고 금과 보석과 진주로 꾸미고 손에 금잔을 가졌는데 가증한 물건과 그의 음행의 더러운 것들이 가득하더라

"자줏빛과 붉은빛 옷을 입었다는 것"은 계12장 3절의 붉은 용이 가지고 있는 화려한 교리를 말하며, "금과 보석과 진주로 꾸몄다"는 것은 사단인 용에게 받은 각종 교리와 교법을 말한다. "금잔"은 사단의 교리로 만든 그릇인 주석과 그 주석을 바탕으로 만든 교리를 의미한다.

5 그 이마에 이름이 기록되었으니 비밀이라, 큰 바벨론이라, 땅의 음녀들과 가증한 것들의 어미라 하였더라

이마에 기록된 이름인 큰 바벨론의 비밀은 "땅의 음녀들과 가증한 것들의 어미"인 용의 이름이었고 이 악령인 용이 육체들의 신랑이다.

6 또 내가 보매 이 여자가 성도들의 피와 예수의 증인들의 피에 취한지라 내가 그 여자를 보고 기이히 여기고 크게 기이히 여기니

"성도들의 피와 예수의 증인들의 피"는 하나님의 백성들이나 증인들이 증거하는 말씀이다. "피에 취하였다"는 것은 진리의 말씀을 듣고 마치 술에 취한 것처럼 마음이 흔들렸다는 것이고, "기이히 여겼다"는 것은 좋게 여겼다는 의미

이다.

7 천사가 가로되 왜 기이히 여기느냐 내가 여자와 그의 탄바 일곱 머리와 열 뿔 가진 짐승의 비밀을 네게 이르리라

이 구절은 계시록에 나오는 세 가지 비밀 중 멸망자의 비밀이다. 천사가 사도요한에게 "음녀"의 정체와 "7머리 10뿔 가진 짐승"의 비밀을 알려 준다.

8 네가 본 짐승은 전에 있었다가 시방 없으나 장차 무저갱으로부터 올라와 멸망으로 들어갈 자니 땅에 거하는 자들로서 창세 이후로 생명책에 녹명되지 못한 자들이 이전에 있었다가 시방 없으나 장차 나올 짐승을 보고 기이히 여기리라

천사가 사도요한에게 비밀을 알려 주는데 "전에 있었다가 시방 없으나 장차 무저갱으로부터 올라와 멸망으로 들어갈 자"는 장막성전에 입교하여 장막을 차지하고 당회장이 된 자이며 장막을 짓밟고 난 이후 장막을 떠나 지금은 전혀 관여를 하고 있지 않다. "창세 이후"는 하나님과 언약을 한 일곱 금 촛대 교회인 장막성전이 이 땅에 창조된 이후를 말하며, "생명책"은 이긴 자가 있는 증거장막성전의 교적부이다. "생명책에 녹명되지 못한 자들"은 바다에서 올라온 짐승과 땅에서 올라온 짐승의 정체를 알지 못하므로 그 짐승들에게 경배를 하게 된 자들이고 "기이히 여긴다"는 것은 좋게 여기고 있다는 것이다.

9 지혜 있는 뜻이 여기 있으니 그 일곱 머리는 여자가 앉은 일곱 산이요

위의 8절이 "땅 짐승"에 대한 설명이라면, 9절부터는 "바다에서 올라온 일곱 머리 짐승"을 설명한다. "산"은 교회나 나라이다. 일곱 머리를 "산"으로 빙자

하여 말하는 이유는 7머리 각자 자기가 맡은 교회를 가지고 있어서 그 교회를 대표하고 있는 자들이기 때문이다. 그러나 7머리 모두가 가지고 있었던 것은 아니고 본 절 밑에 10절처럼 잠시 교회를 운영하다가 사라진 경우도 있다.

10 또 일곱 왕이라 다섯은 망하였고 하나는 있고 다른 이는 아직 이르지 아니하였으나 이르면 반드시 잠간 동안 계속하리라

"아직 이르지 아니하였으나 이르면 반드시 잠깐 동안 계속" 한다는 것은 7머리 중 한 명은 "국종 교회(탁명환)"를 만들었다가 얼마 지나지 않아 금방 사라지게 되었다. 이렇듯 청지기교육원 소속의 7머리 짐승이 다 교회가 있었던 것은 아니다.

11 전에 있었다가 시방 없어진 짐승은 여덟째 왕이니 일곱 중에 속한 자라 저가 멸망으로 들어가리라

"전에 있었다가 시방 없어진 짐승"은 8절에 나오는 땅 짐승이고 여덟째 왕이기도 하다. "일곱 중에 속한자라"는 의미는 7머리중 하나라는 의미가 아니라 일곱 머리 짐승과 사상이나 교리를 함께하는 같은 부류의 사람이라는 의미이다. 여덟째 왕은 본래 음녀가 낳은 7머리가 아니며 사상이나 교리를 함께하면서 장막성전에 들어가 10뿔을 갖게 된 짐승인데, 이 짐승이 여덟째 왕이 된 것이다. 계17장에서 이 두 짐승이 하나가 되어 역사하지만 결국 음녀와 7머리는 하나가 되고, 여덟째 짐승과 열 뿔이 하나가 되어 갈라진다. 일곱 중에 하나라는 말은 일곱 머리 숫자에 포함된 것이 아니라 7머리와 사상을 함께 하는 자라는 뜻이다.

12 네가 보던 열 뿔은 열 왕이니 아직 나라를 얻지 못하였으나 다만 짐승으로 더불어 임금처럼 권세를 일시 동안 받으리라

"열 뿔"은 장막성전에 짐승의 표를 받은 10장로를 의미한다. "나라를 얻지 못하였으나 임금처럼 권세를 일시 동안 받는다"는 것은 당회장 목사처럼 직접 치리하는 교회가 없지만, 목사에 버금갈 정도로 교회에 영향력을 줄 수 있는 치리권을 가지고 있다는 것이다.

13 저희가 한 뜻을 가지고 자기의 능력과 권세를 짐승에게 주더라

"저희"는 열 뿔이다. 여기서 "짐승"은 땅에서 올라온 짐승이고 여덟째 왕이다. "자기의 능력과 권세를 짐승에게 주었다"는 것은 이 땅에서 올라온 짐승을 장막성전의 당회장이 되도록 힘을 실어주었다는 것이다.

14 저희가 어린 양으로 더불어 싸우려니와 어린 양은 만주의 주시요 만왕의 왕이시므로 저희를 이기실터이요 또 그와 함께 있는 자들 곧 부르심을 입고 빼내심을 얻고 진실한 자들은 이기리로다

"저희"는 멸망자의 조직인 7머리 10뿔 짐승이며, 이들이 어린양이신 예수님과 함께하고 있는 이긴 자와 싸우면 이긴 자가 결국 이긴다. "부르심을 입고 빼냄을 얻는다는 것"은 이긴 자가 증거하는 계시의 말씀을 통해서 결국 이긴 자가 있는 시온산의 증거장막성전으로 오게 된다는 것이다.

15 또 천사가 내게 말하되 네가 본바 음녀의 앉은 물은 백성과 무리와 열국과 방언들이니라

"백성과 무리와 열국과 방언들"은 계13장의 "각 족속, 나라, 백성, 방언들"

처럼 짐승에게 사로잡힌 장막성전의 백성들을 말한다.

16 네가 본바 이 열 뿔과 짐승이 음녀를 미워하여 망하게 하고 벌거벗게 하고 그 살을 먹고 불로 아주 사르리라

“열 뿔과 짐승이 음녀를 미워하여 망하게 한다”는 것은 단2장처럼 철과 진흙처럼 하나가 될 수 없음에도 첫 장막인 하늘 장막을 삼키기 위해 일시적으로 서로 손을 잡고 하나가 되었지만 “열 뿔과 짐승”은 함께 음녀를 미워한다. “벌거벗게 한다”는 것은 음녀의 행실 중 치부와 허물을 드러내 보이는 것이고, “불로 사르다”는 것은 음녀의 권위를 심판했다는 것이다. “살”은 음녀의 교리인데 “짐승”이 음녀의 살을 먹고도 돌아서서 음녀를 미워하고 있는 것이다.

17 하나님이 자기 뜻대로 할 마음을 저희에게 주사 한 뜻을 이루게 하시고 저희 나라를 그 짐승에게 주게 하시되 하나님 말씀이 응하기까지 하심이니라

“자기 뜻대로 할 마음을 저희에게 주었다”는 것은 하나님이 음녀를 심판하도록 열 뿔과 짐승에게 미워하는 마음을 줘서 본 장의 1절처럼 음녀를 심판하게 된다.

18 또 네가 본바 여자는 땅의 임금들을 다스리는 큰 성이라 하더라

여자인 이 음녀가 큰 성 바벨론이었으며 계18장에 가서 결국 망하게 된다.

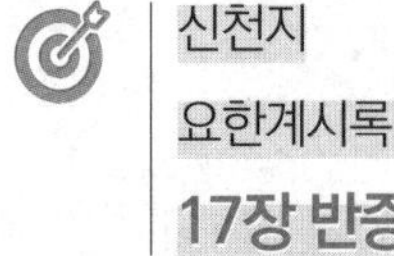

신천지
요한계시록
17장 반증

1. 신천지 실상으로 음녀는 누구인가?

1절 또 일곱 대접을 가진 일곱 천사 중 하나가 와서 내게 말하여 가로되 이리 오라 많은 물위에 앉은 "큰 음녀"의 받을 심판을 네게 보이리라

천국비밀 계시록의 진상 (1985, 이만희 저)

p257

[결론을 지어 말하면, 이 음녀는 사단의 사주에 움직이는 목자로서 그가 총수가 되어 일곱 목자를 모아 하나의 조직을 만든 것이다. 그 조직 "우두머리격"이요, 그의 수하에 여섯 명의 당회장이 있음을 밝혔다]

p258

[결론적으로 말하면 이 목회자 "연수원의 원장"이 음녀요, 또한 이 연수원이 곧 바벨론이다]

p266

[음녀와 짐승과 열 뿔은 한뜻을 가지고 구성된 멸망자의 조직이다. 이미 언급한대로 음녀는 "원장으로서 일곱 머리의 두목"이다. 그리고 짐승은 이 일곱

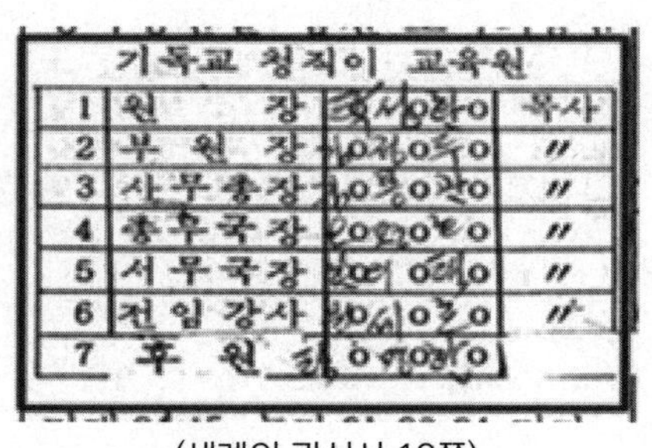

기독교 청지기 교육원

1	원 장	[illegible]	목사
2	부 원 장	[illegible]	〃
3	사무총장	[illegible]	〃
4	총무국장	[illegible]	〃
5	서무국장	[illegible]	〃
6	전임강사	[illegible]	〃
7	후 원 회	[illegible]	

(세계의 관심사 19쪽)

머리 가운데 하나인 "총무국장"이다. 또 열 뿔은 이 "일곱 머리가 안수하여 세운 열 사람의 장로"들이다]

위의 "계시록의 진상"에서는 "음녀"가 청지기교육원 우두머리격인 "탁성환"이며, 일곱 머리 가운데 하나인 바다에서 올라온 짐승은 청지기교육원의 조직체 "총무국장인 오평호"이다. 그리고 열 뿔은 바다짐승 오평호가 세운 열 사람이라는 것이다. 일단 여기는 백동섭 목사도 들어가 있지도 않고, 현재 신천지에서 배우고 있는 실상하고도 많이 다를 것이다. 아무튼 여기서는 음녀를 청지기교육원장인 탁성환 목사라고 이만희씨가 계시를 받았다.

계시록 완전해설 (1986, 대언자 이만희 저) p185

[일곱 머리는 여자가 앉은 일곱 산(교회)이요, 일곱 왕(목자)이라 하셨으나 "일곱 교단을 다스리는 총회장"과 같은 존재임을 알려 주시고 또 다섯은 망하였고 하나는 있고 다른 이는 아직 이르지 아니하였으나 이르게 되면 일시 동안 역사하게 된다고 이 여자의 조직에 대한 비밀을 설명해 주신다]

계시록 완절해설에서는 이만희씨가 "음녀"를 일곱 교단을 다스리는 "총회장"으로 계시 받았다고 밝힌다.

계시록의 진상2 (1988, 이만희 저)

p334

[그러므로 이 어미 음녀는 겉으로 보기에는 신랑 되신 예수님을 잘 믿는다고는 하나 마귀와 접이 된 음녀요, 이 여자가 세상 신학으로 낳아 만든 목자들도 귀신의 음녀들이다. 그렇다면 이 큰 어미 음녀는 "신학 총장의

지위에 있는 인물"임을 알게 된다. 이는 온 세계의 모든 신학교가 다 이러하다는 것이 아니다. 다만 일곱 머리, 열 뿔 가진 짐승을 탄 음녀와 이 음녀가 낳은 자들에게 해당되는 말이다. 이러한 자가 누구라는 것은 하늘 장막에 일곱 머리, 열 뿔 가진 짐승이 침입한 13장의 사건에서 찾아보면 잘 알게 된다]

p356

[이 여자가 땅의 임금들을 다스린다고 하였으니 땅의 임금들은 앞에서 설명한 대로 목자들을 말한다. 그러므로 이 음녀는 악령을 받아 역사하는 "어떤 신학 총장"임을 알 것이다]

1988년에 쓴 "계시록의 진상2"와 밑에 보이는 1992년에 쓴 "천국 비밀 계시록의 진상"은 내용 그대로 토시 하나 바꾸지 않고 그대로 옮겨서 책을 출간했다. "계시록의 진상2"는 1987년에 두 증인 역할을 하던 홍종효씨가 신천지를 탈퇴하자 급하게 쓴 책으로 보인다. 그러다 보니 또다시 오류가 생긴 것은 수정하고 고쳐서 "천국 비밀 계시록의 진상"을 1992년에 다시 출간을 하였을 것으로 보이며 그 과정에서 위의 부분을 그대로 옮긴 것 같다.

천국 비밀 계시록의 진상 (1992, 이만희 저)

p334

[그러므로 이 어미 음녀는 겉으로 보기에는 신랑 되신 예수님을 잘 믿는다고는 하나 마귀와 접이 된 음녀요, 이 여자가 세상 신학으로 낳아 만든 목자들도 귀신의 음녀들이다. 그렇다면 이 큰 어미 음녀는 "신학 총장의 지위에 있는 인물"임을 알게 된다. 이는 온 세계의 모든 신학교가 다 이러

하다는 것이 아니다. 다만 일곱 머리 열 뿔 가진 짐승을 탄 음녀와 이 음녀가 낳은 자들에게 해당 되는 말이다. 이러한 자가 누구라는 것은 하늘 장막에 일곱 머리 열 뿔 가진 짐승이 침입한 13장의 사건에서 찾아보면 잘 알게 된다]

p356

[이 여자가 땅의 임금들을 다스린다고 하였으니 땅의 임금들은 앞에서 설명한 대로 목자들을 말한다. 그러므로 이 음녀는 악령을 받아 역사하는 "어떤 신학 총장"임을 알 것이다]

"계시록의 진상2" 와 "천국 비밀 계시록의 진상(1992)"에서는 청지기교육원장 탁성환을 음녀라고 하지 않고 "어떤 신학 총장"으로 바꿨다. 이만희씨도 음녀를 바꿔치기 하면서 자신이 없었던지 그냥 "어떤 신학 총장"이 음녀라고 한다.

그런데 이 책을 읽는 독자들 중에서 신천지 실상 교리를 잘 아는 분들은 왜 음녀를 바꾸려고 시도하고 있는지 눈치를 채고 있는 분들도 있을 것이다. 계17장 11절에 나오는 "전에 있었다가 시방 없어진 짐승"인 여덟째 왕이 필요하기 때문에 8명이 있어야 하고 "전에 있다가 시방 없어지기 위해서"는 청지기교육원과 연관이 있으면서도 청지기교육원과는 소속이 다른 인물이 필요하다는 것을 이만희씨는 깨닫게 된다. 처음에 예수님께 받았던 계시를 과감하게 버리고 오평호 목사를 바다짐승에서 땅 짐승으로 내려보내고 청지기교육원과 관련이 없는 땅 짐승인 이0주씨는 조용히 신천지 실상 인물에서 사라지게 된다. 상황이 이러다 보니 이만희씨는 책을 쓰면서 이리저리 시도를 했을 것이다. 그러다 보니 위의 책자에서는 "어떤 신학 총장"이 음녀라고 자신도 정립이 되지 않은 상태에서 횡설수설을 하기 시작한 것이다.

천국 비밀 계시록의 실상 (1993, 이만희 저)

p249

[사도요한이 듣고 본 음녀는 "일곱 머리와 열 뿔(목자들)을 주관하는 총회장"의 지위에 앉은 목자요, 이 목자를 음녀라고 한 것은 이방신의 신부가 되었기 때문이다]

p252

[그리고 음녀가 앉은 일곱 머리는 일곱 산(교회)이요, 일곱 왕(목자)이라고 하였으니 이 여자 음녀는 일곱 교회의 "일곱 목자를 주관하는 대제사장(총회장)"이다. 또 일곱 머리들은 일곱 교회의 당회장(왕)이다]

이만희씨는 이전의 책자에서 "어떤 신학 총장"이라는 것이 마음에 걸렸던 것 같다. 책을 받아먹고 계시록 전장을 통달했다고 했는데 구체적인 인물을 언급하지 못하고 "어떤 신학 총장"이라니 자신이 생각해도 너무 조작한 티가 난다고 생각한 듯하다. 그래서 청지기교육원과 전혀 상관이 없는 백동섭 목사를 과감하게 일곱 머리에 영입을 한다. 예수님께서 처음에 계시를 보여 줄 때 백동섭 목사를 보여주지도 않았는데 이만희씨는 제멋대로 일곱 머리에 백동섭 목사를 넣어서 7머리 10뿔 짐승 판을 다시 짜게 된다. 그래서 나온 책이 밑에 보이는 "천국 비밀 계시"다.

천국 비밀 계시 (1998, 증인 이만희 보혜사 저)

p303

[이 음녀는 본문 3절에서 보는 바와 같이 "일곱 머리와 열 뿔을 주관하

는 목자로서 제사장(총회장:원장)"의 지위에 있는 자이다]

p309

[본문 9절에 음녀가 앉은 일곱 머리는 일곱 산이요 일곱 왕이라고 하였으니, 일곱 머리는 일곱 교회(산)의 일곱 목자 곧 당회장(왕)임을 알 수 있고, 음녀는 "일곱 교회의 일곱 목자를 주관하는 대제사장(총회장)"임을 알 수 있다]

p313

[이것은 하나님께서 자기 뜻대로 할 마음을 열 뿔 가진 짐승에게 주어 하나님께서 "음녀(총회장)"을 심판하신다는 말씀을 응하게 하기 위해 자기 뜻대로 할 마음을 주어 이루게 한 것이다]

[현재 신천지 7머리 실상인물]

7머리의 실상			
구분	성 명	직 책	담임교회
바다	탁성환	원장	대림 중앙교회
	김정두	부원장	대도 중앙교회
	한의택	서무국장	강남 중앙교회
	김봉관	사무국장	태백대성 중앙교회
	원세호	전임강사	보광교회
	백동섭	총회장	소사 중앙교회
	탁명환	후원	국종교회
땅	오평호	총무국장	이삭교회

이전까지 없었던 "총회장"이라는 직책이 등장한다. 앞쪽에 나오는 7머리 직책과 비교해 보기 바란다. 드디어 이만희씨는 과감하게 영입한 백동섭 목사를 최고 높은 위치인 음녀 자리에 올려놓는다. 위의 "천국 비밀 계시"에서 이만희씨는 총회장단어 옆에 괄호를 표기하여 안에 원장이라고

적어서 탁성환 목사와 헷갈리게 하는 치밀함도 보여주지만 결국 백동섭 목사를 음녀로 등극시키고 탁성환 목사는 바다짐승 대표로 만든다.

그렇다면 이만희씨가 처음 받았던 계시를 전면 부정을 하고 백동섭 목사를 영입해서 판을 다시 짠 7머리 10뿔 짐승은 성공했을까? 그렇지 않다. 이만희씨는 집중포화를 받는다. 청지기교육원과 전혀 상관이 없을 뿐만 아니라 장막성전 근처도 안간 백동섭 목사가 일곱 머리에 들어가 있냐고 맹비난을 받게 된 것이다. 그래서 2005년에 천국 비밀 요한계시록의 실상이 나오게 된다. 계시를 잘못 받은 부분들을 또다시 대폭 수정해서 다시 계시받은 것처럼 한발 물러서는 모습을 보인다.

천국 비밀 요한계시록의 실상 (2011, 보혜사·이만희 저) p343

[본문의 여자를 '큰' 음녀라고 하는 까닭은 사단에게 속한 목자 중에서 가장 큰 자이기 때문이다. 이를테면 그에게는 전국의 청지기 즉 "목자를 길러내는 교육원의 원장과 같은 지위"가 있다]

위의 "천국 비밀 요한계시록의 실상"은 2005년에 잘못 받은 계시만 뜯어고쳐서 2011년에 재판된 책이다. 2005년과 2011년 "천국 비밀 요한계시록의 실상" 책에서는 음녀를 목자를 길러내는 교육원의 원장과 "같은 지위"에 놓았다. 음녀를 다시 탁성환 목사로 돌려놓은 것 같기도 하고 아닌 것 같기도 하다. 자신감이 확 떨어진 이만희씨의 계시를 엿볼 수 있는 대목이다. 그러나 직통 계시를 받고 요한계시록을 통달한 이만희씨 입장에서는 자존심이 상하는 대목일 것이다. 그래서 그다음 나오는 책부터는 구체적인 언급을 아예 안하고 음녀를 뭉개버린다.

계시록의 진상 이렇게 이루어졌다 (2011, 보혜사·이만희 저) p63

['음녀'는 계시록 14:4에 말한 '여자'이며, "바벨론(사단의 교단)의 우두머리 목자"이다. 음녀라고 한 이유는 신랑과 교제하고 마귀의 씨(마귀의 거짓말)로 자녀를 낳았기 때문이다]

성경에 대한 [계시와 주석] (2012, 신천지 총회 교육부) p117

[본문의 큰 음녀는 사단 곧 용과 하나 된 "교단의 지도자(목자)"를 말한다. 본문의 큰 바벨론은 예루살렘을 삼킨(단 1:1 참고) 옛 바벨론을 빙자한 영적 귀신의 나라 바벨론 곧 사단의 교단을 말한다. 이는 초림 때 예루살렘을 침노하고 지배한 서기관과 바리새인과 같은 교단이다(마23장)]

천지창조 (2012, 보혜사·이만희 저) p242

[음녀의 이마에 이름이 기록되었으니 '비밀이라, 큰 바벨론이라, 땅의 음녀들과 가증한 것들의 어미라.'고 하였다. 음녀의 이름이 비밀인 것은 그의 실체를 아무도 알지 못하기 때문이며, 땅의 음녀들과 가증한 것들의 어미인 것은 음녀가 자기 교리와 주석의 말로 영적 자녀인 교인들과 목자를 낳았기 때문이다]

2011년도부터 음녀는 "바벨론의 우두머리 목자", "교단의 지도자(목자)", "음녀의 이름이 비밀인 것은 그의 실체를 아무도 모른다" 등의 말로 희석을 시켜서 얼굴과 얼굴을 대면하는 실상의 시대라고 하면서도 음녀가 누군지를 모른다고 하고 있다. 거짓말하다 들키면 바꾸고 바꾸다가 더 이상 도망갈 수 없는 코너에 몰리니 대충 구렁이 담 넘어가듯이 말하고 있다.

2. 신천지 실상으로 여덟째 왕은 누구인가?

11절 전에 있었다가 시방 없어진 짐승은 여덟째 왕이니 일곱 중에 속한 자라 저가 멸망으로 들어가리라

계시록의 진상 이렇게 이루어졌다 (2011, 보혜사·이만희 저) p67

[전에 있다가 지금 없는 짐승은 여덟째 왕이요, 일곱 중에 속한 자이며(11절), 계시록 13장에서 본 '땅에서 올라온 짐승'이다(계13:11-18). 이 짐승을 여덟째 왕이라고 한 것은, 그가 바다에서 들어온 일곱 목자 중 하나는 아니지만, 그들과 하나 된 자로서 일곱 목자를 제치고 마지막에 실권을 잡는 목자이기 때문이다]

우선, 이만희씨가 쓴 ["계시록 진상 이렇게 이루어졌다"에서 여덟째 왕은 '땅에서 올라온 짐승'이며 바다에서 들어온 일곱 목자 중 하나는 아니지만 그들과 하나 된 자로 일곱 목자(멸망자)를 제치고 마지막 실권을 잡는 목자이다]라고 밝히고 있다. 바로 이 대목이 처음에는 오평호씨를 바다 짐승, 이○주씨를 땅 짐승이라고 했다가 이○주씨가 청지기교육원과 관련성이 없었기 때문에 8째 왕을 할 수가 없어서 오평호씨를 땅 짐승으로 내려보내고 그 빈자리를 메우기 위해 청지기교육원과 관련이 없는 백동섭 목사를 넣은 것이다. 이게 무슨 계시를 받은 것인가?

이만희씨가 처음 계시를 받아서 쓴 "계시록의 진상"에서 여덟째 왕을 어떻게 주장하는 살펴보자.

천국비밀 계시록의 진상 (1985, 이만희 저) p261-p262

[전에 있다가 시방 없어진 짐승은 여덟째 왕이니 일곱 중에 속한자라고 하신 말씀의 의미를 새겨보자. 여덟째 왕이라고 한 말은 처음 언약의 장막

이 탄생할 때로 소급가야 이해할 수 있게 된다. 하나님 앞의 목자 곧 왕으로 택함 받아 동맥을 끊고 언약한 천사들이 일곱 별이며 일곱 왕이요 또한 일곱 목자이다. 첫째 왕을 필두로 일곱 왕들이 제단에 서서 성도를 양육해 오던 중 배도 후에 뿔뿔이 흩어지고 마지막까지 제단에 섰던 왕이 짐승에게 멸망당하였다. 결국 일곱 번째 왕도 꺾이고 여덟 번째 왕으로 제단에 선 자가 미운 물건이요, 짐승이요, 우상이며, 또한 멸망의 아들이다. 이 자가 붉은 짐승이었고 첫 장막의 당회장으로 교권을 휘두르다가 한 때 성도들의 심한 반발로 제단을 떠나간 것이다. 이 일이 저술한대로 전에 있다가 시방 없어진 것이다. 그리고 이 여덟째 왕은 다른 인물이 아니라 용의 일곱 머리 중의 하나이기 때문에 일곱에 속한 자라고 강조한 것이다. 이도 종내엔 멸망으로 들어가게 된다]

위의 여덟째 왕(오평호)에 대하여 정리하면

1) 첫 언약의 장막으로 소급하여 일곱 사자가 배도하여 흩어지고 마지막 제단에 섰던 왕이 오평호 목사이다. 그래서 그가 여덟 번째 왕이라는 것이다.

2) 오평호 목사가 붉은 짐승(바다짐승)이었고 첫 장막의 당회장으로 장막 성도들의 심한 반발로 장막성전 제단에 일시적으로 떠나서 나중에 상처가 나아서 실권을 잡게 된다는 것이다(계13장 참조).

3) 일곱 머리 중 하나이기 때문에 일곱에 속한 자이다.

이번에는 "천국 비밀 요한계시록의 실상"에서는 여덟 번째 왕을 어떻게 썼는지 살펴보자.

천국 비밀 요한계시록의 실상 (2011, 보혜사·이만희 저) p354

[천사는 전에 있었다가 시방 없어진 짐승은(8절) 일곱 왕에 속한 여덟째 왕으로서 장차 멸망으로 들어갈 자라고 한다(11절). 여기에서 '일곱 중에 속한 자'라는 말은 앞에서 본 '일곱 목자와 교리, 사상을 함께하는 동류'라는 뜻이지, 일곱 중의 하나라는 의미가 아니다. 이 멸망자는 계시록 13장에서 본 '땅에서 올라온 짐승' 즉 장막 출신 거짓 목자로서, 이방 목자 일곱 명에 합세하여 일곱 금 촛대 장막을 무너뜨린 존재이다. 이 사람을 여덟째 왕이라고 하는 것은 일곱 멸망자를 제치고 마지막에 실권을 잡는 목자이기 때문이다]

위의 여덟째 왕(오평호)에 대해 정리하면

1) 일곱 중에 속한 자라는 말은 일곱 목자와 교리, 사상을 함께하는 동류다. 즉, 일곱 중의 하나가 아니다.

2) 바다에서 올라온 짐승이 아니라 "땅에서 올라온 짐승"이다.

3) 일곱 멸망자를 제치고 마지막 실권을 잡은 목자

"계시록의 진상"에서는 오평호 목사가 계13장의 바다에서 올라온 짐승이면서 계17장 에서의 여덟째 왕이었다면 "천국 비밀 요한계시록의 실상"에서는 오평호 목사가 계13장에서 땅 짐승이면서 계17장에서는 여덟째 왕이며, 그가 하는 역할이 "계시록 진상"에서는 장막 일곱 사자를 이어 마지막 여덟째 왕이 된 것이고, "천국 비밀 요한계시록의 실상"에서는 일곱 멸망자를 제치고 실권을 잡아서 여덟째 왕이 되었다는 것이다. 이만희씨는 거짓말도 잘하고 조작도 잘 하는 것 같다.

쉬어가는 코너 **신천지 역대 표어**

신천지는 자신들의 연호를 사용한다. 서기를 대외적으로 사용을 하기는 하지만 신천지 내부에서는 [신천기] 라는 연호를 쓴다. 올해 신천기 39년이다. 이만희씨는 새해가 되면 가슴에서 주섬주섬 종이 한 장을 꺼낸다. 전국 12지파 신천지 신도들은 두 손 모아 간절한 마음으로 기다린다. 그리고 이만희씨가 종이에 적힌 글을 읽어 준다. 신천지 [표어]다.

새해가 시작되면 이만희씨는 항상 신천지 표어를 발표해서 꿈과 희망을 심어준다. 신도들은 한 해를 정리하고 새해를 맞이하면서 이만희씨가 들고 있는 종이에 모든 관심이 집중된다.

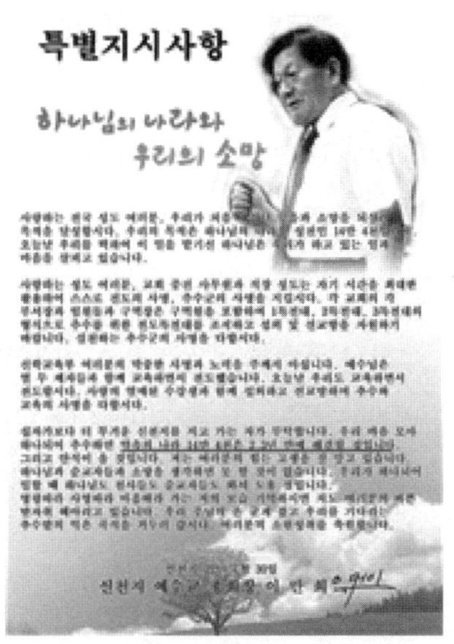

올해는.. 제발.. 올해는.. 이 역사가 완성되어 자신이 인 맞은 14만 4천 명에 들고 "신인합일"하여 영생은 물론이거니와 왕 같은 제사장이 되기를 간절히 바란다. 그동안 서러움을 한 방에 날리고 싶어서 목을 빼고 있다.

이만희씨는 표어를 발표해서 신천지 신도들에게 달리도록 만든다. 너희들이 열심히 하면 2~3년

안에 이 역사 완성하다고..

신천기 30년 표어는 "십사만 사천 완성의 해"였다. 한 마디로 난리가 난 것이다. 신천지 신도들은 그 어느 때보다 가슴 벅차고, 그 기쁨을 주체할 수 없었다.

이제 14만 4천 명!! 예수의 영이 함께 하는 이만희 총회장님이 "십사만 사천 완성의 해"라고 선포했으니 올해는 반드시 역사가 완성될 것이고 신도들은 영생과 안식에 들어갈 것이라고 확신한다. 그래서 필자가 운영하는 블로그에 신도들이 남긴 댓글들이다.

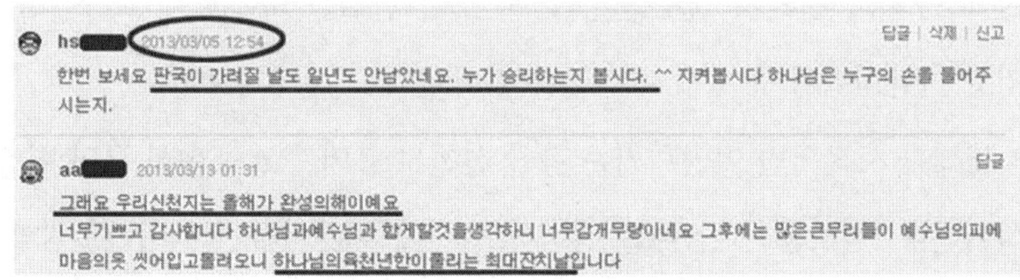

신천기 30년(2013년) "십사만 사천 완성의 해" 6천 년 한이 풀리는 최대 잔칫날이라고 허파에 바람이 잔뜩 들어가 있다. 바로 이만희씨가 했던 그 한 마디 "십사만 사천 완성의 해" 때문이다.

그러나 지금은 어떠한가? 위의 댓글을 달았던 사람들은 아직도 신천지에 남아 있을까?

코로나 사태로 더 힘들어진 상황이다. 다음 신천기 40년에는 "코로나19 물러가는 해"로 표를 지어야 할 판이다. 아래의 신천지 역대 표어는 "선물을 드립니다"라는 블로그 운영자였던 [선물]님이 정리해 놓은 표어다. 지금은 안티 신천지 블로그 활동을 멈추고 휴식을 취하고 계시기에 뒤에 3~4년은 필자가 해마다 붙이고 있다.

표어를 보면 신천기 31년부터 33년까지는 내연녀 김남희씨와 함께 신나게 해외를 돌아다니는 때이다. 이때 들어간 돈이 상상을 초월할 것으로 생각이 된다. 그런데 그렇게 같이 동역하던 그리고 동거를 하던 김남희씨는 이만희를 버리고 떠나버렸다. 신천지 신도들이 낸 헌금으로 말이다.

그리고 표어에 들어가는 단어들이 되돌이표이다. 어휘력의 한계성도 있지만 더 이상 표어를 창조적으로 만들 수가 없기 때문이다. 일곱째 나팔이라는 이만희씨의 폐활량이 이제 거의 다 되어 나팔 불기가 힘들어지고 있다.

[신천지 역대 표어]

- 신천기 21년(2004년) 전도 혁신의 해
- 신천기 22년(2005년) 구역 중심의 해
- 신천기 23년(2006년) 복음방 중심의 해
- 신천기 24년(2007년) 진실과 화평의 해
- 신천기 25년(2008년) 믿음과 승리의 해
- 신천기 26년(2009년) 홍보와 승리의 해
- 신천기 27년(2010년) 승리의 나팔의 해
- 신천기 28년(2011년) 신천지12지파 승리의 해
- 신천기 29년(2012년) 신천지 승리 홍보와 나팔의 해
- 신천기 30년(2013년) 십사만 사천 완성의 해
- 신천기 31년(2014년) 지파완성, 흰무리 창조, 종교대통합, 만국회의의 해
- 신천기 32년(2015년) 만국소성 흰무리창조 종교경서통일의 해
- 신천기 33년(2016년) 국제법 제정과 종교연합 사무실 완성의 해

- 신천기 34년(2017년) 신천지 하나님의 승리와 통치의 해
- 신천기 35년(2018년) 일곱째 나팔소리 승리의 해
- 신천기 36년(2019년) 일곱째 나팔 흰무리창조 승리의 해
- 신천기 37년(2020년) 하나님 통치, 마지막 일곱 번째 나팔소리와 흰 무리 창조 완성의 해
- 신천기 38년(2021년) 불변의 믿음과 승리의 해
- 신천기 39년(2022년) 천국비밀 마지막 나팔 흰무리 창조의 해
- 신천기 40년(2023년) ____________??__________________

17

요한계시록 18장

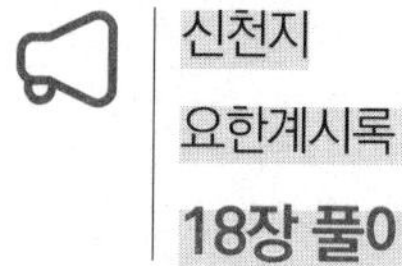

신천지
요한계시록
18장 풀이

1 이 일 후에 다른 천사가 하늘에서 내려오는 것을 보니 큰 권세를 가졌는데 그의 영광으로 땅이 환하여지더라

"이 일 후"는 계시록 17장 후이며 "다른 천사"는 계17장과는 다른 천사이다. "천사의 권세"는 계시록 전장의 계시 말씀이다. "땅이 환하여 진다"는 것은 육신에 속한 성도가 진리의 말씀을 받고 깨달아서 심령이 밝아지면서 자신의 정확한 상황과 처지를 알게 되는 것이다.

2 힘센 음성으로 외쳐 가로되 무너졌도다 무너졌도다 큰 성 바벨론이여 귀신의 처소와 각종 더러운 영의 모이는 곳과 각종 더럽고 가증한 새의 모이는 곳이 되었도다

"큰 성 바벨론에 각종 더러운 영과 가증한 새가 모였다"는 것은 이곳이 바로 음녀가 주관하는 귀신의 처소라는 것이고 오늘날 청지기교육원과 그들이 다스리고 있는 비진리 종교 세계를 빙자해서 말한 것이다. "무너졌도다 무너졌도다" 외치는 소리를 사도요한이 듣고 있는데 바벨론이 무너질 것이니 그곳에서 백성들을 빼내 오라고 들려주고 있는 것이다.

3 그 음행의 진노의 포도주를 인하여 만국이 무너졌으며 또 땅의 왕들이 그로 더불어 음행하였으며 땅의 상고들도 그 사치의 세력을 인하여 치부

하였도다 하더라

"음행"은 사단과 교제하며 비진리를 받아먹는 행위이고, "진노의 포도주"는 거짓 목자들이 무기로 삼는 주석이다. "만국"은 모든 세상의 모든 교회이고 비진리인 음행의 포도주를 먹고 있었기 때문에 무너졌다고 하는 것이다. "땅의 왕들과 상고들"은 바벨론 소속 음녀와 함께 음행을 하며 설교하던 목자와 전도자들이다. "사치의 세력"은 그들이 만든 주석이 인기를 얻게 되어 널리 세상에 알려지게 되는 것이며 이로 인해서 치부하게 되었다는 것이다. "치부하였다"는 것은 부자가 되었다는 의미다.

4 또 내가 들으니 하늘로서 다른 음성이 나서 가로되 내 백성아, 거기서 나
와 그의 죄에 참예하지 말고 그의 받을 재앙들을 받지 말라
5 그 죄는 하늘에 사무쳤으며 하나님은 그의 불의한 일을 기억하신지라

"백성아, 거기서 나와 그의 죄에 참예하지 말라"는 것은 귀신의 처소인 바벨론에서 나와 이긴 자가 있는 영적 새 이스라엘 시온산으로 나아오라는 것이다. 이 바벨론이 받게 되는 "재앙"은 영적인 사망과 함께 그들의 주석을 더 이상 사람들이 받아들이지 않게 되어 애통함이 있게 되고 그에 따라 진리의 말씀이 없게 되어 흉년이 들게 되는 것이다.

6 그가 준 그대로 그에게 주고 그의 행위대로 갑절을 갚아주고 그의 섞은
잔에도 갑절이나 섞어 그에게 주라

"그의 행위"는 바벨론 멸망자들이 장막에 침노하여 장막 선민들에게 비진리를 먹이며 42달 짓밟는 행위를 말하는데 "행위대로 갑절을 갚아주고 그의 섞은 잔에도 갑절이나 섞어 그에게 주라"는 말은 바벨론 멸망자들이 자기들에게 영화

롭게 하고 사치한 만큼 재앙을 내릴 것이며 갑절로 7년을 짓밟아준다는 것이다.

7 그가 어떻게 자기를 영화롭게 하였으며 사치하였든지 그만큼 고난과 애통으로 갚아 주라 그가 마음에 말하기를 나는 여황으로 앉은 자요 과부가 아니라 결단코 애통을 당하지 아니하리라 하니

"여황"은 모든 목자 위에 가장 높은 자라는 의미이며 계17장의 음녀이다. "과부가 아니라"는 것은 예수님이 함께 하지 않으면서 신랑 되신 예수님께서 함께 하고 계시기 때문에 애통 당하지 않는다고 거짓말을 하고 있다.

8 그러므로 하루 동안에 그 재앙들이 이르리니 곧 사망과 애통과 흉년이라 그가 또한 불에 살라지리니 그를 심판하신 주 하나님은 강하신 자이심이니라

바벨론 음녀는 자신들이 장막에 침노하여 장막 백성들에게 행한 대로 "사망과 애통과 흉년"을 겪게 될 것이고 이긴 자가 증거하는 말씀의 불로 심판을 받는다.

9 그와 함께 음행하고 사치하던 땅의 왕들이 그 불붙는 연기를 보고 위하여 울고 가슴을 치며

바벨론의 음녀와 음행하던 "사치하던 땅의 왕들"은 세상의 목자들이고 말씀의 불 심판으로 귀신의 처소 바벨론이 사라지는 것을 보고 가슴을 치며 우는 것이다.

10 그 고난을 무서워하여 멀리 서서 가로되 화 있도다 화 있도다 큰 성, 견고한 성 바벨론이여 일시간에 네 심판이 이르렀다 하리로다

11 땅의 상고들이 그를 위하여 울고 애통하는 것은 다시 그 상품을 사는 자가 없음이라

"땅의 상고"들은 말씀 장사하는 전도자이고, "그를 위하여"에서 "그"는 바벨론이며 "상품을 사는 자가 없다"는 것은 상품인 주석을 이용하여 자신들의 생각으로 만들어낸 각종 교리와 교법을 말한다. 이긴 자가 계10장에서 받아먹은 계시의 말씀으로 바벨론 교리를 불사르게 함으로써 더 이상 바벨론의 교리인 상품을 찾거나 사는 사람이 없다는 것이다. 그래서 땅의 상고들이 울며 애통하는 것이다.

12 그 상품은 금과 은과 보석과 진주와 세마포와 자주 옷감과 비단과 붉은 옷감이요 각종 향목과 각종 상아 기명이요 값진 나무와 진유와 철과 옥석으로 만든 각종 기명이요

13 계피와 향료와 향과 향유와 유향과 포도주와 감람유와 고운 밀가루와 밀과 소와 양과 말과 수레와 종들과 사람의 영혼들이라

바벨론 상품들이 열거가 되고 있다. 바벨론 교리는 "금, 은, 진주, 보석, 포도주, 감람류, 밀" 등이고, 바벨론 행실은 "세마포, 자주 옷감, 비단 붉은 옷"등이고, 바벨론의 구성된 단체나 기구들은 "향목, 각종 기명"이고, 바벨론 교법은 "계피, 향료, 향유, 유황"등이고, 바벨론 사명자들은 "소, 양, 말, 종들과 사람들의 영혼들"이다. 이 모든 호화롭고 사치스러운 바벨론 상품들은 때가 되어 진리의 말씀인 불 심판으로 모두 만천하에 드러나게 되고 다시는 이런 상품을 사는 사람들이 없게 된다.

14 바벨론아 네 영혼의 탐하던 과실이 네게서 떠났으며 맛있는 것들과 빛

난 것들이 다 없어졌으니 사람들이 결코 이것들을 다시 보지 못하리로다

"탐하던 과실"은 창세기 2장에 '선악을 알게 해주는 실과는 먹지 말라' 했던 실과이다. 이제 때가 되어 이 과실을 찾는 사람이나 사는 사람이 없게 되므로 사라지게 된다.

15 바벨론을 인하여 치부한 이 상품의 상고들이 그 고난을 무서워하여 멀
리 서서 울고 애통하여
16 가로되 화 있도다 화 있도다 큰 성이여 세마포와 자주와 붉은 옷을 입
고 금과 보석과 진주로 꾸민 것인데

15절은 "치부한 이 상품의 상고들"이라는 말은 본 장 12절, 13절에 살펴본 바벨론의 각종 상품을 말하며 상고들 즉 전도사들이 바벨론 교리로 풍성하게 되었지만 바벨론이 무너져 울고 애통하고 있다. 16절의 "큰 성"은 바벨론을 말하며 "세마포와 자주와 붉은 옷"으로 치장하고, "금, 보석, 진주"로 화려하게 만든 바벨론 교리를 "꾸몄다"고 표현한 것이다.

17 그러한 부가 일시간에 망하였도다 각 선장과 각처를 다니는 선객들과
선인들과 바다에서 일하는 자들이 멀리 서서

"선장"은 바벨론의 거짓 목자를 의미하며, "각 처를 다니는 선객"은 영이 죽어서 육체가 된 성도들을 의미하며, "선인들과 바다에서 일하는 자들"은 거짓 목자를 돕는 세상의 모든 목자들이다.

18 그 불붙는 연기를 보고 외쳐 가로되 이 큰 성과 같은 성이 어디 있느뇨
하며

19 티끌을 자기 머리에 뿌리고 울고 애통하여 외쳐 가로되 화 있도다 화
있도다 이 큰 성이여 바다에서 배 부리는 모든 자들이 너의 보배로운 상품
을 인하여 치부하였더니 일시간에 망하였도다

"바다"는 세상이고 "배를 부리는 모든 자들"은 바벨론 교회에 속해 있는 목자들인데 이 목자들이 그들의 바벨론 교리로 비진리를 전하면서 배불리 먹고 있다가 "큰 성 바벨론"이 말씀의 불 심판을 받고 갑자기 무너지면서 울고 애통하며 화 있도다 화 있도다 외치는 것이다.

20 하늘과 성도들과 사도들과 선지자들아 그를 인하여 즐거워하라 하나님
이 너희를 신원하시는 심판을 그에게 하셨음이라 하더라

"너희"는 순교한 영들이며, "신원하시는 심판을 그에게 하셨다"는 것은 바벨론의 멸망자를 심판하였다는 것이다. "하늘과 성도들과 사도들의 선지자들"은 바벨론 심판으로 인하여 즐거워 할 것이다.

21 이에 한 힘센 천사가 큰 맷돌 같은 돌을 들어 바다에 던져 가로되 큰 성
바벨론이 이같이 몹시 떨어져 결코 다시 보이지 아니하리로다

"맷돌"은 바벨론 교리를 만드는 목자인데 큰 맷돌이라고 했으니 이들을 대표하는 음녀라고 할 수 있다. "큰 맷돌 같은 돌을 들어 바다에 던져 가로되 큰 성 바벨론이 이같이 몹시 떨어져 결코 다시 보이지 않는다"는 말은 세상 중에 완전히 심판받아 없어졌다는 의미이다.

22 또 거문고 타는 자와 풍류하는 자와 퉁소 부는 자와 나팔 부는 자들의
소리가 결코 다시 네 가운데서 들리지 아니하고 물론 어떠한 세공업자든

지 결코 다시 네 가운데서 보이지 아니하고 또 맷돌 소리가 결코 다시 네 가운데서 들리지 아니하고

"타는 자"는 귀신의 처소 바벨론 소속의 악령이고, "부는 자"는 영이고 "통소와 나팔"은 사람의 육체이다. "거문고"는 멸망자들의 주석이 달린 성경책이고, "풍류"는 바벨론에서 가르치는 비진리의 거짓 교리이다. 바벨론 조직체였던 청지기교육원이 심판받아 사라졌으므로 이런 소리가 다시는 들리지 않는 것이다. "세공업자 와 맷돌"은 주석을 바탕으로 바벨론 교리를 연구하고 만들어내는 목자들이고, "맷돌 소리"는 성경을 연구하는 것을 말하는데 이러한 연구를 통해서 만들어내는 것이 비진리인데 이제 다시는 들리지 않게 된다.

23 등불 빛이 결코 다시 네 가운데서 비취지 아니하고 신랑과 신부의 음성이 결코 다시 네 가운데서 들리지 아니하리로다 너의 상고들은 땅의 왕족들이라 네 복술을 인하여 만국이 미혹되었도다

"등불"은 바벨론의 목자를 말하며 "신랑"은 여기서 악령인 사단이고 "신부"는 그 악령인 사단과 행음을 하는 성도를 말한다. 이들의 음성이 다시는 들리지 않을 것이다. "땅의 왕족들"은 세상의 목자들이며, "복술"은 점치는 기술인데 이 기술로 만국을 미혹하여 예수님 팔아 성경 교리 장사를 하여 돈을 벌기 위함이다.

24 선지자들과 성도들과 및 땅 위에서 죽임을 당한 모든 자의 피가 이 성중에서 보였느니라 하더라

"선지자들과 성도들과 및 땅 위에서 죽임을 당한 모든 자의 피"는 배도한 선민들뿐만 아니라 하나님의 백성들도 모두 바벨론 목자들이 죽였기 때문에 그들의 피를 바벨론 성안에서 보게 된 것이다.

1. 이만희씨가 청지기교육원을 심판한 역사가 있는가?

21절 이에 한 힘센 천사가 큰 맷돌 같은 돌을 들어 바다에 던져 가로되 큰 성 바벨론이 이같이 몹시 떨어져 결코 다시 보이지 아니하리로다

이만희씨는 계18장에서 힘센 천사(보혜사 성령)와 함께하는 자신이 7절의 "여황"과 21절 큰 맷돌로 비유되는 음녀를 진리의 말씀으로 심판한다고 주장한다. 다시 말해서 바벨론 즉, 전국의 목사들을 주관했던 청지기교육원이 심판을 받았고 더 나아가 세상의 비진리를 전하는 기성교회가 심판을 받았다는 것이다. 이만희씨가 주장하는 청지기교육원이 만들어진 배경은 다음과 같다.

제13장에서도 밝혔듯이 청지기교육원은 "탁성환, 탁명환, 김봉관, 김정두, 원세호, 한의택, 백동섭"으로 구성되어 있다고 밝혔다. 위의 이만희씨 설교에 따르면 전두환 대통령이 "신흥종단 이단 척결"과 "종교 세계를 잡고 주관"하기 위해 탁명환 소장에게 "청지기교육원"을 만들라고 지시를 했으며, 이 일곱 교단이 뭉친 청지기교육원과 목숨 걸고 혼자 1대 7로 붙어서 말씀으로 싸워 이기고 청지기교육원을 심판했다는 것이다. 멋지다.

이만희씨는 여기에 한술 더 떠서 과거 박정희 대통령의 지시로 "한기총(한국기독교총연합회)"이 만들어졌고, 전두환 대통령 때는 청지기교육원이 만들어졌다고 주장을 한다.

결국 이만희씨가 말하고자 하는 요지는 위의 두 대통령이 종교 세계를 잡고 주관하기 위해서 "한기총"과 "청지기교육원"을 만들었으며 하나님과 언약한 장막성전이 배도를 하여 청지기교육원을 들어서 장막성전을 멸망시키고, 멸망의 조직체인 청지기교육원은 이만희씨 자신이 무너뜨려 바벨론 조직체가 무너졌다는 것이다.

그래서 확인을 해 보았다. 우선, 박정희 대통령의 재임 기간은 1963년부터 1979년까지(5대, 6대, 7대, 8대, 9대)이다.

한기총 설립은 …

신구약성경으로 신앙고백을 같이하는 한국의 기독교 여러 교단과 연합기관, 그리고 건전한 교계지도자들의 협력기관으로의 연합체.

정관 전문(前文)

예수 그리스도의 은총 속에 선교 2세기를 맞이한 한국교회는 교회사에 유례없는 부흥과 더불어 국가 발전에 크게 이바지해 왔다.

새로운 천년과 통일을 대비해서 한국 기독교를 하나로 묶어야 한다는데 공감한 범 교단의 교회 지도자들이 1989년 2월 9일 대전 유성에 모였다. 한국교회의 모든 교단을 하나로 묶어서 정부나 사회에 대해 한 목소리를 내자는데 합의했다. 그리고 4월 28일 한경직 목사 외 300여명이 서울 영락교회 선교관에서 창립 준비위원회 총회를 가졌으며, 11월 29일에 한국교회100주년기념관에서 각 교단과 단체의 파송 대표 연석회의를 열어 창립총회 장소와 일정을 결정했다.

동년 12월 28일 서울 강남침례교회에서 창립총회를 개최하니 36개 교단과 6개 단체에서 대표 121명이 참여하여 한국기독교총연합회가 탄생하게 되었다. 신구약 성경으로 신앙고백을 같이 하는 한국의 기독교 교단과 연합 단체가 나름대로의 정체성을 유지하면서 시대적 사명을 충실히 감당할 것을 선언했다. 또 예수 그리스도께서 한국교회에 주신 사명에 충실하기 위하여 좌로나 우로나 치우치지 않으면서 연합과 일치를 이루어 교회 본연의 사명을 다하는데 일체가 될 것을 다짐했다. 1991년 12월 12일에 '사단법인'으로 인가되었다.

출처: 한국기독교총연합회

한기총은 "1989년에 설립취지문"이 발표되고 "1991년 사단법인"으로 인가되었다. 결국, 한마디로 박정희 대통령이 한기총을 만들었다는 것은 새빨간 거짓말이다.

두 번째로 청지기교육원이 만들어진 배경을 알아보자.

출처: 교회와신앙
1973년~2003년 보광침례교회 담임
1976년~1982년 수도침례신학교 교수
1978년~2002년 임마누엘성경연구원 원장
1986년 수도침신목회대학원 교수
1992년~1999년 한국기독교총연합회 이단사이비대책위원회 부위원장 및 문선명 집단 특별대책위원회 조사위원
1993년~1995년 월간 <교회와신앙> 발행인 및 편집인

(원세호 목사님)

위의 원세호 목사의 증언에 따르면 탁성환 목사가 한국교회를 부흥시키고자 1980년경 임마누엘교육원장으로 있던 자신(원세호)에게 도움을 요청했고 자신은 도움을 주고자 "청지기이론"의 책을 쓰게 되었으며 교회의 목사나 교인들을 가르치기 위해서 청지기교육원도 만들게 되었다는 것이다. 그리고 자신은 이삭교회에서 있었던 목사 임직식(1981년 9월 20일) 전에 청지기교육원을 나왔고 그러면서 자연스럽게 청지기교육원도 없어

지게 되었으며 이만희씨를 만난 적이 단 한 번도 없다는 것이다.

우선, 원세호 목사는 이만희씨를 만나본 적이 없다고 하는데 이만희씨는 바다에서 올라온 7머리하고 싸워서 이겼다는 것이 놀랍다.

두 번째는 원세호 목사가 청지기교육원을 탈퇴하면서 자연스럽게 청지기교육원이 사라졌는데 이만희씨는 청지기교육원이 42달 장막성전을 주관하고 짓밟았다고 하니 놀랍다.

세 번째는 이만희씨는 바다에서 올라온 7머리에 백동섭 목사가 들어가 있다고 했다. 그런데 원세호 목사는 백동섭 목사를 모른다고 한다. 당연히 백동섭 목사는 청지기교육원과 전혀 관련도 없으며 장막성전과는 더더욱 관련이 없기 때문이다. 그런데 이만희씨는 7머리와 혼자 싸워서 이겼다고 단상에서 큰소리친다. 싸움의 대상도 없는데 혼자 누구하고 싸웠단 말인가? 더 나아가 청지기교육원이 42달 동안 짓밟은 역사도 없다.

상황이 이런데도 이만희씨는 자신이 청지기교육원과 바벨론을 심판했다고 거짓말을 한다. 7명의 목사 이름이 들어가 있는 전단지를 보고 와서 혼자 이겼다고 우기고 있는 허풍쟁이 이만희씨의 거짓말을 철석같이 믿고 있는 신천지 신도들이 불쌍할 뿐이다.

2. 청지기교육원과 바벨론이 심판을 받았는데 왜 신천지는 공개토론에 못 나오나?

신천지는 기성교회 목사들이 자신들과의 공개토론을 피한다고 생각한다. 내부에서 그렇게 교육을 받았을 것이다. 사실 신천지의 교리나 계시록 해석 방법은 천박하기 그지없다. 사이비 집단만 전전하면서 귀동냥으로 들은 내용을 요한계시록에 끼워 맞춰서 풀이하는 이만희씨의 성경해석을 일반교회 목사님들이 연구할 가치가 없으며, 알 필요도 없다. 그러다 보니 신천지의 교리를 잘 모르는 개신교 목사님들이 많이 있을 수 있다. 그런 점을 신천지 수뇌부들은 교묘히 파고든다. 그리고 그 부분을 신천지 신도들에게 부각시켜 자신들이 우월하다며 과시하고 내부 단속을 한다.

신천지는 각 교회의 정보를 첩보를 방불케 하는 수법으로 수집을 해서 상대방 카드를 다 알고 자기들의 패는 숨긴 채 공개토론을 하자고 한다. 기울어진 운동장에서 시합을 하자는 것이다. 당연히 신천지에서 가르치는 내용을 모르는 기성교회 목사님 입장에서는 객관적으로 부담이 갈 수밖에 없다. 공정한 공개토론이 되기 위해서는 서로를 잘 아는 사람이 만나서 토론이 진행되어야 한다. 그래서 각 분야의 전문가들이 있는 것이다. 코로나 사태가 터졌다고 산부인과 의사가 등장해서 같은 의사라고 전문가 행세를 할 수 없는 것이다. 호흡기 질환 전문으로 하는 호흡기내과 의사나 감염내과 의사들이 나서야 하는 것이다.

마찬가지로 신천지가 정말 진리의 말씀을 가졌다면 신천지 전문가들과 만나서 공개토론을 해서 이겨야 한다. 그게 서로에게 공정한 게임이 되는 것이다. 그런데 신천지는 그들이 무섭다. 뱀이라고 비난을 하고 신천지 신도들보고는 영이 죽는다고 도망을 치라고 한다. 비겁하기 짝이 없다. 약한 자에게는 강하고, 강한 자에게는 비겁한 행태를 보이는 것이 전형적인 신천지 수법이다. 그럼에도 기성교회 목사님들은 신천지와 공개토론하는 것을 두려워하지 않는다. 사실 신천지 교리를 조금만 알면 신천지를 상대하기가 너무 쉽다. 그래서 그들은 숨기고 들킬 것이 두려워 숨어서 비밀리에 포교한다. 그들의 교리를 들여다보면 천박하기 이를 데 없다.

필자를 통해서 맛디아 지파 소속 공주교회 여 전도사가 신천지를 탈퇴하는 일이 있었다. 신천지 하는 짓이 늘 그렇듯이 신천지를 탈퇴한 사람을 이상한 사람으로 몰아서 그 사람들을 못 만나게 한다. 신천지의 거짓이 들통날 것이 두려운 나머지 최선의 방법이 탈퇴자를 비난해서 내부 단속을 하는 것이다. 지금 이 글을 읽고 있는 신천지 신도가 있다면 그리고 신천지를 이탈한다면 위와 같이 똑같이 영적 개, 돼지 취급을 받는다는 것을 필자는 100% 보장한다.

아무튼, 공주교회 담임 강사도 탈퇴한 전도사를 이상한 사람으로 몰아가고 있기에 필자가 공개토론을 요청했다. 당연히 못 나왔다. 나와서 40개 질문을 해도 될 일을 40개 질문에 답변을 하면 나온다는 것이다. 비겁한 모습이다. 자기 밑에 있는 전도사가 신천지를 이탈해서 한 영혼이 곧 죽게 생겼는데 당장이라도 튀어나와야 함에도 비겁한 변명으로만 일관하고 나올 생각이 없었다. 공개적으로 망신당하는 것이 무서웠던 것이다.

다음은 기성교회 목사님이나 이단 사역자들이 신천지에 공개토론을 요청한 내용들이다. 지면상 몇 가지 사례만 보겠다.

1) 천안기독교 연합회 공개토론 내용증명

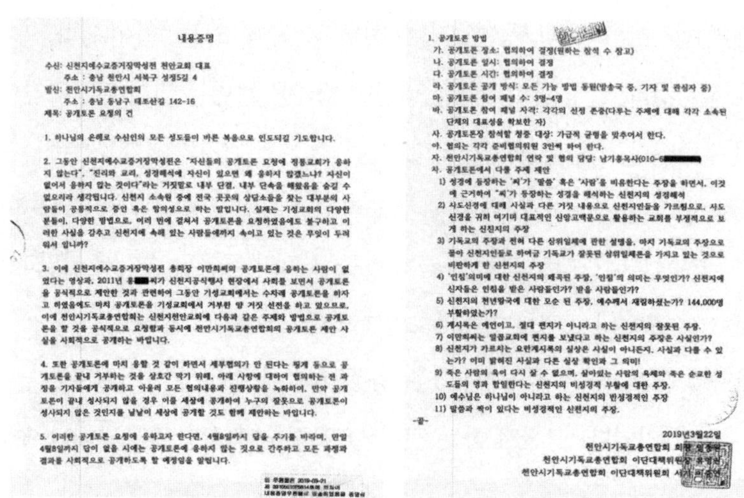

내용증명

수신: 신천지예수교증거장막성전 천안교회 대표
주소 : 충남 천안시 서북구 성정5길 4
발신: 천안시기독교총연합회
주소 : 충남 동남구 태조산길 142-16
제목: 공개토론 요청의 건

1. 하나님의 은혜로 수신인의 모든 성도들이 바른 복음으로 인도되길 기도합니다.

2. 그동안 신천지예수교증거장막성전은 "자신들의 공개토론 요청에 정통교회가 응하지 않는다", "진리와 교리, 성경해석에 자신이 있으면 왜 응하지 않겠느냐? 자신이 없어서 응하지 않는 것이다"라는 거짓말로 내부 단결, 내부 단속을 해왔음을 숨길 수 없으리라 생각됩니다. 신천지 소속원 중에 전국 곳곳의 상담소들을 찾는 대부분의 사람들이 공통적으로 증언 혹은 항의성으로 하는 말입니다. 실제는 기성교회의 다양한 분들이, 다양한 방법으로, 여러 번에 걸쳐서 공개토론을 요청하였음에도 불구하고 이러한 사실을 감추고 신천지에 속해 있는 사람들에게까지 속이고 있는 것은 무엇이 두려워서 입니까?

3. 이에 신천지예수교증거장막성전 총회장 이만희씨의 공개토론에 응하는 사람이 없었다는 영상과, 2011년 홍■■씨가 신천지공식행사 현장에서 사회를 보면서 공개토론을 공식적으로 제안한 것과 관련하여 그동안 기성교회에서는 수차례 공개토론을 하자고 하였음에도 마치 공개토론을 기성교회에서 거부한 양 거짓 선전을 하고 있으므로, 이에 천안시기독교총연합회는 신천지천안교회에 다음과 같은 주제와 방법으로 공개토론을 할 것을 공식적으로 요청함과 동시에 천안시기독교총연합회의 공개토론 제안 사실을 사회적으로 공개하는 바입니다.

4. 또한 공개토론에 마치 응할 것 같이 하면서 세부협의가 안 된다는 핑계 등으로 공개토론을 끝내 거부하는 것을 상호간 막기 위해, 아래 사항에 대하여 협의하는 전 과정을 기자들에게 공개하고 아울러 모든 협의내용과 진행상황을 녹화하여, 만약 공개토론이 끝내 성사되지 않을 경우 이를 세상에 공개하여 누구의 잘못으로 공개토론이 성사되지 않은 것인지를 낱낱이 세상에 공개할 것도 함께 제안하는 바입니다.

5. 이러한 공개토론 요청에 응하고자 한다면, 4월8일까지 답을 주기를 바라며, 만일 4월8일까지 답이 없을 시에는 공개토론에 응하지 않는 것으로 간주하고 모든 과정과 결과를 사회적으로 공개하도록 할 예정임을 알립니다.

1. 공개토론 방법
가. 공개토론 장소: 협의하여 결정(원하는 참석 수 참고)
나. 공개토론 일시: 협의하여 결정
다. 공개토론 시간: 협의하여 결정
라. 공개토론 공개 방식: 모든 가능 방법 동원(방송국 중, 기자 및 관심자 중)
마. 공개토론 참여 패널 수: 3명~4명
바. 공개토론 참여 패널 자격: 각각의 선정 존중(다루는 주제에 대해 각각 소속된 단체의 대표성을 확보한 자)
사. 공개토론장 참석할 청중 대상: 가급적 균형을 맞추어서 한다.
아. 협의는 각각 준비협의위원 3인씩 하여 한다.
자. 천안시기독교총연합회 연락 및 협의 담당: 남기홍목사(010-6■■■■■■■)
차. 공개토론에서 다룰 주제 제안
1) 성경에 등장하는 '씨'가 '말씀' 혹은 '사람'을 비유한다는 주장을 하면서, 이것에 근거하여 "씨"가 등장하는 성경을 해석하는 신천지의 성경해석
2) 사도신경에 대해 사실과 다른 거짓 내용으로 신천지인들을 가르침으로, 사도신경을 귀히 여기며 대표적인 신앙고백문으로 활용하는 교회를 부정적으로 보게 하는 신천지의 주장
3) 기독교의 주장과 전혀 다른 삼위일체에 관한 설명을, 마치 기독교의 주장으로 몰아 신천지인들로 하여금 기독교가 잘못된 삼위일체론을 가지고 있는 것으로 비판하게 한 신천지의 주장
4) '인침'의미에 대한 신천지의 왜곡된 주장, '인침'의 의미는 무엇인가? 신천지에 신자들은 인침을 받은 사람들인가? 받을 사람들인가?
5) 신천지의 천년왕국에 대한 모순 된 주장, 예수께서 재림하셨는가? 144,000명 부활하였는가?
6) 계시록은 예언이고, 절대 편지가 아니라고 하는 신천지의 잘못된 주장.
7) 이만희씨는 일곱교회에 편지를 보냈다고 하는 신천지의 주장은 사실인가?
8) 신천지가 가르치는 요한계시록의 실상은 사실이 아니든지, 사실과 다를 수 있는가? 이미 밝혀진 사실과 다른 실상 확인과 그 의미!
9) 죽은 사람의 육이 다시 살 수 없으며, 살아있는 사람의 육체와 죽은 순교한 성도들의 영과 합일한다는 신천지의 비성경적 부활에 대한 주장.
10) 예수님은 하나님이 아니라고 하는 신천지의 반성경적인 주장
11) 말씀과 짝이 있다는 비성경적인 신천지의 주장.

-끝-

2019년3월22일

천안시기독교총연합회 회장 [illegible]
천안시기독교총연합회 이단대책위원장 [illegible]
천안시기독교총연합회 이단대책위원회 서기 [illegible]

2) 광주광역시 새밝교회 공개토론 통고서

통 고 서

수신: 신천지 증거장막성전 강 사 이
주소: 광주광역시 북구 오치동 - 지

발신: 기독교 한국 침례회 새밝교회 담임목사 강 원
주소: 광주광역시 서구 상무 2동 번지

신천지 예수교 광주교회(이하 신천지)의 일방적인 공개토론회 통고서에 대해 다음과 같이 밝히고자 합니다.

1. 신천지 증거 장막성전(이하 신천지)은 공개토론의 의미를 퇴색시키고 있는 것으로 보입니다. 공개토론을 하려면 기관의 대표가 제안을 하고 공개토론자로 출연해야 하는데 신천지 측에서 보낸 통고서를 보면 신천지를 대표하지도 않은 강사 이 외 5인이 공개토론을 하자고 통고서를 보내왔습니다.

2. 공개토론은 정통교회나 신천지 측에서 매우 관심을 가지는 주제입니다. 또한 공개토론의 주제인 요한 계시록에 대한 논쟁도 중대한 사안이기에 새밝교회를 대표하는 담임 목사님께 공개토론을 요청했다면 당연히 '신천지를 대표하는 이만희 총회장이 제안하고 출연하겠다!'는 예의를 갖추어야 함에도 불구하고 전혀 알지도 못하는 인물이고 신천지를 대표하지도 아니하며 또한 신천지 총회가 아닌 지교회 소속 광주 신천지 강사 직책인 이 와 5인이 공개토론 제안을 한 것은 신천지의 공식제안으로 볼 수 없음을 알려 드립니다.

3. 신천지 대표자가 공개토론을 제안한 후 공개토론에 출연해야 하는 이유는 직통 계시를 하나님으로부터 받았다는 신천지의 주장과는 달리 신천지 총회와 지교회 소속 강사들의 성경 및 계시록 해석에 대한 의견이 분분함을 익히 잘 알고 있으며 신천지 신도들이 토론의 내용을 보고 '강사들이 말한 답변이지 신천지 대표인 이만희 총회장의 답변으로 볼 수 없다!'라고 책임을 떠넘기거나, 신천지에서 강사들을 제명 및 징계를 내리면 책임여부가 불투명해지기 때문입니다. 책임질 수 있는 대표자가 제안과 출연을 통해 신천지의 교리를 설명할 필요가 있습니다.

신천지 강사들이 토론 주제로 제안한 요한계시록에 대해서 몇 가지 예를 들어 설명하겠습니다. 계시록 7장과 14장에 나오는 인 맞은 14만 4천명이 제사장이 되어 왕 노릇하는 천년의 기간 동안 신천지에서 말하는 흰무리가 영생할 수 있는가?에 대해 신천지 기존 교리는 계 20:5절에 근거해서 '천년 동안에 영생할 수 없다!'라고 했는데 최근에는 이 선 교육장이 대전에서 강사 전도사 교육시간에 '14만 4천명은 순교자의 영을 덧입어(계20:4절에 대해 잘못 해석) 영생하고, 흰무리는 하나님과 예수님의 영이 함께 해서 천년 동안에도 영생할 수 있기 때문에 첫째 부활에 참예할 수 있다!'고 가르침으로 기존 교리를 번복하였습니다.

그러면 14만 4천명과 흰무리는 영생의 관점에 있어 차이점이 없어지게 되는데, 굳이 14만 4천명은 순교자의 영을 덧입어 순교할 필요가 있을까요? 그들에게는 하나님과 예수님의 영이 함께 할 때는 영생하지 못하고, 순교자의 영을 덧입어 영생한다면 흰무리보다 복잡한 과정을 통해 영생한다!는 결론이 도출되는데 그럴 필요가 없다고 보여집니다.

5. 밀 1되 보리 3되(계6:6)의 교리도 '네 명의 실상 인물(이만희, 윤요한, 윤재명, 지재섭)이 있다!'고 기존에는 가르쳤다가 최근에는 이 상, 이 들어간 5명 중에 3명이 해당된다고 하기도 하고, 그 후에는 '적은 무리'라고 일관성 되지 못한 실상교리를 가르치고 있는 것으로 알고 있습니다.

6. 밀 1되 보리 3되는 '사데에서 흰옷 입은 자이기 때문에 죽지 않는다!'고 가르쳐 왔는데, 신천지 성지순례를 가이드하며 실상을 가르쳐 온 윤재명 교육장(보리 3되 중 한명)이 사망한 사건과 관련하여 기존 교리에 대한 답변이 바뀌었습니다. 위의 내용을 종합해 볼 때 신천지 책임자도 아니며 다른 주장을 하는 교육장, 지파장, 강사들이 밝힐 사안이 아니라, 신천지 대표자인 '이만희 총회장의 책임 있는 답변'이 요구되므로 공개토론에 대해 이만희 총회장이 직접 제안과 참여를 해야 할 것입니다.

7. 요한 계시록을 가지고 공개토론을 하자는 제안을 했는데 요한 계시록의 주제는 결국 구원과 영생의 문제입니다. 그래서 신천지에서 말하는 "이만희 총회장이 죽지 않고 육체영생을 한다!는 교리에 대해 못을 박는 논의가 필요하다고 보여 집니다. 그리고 현재 '밀 1되, 보리 3되'도 아니며 '사데에서 흰옷 입은 자'도 아닌 김남희 원장(만남 대표, 압구정 신학원장)에 대해 '신천지 신앙의 정석'이라고 띄우는 '빛의 군사' 훈련이 행해지고 있는데 신천지 내부에서 이만희 총회장과 김남희 원장이 어떤 관계이기에 신천지 김OO 지파장이 김남희 원장에 대해 회개 고백을 하고, 신천지 역사상 유례없는 개인을 홍보하는 행사가 진행이 되는 것인가! 이 부분에 대해 매우 궁금해 하고 있습니다.

또한 '빛의 군사' 훈련이 '이만희 총회장 사후에 신천지 영생교리를 번복한 후, 김남희 원장을 후계자로 세우는 것이 아닌가?'라는 우려의 목소리가 신천지 내부를 비롯하여 외부적으로 나오고 있는데 '김남희 원장과의 관계', '본인의 육체 영생에 대한 확답', '이만희 총회장 사후에 김남희 원장을 비롯하여 후계 계승의 문제를 준비하고 있는지에 대한 확답'에 대해 이만희 총회장이 공개토론장에 직접 나와 입장 표명을 해야 할 것입니다.

7. 이외에도 신천지 이만희 총회장은 계 8장의 반시에 대해서도 정확한 대답을 내놓아야 합니다. 반시가 환상계시로는 30분이며 실상계시로는 6개월이라고 하는데 언제부터 언제까지가 반시의 실상인지를 명확하게 밝혀야 합니다.

또한 계 12장의 해를 입은 여자가 '웨스트민스터 신학교에 가서 박사학위 받았다는 사실을 직접 확인했다고 했다!'는 기존교리를 뒤집고 이만희 총회장과 부산 야고보 지파에서는 '웨스트민스터를 가지 않았다!, 난 확인도 안해 봤다!'라고 번복을 하고 있습니다.

이 논쟁에 대해서도 직접 확인을 안 해본 강사들이 나올 것이 아니라, 직통계시를 통해 확인했다고 주장하는 신천지 책임자 이만희 총회장이 공개토론을 통해 밝혀 줄 것을 요청하는 바입니다. 그 외에도 7인, 7나팔, 7대접, 두증인 등의 많은 논제에 대해 책임 있는 답변이 있을 때에 그때에 비로소 새밝교회 측에서도 공개토론 제안에 대해 논의하도록 하겠습니다.

8. 끝으로 한국기독교이단상담소 협회(진용식 목사)의 공개토론과 갓피플 바로알자 사이비 신천지 측의 공개토론 그리고 신현욱 신천지 前 교육장이 제안한(참과 거짓에 대한 구분-신OO 주장에 대한 바른 증거/신천지 출판부) 소책자 내용에 대한 진실을 밝히는 공개토론 제안에 대해 신천지 이만희 총회장에게 전달해 주시고 꼭 참여해 주실 것을 부탁하는 바입니다. 이 통고서에 대해 1주 내로 신천지 측의 답변이 없다면 기권하시는 것으로 알고 결과를 정통교회와 신천지 신도들이 알 수 있도록 언론을 통해 공개하도록 하겠습니다.

2012년 2월 6일

기독교 한국 침례회
새밝교회 담임목사 강 원

3) 한국기독교이단상담소협의회 공개토론

수취인 : 신천지예수교증거장막성전(이하 '신천지' 칭함) 총회장 이만희
주 소 : 427-800 경기도 과천시 별양동 1-11번지 벽산빌딩(5층) 신천지예수교증거장막성전
발송인 : 진용식(한국 기독교이단상담소 협회장, 한기총이대위 부위원장, 대한예수교장로회 합동 이대위 연구분과장, 상록교회담임)
최삼경(한기총이대위 상담소장, 인터넷신문 교회와신앙 상임이사, 빛과소금교회 담임
주 소: 425-866 경기도 안산시 단원구 초지동 701-5 한국기독교이단상담소

제목: 신천지(이만희) 교리를 밝히기 위한 공개토론회

우리는 신천지 이만희 씨에게 공개토론을 제의한다. 그동안 "신천지"는 책자나 설교 테입 등을 외부에 공개하지 않고 비밀리에 이단 교리를 가르치고, 추수꾼을 교회에 파송하여 정통교회의 교인들을 미혹하는 비신사적인 일을 자행하였음을 우리 모두 아는 바이다. 그런데도 우리의 공개토론을 적당히 묵살한다면, 귀하를 보혜사로 믿고 따르는 사람들에게 이만희는 보혜사가 아니라 사기꾼이라는 오명을 얻게 될 것이다.

더욱이 신천지 측에서는 대한예수교 장로회(통합)총회에 공개토론을 요청한바 있으나 아무도 공개토론에 나서지 못하고 있다고 말하고, 또한 진용식 목사에게 공개토론을 요구하여도 응하지 못한다는 거짓된 소문을 퍼트렸음을 생각해서 우리의 공개토론에 반드시 응하기를 바라는 바이다.

1. 만일 귀하가 공개토의에 응할 시, 자세한 내용은 협의하여 할 일이지만, 다음과 같은 내용에 대하여 토의를 하기를 원한다.
   1) 성경관과 비유풀이 교리
   2) 구원론: 시대별 구원자, 신인합일 육체영생 등에 대하여
   3) 재창조 부활교리
   4) 보혜사 교리
   5) 약속한 목자 및 재림주 교리
   6) 배도 멸망 구원 교리: 세례요한 교리
   7) 요한계시록의 해석과 실상문제
   8) 알곡과 심판문제
   9) 이긴자 교리
   10) 신천지 문제

2. 공개토론회의 구체적 방법은 협의하여 하되 각 언론에 게재하기를 제안한다.

공개토론회 개최에 관한 세부사항은 상호간 만나서 협의하면 객관적이고 공정한 방법을 도출해낼 수 있을 것으로 본다. 어떤 형식으로 하든, 정통교회측 언론들(교회와신앙, 뉴스앤조이, 현대종교 등)에 그 내용을 게재하고 귀측 언론들(귀측의 홈페이지, 월간 올댓뉴스, 신천지 카페 등)에도 함께 게재하는 것이 바람직한 일이라고 본다.

위 공개토론에 제의에 대한 가부를 9월 1일(월)까지 응답하여 주기를 바란다. 응답이 없을 시에는 공개토론에 자신이 없어 기권 패를 자처하는 것으로 간주 될 것이다.

2008년 8월 18일

한국기독교이단상담소협의회
진용식 최삼경 목사
공개토론협의 담당 : 이덕술 목사
연락처 : 011- -9191

4) 신현욱 전 교육장 공개토론 제안

내용증명서

수신: 이만희(총회장)
경기도 과천시 별양동 1-13 제일쇼핑 4층 신천지예수교 총회본부

발신: 신현욱(신천지대책전국연합 대표)
경기도 구리시 교문동 282-1 중앙하이츠타운B동 404호
0

제목 : 공개토론 제안에 관한 건

본인은 약 20여 년 동안 신천지예수교회에 몸담아 귀하를 이 시대의 구원자로, 신천지교회를 이 시대 구원의 처소로 믿고 충성을 다해 오던 바, 2006년 말 소위 11. 12 쿠데타 사건을 계기로 귀하는 종교 사기꾼, 신천지는 종교 사기집단임을 깨닫고 탈퇴한 바 있습니다.

이후 2007년 귀하는 "참과 거짓에 대한 구분"(신00 주장에 대한 바른 증거)이란 소책을 통해 성경의 진리를 왜곡함은 물론, 나아가 본인에 관한 사실관계도 왜곡하여 허위사실을 신천지 전 신도들에게 유포시키고 교육시킨 사실이 있음을 부인하지 못할 것입니다.

여기에 더하여 학원법, 조세법, 선거법, 부동산실명제 위반과 폭력과 방화 등 신천지와 신천지 신도들에 의해 자행된 각종 범법 행위는 신천지가 반종교적, 반기독교적인 집단을 넘어 비도덕적, 반인륜적, 반사회적, 반국가적인 범죄 집단이라고 해도 과언이 아님을 증거하고 있습니다.

이러함에도 폐쇄적인 조직 운영과 천지일보를 통한 언론 조작과 통제로 사실을 확인도 해보지 않은 채 맹신적으로 귀하의 말만 믿고 약속한 목자니 진리의 성읍이니 꿈의궁도와 아름다운 신천지를 외치며 귀하에게 속고 있는 신천지 신도들을 보며 심히 안타까운 마음에 참과 거짓을 분별할 수 있는 기회를 주고자 박미미 강사와 이정석 교육장을 통해서 귀하와의 공개토론을 제안했었으나 지금까지 아무런 답이 없었습니다.

- 1 -

그 후에도 공식기자회견을 통해 재차 공개토론을 요청했지만 묵묵부답으로 일관해오던 중, 신천지 신도들 사이에서는 적반하장(賊反荷杖)격으로 귀하의 공개토론 요구를 본인이 거부하고 있다고 잘못 알려져 있다는 사실과 그렇게 믿도록 왜곡해서 가르치고 있다는 사실을 알고 분노를 금할 수 없습니다.

이에 명명백백하게 모든 진실을 밝히고 사실을 확인하기 위해서라도 공개토론은 더욱 필요하다고 생각되어 아래와 같이 공개토론을 다시 요구하는 바입니다.

본인은 한 사람의 기독 신앙인에 불과하지만 귀하는 예수님의 영이 함께하는 자요, 인간보혜사로서 천사와의 일문일답을 통해 성경을 통달한 자요, 펴 놓인 책을 받아먹은 자요, 철장으로 만국을 다스릴 자요, 나아가 몇 신도들로부터 만유의 대주재로까지 추앙받는 자로서 결코 두려워하거나 회피할 이유가 없다고 생각됩니다.

오히려 이번 기회가 귀하와 신천지의 참 모습을 온 천하에 드러낼 수 있는 더 없이 좋은 기회가 될 것인바, 반드시 공개토론의 장으로 나오기를 강력히 요구하는 바입니다.

만일 이 제안을 또다시 거부한다면 귀하는 이긴 자가 아니라 사실은 이긴 자라고 우기는 종교 사기꾼이며 범죄 집단의 수괴임을 스스로 인정하는 것으로 알겠습니다.

• 주제1 : 성경에서 다뤄야할 주제가 방대한 만큼, 서로의 주장이 확연히 잘 드러나 있고 제 3자 입장에서 쉽게 분별할 수 있도록 잘 정리되어 있는 본인에 대한 귀하의 반증 소책자인 "참과 거짓에 대한 구분" 의 내용

• 주제2 : 신천지의 각종 불법행위에 대하여 본인이 확인한 바로는 신천지는 불법이 아니면 존재할 수 없는 범죄 집단이라고 생각이 되는 바 이와 관련하여 신천지의 존립과 직접적으로 관계되는 무등록 복음방 및 신학원 운영을 통한 학원법위반과 불법적인 비밀 개종교육, 허위기부금영수증발급을 통한 상습적인 탈세, 기독교 타 교단의 명의를 도용한 위장교회 운영, 명의신탁을 이용한 부동산실명제 위반, 위장단체 만남을 이용한 대한민국국기법 위반 및 신도들의 특정정당 가입 및 특정후보 지원을 통한 공직선거법위반 등 불법행위와 관련한 제반 문제

- 2 -

* 시간과 장소 : 모든 사람과 언론이 참여할 수 있는 시간과 장소면 가능 합니다. 단, 모든 언론을 통한 생중계를 원칙으로 하고, 혹 귀하가 요구하는 주제나 시간과 장소와 방법이 있다면 구체적인 사항은 추후 협의할 수 있음을 밝힙니다.

성실한 답변을 기다리겠습니다.

2013년 1월 11일

신천지대책전국연합 대표 신 현 욱 

신천지는 가면 갈수록 공개토론이 무서워질 것이다. 그동안 꽁꽁 숨겨왔던 천박한 신천지 교리가 백일하에 다 드러나고 있기에 기성교회 목사님들이 점점 더 많이 공개토론을 하자고 주장할 것이다. 그런데 이게 어떻게 바벨론이 심판을 받았다는 것인가? 오히려 코로나 사태로 신천지는 더 궁지에 몰리고 있다.

이 시대의 구원자라는 이만희씨는 세상 줄 잡지마라 하면서 정작 자신은 수십억 원을 들여서 변호사를 선임하고 세상 판사에게 굽실거리고 판결을 기다리는 신세로 전락했다. 신천지 교회는 대면 예배가 힘들어서 줌으로 영상을 보는 신세가 되고, 종교 세계를 넘어 세상 사람들에게까지 손가락질 받고 있으니 차라리 신천지가 심판을 받고 있다는 표현이 더 정확할 것 같다.

이만희씨는 바벨론을 심판했다고 신천지 안에서만 혼자 큰소리치지 말고 세상 교회 목사가 공개토론에 나오라고 하면 그때는 쥐구멍에 숨지 말고 꼭 양지로 나오기 바란다.

쉬어가는 코너 "신천지 신도" 내연녀 살인 · 사체유기 징역20년 확정

충격과 경악, 그 자체다. 하마터면 속을 뻔했던 사건이다. 2015년 발생했던 충격적인 사건이 2018년 대법원에서 20년 확정이 되고 나서야 드러난 사건!! 신천지 신도가 내연녀를 살인하고 사체를 유기한 살인사건!! 신천지에서는 얼마나 꽁꽁 숨기고 싶었을까??

다음은 인터넷 신문 [뉴스1]에 기사가 올라오자마자 필자가 캡쳐 했던 기사내용이다.

연인 살해·유기한 40대 남성 징역 20년 확정

[출처] - 뉴스 1http://news1.kr/articles/?3276504

연인 살해·유기한 40대 남성 징역 20년 확정

"간접 증거만으로도 유무죄 판단가능…범행동기 인정돼"

연인 관계에 있던 여성을 살해한 뒤 시신을 야산에 유기한 혐의로 재판에 넘겨진 40대 남성에게 징역 20년이 확정됐다.

대법원 1부(주심 박정화 대법관)는 살인, 시체은닉 혐의로 손모씨(45)에게 징역 20년을 선고한 원심을 확정했다고 2일 밝혔다.

신천지 교인 손씨는 2015년 9월10, 11일 이틀 동안 경기 가평군의 한 도로에서 연인 관계이던 A씨를 살해한 뒤 포천시의 한 야산에 시체를 버린 혐의를 받는다. 손씨는 같은 교인인 A씨가 자신의 사실혼 사실을 알게 된 뒤 '헤어지지 않으면 교단에 알리겠다'고 하자 범행을 저지른 것으로 조사됐다.

지금은 위의 [신천지 교인 손씨]가 [특정 종교 교인 손씨]로 바뀌어 있다. 당시 각종 언론에서 기사가 쏟아져 나오면서 신천지 교인 손씨가 같은 신천지 소속 내연녀를 살인했던 사건이 세간의 주목을 받자 각종 언론에서 [신천지 교인 손씨]가 [특정 종교 교인 손씨] 바꾼 것 같은데 필자가 당시 빠르게 캡쳐를 해서 신천지 신도들 간의 사건이라는 것을 알게 되었다.

[기사 일부]를 보면

[신천지 교인 손씨는 2015년 9월10, 11일 이틀 동안 경기 가평군의 한 도로에서 연인관계이던 A씨를 살해한 뒤 포천시의 한 야산에 시체를 버린 혐의를 받는다. 손씨는 같은 교인인 A씨가 자신의 사실혼 사실을 알게 된 뒤 '헤어지지 않으면 교단에 알리겠다'고 하자 범행을 저지른 것으로 조사됐다]

너무 충격적이다. 기사 내용의 정황을 보았을 때 손씨는 사실혼 관계로 동거녀가 있었음에도 같은 신천지 신도 A씨와 내연관계였던 것 같다. 이에 내연녀 A씨가 신천지에 알리겠다고 하니 살인을 저지르고 사체를 유기한 것으로 생각된다. 사태가 이 정도면 피의자 손씨와 피해자가 A씨가 다녔던 신천지 "담임 강사"와 "지파장"은 물론이거니와 "이만희씨"에게 이 끔찍한 사건이 보고가 되었을 것으로 보인다. 그런데 지금까지 수면에 잠겨 있다가 2018년경 대법원에서 20년 확정이 되고 나서야 "신천지 신도의 짓"이란 것이 드러난 것이다.

이 충격적인 사건을 신천지는 얼마나 숨기고 싶었을까? 신천지의 섹스포교, 방화, 집단 폭행 등 많은 불법이 자행되었던 사례를 통해서 신천지 내부가 어떨 것인지 익히 짐작은 하고 있었지만, 이런 천인공노할 '살인사건'을 신천지 신도들이 알지 못하도록 얼마나 은밀히 처리했을지 짐작이 간다.

신천지 내에서 벌어지고 있는 불법적인 행위들은 철저히 신도들의 눈과 귀를 가리면서 신천지를 미화하거나 대외적으로 보여주기 위한 행사들은 신도들에게 적극적으로 홍보하여 오직 신천지에 충성 봉사하게 만들고 있다. 신천지 신도들은 냉정하고 객관적으로 자신의 위치를 살펴보기 바란다. 신천지에 들어가 왕 같은 제사장과 영생은 고사하고 갖은 업무와 전도 압박의 스트레스로 제 명까지는 살수나 있을까?

[출처] - 연합뉴스

'관계 들통날까'…내연녀 살해·시신유기 남성 2심도 징역 20년

http://www.yonhapnews.co.kr/bulletin/2018/01/17/0200000000AKR20180117117200004.HTML?input=1195m

[출처] - 한국경제TV

`백골 시신 미스테리`, 내연녀 시신 유기 남성 `징역 20년`

http://news.wowtv.co.kr/NewsCenter/News/Read?articleId=A201804020639

이 외에도 무수히 많은 언론매체에서 위 내용을 다루고 있으니 인터넷에서 검색하여 확인해 보기 바란다.

18

요한계시록 19장

신천지
요한계시록
19장 풀이

1 이 일 후에 내가 들으니 하늘에 허다한 무리의 큰 음성 같은 것이 있어 가로되 할렐루야 구원과 영광과 능력이 우리 하나님께 있도다

"이 일 후"는 계18장 바벨론을 심판한 일 후의 사건이다. "하늘"은 계6장의 처음 하늘 처음 땅이 없어졌으므로 여기서 하늘은 "새 하늘"인 증거장막성전이다. "허다한 무리"는 계시록 각 장에서 이긴 자가 증거하는 계시의 말씀을 깨닫고 하나님 앞으로 모여든 구원받은 사람들이다. 이들이 모여서 하나님을 찬양하는 것이 큰 음성이다.

2 그의 심판은 참되고 의로운지라 음행으로 땅을 더럽게 한 큰 음녀를 심판하사 자기 종들의 피를 그의 손에 갚으셨도다 하고

"그의 심판은 참되고 의롭다"는 것은 하나님께서 바벨론을 심판하실 때 각자 행위에 따라 공의롭게 심판을 하셨기 때문이다. "음행"은 사단의 비진리를 받고 그 교리를 믿고 교제하는 것이고, "땅"은 비진리를 믿고 따르는 성도들이다. "더럽게 한다"는 것은 비진리를 먹이는 행위이며, "큰 음녀를 심판한다"는 것은 멸망자 소속의 거짓 목자 우두머리를 심판하는 것이다. "자기 종들의 피를 그의 손에 갚았다"는 것은 하나님의 종들을 위해 피의 신원으로 원수를 갚았다는 의미이다.

3 두 번째 가로되 할렐루야 하더니 그 연기가 세세토록 올라가더라

"연기가 세세토록 올라간다"는 것은 계18장에서 바벨론이 불로 심판을 받아 불타는"연기"가 세세토록 올라가니 음녀가 심판을 받았다는 소식이 영원한 복음이 된다는 것이다.

4 또 이십 사 장로와 네 생물이 엎드려 보좌에 앉으신 하나님께 경배하여 가로되 아멘 할렐루야 하니
5 보좌에서 음성이 나서 가로되 하나님의 종들 곧 그를 경외하는 너희들아 무론대소하고 다 우리 하나님께 찬송하라 하더라

바벨론이 망하게 되면서 이제 하나님의 나라가 만들어지니, 하나님의 영광이 되는 일이 연기가 되어서 올라가고 이십사 장로와 네 생물과 하나님의 종들이 모두 하나님 앞에 영광을 돌린다.

6 또 내가 들으니 허다한 무리의 음성도 같고 많은 물소리도 같고 큰 뇌성도 같아서 가로되 할렐루야 주 우리 하나님 곧 전능하신 이가 통치하시도다

사단 마귀가 통치하고 있었으나 음녀와 바벨론을 멸망시키고 이제는 하나님 곧 전능하신 이가 통치한다. "허다한 무리의 음성"은 계시록 각 장에서 이긴 자가 증거하는 계시의 말씀을 깨닫고 하나님 앞으로 모여든 구원받은 사람들이다.

7 우리가 즐거워하고 크게 기뻐하여 그에게 영광을 돌리세 어린 양의 혼인 기약이 이르렀고 그 아내가 예비하였으니

혼인잔치인 "어린 양의 혼인 기약"은 어린양 외에 다른 신과 교제하지 못하게 하는 약속이다. 이 어린양의 혼인 잔치는 계18장 바벨론을 심판하고 난 후의 사건이다. 혼인잔치 장소는 짐승과 우상과 그 이름의 수를 이기고 벗어난 자들에게 하나님의 영계 보좌가 내려와 함께하는 증거장막성전에서 벌어진다. 혼인잔치 집의 징표는 배도자인 하나님의 소와 멸망자인 살찐 짐승이며 혼인잔치 집에 들어가기 위해서는 예복을 입고 등과 기름을 준비해야 한다. 오늘날은 이긴 자가 있는 증거장막성전에서 예수님과 결혼하겠다는 입교 맹세서를 쓰고 교적부에 등록하는 것이 혼인 기약으로 볼 수 있으며 계20장 4절에 순교한 영과 신인합일하여 결혼을 하는 것이다.

8 그에게 허락하사 빛나고 깨끗한 세마포를 입게 하셨은즉 이 세마포는 성도들의 옳은 행실이로다 하더라

"빛나고 깨끗하다"는 의미는 수정과 같이 맑고 "빛"과 같은 예수님의 말씀이고, "세마포"는 성도들의 옳은 행실이다.

9 천사가 내게 말하기를 기록하라 어린 양의 혼인 잔치에 청함을 입은 자들이 복이 있도다 하고 또 내게 말하되 이것은 하나님의 참되신 말씀이라 하기로

"어린 양의 혼인 잔치에 청함을 입은 자들"은 이긴 자가 증거하는 계시의 말씀을 깨닫고 이긴 자가 있는 영적 새 이스라엘의 교적부에 등록하고 예복을 갖추어 입고 "예언의 말씀"인 등과 "실상"인 기름을 준비하고 있어야 가능하다.

10 내가 그 발 앞에 엎드려 경배하려 하니 그가 나더러 말하기를 나는 너

와 및 예수의 증거를 받은 네 형제들과 같이 된 종이니 삼가 그리하지 말고 오직 하나님께 경배하라 예수의 증거는 대언의 영이라 하더라

"그 발 앞에"의 그 발은 천사의 발이고 "대언의 영"은 계16장의 진리의 성령 보혜사이며 계10장에 나오는 힘센 천사이다.

11 또 내가 하늘이 열린 것을 보니 보라 백마와 탄 자가 있으니 그 이름은 충신과 진실이라 그가 공의로 심판하며 싸우더라

"하늘이 열린 것을 보니"는 사단 마귀에 미혹되었던 세상이 하나님의 나라 가운데로 갈 수 있는 구원의 길이 열렸다는 것이며 하나님의 나라가 창조되어 하나님께서 정사하신다는 것이다. "백마"는 이긴 자이며 "탄자"는 충신과 진실의 예수님이시고 그가 공의로 심판하시면서 싸우신다.

12 그 눈이 불꽃같고 그 머리에 많은 면류관이 있고 또 이름 쓴 것이 하나가 있으니 자기 밖에 아는 자가 없고

"그 눈이 불꽃 같고 그 머리에 많은 면류관이 있고"는 예수님의 모습을 표현한 것이고 또 "이름 쓴 것이 하나가 있으니 자기 밖에 아는 자가 없다"는 것은 예수님의 새 이름인데 예수님의 새 이름은 약속의 목자인 이긴 자와 백마를 탄 예수님만이 아시는 비밀이다.

13 또 그가 피 뿌린 옷을 입었는데 그 이름은 하나님의 말씀이라 칭하더라

"그가 피 뿌린 옷을 입었다"는 것은 예수님이 말씀을 증거하다 피 흘려 돌아가시게 된 순교를 상징하는 것이다.

14 하늘에 있는 군대들이 희고 깨끗한 세마포를 입고 백마를 타고 그를 따르더라

"하늘의 군대"는 영계에서는 천천만만의 천군들을 의미하며, 육계에서는 짐승과 우상과 그 이름의 수를 이기고 벗어난 자들이며 이들이 예수님과 함께 한다는 것이다.

15 그의 입에서 이한 검이 나오니 그것으로 만국을 치겠고 친히 저희를 철장으로 다스리며 또 친히 하나님 곧 전능하신 이의 맹렬한 진노의 포도주 틀을 밟겠고

"이한 검"은 심판의 말씀을 의미하며 "철장"은 온 세상을 다스리는 영원한 치리권과 심판의 말씀을 의미한다. "맹렬한 진노의 포도주 틀"은 음녀 바벨론의 7머리와 10뿔 가진 짐승을 말하며, "밟는다"는 것은 심판한다는 의미이다.

16 그 옷과 그 다리에 이름 쓴 것이 있으니 만왕의 왕이요 만주의 주라 하였더라

옷과 다리에 쓰인 이름은 만왕의 왕이요 만주의 주이신 예수님이시다.

17 또 내가 보니 한 천사가 해에 서서 공중에 나는 모든 새를 향하여 큰 음성으로 외쳐 가로되 와서 하나님의 큰 잔치에 모여

"한 천사"는 이긴 자와 함께하는 진리의 성령 보혜사이고 "해"는 이긴 자인데, "한 천사가 해에 섰다"는 것은 진리의 보혜사 성령이 참 진리의 말씀을 가진 이긴 자와 함께 외치며 역사한다는 것이다. "공중의 나는 새"는 순교한 영이고, 천사가 어린양의 혼인잔치인 하나님의 큰 잔치에 모이기를 청하는 상황이

다. 이처럼 영계에서도 순교한 영을 불러 모으듯이 이 땅에서도 이긴 자와 함께 하는 택함 받은 백성들이 하나님의 큰 잔치에 와서 배도자와 멸망자를 증거하는 말씀을 듣도록 사람들을 불러 모으고 있다.

18 왕들의 고기와 장군들의 고기와 장사들의 고기와 말들과 그 탄 자들의 고기와 자유한 자들이나 종들이나 무론대소하고 모든 자의 고기를 먹으라 하더라

청함을 받아 혼인잔치 집에 오게 된 모든 자들이 먹게 될 "고기"는 배도자와 멸망자를 심판한 후 증거하는 말씀이며 이것이 마22장의 "하나님의 소"와 "살찐 짐승"을 비유로 말한 것이다.

19 또 내가 보매 그 짐승과 땅의 임금들과 그 군대들이 모여 그 말 탄 자와 그의 군대로 더불어 전쟁을 일으키다가

"짐승과 땅의 임금들과 그들의 군대 이만만의 영들"과 "말 탄자이신 예수님과 그의 군대 천천만만의 영"이 싸우게 된다. 이 두 조직이 영계와 육계에서 각각 교리로 싸우게 된다.

20 짐승이 잡히고 그 앞에서 이적을 행하던 거짓 선지자도 함께 잡혔으니 이는 짐승의 표를 받고 그의 우상에게 경배하던 자들을 이적으로 미혹하던 자라 이 둘이 산채로 유황불 붙는 못에 던지우고

여기서 "짐승"은 바다에서 올라온 짐승이고, "거짓 선지자"는 땅에서 올라온 짐승인데 이 들은 이긴 자의 증거하는 말에 의해 정체가 드러나게 되면서 잡히고 만다. 이들이 하나님과 언약한 첫 장막에 침노하여 선민들을 짐승의 표를

받게 하고 우상에게 경배하게 하였던 자들이다. 이 두 "바다짐승"과 "땅 짐승"의 정체가 이긴 자의 진리의 말씀으로 드러나게 되어 산채로 유황불 못인 지옥에 던져지게 되는데 이들이 다시는 세상과 하나님의 백성을 미혹하지 못하고 꼼짝 못 하게 되는 것이다.

21 그 나머지는 말 탄 자의 입으로 나오는 검에 죽으매 모든 새가 그 고기로 배불리우더라

"그 나머지"는 이 짐승을 따르던 무리이고 예수님의 입에서 나오는 말씀으로 영적으로 죽게 된다. "모든 새가 그 고기를 배불리우더라"는 의미는 복음으로 순교한 모든 영들이 만족해 한다는 것이다.

신천지
요한계시록
19장 반증

7 우리가 즐거워하고 크게 기뻐하여 그에게 영광을 돌리세 어린 양의 혼
인 기약이 이르렀고 그 아내가 예비하였으니
9 천사가 내게 말하기를 기록하라 어린 양의 혼인 잔치에 청함을 입은
자들이 복이 있도다 하고 또 내게 말하되 이것은 하나님의 참되신 말씀이
라 하기로

19장은 어린양의 혼인잔치가 벌어진다.

천지창조 (2012, 보혜사·이만희 저) p249

[이제 어린양의 혼인 기약이 이른다. 어린양의 아내가 예비하였으므로 하나님께서는 그에게 빛나고 깨끗한 세마포를 입게 하시는데, 그 세마포는 성도들의 옳은 행실이라고 한다(7~8절). 천사는 이 어린양의 혼인 잔치에 청함을 입은 자가 복이 있다고 하였다(9절). 이 결혼은 예수님의 성령이 성도의 마음에 임하여 영육이 하나 되는 것을 말한다]

2012년 9월 16일 제6회 세계평화 광복 하늘문화 예술체전

[출처: 교회와 신앙]

교회와신앙
공연의 특별한 순서로 이번체전을 주최한
이만희 신천지 예수교 총회장과
김남희 만남 대표가 함께 입장하였습니다.

이만희 신천지 예수교 총회장과 김남희 만남 대표가 입장함으로서 [제6회 세계평화 광복 하늘문화 예술체전]은 해 달 별 모두가 하나로 어우러지는 말 그대로 세계인의 축제요, 신랑과 신부가 하나가 되는 "어린양의 혼인 기약"이다

교회와신앙
만물에게 생명을 주는 해,
그리고 해에 빛을 받아 어두움을 밝히는 달.

만물에게 생명을 주는 "해" (이만희)

해에 빛을 받아 어두움을 밝히는 "달" (김남희)

해(이만희)와 달(김남희)의 만남이 "완전한 빛"이 되어 온 세계를 비추니 별(신천지 신도들)과 같이 빛나는 수많은 사람들이 기뻐하며 축제(어린양의 혼인잔치)를 벌입니다.

모두가 어우러져 작은 우주(새 하늘 새 땅, 신천지)가 되었습니다.

은하수를 다리삼아 "신랑 신부"가 아름다운 "혼인잔치"에서 기쁨의 눈물이 비가 되어 내립니다. 영계의 순교한 신랑과 이 땅에 짐승과 우상에게 경배하지 않은 신부가 하나가 되는 혼인기약을 하는 날이기도 하고 신랑(이만희)이 신부(김남희)에게 새 장가드는 날이기도 합니다. 하객은 별과 같은 신천지 신도들이었습니다.

[출처: 유튜브 존존TV]

이만희와 김남희의 가운데 글자를 이용하여 만들어진 신천지자원봉사단체 [만남]은 다음과 같은 의미를 가지고 있다.

희 희 (빛 과 빛의)

만 남 ("만남"은)

이 김 (이 김)

두 사람이 "만남"이 되어 신랑 신부가 영육이 하나가 되는 "완전한 빛"이 되었다.

김남희씨는 이만희씨의 영적 배필이 되어 공식적으로 신천지 책자에도 등장한다.

[진리의 전장 주제별 요약 해설 Ⅳ (2013, 신천지 총회 교육부)]

p297

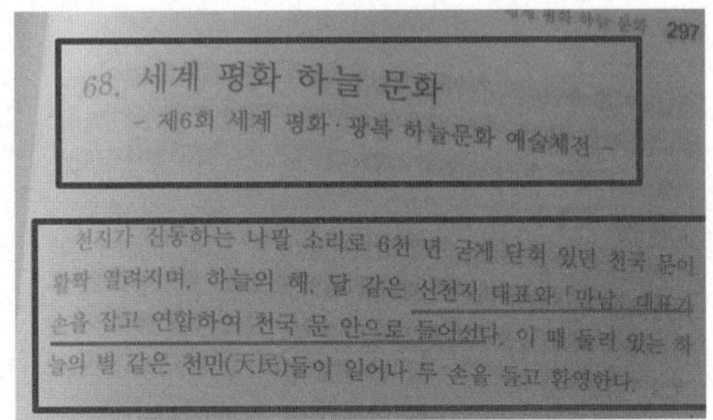

세계 평화 하늘 문화 297

68. 세계 평화 하늘 문화

– 제6회 세계 평화·광복 하늘문화 예술체전 –

천지가 진동하는 나팔 소리로 6천 년 굳게 닫혀 있던 천국 문이 활짝 열려지며, 하늘의 해, 달 같은 신천지 대표와 「만남」 대표가 손을 잡고 연합하여 천국 문 안으로 들어선다. 이 때 둘러 있는 하늘의 별 같은 천민(天民)들이 일어나 두 손을 들고 환영한다.

6천 년 굳게 닫혀 있던 천국 문이 활짝 열려지며, 하늘의 해, 달 같은 신천지 대표와 [만남] 대표가 손을 잡고 연합하여 천국 문 안으로 들어선다. 이때 둘러 있는 하늘 별 같은 천민이 일어나 두 손 들고 환영한다. 해(이만희), 달(김남희), 별(신천지 신도들)을 상징한다.

p298

해가 진 저녁 시간에는 각 좌석에 앉은 사람들 각자가 손에 작은 손전등을 든 모습이 마치 하늘에 반짝이는 별들과 같았다. 화려한 광경이었다. 이 때 레이저쇼의 주제는 '빛과 빛의 만남은 이김'이었고, 한 사람(빛)이 두 사람(빛)이 되고, 4, 7, 12, 24, 12,000, 144,000의 빛이 되어, 그 빛이 하늘의 영들과 땅의 만민에게로 퍼져 승리의 함성이 이어졌다. 마지막 행사는 하늘의 영들과 땅의 사람들이 하나 된 보좌를 베풀어 영육 하나 되는 혼인 잔치였다. 왕과 신하가 높고 낮음 없이 신의 축제를 이루고, 환호하는 경기장 내 만민이 하나 되는 모습은 참으로 아름다웠다.

레이저 쇼의 주제는 '빛과 빛의 만남은 이김' 이었고, 마지막 행사는 하늘의 영들과 땅의 사람들이 하나 된 보좌를 베풀어 영육 하나 되는 혼인잔치였다.

빛(이만희) 과 빛(김남희)의 만남이 결국 14만 4천의 빛이 되어 하늘의 순교한 영 14만 4천과 땅의 사람들 14만 4천이 하나 되어 영육이 하나가 되는 어린양의 혼인잔치였다는 것이다.

p306

자원봉사단 「만남」의 김 대표는 신천지 총회장을 곁에서 지켜봐 왔다. 오랜 세월 김 대표는 행사 때마다 안타깝게 외친 것이 있다. 대한민국에서 꼭 필요한 사람, 나아가 온 세계에 꼭 필요한 분, 꼭 한번은 만나야 할 분이 바로 이만희 총회장님이며, 올림픽 주경기장에서 개최하는 제6회 하늘문화 예술체전 행사가 이만희 총회장님이 왜 온 인류에게 꼭 필요한 분인지 알게 해줄 것이라고 힘주어 자신 있게 말했다. 그 답은 그 날 세계 평화·광복 하늘문화 예술체전을 본 분들이라면 자신이 알 것이다. 참석한 세계 각국인들은 아침부터 밤늦게까지 자리를 뜨지 않았고, 함성이 그치지 않았으며, 마음도 생각도 하나였다. 체전 행사는 바로 신인 합일체가 된 신의 축제였다. 이것이 답이다. 이 총회장은 (성경의 예언이) 응하

김남희 대표는 신천지 총회장을 곁에서 지켜보면서 "대한민국에 꼭 필요한 사람, 나아가 온 세계에 꼭 필요한 분, 꼭 한번은 만나야 할 분이 바로 이만희 총회장님"이라고 행사 때마다 안타깝게 외치고 있다. 또한 체전 행사는 바로 "신인합일체"가 된 "신의 축제"였다.

p 309

신천지 총회장과 사단법인 「만남」 김남희 대표는 국경도 인종도 종교도 사회도 구분 없이 지구촌을 한 가족으로 묶어 「만남」 국제부를 창설하고, 세계적 차원의 자원봉사에 앞장서고 있다. 누가 이들에게 침을 뱉고 돌을 던지겠는가? 정신이상자가 아니라면!

신천지 이만희 총회장과 김남희 만남 대표는 국경도 인종도 종교도 초월하여 세계적인 차원의 자원 봉사에 앞장서고 있다.

누가 이들에게 침을 뱉고 돌을 던지겠는가? 정신이상자가 아니라면!!

그런데 안타깝게도 2017년 빛과 빛의 만남은 찢어지고, 고소 고발하며 철천지 원수지간이 되었다. 해(이만희)와 달(김남희)이 만나서 영육 하나되는 혼인잔치를 해도 철천지원수가 되는데 신천지 혼인잔치를 누가 믿겠는가? 정신이상자가 아니라면!!

쉬어가는 코너 **신천지 내부의 성(性)적인 문제**

1. 섹스 포교

2013년 11월 16일 서울역 대합실에서 A씨가 기자회견을 했다. A씨가 신천지 여전도사로부터 "섹스포교"를 당했다는 것이다. 그 기자회견 자리에 있었던 필자는 충격을 받았다. 자신을 신천지 김포 성전소속이라고 밝힌 A씨는 1년 3개월가량 신천지 여전도사와 내연관계에 있었고 양심의 가책을 느껴 신천지를 비방하자 그 여전도사가 몰래 노트북과 휴대전화를 훔쳐가 공갈협박으로 고소를 했다는 것이다. 이 기자회견에서 A씨는 그동안

▲ A씨는 신천지 B전도사가 '섹스포교'로 자신을 유혹했다고 주장했다. 사진은 두 사람이 연인관계였음을 말해준다.

(출처: 교회와 신앙)

신천지 여전도사와 있었던 사연들과 사진 등을 폭로하였다.

이 당시 기자회견 현장에 있었던 필자는 A씨가 쓴 자필서 18장과 두 사람이 함께 찍은 민망한 사진 원본까지 입수하게 되었고 경악을 금치 못했다. 이때가 신천기 30년(2013년)이며 표어가 "십사만 사천 완성의 해"였다.

이만희씨가 "십사만 사천 완성의 해"라고 연초에 발표를 하면서 신천지 내부는 들뜬 분위기에 휩싸여 있었다. 신천지에 대해 조금이라도 아는 사람들은 14만 4천이 갖는 의미를 잘 알고 있을 것이다.

14만 4천 명이 차면 하늘에서 대기하고 있는 순교한 영이 내려와 이들과 신인합일을 하고 자신들은 영생의 반열에 들어가면서 왕 같은 제사장으로 세상을 다스린다는 것이다. 그런데 14만 4천이 올해 완성의 해라고 이만희씨가 공표를 했으니 신천지 신도들은 빨리 그 숫자를 채우기 위해 마음이 다급하기도 하였을 것이고 동시에 들떠 있었을 것이다. "뭔들 못하겠는가? 이제 곧 이 모든 역사가 완성이 되어서 14만 4천 명 안에만 들어가면 그토록 바라던 영생을 하고 떵떵거리고 살 수가 있는데 말이다" 이런 심정이지 않았을까? 그러니 고삐 풀린 망아지처럼 자신들이 무슨 짓을 하고 있는지도 모르고 거침이 없었을 것이다.

다음 내용은 기자회견을 했던 A씨가 기자회견 폭로하기 전에 썼던 내용 중 일부분이다.

[1쪽에 있는 일부 내용]

(이 내용증명을 받고서 이만희 총회장이나 김남희 원장에게 보고하지 않고 묵살 한다면 다음에 일어날 대형사건의 책임을 전적으로 져야할것 입니다)

신천지 교주 이만희 씨에게

제 이름은 김 입니다
내가 신천지 이만희교주 에게 내용증명을 보내는 것은
내가 김포 신천지성전의 여전도사가 의도적인 성적관계를 통한 전도로 신천지에 전도되여 1년3개월 동안 뜨거운 육체관계를 지속하며 신천지교육도 받았고 신천지 김포성전에서 성도로 참여를 하면서 알게된 신천지의 주도면밀 하게 자행하고 있는 부도덕한 전도행위를 사회에 고발 하고져 준비를 하면서 직접 교주인 이만희씨에게 사실을 확인 한후에 저돌적으로 신천지를 비판 할것인지? 내가 오해를 하고 있는것인지 확인을 해야하기 때문 입니다.
사회 통념상 지탄을 받아 마땅할 유부녀 여전도사의 섹스를 통한 전도 방법에 대하여 교주인 이만희씨의 진실된 답변을 직접 듣고 신천지가 어떤 종교 집단인지를 명확하게 판단 하려고 합니다.
신천지의 진짜 실체를 알아야 한다고 생각을 하기 때문에
이만희 신천지교주에게 몇 가지 질의를 하려고 합니다

[2쪽에 있는 일부 내용]

전도사가 오랜기간 남자관계를 못한 여자인 것으로 생각될 만큼 그녀가 매우 적극적으로 섹스를 요구 하기에 나도 적극적이고 정성스럽게 첫날 3번의 육체관계를 하였습니다.
그 후에 우리는 1대1 성경공부를 한다고 일주일에2~3번씩 만났고 만날때마다 질탕하게 2번 이상씩 섹스를 하였는데 최근에 내가 양심의 가책 때문에 신천지를 떠나려 하고 그녀 에게도 이런 식으로 계속해서 전도사를 하면 않된다고 하면서 당신도 신천지를 떠나라고 했더니 전도사가 나와의 1년3개월동안 내연의 관계를 한것을 김포성전 담임강사 에게 이실직고 하고 둘이 의논을 하고 난후 그날밤도 내 아파트에 와서 나와 질탕하게 섹스를 즐긴후 내가 샤워 하는동안 내 노트북과 핸드폰을 훔쳐 가지고 가서

[3쪽에 있는 일부 내용]

나를 경찰서에 공박협박으로 고소를 하고는 담임강사는 즉시 나만 신천지 성전에 출입금지 시키고 전도사는 평소와 다름없이 신천지 전도사를 하게 하는것을 보았고 특히 나를 음해하는 내용의 문자를 전도사가 다른 사람에게 보낸것을 그 사람이 내게 보내주어서 알게 되면서 신천지가 교주로 부터 담임강사 여전도사에게 지령을 하는것을 그녀는 신천지의 그릇된 지령에 순종하며 따라가고 있다는 의구심이 확실해 지게 되였습니다

[4쪽에 있는 내용]

[illegible]
김포신천지 담임강사님 !

전도를 한다고 살랑살랑 돌아 다니면서 차마 말로는 표현도 다하지 못할 만큼
음란하고 질탕한 섹스를 즐기면서도 뻔뻔하게 신실한 신천지전도사인척 행세하
며 이중 인격자로 신천지의 명예를 더럽히고 다니며 사람들에게 신천지전도사
의 가면을 쓰고 태연하게 이중생활을 하고있는[illegible]전도사의 이 믿기힘든 사
실을 세상에 알린다면 신천지가 칭찬을 받을수 있다고 생각을 하십니까 ?

나하고 만도 1년3개월 동안 음탕한 애인관계를 지속하며 가족도 교회도 사명자
들도 성도들도 감쪽같이 속여가면서 섹스중독증으로 음탕한 생활을 즐겨온 사
람이 신천지의[illegible] 유부녀전도사 입니다
신천지가 교주가 말한다는 올바른 종교집단 이라면 신천지는 마땅히 음탕하고
타락한[illegible]전도사를 영원히 퇴출시켜야 하는것 아닙니까?
세상의 상식으로 보거나 어떤 종교단체 에서라도 사명자가 이런 짓은 하다가 발
각되면 바로 조취를 취하려 하지 않겠습니까 ?
그런데
신천지는 담임강사까지 한통속이 되여 음탕한 전도사를 감싸고 돌며
옹호하고 그런 여자를 전도사 생활을 계속하도록 격려까지 하다니...

[illegible]담임강사는 이런[illegible]전도사가 타락한 음녀 인것을 지난달
에야 직접듣고 알게된 것입니까?
아니면
그 동안 알고 있었으면서도 그녀의 음탕함을 오히려 이용하고 있었던 것입니까 ?
신앙인 이라고 하는 당신의 양심에 묻고 싶습니다
당신의 진실한 답변을 기다리겠습니다

신천지 내에서 이런 사태들이 발생하는 원인이 어디에 있을까? 대부분의 사이비 집단이 그렇듯이 신천지의 교리와 폐쇄성이 가장 큰 문제일 것이다. 교리는 은밀하고 포교는 비밀리에 해야 했고, 남들이 눈치채지 못하는 곳에서 성경공부를 해야 한다. 심지어 가족들에게까지 속이고 거짓말을 할 정도니 말 다한 것이다. 이런 폐쇄적인 상황은 이만희씨와 신천지 지도부가 조직적으로 시스템화 한 것이다.

이만희씨는 밀실 전도라고 해서 신천지 신도들에게 위장을 하여 기성교회에 들어가게 하거나 전도를 하도록 지시를 한 적이 있다. 이 말이 떨어지기 무섭게 신천지 강사들은 기성교회에 숨어 들어가는 방법과 신분을 속여서 전도하는 방법을 조직적으로 가르쳐왔던 것이다. 이런 신천지의

조직적인 거짓말에 훈련이 된 신천지 신도들은 자신이 어떤 짓을 하더라도 정당화 시킨다.

"이 모든 것이 하나님의 일을 위해서 하는 것이라고" 그러나 알고 보면 하나님의 일이라는 명분 아래 14만 4천 명에 들고자 하는 개인의 욕심이 있는 것이다. 이만희씨는 교묘히 이런 인간의 이기적인 마음을 부추겨서 신도들을 이용하고 있는 것이다. 자신이 사이비 교주들에게 당한 그대로 말이다.

2. 신천지는 성(性)적으로 문제가 될 수밖에 없는 구조를 가지고 있다.

"담임 강사가 여 청년을 건드린 사건"을 알고 지명한 전 신천지 강사는 이만희씨에게 진정서를 넣은 적이 있다. 이만희씨와 통화한 내용도 있으니 오리발을 내밀지 못할 것이다. 그러나 이만희씨는 여 청년을 건드렸던 담임 강사를 다른 지파로 보내고 사건을 무마시킨 것 같다. 다른 지파에서 다시 그 담임 강사가 여자를 건드렸다는 소리가 들린다. 이 외에도 필자가 알고 있는 신천지 사명자들의 여자 문제는 너무나 많다.

열매를 보고 그 뿌리를 알 수 있다고 했는데 본처를 놔두고 김남희씨 하고 불륜이나 저지르는 이만희씨가 남에게 훈계할 처지나 되겠는가? 이만희씨가 내려보낸 [특별지시사항]을 보고 한참을 웃었다. 정당한 사유가 있는 육적음행은 무엇인지 묻지 않을 수 없다. 김남희씨하고 불륜을 저지르다 신천지 재산 거덜내고 신도들에게 상처를 준 것은 정당한 육적음행인가?

특별 지시사항

수 신 : 지파장
참 조 : 총무
제 목 : 금주령 선포 및 각 치리자 자격

지금의 때를 알자. 전국 성도들의 원성과 세상에 빛이 되지 못한 일이 너무 많다. 지나친 술좌석, 언동과 행위, 신앙인으로 볼 수 없는 만행 등으로 인해 전국에 금주령을 내린다. 사회적 특별한 사유 없이 술을 입에 대는 자는 상하를 막론하고 제명처리 한다.

정당한 사유 없이 육적 음행이 있을 시 근신처리 하며 근신을 받고도 고치지 않을 시 하나님과 신천지를 위해 제명처리 한다.

지파 및 교회의 담임을 맡은 치리자는 하나님의 사자요 대언자이며 주와 동행하는 자로서(말2:5-9) 주의 계명을 지켜야 한다. 주의 계명은 생명과 평강, 진리의 법, 화평과 정직 그리고 많은 사람으로 하여금 죄악에서 떠나게 하는 일이다. 나 자신이 하나님의 빛이 되어 세상에 비추어 하나님의 영광을 나타내야 함에도 불구하고 도리어 욕되게 한다면 용서를 받겠느냐? 각 치리자는 레위와의 언약을 지켜야 한다. 명심하라.

신천기 21년 10월 2일

신천지예수교 총회장 이 만 희

19

요한계시록 20장

신천지 요한계시록 20장 풀이

1 또 내가 보매 천사가 무저갱 열쇠와 큰 쇠사슬을 그 손에 가지고 하늘로
서 내려와서

"무저갱 열쇠"는 지옥의 비밀을 아는 지혜이며, "큰 쇠사슬"은 용을 잡을 수 있는 증거의 말씀이다.

2 용을 잡으니 곧 옛 뱀이요 마귀요 사단이라 잡아 일천년 동안 결박하여

"용을 잡았다"는 것은 이긴 자가 증거의 말씀으로 그들의 정체를 드러나게 했다는 것이며, 용을 잡으니 창세기 3장의 에덴동산에 있었던 뱀이요 마귀요 사단이라는 정체가 드러난 것이다. 이 잡은 용을 무저갱에 결박하여 만국을 미혹하지 못하도록 천 년 동안 결박하지만, 천년 후에는 또 미혹하는 일이 생긴다.

3 무저갱에 던져 잠그고 그 위에 인봉하여 천년이 차도록 다시는 만국을
미혹하지 못하게 하였다가 그 후에는 반드시 잠간 놓이리라

"무저갱"은 비진리가 나오는 사단 마귀가 활동하는 본부이며 지옥 음부이다. 결국 사단 마귀의 입에서 더 이상 비진리가 나오지 못하도록 인봉을 하는 것이 무저갱 열쇠를 잠그는 것이고 천 년 동안 만국을 미혹하지 못하게 한다.

4 또 내가 보좌들을 보니 거기 앉은 자들이 있어 심판하는 권세를 받았더

라 또 내가 보니 예수의 증거와 하나님의 말씀을 인하여 목 베임을 받은 자의 영혼들과 또 짐승과 그의 우상에게 경배하지도 아니하고 이마와 손에 그의 표를 받지도 아니한 자들이 살아서 그리스도로 더불어 천 년 동안 왕노릇 하니

"보좌에 앉아 심판하는 권세를 받은 자들"은 재림 때 예언이 성취되어 이긴 자가 있는 영적 새 이스라엘의 보좌이며 이 보좌에 앉아 심판하는 자들은 예수님의 열두 제자들이다. "예수의 증거와 하나님의 말씀을 인하여 목 베임을 받은 자의 영혼들"은 예수님, 12제자들, 14만 4천 명과 순교한 영혼들이며 이들이 신랑이 되는 것이다. "짐승과 그의 우상에게 경배하지도 아니하고 이마와 손에 그의 표를 받지도 아니한 자들"은 이긴자, 12지파장, 14만 4천 명과 짐승에게 표 받지 않은 자들로 신부가 된다. 이 신랑과 신부가 하나가 되어 "영육"이 하나가 되어 신인합일이 되어 그리스도와 더불어 천 년 동안 왕 같은 제사장이 되고 세상을 치리하게 된다.

5 (그 나머지 죽은 자들은 그 천년이 차기까지 살지 못하더라) 이는 첫째 부활이라

이긴 자가 증거하는 계시의 말씀을 인정하고 새 노래를 부르는 14만 4천 명이 차면 큰 환란이 일어 셀 수 없이 많은 흰옷 입은 자들이 몰려오고 이 들이 모두 첫째 부활에 참여하여 천년 성안에 살면서 둘째 사망의 해를 받지 않는다.

6 이 첫째 부활에 참예하는 자들은 복이 있고 거룩하도다 둘째 사망이 그들을 다스리는 권세가 없고 도리어 그들이 하나님과 그리스도의 제사장이 되어 천년 동안 그리스도로 더불어 왕노릇 하리라

첫째 부활에 참예하는 자들은 "둘째 사망"이 없는데, 둘째 사망은 육체가 죽고 그 영혼이 지옥 형벌을 받는 것을 의미한다. 사단에게 만국이 미혹을 받고 있는 가운데 예수님의 피의 말씀으로 씻음을 받은 자들은 첫째 부활에 참예하는 "하나님과 그리스도의 제사장들"이다.

7 천년이 차매 사단이 그 옥에서 놓여
8 나와서 땅의 사방 백성 곧 곡과 마곡을 미혹하고 모아 싸움을 붙이리니 그 수가 바다 모래 같으리라

천년이 지난 후에는 옥에서 사단이 나와서 천년 이전의 영적인 상황과 비슷하며 다시 사단에게 미혹을 받는 일이 생긴다. "곡과 마곡"은 사단 마귀가 놓여 나왔을 때 하나님 말씀이 없이 영이 죽고 육체뿐인 사람들이며, "그 수가 바다 모래" 같다는 것은 수많은 사람들이 미혹이 된다는 것이다.

9 저희가 지면에 널리 퍼져 성도들의 진과 사랑하시는 성을 두르매 하늘에서 불이 내려와 저희를 소멸하고

"저희"는 천년이 지난 후 다시 미혹된 자들이며 "성도들의 진(陣)과 사랑하시는 성(城)"은 영적 새 이스라엘 열두 지파 성도들과 천년 성을 말하며, 오늘날처럼 그때에도 하나님의 말씀인 "불"로 저희들을 소멸시키신다.

10 또 저희를 미혹하는 마귀가 불과 유황 못에 던지우니 거기는 그 짐승과 거짓 선지자도 있어 세세토록 밤낮 괴로움을 받으리라

하나님께서 미혹하는 자들을 불로 먼저 심판을 하시고, 또 마귀를 짐승과 거짓 선지자들을 불과 유황 못에 던져서 앞으로 다시는 사단 마귀가 활동할 수

없도록 하신다.

11 또 내가 크고 흰 보좌와 그 위에 앉으신 자를 보니 땅과 하늘이 그 앞에서 피하여 간데 없더라

"크고 흰 보좌 그 위에 앉으신 자"는 4절에 기록된 심판권을 받은 예수님의 열두 제자들이고, 천년 성안에 들어가려는 장막과 백성이 있으니 이들을 "땅과 하늘"이라고 하고, 이 땅과 하늘이 "그 앞에서 피하여 간 데가 없다"는 것은 천년 후에 사단 마귀가 무저갱에서 나와 미혹할 것을 알고 있었기 때문에 천년 성안으로 들어가 심판을 피한 것이란 의미이다.

12 또 내가 보니 죽은 자들이 무론 대소하고 그 보좌 앞에 섰는데 책들이 펴있고 또 다른 책이 펴졌으니 곧 생명책이라 죽은 자들이 자기 행위를 따라 책들에 기록된대로 심판을 받으니

"죽은 자들"은 첫째 부활에 참예하지 못했던 사람들과 천년 성안으로 들어오지 못한 모든 사람들을 말하며, "책들"은 성경 66권 하나님의 말씀이며, "생명책"은 두루마기를 빨아 입고 등과 기름을 준비한 하나님의 백성들이 기록된 책인데 오늘날에는 이긴 자가 있는 증거장막성전의 교적부이다.

13 바다가 그 가운데서 죽은 자들을 내어주고 또 사망과 음부도 그 가운데서 죽은 자들을 내어주매 각 사람이 자기의 행위대로 심판을 받고

"바다가 그 가운데서 죽은 자들"은 세상 가운데 영이 죽은 사람들을 말하며, "사망과 음부도 그 가운데 죽은 자들"은 사망의 권세자인 사단에 속한 자들을 말하며 이들 모두 자기의 행위대로 심판을 받는다는 것이다.

14 사망과 음부도 불못에 던지우니 이것은 둘째 사망 곧 불못이라

육체가 죽고 그 영혼이 지옥 형벌을 받는 것이 둘째 사망이며 불못이다.

15 누구든지 생명책에 기록되지 못한 자는 불못에 던지우더라

"생명책"에 녹명되지 못한 사람들은 모두 둘째 사망에 들어가게 된다는 것이다.

신천지 요한계시록 20장 반증

1. 계20장 4절 해석의 문제

4절 또 내가 보좌들을 보니 거기 앉은 자들이 있어 심판하는 권세를 받았더라 또 내가 보니 예수의 증거와 하나님의 말씀을 인하여 목 베임을 받은 자의 영혼들과 또 짐승과 그의 우상에게 경배하지도 아니하고 이마와 손에 그의 표를 받지도 아니한 자들이 살아서 그리스도로 더불어 천 년 동안 왕 노릇 하니

위의 성경 구절은 신천지 교리의 핵심 중에 하나이다. 이만희씨는 위의 성경 구절을 들어서 하늘의 순교한 영(14만 4천)과 이 땅에서 짐승과 그의 우상에게 경배하지 않고 이마와 손에 표를 받지 않은 자들(14만 4천)이 신인합일하여 영생을 한다고 주장한다. 그리고 이 땅에 있는 14만 4천 명은 이만희씨가 증거하는 계시의 말씀을 듣고 인정한 후 말씀으로 씻음을 받기 위해 신천지 센터에서 수료를 하고 예복과 등과 기름을 준비하면 인 맞은 14만 4천 명이 된다는 것이다. 물론 신천지에 들어가면 전도를 해야 하고 여러 가지 조건과 제약이 있지만 일단 기본적으로 위와 같이 예복과 등과 기름이 준비되어 있어야 한다는 것이다. 그렇게 되면 하늘의 순교한 영이 내려와서 일대일로 신천지 신도들의 육체에 임하여서 죽지 않고 영생불사가 된다는 논리다.

그런데 이런 황당무계한 논리는 위의 계20장 4절의 문맥을 이해하지 못해 벌어진 촌극이다. 신천지에서는 위의 구절을 둘로 나눈다.

1) 내가 보니 예수의 증거와 하나님의 말씀을 인하여 목 베임을 받은 자의 영혼들과

2) 짐승과 그의 우상에게 경배하지도 아니하고 이마와 손에 그의 표를 받지도 아니한 자들이 살아서

이렇게 나누어서 1)은 "순교한 영"이고 2)은 짐승과 우상의 수를 이기고 벗어난 자들이며 신천지 신도들 자신들이라고 주장하는 것이다.

이런 황당한 비논리적 사고에 빠지게 된 배경은 신천지 센터에서 6개월 과정의 성경공부를 하면서 발생하게 된다. 신천지는 객관적인 정보를 줄 수 있는 사람들이나 지인들 또는 가족들을 차단시킨다. 자신이 성경공부를 하고 있는 것을 주변 사람들에게 알리면 사단이 방해하므로 성경공부가 다 끝날 때까지 주변 사람들이 모르게 해야 한다고 한다. 소위 모략을 쓰라는 것이다.

아무튼 이런 방식을 통해 위의 계20장 4절을 통해서 자신들이 육체 영생을 하여 왕 같은 제사장이 될 것이라고 착각에 빠져있다. 신천지 신도들이 위의 구절을 오해하고 있는 부분을 살펴보자.

우선, 4절 끝부분에 나오는 "살아서"를 이해를 못한다. 이만희씨와 신천지 신도들은 "살아서"를 those "who are living"의 개념으로 이해한다. 즉 현재 살아가고 있는 사람들로 착각한다. 그러나 여기서 "살아서"는 "come to life" 뜻으로 "죽었다 살아나다" 혹은 "소생하다"의 의미로 쓰인다.

예수님을 믿다가 죽게 되면 성경에서는 "잠이 들었다"고 표현하고, 기독

교인들이 영면에 들어갈 때 "고이 잠드소서"라는 표현을 쓰듯이 주 안에서 죽을 자들은 육체가 죽어있지만 잠이든 상태인 것이다.

- 고전15장 20절 그러나 이제 그리스도께서 죽은 자 가운데서 다시 살아 "잠자는 자"들의 첫 열매가 되셨도다

- 살전4장 14절 우리가 예수의 죽었다가 다시 사심을 믿을 찐대 이와 같이 예수 안에서 "자는 자들"도 하나님이 저와 함께 데리고 오시리라

위의 성경구절에서도 육체로는 죽었지만 예수 안에서 "자는 자들"로 표현하고 있지 않는가!

그렇다면, 위의 "come to life"는 주 안에서 자고 있는 자들이 주님이 다실 오실 때는 죽었던 육체가 다시 살아나는 것이며, 소생하는 것이다. 그런데 신천지 신도들은 이걸 이해를 못해서 이만희씨의 말에 현혹이 되어 있는 것이다.

두 번째는 1) "목 베임을 받은 자의 영혼들"과 또 2) "표를 받지도 아니한 자들"을 같은 존재임을 이해를 못한다.

NIV

4. I saw thrones on which were seated those who had been given authority to judge. And I saw the souls of those who had been beheaded because of their testimony for Jesus and because of the word of God. They had not worshiped the beast or his image and had not received his mark on their foreheads or their hands. They came to life and reigned with Christ a thousand years.

위의 영어 버전을 살펴보면

1) "목 베임을 받은 자의 영혼들"과 또 2) "표를 받지도 아니한 자들"로 나누면 다음과 같이 된다.

- "the souls of those (목 베임을 받은 자의 영혼들)" who had been beheaded because of their testimony for Jesus and because of the word of God.

- "They (표를 받지 아니한 자들)" had not worshiped the beast or his image and had not received his mark on their foreheads or their hands.

즉, "the souls of those (목 베임을 받은 자의 영혼들)"들을 대명사 "They (표를 받지 아니한 자들)"로 받는다. 이 말은 the souls of those = They는 같은 존재들이다. 그런데 국어 실력이 짧은 이만희씨는 다른 존재들이라고 우기며, 이 둘이 만나서 신인합일하여 육체가 영생한다는 황당한 소리를 하고 있다. 필자는 살펴볼 수 있는 모든 영어 버전을 확인해보았다. 단어 선택의 차이만 있었지 모두 다 한 영혼을 나타내고 있었다. 다음은 더 쉽게 [쉬운 성경]을 살펴보자

[쉬운 성경]

계20:4절

또 나는 몇 개의 보좌에 앉은 사람들을 보았습니다. 그들은 심판하는 권세를 받은 자들이었습니다. 그들 앞에는 예수님을 증언하고, 하나님의 말씀을 전하다가 "죽는 영혼들"이 서 있었습니다. "이 영혼들"은 짐승과 우상에게 절하지 아니하고, 이마나 손에 짐승의 표를 받지 않은 자들이었습니다. 이들은 다시 살아나서 그리스도와 함께 천 년 동안 다스릴 것입니다.

보다시피 [쉬운 성경] 모두 한 영혼임을 알 수 있다. 사정이 이렇다 보니 개역한글만 책 받아먹은 이만희씨와 신천지 신도들은 다른 성경 버전을 보는 것이 두렵다.

2. 신천지의 주장이 옳다고 가정하고 살펴보자

4절 또 내가 보좌들을 보니 거기 앉은 자들이 있어 심판하는 권세를 받았더라 또 내가 보니 예수의 증거와 하나님의 말씀을 인하여 목 베임을 받은 자의 영혼들과 또 짐승과 그의 우상에게 경배하지도 아니하고 이마와 손에 그의 표를 받지도 아니한 자들이 살아서 그리스도로 더불어 천 년 동안 왕 노릇 하니

5절 (그 나머지 죽은 자들은 그 천년이 차기까지 살지 못하더라) 이는 첫째 부활이라

6절 이 첫째 부활에 참예하는 자들은 복이 있고 거룩하도다 둘째 사망이 그들을 다스리는 권세가 없고 도리어 그들이 하나님과 그리스도의 제사장이 되어 천 년 동안 그리스도로 더불어 왕 노릇 하리라

신천지는 "짐승과 그의 우상에게 경배하지도 아니하고 이마와 손에 그의 표를 받지도 아니한 자들" 즉, 인 맞은 14만 4 천명이 차면 영생을 한다고 한다. 처음에 이만희씨는 14만 4천명만 첫째 부활에 들어가고 영생을 한다고 했다. 그러다가 숫자가 늘어나니 흰 무리도 영생을 한다고 교리를 수정했다. 다만 이 둘의 차이는 14만 4천 명은 왕 같은 제사장이 되어 치리를 하는 존재라면 흰 무리는 백성이 된다는 것이다.

교리가 바뀐 것을 살펴보자

다음 "천국 비밀 요한계시록의 실상"은 2005년에 출간되었다가 2011년에 교리를 수정하고 뜯어고친 후 재판한 책이다. 그래서 비슷해 보이지만 자세히 보면 아주 핵심적인 곳에서는 다 틀어져 있다. 이제 2005년도 버전은 신천지에서 쓸 수가 없을 것이다. 그 이유가 지금 다루고 있는 첫째 부활자를 설명하는 "신인합일" 핵심 교리가 바뀌었기 때문이다. 똑같은 내용에서 교묘하게 아주 중요한 일부분 추가를 시켰다. 2011년도 버전에서 밑줄 그어진 부분이 바뀐 부분이다.

천국비밀 요한계시록의 실상 (2005, 보혜사·이만희 저) p436

[육체가 없는 순교한 영은 육체가 있는 이긴 자들을 덧입고 이긴 자들은 순교한 영들을 덧입고 신랑과 신부처럼 하나가 되어 산다. 이것이 바로 영과 육이 한 몸을 이루는 부활이다. 이들은 하나님과 그리스도의 제사장 곧 목자가 되어 천 년 동안 주와 함께 말씀을 가르치며 성도를 다스리는 왕 노릇을 한다. 이들 첫째 부활자에게는 둘째 사망이 피해간다고 한다. 그럼 첫째 부활에 참여하지 못하는 그 나머지 죽은 자들은 어떻게 되는가? 첫째 부활자들이 왕 노릇하는 천년이 차기까지 살지 못한다고 하였으니(5절), 천년왕국이 끝나기까지는 육체를 덧입고 살아나지는 못한다]

천국 비밀 요한계시록의 실상 (2011, 보혜사·이만희 저) p409-410

[육체가 없는 순교한 영들은 육체가 있는 이긴 자들을 덧입고 이긴 자들은 순교한 영들을 덧입어, 신랑과 신부처럼 하나가 되어 산다. 이것이 바로 영과 육이 한 몸을 이루는 결혼이요 부활이다. 이들은 하나님과 그리스도의 제사장 곧 목자가 되어 천 년 동안 주와 함께 말씀을 가르치며 성

도를 다스리는 왕 노릇을 한다. 십사만 사천 명의 제사장이 완성이 된 이후에 셀 수 없이 몰려오는 흰옷 입은 무리들은(계7:9-14) 백성으로서 첫째 부활에 참여하여 천년성에서 함께 살게 된다. 그리고 이들 첫째 부활자들은 둘째 사망의 해를 받지 아니한다고 한다. 그럼 첫째 부활에 참여하지 못하는 그 나머지 죽은 자들은 어떻게 되는가? 첫째 부활자들이 왕 노릇하는 천년이 차기까지 살지 못한다고 하였으니(5절), 천년왕국이 끝나기까지는 육체를 덧입고 살아나지는 못한다]

2005년 버전에서는 없던 [십사만 사천 명의 제사장이 완성이 된 이후에 셀 수 없이 몰려오는 흰옷 입은 무리들은(계7:9-14) 백성으로서 첫째 부활에 참여하여 천년성에서 함께 살게 된다]가 2011년에 버전에서는 추가했다. 즉, 흰 무리도 첫째 부활에 들어간다고 교리수정을 한 것이다. 이런 중요한 교리를 변개해서 신도들을 속이고 있는 이만희씨의 행태는 너무 비열하다.

신천지 신도 숫자가 14만 4천 명이 넘어가기 시작하면서 흰 무리도 영생하느냐는 문제가 대두되었고, 신천지 신도들 중에서 아직 신천지에 못 온 가족들은 어떻게 되느냐는 질문이 자연스럽게 나오고, 14만 4천이라는 숫자에 목을 매고 있었던 사람들은 교리에 의심을 품기 시작하게 된다. 결국, 슬며시 이만희씨는 핵심 교리를 수정할 수밖에 없는 상황이 된 것이다.

그러면 한 번 생각을 해보자. 분명히 계7장, 계14장에서 인 맞은 14만 4천만이 첫째 부활자로 들어간다고 배우지 않았던가? 한 발 더 양보해서 인 맞은 14만 4천 명과 흰 무리가 첫째 부활에 들어간다고 하더라도 인 맞은 14만 4천 명을 보고 세상에서 흰 무리가 몰려온다고 배우지 않았는가?

<총회장님 친필 스캔 (1)>

◇ 사명과 순종은 내 영혼의 생명이다.

◇ 열 사람이 한 사람의 옷자락을 잡을(슥 8:23 참고) 때, 자기를 전도해 준 사람을 업고 다니고 싶을 것이다. (수료식 행사 때 모인 사명자들에게 하신 말씀)

◇ 인성은 발을 씻듯이(요 13:10 참고) 끊임없이 씻겨져야 한다.

◇ 그 날에는 세계의 수많은 사람들이 14만 4천을 한 번 만나보기 위해 안달을 하게 된다.
(신천기 10년 수장절 행사 때 말씀하신 내용)

◇ 자기 자신을 먼저 전도하라.

[하늘누룩: 이긴 자의 정신 p9]

신천기 10년 수장절 행사에서 이만희씨는 "그날에는 14만 4천을 한 번 만나보기 위해 안달이 난다"고 허파에 바람을 잔뜩 넣어 주었다. 그러나 지금 신천지가 변한 게 뭐가 있는가? 여전히 전도 압박을 받고 여전히 신천지 내에서 아프고 병들고 사망하고 애통하고 눈물을 흘리는 사람들이 부지기수다.

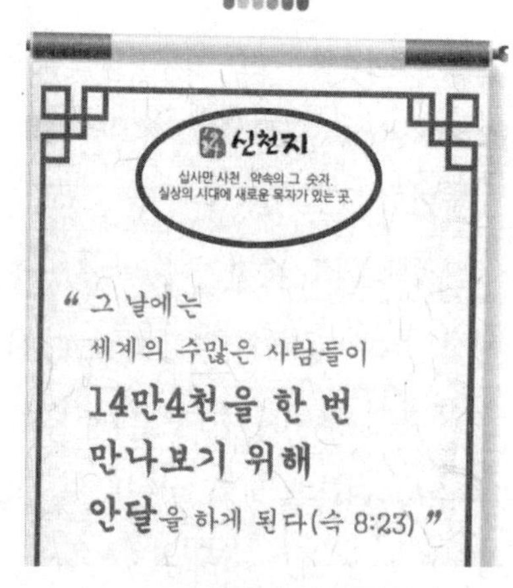

[신천지 수첩]

오히려 코로나 사태 때문에 신천지의 이미지가 더 부정적이되었고, 신천지 포교전략이었던 모략전도가 위법한 행위로 인해 오픈 전도를 하게 되면서 갈수록 전도는 힘들어지고 있는 상황이고, 이만희씨의 정체를 눈치채고 신천지를 탈퇴하는 사람들이 이전보다 더 많아지고 있는 상황이다. 신천지 신도가 아무리 늘어나도 그들이 원하는 "그날"은 오지 않을 것이다. 우리가 흔히 꿈을 꿨다가 이루어지지 않은 면 “개꿈”을 꿨다고 한다. 이만희씨가 처음부터 개꿈을 심어준 것을 신천지 신도들만 모른다.

쉬어가는 코너 **그 곳 신천지에 가면...**

다음 글은 신천지에서 10년이 넘는 세월을 보내고 탈퇴하신 [초강경파]님의 경험담이다.

신천지 신도들이 차분하게 한 번 읽어보고 반면교사를 삼기 바란다.

- 그곳 신천지에 가면...

신천지에 가면 "자신의 꿈"이 없어집니다.

그리고 허황된 꿈 144.000명을 채우자는 꿈을 심어줍니다. 젊은 시절 이불속에서 꿈꿨던, 생각만 해도 심장이 뛰던 그런 꿈, 나만이 할 수 있는 재능, 자신만의 소중한 비전, 10년 이상 된 신천지인들에게 실제로 물어보면 이런 개인적인 꿈은 이미 오래전에 사라지고 없다고 합니다.

신천지에 가면 "자유"가 없어집니다.

그리고 신앙은 자유라고 배우면서도 신천지의 종이 되어 노예처럼 살게 됩니다. 몸이 아닌 정신이 강박되어 스스로가 노예의 길을 가는 것입니다. 무엇보다도 두려움의 종이 되어 인터넷도 보지 못하며 신천지와 이만희의 과거도 보지 못하는 정신적 노예가 되어버립니다.

신천지에 가면 "생각"이 없어집니다.

그리고 자신의 생각이 아닌 선생님의 의중이니 목자의 심정이니 하면서 내 생각이 아니라 이만희의 생각을 더 중요하게 여기며 무를 꺼꾸로 심으라고 해도 심는 것이 순종이라며 순종이라는 명분으로 사람들의 생각을 없애는 것입니다.

신천지에 가면 "물질"이 없어집니다.

그리고 물질은 중요하지 않다면서 신천지에 다 내어놓으라고 하며 속으로는 제사장이 되어 호화로운 생활을 할 것을 꿈꾸고 있습니다.

신천지에 가면 "사랑"이 없어집니다.

그리고 진짜 사랑은 전도라고 세뇌를 시킵니다. 순수한 사랑, 종교와 인종을 초월한 인류 보편적인 사랑은 온데간데없으며 오로지, 오로지 숫자 채우기에만 혈안이 되어 그들 내부에서조차 사랑이 없이 메말라가는 것입니다. 사랑이 없기에 그들은 성경을 사랑이라는 큰 교훈으로 보지 못하고 성경을 지식적으로만 교리적으로만 해부하는 것이며 자신들의 그 해석을 알아야 영생을 얻는다는 황당한 소리를 하고 있는 것입니다.

신천지에 가면 "양심"이 없어집니다.

그리고는 가공으로 만들어진 얄팍한 교리를 그들 양심의 자리에 채워줍니다. 그래서 어떤 거짓말을 한다 해도 심지어 부모를 고소한다 해도 신천지에 득이 된다면 그렇게 하는 것입니다. 하나님이 창조하신 인간 근원에 있는 양심이 이렇게 해서는 안 된다고 그들도 느끼지만, 그 불편함을 거짓 교리로 세탁을 하고는 다시 거짓된 안위와 평안을 얻어 비양심의 길로 가는 것입니다.

신천지에 가면 "진심"이 없어집니다.

가면성 우울증, 마트 직원들이 많이 걸린다고 하며 스스로 진실하지 못할 때 걸리는 일종의 정신적인 병이며 웃으면서 고객을 대하지만 집에 오면 그 거짓 웃음이 스스로에게 우울한 증세로 다가온다고 합니다. 신천지 외부에다가 신천지가 마치 건강한 것처럼 보여야 하는, 가족들에게는 이미 학업과 직장을 포기했음에도 정상인 것처럼 보여야 하는, 전도대상자에게는 신천지인이 아닌 것처럼 보여야 하는, 신도들에게는 강인한 모습을 보여야 하는 신천지 직분자들, 이들이 바로 늘 웃고 있지만 내면 깊은 곳에서는 울고 있는 신천지인들 입니다. 그들은 진심을 잃어버렸습니다.

신천지에 가면 "두려움"이 없어집니다.

그리고는 가공된 두려움 곧 신천지와 이만희를 대적하면 배도자, 개, 돼지, 적그리스도 계명성 가룟 유다 등 저주의 말들로 거짓된 두려움을 심어서 그곳에 신도들을 묶어두는 것입니다. 하지만 그들은 참된 두려움이 없기에 성경을 통달했다고 겁 없이 외치는 것이며 참된 두려움이 없기에 자신이 진리를 깨달았다고 오만방자하게 말하는 것입니다. 예수님이 전파하신 진리는 만민이 보는 곳에서 누구든지 와서 듣고 깨닫게 하신 것입니다. 속여서 사람을 데리고 가고 6개월 이상 배우는 것을 말하지 못하게 하고 자신들의 이론을 밝히 내어놓고 검증받지 않으려고 하는 것 따위가 결코 만민을 살리는 진리가 될 수 없기에 신천지인들이 진리를 깨달았다고 하는 것은 참된 두려움을 모르는 오만불손한 헛소리에 불과한 것입니다.

신천지에 가면 또 무엇을 잃을까요...

신천지가 말하는 죽지 않는 삶 그것은 과연 행복일까요? 또 그것은 과연 영원한 기쁨일까요? 삶도 아름답지만 죽음도 아름다운 것이라 저는 믿고 싶습니다. 죽음이 있기에 우리의 유한한 삶이 더욱 아름답고 지극히 소중한 것은 아닐까요.

신천지가 말하는 영생은 죽지 않는, 살아서 영생하는 것인데 그들은 정말 영생의 가치를 알고 영생을 찬양하는 것일까요? 어떤 뱀파이어 영화를 보니 죽지 못하는 자의 저주스러운 괴로움이 잘 묘사되어 있었습니다. 아무리 죽으려 해도 죽지 못하는 지겨운 인간 세상을 영원히 벗어나지 못하는 괴로운 뱀파이어의 심정이 잘 나타났습니다. 신천지가 말하는 영생이 설령 가능하다 한들, 그것은 뱀파이어와 같은 영생에 불과합니다. 기쁨이 없는 영원한 삶 그것은 지옥에 불과합니다.

그들은 인간처럼 이 세상에 살면서 인간의 감성을 가지고 인간의 사고를 가지고 인간의 생리를 하면서 1000년 동안 죽지 않고 그 이후 영원히 죽지 않는다고 자기 자신의 미래를 스스로 농락하고 있는 것입니다.

전도서에는 잔치집에 가는 것보다 초상집에 가는 자가 지혜를 얻을 수 있다고 합니다. 이것은 죽음이라는 하나님이 정하신 필연을 직시하고 "지금의 삶을 선물로 여기고 감사하게 살아라"는 귀한 교훈이 아닐까요.

성경은 말씀하십니다. 사람이 미혹되는 것은 자기 욕심에 이끌리어 미혹되는 것이다. 조금 더 오래 살고 싶은 인간의 장수욕이 신천지의 영생이라는 미혹의 미끼를 물었고 조금 더 남보다 누리고 싶은 인간의 명예욕이 신천지의 제사장 직분이라는 미혹의 미끼를 물었고 조금 더 잘 먹고 잘 입고 싶은 인간의 물질욕이 신천지가 준다는 부귀영화라는 미혹의 미끼를 물었음을 깨닫게 되었습니다.

신천지인들은 거룩한 목적이 아닌 인간적인 지극히 인간적인 욕심 때문에 신천지에 모여든 것입니다.

약1:14 오직 각 사람이 시험을 받는 것은 자기 욕심에 이끌려 미혹됨이니...

전7:2 초상집에 가는 것이 잔치 집에 가는 것보다 나으니 모든 사람의 끝이 이와 같이 됨이라 산자는 이것을 그의 마음에 둘지어다... 아멘.

20

요한계시록 21장
요한계시록 22장

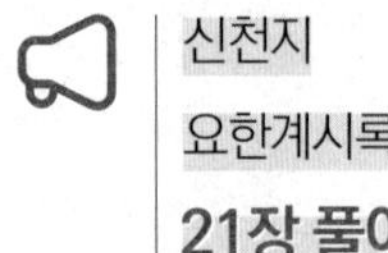

신천지 요한계시록 **21장 풀이**

1 또 내가 새 하늘과 새 땅을 보니 처음 하늘과 처음 땅이 없어졌고 바다도 다시 있지 않더라

계시록 21장과 22장은 계20장까지 모든 사건이 끝나고 "새 하늘이 새 땅"이 내려와서 영과 육이 하나 되는 모습을 묘사하는 것이다. 계21장이 하늘의 영들의 모습을 묘사하는 것이라면 계22장은 영계의 하늘이 내려와 이 땅의 육계와 하나가 된 것을 묘사하는 것이다. "새 하늘 새 땅"은 새로운 장막과 새 백성 14만 4천 명과 함께 재창조되는 곳이며, 이 일은 하나님께 택함 받은 "처음 하늘과 처음 땅"인 첫 장막이 하나님과의 언약을 배도하여 사라진 이후에 만들어지는 영적 새 이스라엘인 "증거장막성전"이다. "바다"는 7머리 10뿔 짐승인 멸망자의 조직체와 그들이 출현한 세상을 나타내는데, "바다도 다시 있지 않다"는 것은 하나님께 심판을 받아서 사라졌기 때문이다.

2 또 내가 보매 거룩한 성 새 예루살렘이 하나님께로부터 하늘에서 내려오니 그 예비한 것이 신부가 남편을 위하여 단장한 것 같더라

"거룩한 성 새 예루살렘"은 예수님과 열두 사도들과 순교한 영이 함께 있는 영계 하나님의 도성이다. "거룩한 성 새 예루살렘"은 요14장에서 예수님께서 '처소를 예비하러 가셨다가 다시 오신다'하는 말씀처럼 예수님과 함께하는 이긴 자의 계시 말씀을 잘 깨닫고 지키는 인 맞은 자 14만 4천 명이 차면 하늘에

서 이루어진 것 같이 이 땅에서도 이루어지는 거룩한 성 새 예루살렘이 되는 것이다. "하늘에서 내려오는 거룩한 성 새 예루살렘이 신부가 남편을 위하여 단장한 것 같더라"는 의미는 마치 신부처럼 아름다운 모습을 표현 한 것이다.

3 내가 들으니 보좌에서 큰 음성이 나서 가로되 보라 하나님의 장막이 사람들과 함께 있으매 하나님이 저희와 함께 거하시리니 저희는 하나님의 백성이 되고 하나님은 친히 저희와 함께 계셔서

"하나님의 장막"은 하늘에서 내려오는 거룩한 성 새 예루살렘을 의미하며 "사람들"은 새 하늘 새 땅에 모인 14만 4천 명과 흰 무리들이다. 이들이 하나님과 함께하는 거룩한 성 새 예루살렘의 백성들인 것이다.

4 모든 눈물을 그 눈에서 씻기시매 다시 사망이 없고 애통하는 것이나 곡하는 것이나 아픈 것이 다시 있지 아니하리니 처음 것들이 다 지나갔음이러라

새 하늘 새 땅의 새로운 장막에 14만 4천 명과 흰 무리가 다 차서 영계의 거룩한 성 새 예루살렘이 이 땅에 내려오면 사망과 애통함이나 곡하는 것이 없다. "처음 것들"이 다 지나 갔다는 것은 첫 장막의 배도한 선민들이 멸망 받고 사라졌기 때문에 영원한 낙원의 세계만 있게 된다는 것이다.

5 보좌에 앉으신 이가 가라사대 보라 내가 만물을 새롭게 하노라 하시고 또 가라사대 이 말은 신실하고 참되니 기록하라 하시고

"보좌에 앉는다"는 것은 하나님과 함께 한다는 의미이며 하나님과 예수님과 이긴 자가 보좌에 함께 앉아 있는 것이다. "만물을 새롭게 한다"는 것은 아담

이 범죄를 한 이후 사단의 비진리로 물든 세계를 하나님의 형상으로 소성하기 위하여 실상의 복음으로 새롭게 한다는 것이다.

6 또 내게 말씀하시되 이루었도다 나는 알파와 오메가요 처음과 나중이라 내가 생명수 샘물로 목 마른 자에게 값없이 주리니

"이루었도다"는 것은 예수님이 알파와 오메가이며 처음과 나중이고 시작과 끝이면서 이룰 것을 예언하시고 그 예언을 성취하였다는 것을 말한다. "생명수 샘물은 마시면 죽지 않고 영원히 살 수 있는 하나님과 예수님의 진리의 말씀이다.

7 이기는 자는 이것들을 유업으로 얻으리라 나는 저의 하나님이 되고 그는 내 아들이 되리라

이기는 자는 하나님의 아들이 되어 하나님의 상속자가 되는 것이고 영생할 양식과 천국을 "유업"으로 받게 되는 것이다. 따라서 이긴 자가 없다면 천국도 없고 영생도 없다.

8 그러나 두려워하는 자들과 믿지 아니하는 자들과 흉악한 자들과 살인자들과 행음자들과 술객들과 우상 숭배자들과 모든 거짓말 하는 자들은 불과 유황으로 타는 못에 참예하리니 이것이 둘째 사망이라

"두려워하는 자들"은 계시록의 예언과 실상이 이루어지는 것을 믿기 두려워하는 자이고, "믿지 아니하는 자들"은 계시록의 예언과 실상을 믿지 않는 자며, "흉악한 자들"은 말로는 잘 믿겠다 하면서 행실이 좋지 않아 악한 행위를 하는 자이다. "살인자"는 영적으로 다른 사람의 믿음을 죽게 하는 자이며, "행음

자"는 사단 마귀의 교리를 받아들이면서 함께 하는 자이다. "술객"은 거짓 예언으로 점치는 자들이며, "우상 숭배자들"은 비진리를 전하는 거짓 목자를 섬기는 자이며 "거짓말 하는 자"들은 거짓 증거를 하는 자이다. 이러한 자들은 계시록의 예언과 실상을 믿지 못하는 자들이며 생명책에 녹명되지 못하고 불과 유황으로 타는 못에 참예하게 된다.

9 일곱 대접을 가지고 마지막 일곱 재앙을 담은 일곱 천사 중 하나가 나아와서 내게 말하여 가로되 이리 오라 내가 신부 곧 어린 양의 아내를 네게 보이리라 하고

"이리 오라 내가 신부 곧 어린 양의 아내를 네게 보이리라"는 하늘에서 내려오는 거룩한 성 새 예루살렘을 어린양의 아내로 표현하며 보여주는 것이며 하늘 영계와 같은 거룩한 성을 이 땅에도 짓도록 하기 위해서이다.

10 성령으로 나를 데리고 크고 높은 산으로 올라가 하나님께로부터 하늘에서 내려오는 거룩한 성 예루살렘을 보이니

"크고 높은 산"은 시온산을 의미하며 이긴 자가 성령에 의해 이 산에 올라 하늘에서 내려오는 거룩한 성 새 예루살렘을 보게 된다. 이긴 자에게 보여 준 이유는 본 그대로 이 땅에 거룩한 성을 짓도록 하여 하나님 나라가 완성되게 하기 위해서이다.

11 하나님의 영광이 있으매 그 성의 빛이 지극히 귀한 보석 같고 벽옥과 수정같이 맑더라

이 거룩한 성은 하나님의 말씀이 흘러나오고 그 말씀에 흠 없고 티 없는 진

리의 말씀만 나온다는 의미이다.

12 크고 높은 성곽이 있고 열두 문이 있는데 문에 열두 천사가 있고 그 문
들 위에 이름을 썼으니 이스라엘 자손 열 두 지파의 이름들이라

"열두 문"은 예수님의 열두 제자의 이름인 열두 지파이다

13 동편에 세 문, 북편에 세 문, 남편에 세 문, 서편에 세 문이니

=〉 동서남북에 각각 세 문씩 해서 모두 12문이다.

14 그 성에 성곽은 열두 기초석이 있고 그 위에 어린 양의 십 이 사도의 열
두 이름이 있더라

"열두 기초석"은 열두 사도의 이름이고, "열두 기초석 위에 있는 성곽"은 열두 제자의 희생으로 생겨난 전도자들이며, 이 거룩한 성이 곧 어린양의 신부이다.

15 내게 말하는 자가 그 성과 그 문들과 성곽을 척량하려고 금 갈대를 가
졌더라

"금 갈대"는 영을 척량하는 변하지 않는 하나님의 말씀이다.

16 그 성은 네모가 반듯하여 장광이 같은지라 그 갈대로 그 성을 척량하니
일만 이천 스다디온이요 장과 광과 고가 같더라
17 그 성곽을 척량하매 일백 사십 사 규빗이니 사람의 척량 곧 천사의 척
량이라

18 그 성곽은 벽옥으로 쌓였고 그 성은 정금인데 맑은 유리 같더라
19 그 성의 성곽의 기초석은 각색 보석으로 꾸몄는데 첫째 기초석은 벽옥
이요 둘째는 남보석이요 세째는 옥수요 네째는 녹보석이요
20 다섯째는 홍마노요 여섯째는 홍보석이요 일곱째는 황옥이요 여덟째는
녹옥이요 아홉째는 담황옥이요 열째는 비취옥이요 열 한째는 청옥이요 열
둘째는 자정이라

하늘에서 내려오는 거룩한 성 새 예루살렘을 묘사하는 장면이다. 16절의 그 성은 네모가 반듯하여 장광이 같고 갈대로 그 성을 척량하니 12,000 스다디온이며 장과 광과 고가 같다는 뜻은 오늘날 이 땅에 이루어진 12지파가 한 지파에 12,000씩 인친 것을 말한다. 계7장, 계22장, 계14장 그리고 본 장의 17절의 "사람의 척량 곧 천사의 척량"은 천사나 사람이 모두 하나님의 말씀으로 영을 척량하기 때문이다. "성곽"은 144큐빗이고 각 12지파의 색이 나오며 그 실상은 시온 기독교 센터이다. "벽옥과 정금"은 하나님의 말씀으로 조직된 조직체이다.

21 그 열두 문은 열두 진주니 문마다 한 진주요 성의 길은 맑은 유리 같은
정금이더라

12문은 12지파이고 문마다 한 진주라고 한 것은 12지파가 같은 말씀을 가졌다는 것이다. "문을 진주로 표현한 것"은 말씀을 진주로 또는 사람을 진주로 표현하기 때문이다.

22 성안에 성전을 내가 보지 못하였으니 이는 주 하나님 곧 전능하신 이와
및 어린 양이 그 성전이심이라

증거장막성전이라는 것은 성전 그 차제이면서 그 성을 대표하는 사람을 말하기도 하지만 여기에서 나오는 "성전"은 "영"을 의미한다.

23 그 성은 해나 달의 비췸이 쓸데없으니 이는 하나님의 영광이 비취고 어린 양이 그 등이 되심이라

하나님과 예수님이 성전에 계시니 목자나 전도자들이 필요가 없다는 의미이다.

24 만국이 그 빛 가운데로 다니고 땅의 왕들이 자기 영광을 가지고 그리로 들어오리라

하나님 나라가 된 세상의 모든 교회 목자들도 자기들의 영광을 가지고 거룩한 성에 들어온다는 것이다.

25 성문들을 낮에 도무지 닫지 아니하리니 거기는 밤이 없음이라

하나님의 말씀을 모든 사람이 왕래할 수 있도록 한다는 의미이며, "밤이 없음"은 성경 말씀에 무지한 자가 없다는 의미이다.

26 사람들이 만국의 영광과 존귀를 가지고 그리로 들어오겠고
27 무엇이든지 속된 것이나 가증한 일 또는 거짓말 하는 자는 결코 그리로
들어오지 못하되 오직 어린 양의 생명책에 기록된 자들뿐이라

하나님 나라 거룩한 성 예루살렘에 수많은 사람들이 영광과 존귀를 가지고 찾아오며, 이들은 오직 어린 양의 생명책 즉, 거룩한 성의 교적부에 기록된 자들만 왕래를 할 수 있다.

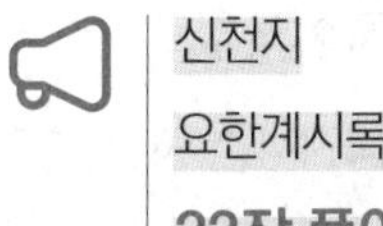

신천지
요한계시록
22장 풀이

1 또 저가 수정같이 맑은 생명수의 강을 내게 보이니 하나님과 및 어린 양의 보좌로부터 나서

"수정같이 맑은 생명수의 강"은 이긴 자의 증거와 그 말씀을 받은 전도자들을 통해 생명의 말씀인 계시의 말씀이 흠이 없이 흘러나온다는 의미이다. "하나님과 및 어린양"이신 예수님과 함께하는 이긴 자의 입을 통해서 나오는 것을 의미한다.

2 길 가운데로 흐르더라 강 좌우에 생명나무가 있어 열두 가지 실과를 맺히되 달마다 그 실과를 맺히고 그 나무 잎사귀들은 만국을 소성하기 위하여 있더라

"생명 나무"는 오늘날 이긴 자이기도 하며, 영적 새 이스라엘 12지파인 새 하늘 새 땅인 천국을 의미하기도 한다, "열두 가지 실과를 맺히되 달마다 그 실과를 맺힌다"는 말은 12지파에 매달 말씀으로 열매를 맺는데, 전도자의 사명을 하는 "잎사귀"를 통해 14만 4 천명과 흰 무리를 모아 만국을 소성하게 된다.

3 다시 저주가 없으며 하나님과 그 어린 양의 보좌가 그 가운데 있으리니 그의 종들이 그를 섬기며

"다시 저주가 없다"는 말은 이긴 자를 통해 흠 없는 말씀이 흘러나와 그 말

씀대로 신천지 12지파가 행하고 있어서 죄가 없다. 따라서 다시는 저주가 없으며 결코 사망에도 이르지 않는다는 것이다. "그의 종들은" 12지파 14만 4천 명과 흰 무리를 의미한다.

4 그의 얼굴을 볼터이요 그의 이름도 저희 이마에 있으리라

"그의 얼굴을 본다"는 것은 이긴 자를 통하여 하나님과 예수님을 보는 것이며, "그의 이름도 저희 이마에 있다"는 의미는 계14장 1절의 인 맞은 왕 같은 제사장 14만 4천 명과 흰 무리 백성들을 의미한다.

5 다시 밤이 없겠고 등불과 햇빛이 쓸데없으니 이는 주 하나님이 저희에게 비취심이라 저희가 세세토록 왕노릇하리로다

"다시 밤이 없다"는 말은 하나님과 예수님이 결단코 떠나지 않을 것이며 말씀이 없거나 성경을 모르는 자들이 없다는 의미이다. "세세토록 왕 노릇 한다"는 의미는 영적 새 이스라엘 인 시온산에서는 처음 익은 열매 14만 4천 명이 영원히 진리의 말씀으로 사망의 권세를 깨고 영원한 안식을 한다는 의미이다.

6 또 그가 내게 말하기를 이 말은 신실하고 참된지라 주 곧 선지자들의 영의 하나님이 그의 종들에게 결코 속히 될 일을 보이시려고 그의 천사를 보내셨도다

"그가 내게 말하기를"에서 "그"는 일곱 대접을 가진 일곱 천사 중 하나이며 그가 사도요한에게 말하는 내용이다. "속히 될 일"은 계시록의 전장의 사건이며 "그의 종들(14만 4천 명과 흰 무리)"이 오늘날 이긴 자를 통해 증거하는 말씀을 듣고 그 말씀을 지키는 자는 영적 새 이스라엘 나라와 제사장으로 삼아 주시고

영생의 복을 주시기 위해 천사를 보내셨다는 것이다.

7 보라 내가 속히 오리니 이 책의 예언의 말씀을 지키는 자가 복이 있으리
라 하더라

"예언의 말씀을 지키는 것"은 하나님과 예수님과 함께 보좌에 앉아 있는 이긴 자의 말에 순종하는 것이 예언의 말씀을 지키는 것이다.

8 이것들을 보고 들은 자는 나 요한이니 내가 듣고 볼 때에 이 일을 내게
보이던 천사의 발앞에 경배하려고 엎드렸더니
9 저가 내게 말하기를 나는 너와 네 형제 선지자들과 또 이 책의 말을 지키
는 자들과 함께 된 종이니 그리하지 말고 오직 하나님께 경배하라 하더라

천사가 전한 내용들을 사도요한이 보고 들을 때에 천사에게 경배하려고 하니 천사가 말하기를 오직 하나님께만 경배하라고 한다.

10 또 내게 말하되 이 책의 예언의 말씀을 인봉하지 말라 때가 가까우니라

"이 책의 예언의 말씀을 인봉하지 말라"는 것은 속히 될 일이라는 것을 의미한다.

11 불의를 하는 자는 그대로 불의를 하고 더러운 자는 그대로 더럽고 의로
운 자는 그대로 의를 행하고 거룩한 자는 그대로 거룩되게 하라

"불의를 하는 자와 더러운 자"는 이긴 자의 증거를 듣고도 끝까지 비진리를 주장하며 귀신과 계속 행음을 하는 등의 악행을 하는 자이며, "의로운 자와 거룩한 자"는 증거의 말씀을 듣고 인정하고 이긴 자가 있는 하나님 앞으로 나아오

고 계명을 지키는 자이다.

12 보라 내가 속히 오리니 내가 줄 상이 내게 있어 각 사람에게 그의 일한 대로 갚아 주리라

13 나는 알파와 오메가요 처음과 나중이요 시작과 끝이라

알파와 오메가 되시는 예수님께서 "일한대로 갚아 준다"는 말은 하는 행위에 따라 상과 벌을 주겠다는 의미다.

14 그 두루마기를 빠는 자들은 복이 있으니 이는 저희가 생명 나무에 나아가며 문들을 통하여 성에 들어갈 권세를 얻으려 함이로다

"두루마기를 빨고 생명 나무에 나아가는 것"은 하나님과 예수님이 계시는 거룩한 성에 들어가기 위해서 옷을 깨끗이 빨아야 하는데 이것은 예수님의 피인 말씀으로 씻음을 받고 순종하는 행실을 의미한다. "문들을 통하여 성에 들어갈 권세"는 두루마기를 깨끗이 빨아 입고, 거룩한 영적 새 예루살렘의 열두 문을 통하여 들어가 이긴 자가 증거하는 말씀을 믿고 지킬 때에 하나님 나라 거룩한 성에 들어갈 수 있다는 의미이다.

15 개들과 술객들과 행음자들과 살인자들과 우상 숭배자들과 및 거짓말을 좋아하며 지어내는 자마다 성밖에 있으리라

"개"는 배도한 일곱 사자와 세상교회의 목자이며, "술객"은 거짓 예언을 하며 점치는 자이다. "행음자"는 하나님을 믿는다고는 하나 사단의 교리를 받아들이고 그 교리를 믿는 자들이며, "살인자"는 남이 신앙을 하지 못하도록 믿음과 신앙을 죽이는 자이다. "우상 숭배자"는 비진리를 전하는 거짓 목자들 따르고

순종하며 섬기는 것이며, "거짓말을 지어내는 자"는 거짓 증거와 증언을 하는 사단의 소속인 성도들이다.

16 나 예수는 교회들을 위하여 내 사자를 보내어 이것들을 너희에게 증거하게 하였노라 나는 다윗의 뿌리요 자손이니 곧 광명한 새벽별이라 하시더라

"내 사자"는 예수님의 사자인 천사를 사도요한에게 보내는 것이며 이 천사가 진리의 성령인 보혜사이다. 오늘날의 실상으로는 예수의 새 이름이며 육의 보혜사인 이긴 자와 함께한다. "이것들을 너희에게 증거하게 하였노라"에서 이것들은 계시록 1장부터 22장까지의 전장의 사건과 내용들이다.

17 성령과 신부가 말씀하시기를 오라 하시는도다 듣는 자도 오라 할 것이요 목마른 자도 올 것이요 또 원하는 자는 값없이 생명수를 받으라 하시더라

"성령"은 신랑이신 예수님이라면 "신부"는 택함을 받은 이긴 자이며 예수님과 하나가 된 이긴 자의 증거의 말씀을 듣기 위해 오는 자들은 영원한 생명의 말씀인 생명수를 받게 된다는 것이다.

18 내가 이 책의 예언의 말씀을 듣는 각인에게 증거하노니 만일 누구든지 이것들 외에 더하면 하나님이 이 책에 기록된 재앙들을 그에게 더하실 터이요

"이 책의 예언의 말씀"은 계시록의 전장의 사건을 말하며, "각인에게 증거하노니"는 계시록의 전장의 사건을 사도요한이 각인(종들)에게 증거한다는 것

이다. "이것들 외에 더하는 것"은 사사로이 사람의 생각으로 성경을 풀거나 해석을 하는 것을 말하는 것이다.

19 만일 누구든지 이 책의 예언의 말씀에서 제하여 버리면 하나님이 이 책
에 기록된 생명 나무와 및 거룩한 성에 참예함을 제하여 버리시리라

이 책의 예언의 말씀에서 "제하여 버린다"는 것은 성경을 부분적으로 해석을 하거나 성경을 알지 못하여 덮어 두는 것을 말한다.

20 이것들을 증거하신 이가 가라사대 내가 진실로 속히 오리라 하시거늘
아멘 주 예수여 오시옵소서
21 주 예수의 은혜가 모든 자들에게 있을찌어다 아멘

"이것들"은 계시록의 전장의 사건이며 예수님과 함께하는 이긴 자가 계시록의 모든 사건을 증거하는 것을 말한다.

신천지
요한계시록
21~22장 반증

1. 이만희씨가 영계 하늘에서 본 보좌마크 변천사

계시록 21장과 22장은 계20장 까지 모든 사건이 끝나고 이만희씨가 영계에 올라가서 보게 된 하늘 보좌를 본 그대로 이 땅에 보좌 구성한다는 것이다. 1984년 3월 14일 신천지를 개국하고 1984년 9월 14일 정확히 6개월 후에 [성헌]을 발표한다. 이만희씨는 1979년 또는 1980년 중 어느 해에 일곱 사자에게 회개의 편지를 보내고, 계4장에서 "이리"로 올라오라 하여 영계에서 하늘 보좌를 보고 내려오자마자 기억이 생생할 때 만든 보좌마크이다.

[대한예수교 신천지 성전의 성헌]

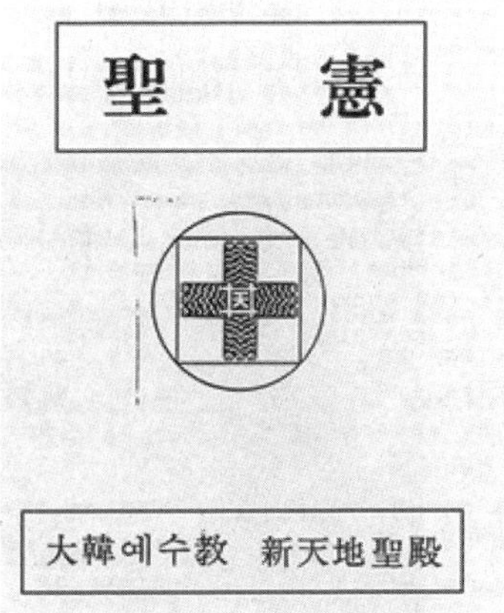

아주 심플하다. 가운데 우물"정"자 안에 하늘"천"자가 있으며 사방으로 물결이 움직이는 느낌이다. 사방에는 각각 세 개의 문이 있고 합쳐서 열두 문이 있다. 그런데 가장 중요한 생명나무도 없고, 크고 높은 성곽도 없고, 하늘을 상징하는 벽옥도 없고, 땅을 상징하는 홍보석도 없다. 한 마디로 새 하늘 새 땅도 없다. 사도요한이 영계에 올라가서 천국 화장실이 급했는지는 모르겠으나 아무리 급해도 너무 대충 보고 내려온 것 같다.

계10장에서 책 받아먹을 때 사도요한에게 영원히 지워지지 않도록 마음의 심비에 기록하라고 지시를 했을 텐데 고새 그것을 까먹고 초등학생 장난하듯이 그려놓으면 어쩌란 말인가!! 이 역사가 장난이란 말인가!!

이만희 총회장님이 반성을 많이 한 것 같다. 다시 한번 심기일전하여 영계에서 본 보좌를 떠올리며 야심차게 다시 그린다. 영계에 올라간 분은 이만희 총회장님 한 분밖에 없는데 혹시 다른 사람이 대신 그려주는 일은 없었겠지? 하기야 누가 대신 그려주더라도 옆에 딱 붙어서 이건 이렇고 저건 저렇다고 코치를 제대로 다 했을 것으로 본다.

[신천지 발전사]

새 예루살렘 모형도

이번에는 뭔가 보좌마크가 좀 그럴듯해 보인다. 없었던 생명 나무도 등장하고, 책도 그려 넣고 뭔가 멋져 보인다. 그런데 자세히 보니 뭔가 이상하다. 아직도 하늘을 상징하는 벽옥도 없고, 땅을 상징하는 홍보석도 없다. 더 이상한 점은 계시록 22장 2절에는 강 좌우에 생명 나무가 있어 열두 가지 과실을 맺힌다고 되어있는데, 이 그림은 생명 나무가 12개가 있고 과실이 총 36개나 있다. 신천지가 12지파가 아니고 36 지파였나? 이거 뭐야 또 교열자 실수야? 영계에서 올라가서 본 사람은 이만희 총회장님밖에 없어서 교열자 실수도 아닐 것 같고, 하늘에서 본 보좌를 참으로 요상하게 그린 것 같다.

시험 문제를 한두 번 틀리면 실수라고 인정해 줄 수도 있는데, 설명을 듣고도 똑같은 문제를 자꾸 틀리면 그건 실력이다!! 한 마디로 머리가 좀 나쁘다는 반증이기도 하다. 이만희 총회장님도 사람인지라 영계에 올라갔다가 힘센 천사가 영원히 기억하도록 심비에 새기라고 했던 것을 잠시 까먹을 수도 있다. 아무렴 총회장님도 사람인지라 실수할 수 있다. 안수받은 년도도 시도 때도 없이 틀리는데 이게 뭔 대수라고.

드디어 이만희 총회장님이 영계에 올라가서 봤던 보좌마크가 제대로 기억이 난 것같다. 보라, 이 얼마나 아름다운 새 예루살렘인가!!

[신천지 발전사]

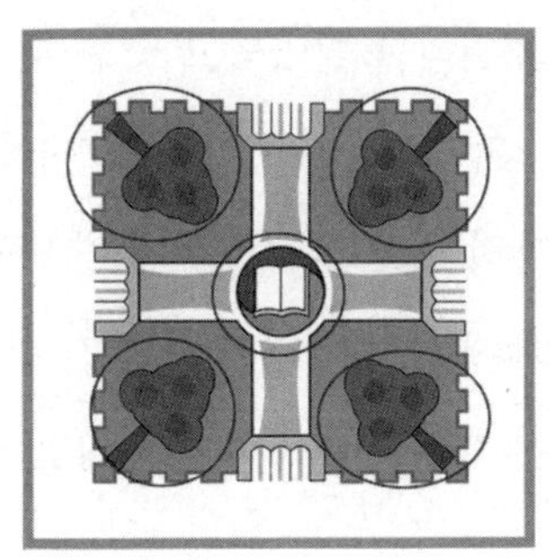

▲ 신천지 증거장막 성전 보좌기는 성경에 약속한대로 출현하는 거룩한 성 새 예루살렘을 상징한다. 네모가 반듯하여 장광이 같으며 중앙에 있는 태극무늬는 벽옥과 홍보석 같은 하나님과 어린양의 보좌를 상징한다. 그곳에 펼쳐진 책은 개봉된 하나님의 말씀을 나타내고 이 보좌에서 말씀의 생수가 동서남북 12문을 길로 삼아 성밖의 세상으로 흘러 나간다. 12문은 어린양의 12사도를 의미한다. 하나님과 어린양의 보좌에서 나서 12문을 통하여 흐르는 생명수로 말미암아 달마다 12가지 실과를 맺히게 된다. 12가지는 12지파를 나타내며 12가지에 12000씩 열매를 맺음으로 첫열매 144,000이 되어 새 예루살렘이 완성된다. 보좌기는 이와같은 의미를 담고있다(계21:, 22:).

이번에는 정말 야심차게 하늘에서 본 그대로 보좌를 그려낸 것 같다. 생명 나무를 12개에서 대폭 줄여서 4개로 만들고, 실과도 36개에서 성경대로 12가지 실과로 대폭 수정하고, 특히 너무나 성경적인 것은 하늘을 상징하는 벽옥하고, 땅을 상징하는 홍보석도 넣었다. 이정도면 사람들이 하늘에서 이룬 것 같이 땅에서도 하늘 보좌가 구성되었다고 인정해 주지 않겠는가!!

그런데 위의 보좌마크 설명하는 부분에 "12문은 어린양의 12사도를 의미한다"는 글을 읽고 성경을 다시 읽어보았다. 계21장 12절에 "열두 문이 있는데 문에 열두 천사가 있고 그 문들 위에 이름을 썼으니 이스라엘 자손 열두 지파의 이름들이라"

이거 뭐야!! 성경대로 안 할래!! 12문은 열두 지파 이름이라고 하는데, 왜 거기서 12사도가 나오냐고!! 이건 실수가 아니고 영계에 안 올라갔네.

한 가지 더 중요한 사실은 생명 나무가 벽옥과 홍보석이 있는 하나님 보좌에서 말씀이 나와야 하는데 생명 나무 뿌리가 세상 비진리 쪽으로 향하고 있으니 물도 없는 비진리를 받아먹고 있는 것이다. 이거 보좌 마크에 뭔 짓거리를 하고 있는 거야!! 그리고 가운데 "태극무늬"가 벽옥과 홍보석 "같은" 하나님과 어린양의 보좌구나. 그런데 이것도 아니었어!

이만희 총회장은 영계에 올라간 것이 아닌 것 같다. 보좌마크가 자주 바뀌는 것은 본적이 없으니 이런 촌극이 벌어지고 있는 것이다. 이런 많은 실수에도 불구하고, 천연덕스럽게 또 수정해서 다시 영계에 올라가서 본 것처럼 연기하는 이만희 총회장의 뻔뻔함은 대단하다.

신천지 홈페이지

신천지 보좌 마크는 계시록 4장과 계시록 21장에서 본 바 영계 하늘에서 새 하늘 새 땅으로 내려오는 거룩한 성 새 예루살렘을 상징한 천국 마크입니다.

이는 하늘의 모양대로 창조된 신천지에 하나님과 하나님의 보좌가 오신 것을 알리는 마크로, 현재 특허청 등록번호 제42-0001873호로 등록되어 있습니다.

두 줄로 둘린 원은 각각 우주와 지구를 상징하며, 원 안의 사각형은 하나님의 나라 거룩한 성 새 예루살렘을 의미합니다. 중앙의 성경책을 벽옥과 홍보석으로 두른 것은 영생의 말씀이신 하나님을 상징합니다(요 1:1, 계 4:2~3).

성 중앙에 있는 십자가는 예수님의 십자가 도(道)와 생수가 솟아나 흐르는 생즉 우물[井]을 형상화한 것으로서, 하나님의 말씀이 나오는 길을 의미합니다.

동서남북 각 세 문씩인 열두 문(계 21:12~13)은 열두 지파의 문이며, 성 안의 나무들은 영생의 말씀을 받아 달마다 열두 가지 열매를 맺는 영적 새 이스라엘 12지파를 상징합니다.

위 보좌마크도 중진들이 건의해서 바꾼 거란다. 다음은 신천지 초창기부터 약 16년간 신천지에 있었던 닉네임 "팡야"님의 글이다.

Re:보좌마크가 왜 다를까요.....???

팡아~

2012.06

http://cafe.Godpeople.com/

보좌마크에서 생명나무가 보좌안쪽에서 뿌리를 내려야 하는데 제일처음 그렸던 조**장로가 있었는데
그사람이 잘못 그렸다고 설명대로 보자면 태극쪽 보좌에 뿌리를 내리고 있는 모습이어야 한다고
제가 근무하던 시절에 교육장과 강사들이 건의를 해서 수정한 부분입니다.
수정시 제가 직접 수정했구요... 유**과 함께.. 문화부에서..

아 그리고 보좌마크나 발전사책에 나오는 그림들 제가 일러스트로 그당시 편집하고 그랬어요...
그림 그린다고 그때 고생 많이 했었는데...

이만희씨가 영계에 올라가서 봤다고 했는데 중진들이 건의해서 뜯어고쳤다니 알만하다. 처음 보좌마크에서 현재 보좌마크까지 바뀐 것을 정리하면 다음과 같다.

1) 생명나무 개수

2) 생명나무 과실 개수

3) 생명나무 위치

4) 벽옥과 홍보석

5) 성경책

6) 크고 높은 성곽

7) 태극문양

8) 열두 문이 열두 제자

9) 두 줄로 둘린 원

많이도 틀렸네. 이쯤 되면 막가자는 거지요. 다른 것은 모르겠고, 영계에 올라가서 보좌를 보고 내려왔다는 것은 확실히 거짓말인 것 같다. 이만희 총회장님 흉내 낸다고 수고 많았습니다.

2. 신천지가 최초로 12지파를 만들었다고?

다음 자료들은 모두 현대종교와 신천지 홈페이지 등에서 가져온 자료다. 시온산 제국 교주 박동기와 시온산 신천지 이만희 교주를 비교해 보자. 두 사람 다 경북 출신이다.

시온산 제국 VS 시온산 신천지

시온산 제국 박동기 교주

시온산 신천지 이만희 교주

1) 직통계시 받은 나를 통하지 않고는 구원이 없다.

시온산 제국 박동기 교주

1940년 11월 29일 「박동기」는 경북 청송군 현서면 모계동에 있는 매산(梅山)이라는 작은 산중에서 기도하는 중이었다.

『갑자기 하늘문이 열리고 십자가의 영광이 밝은 빛을 발하더니 쉬―하는 강한 바람소리가 들리며 부활 승천했던 주께서 친히 성체(聖體)로 나타났다』[2]. 이것을 그는 매산은혜(梅山恩惠)라고 하였으며 「세계 제 2 차대전(二次禍)중에는 세계 만민은 누구를 막론하고 이 도동매산은혜(道洞梅山恩惠)를 통하지 않으면 구원이 없다」[3]고 했다.

시온산 신천지 이만희 교주

나 저자는 1957년 5월10일 속세를 떠나 입산수도 길에서 성령체를 만나 혈서로 충성을 맹세한 후 OO교회에 인도되었고 3년 후 본 교회로 부터 비럼받아 다시 시골 농민이 되었다. 그 후 1980년 봄 구름을 입고 오시는 성령체에게 안수 받고 책과 지팡이를 받게 되었으며 성령에 이끌리어 가서 책에

79

양인이다. 이긴 자와 하나 되는 것이 곧 구원이며, 천국과 하나님께 가는 것이 되며 영생을 얻을 수 있는 길이 된다.

이긴 자가 없으면 하나님도 예수님도 없고, 천국도 영생도 없다. 깨달아 구원받는 자가 되기를 기도한다.

2) 우리가 최초 12지파다, 아니다 우리가 최초 12지파다

5. 시온산제국 12지파 기업지 선정

교주는 구약 민수기 2 : 1—13에 의해 12지파 기업지를 선정했는데 그 증거로써 아래와 같은 성경귀절을 들고 있다.

목 14 : 1—5, 13 : 8, 6 : 1, 17 : 8

6 : 16, 14 : 10—11, 19 : 7, 7 : 11, 20 : 15, 21 : 9, 14, 21 : 22—23, 27, 22 : 1.

또 아래와 같이 12道를 유대 12지파로 칭했다.

1. 경상도—유다	7. 경기도—시므온
2. 전북도—레위	8. 평북도—잇사갈
3. 전남도—요셉	9. 평남도—스불론
4. 충북도—르우벤	10. 함북도—아셀
5. 충남도—벤야민	11. 함남도—갓
6. 강원도—단	12. 황해도—납달리

道란 요한 1 : 1~4에 근거하여 박동기 교주와 신도들이 구속 되었던 경상북도 경찰부와 청도 경찰서, 그리고 은혜의 중심지인 도리파(道理派)라는 증거는 목 12 : 17, 14 : 12에 두고 있다.

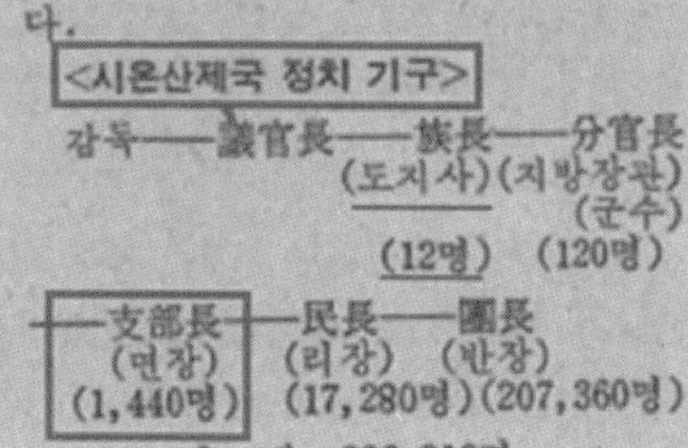
<시온산제국 정치 기구>
감독——議官長——族長——分官長
(도지사)(지방장관)
(군수)
(12명) (120명)
——支部長——民長——班長
(면장) (리장) (반장)
(1,440명) (17,280명)(207,360명)
총 계 226,212명

신천지 12지파

내가 인 맞은 자의 수를 들으니 이스라엘 자손의 각 지파 중에서 인 맞은 자들이 십사만 사천이니 [계 7:4]

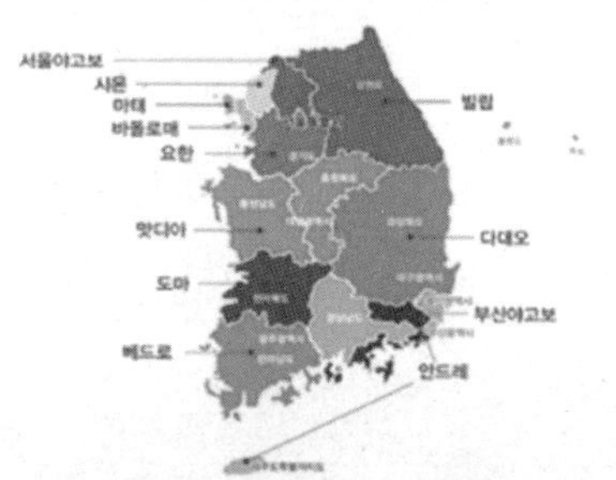

3) [연호]를 사용하고 [유월절]을 지키며 [새 노래]를 부른다.

연호: 도광, 유월절: 4월 25일

시온산帝國의 逾越節

시온산제국에서는 1946년 4월 25일을 기하여 道光 3년 4월 25일 유월절로 지키기로 했다.

새노래 42장 「시온의 유월절」에 보면 4월 25일을 기념하는 새노래(고전 5:7, 단 11:1)가 있다.

1. 재판장 되신 주께서 바알에 포로된 시온 구원하기 위해 4월 25일 시온산 오셨네 아멘.

연호: 신천기, 유월절: 1월 14일

4) 자신을 어린양이라고 부른다.

시온산 제국 어린양

2. 교주의 「어린양」說

박동기는 자신을 「어린양」이라고 불렀다. 시온산제국 새노래[4] 68장에는 「어린양이 지은天國」이란 노래가 있는데 그 내용은 아래와 같다.

1. 시온산[6]이 요동찮고 섯담은 대환란에 어린양 선 순산[5] 말씀함이라.

(후렴) 어린양 시온산 호산나를 부르세[7]

시온산 신천지 어린양

오늘날 이긴자가 주 곧 그리스도요, 하나님의 아들이심을 마음으로 믿어 의에 이르고, 입으로 시인하여 구원을 얻게 되니

사실 신천지 12지파는 다른 곳에서도 많이 쓰고 있었다. 박태선, 구인회도 12지파 개념을 쓰고 있었다. 새롭게 신천지가 시작한 것은 없다. 이만희씨가 여기저기서 벤치마킹해서 배운 것을 포장지만 바꿔서 다시 쓰고 있는 것이다.

쉬어가는 코너 **신천지 조직체계**

이만희씨가 계4장의 영계에 올라가서 보좌 형상을 보고 내려와서 영계에서 본 그대로 이땅에 보좌 구성을 하였다고 한다.

1, 조직도

[신천지 조직도] [출처: 신천지 홈페이지]

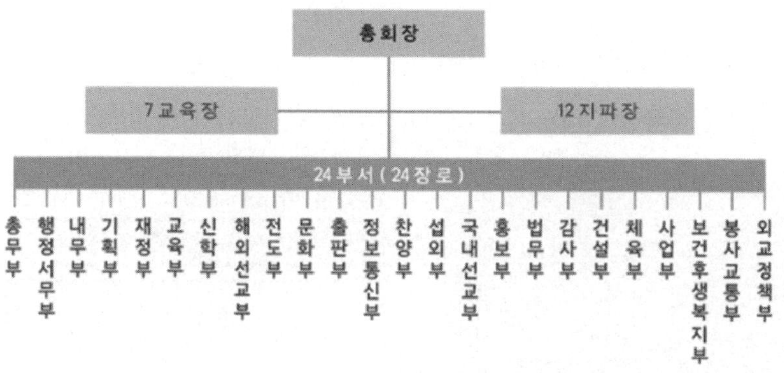

2. 신천지 전국 12지파 (신천지 공식 홈페이지 참조)

- 요한지파: 서울 남동부 * 경기 남부
- 베드로지파: 광주 * 전남
- 부산 야고보지파: 부산 남부 * 경남
- 안드레지파: 부산동부 * 울산 * 경남 * 제주
- 다대오지파: 대구 * 경북
- 빌립지파: 강원 * 충주, 제천, 양평, 청평, 남양주

- 시몬지파: 서울 서북부 * 일산, 파주

- 바돌로매지파: 서울 남서부 * 부천,김포

- 마태지파: 인천 * 강화

- 맛디아지파: 대전 * 충남

- 도마지파: 전북

- 서울 야고보지파: 서울 동북부 * 구리, 포천

3. 24부서(각 지파별/ 각 교회별로 동일한 24개 부서 구성하여 운영)

신천지 신도들이라도 자기 부서 외에는 잘 모르는 경우가 있음

1. 총무부: 신천지 업무를 총괄
2. 행정서무부: 신천지 교적부 작성, 각종 서류 및 주간보고서 작성
3. 내무부 : 자문회, 장년회, 부녀회, 청년회, 학생회, 유년회로 구성되어 있음
4. 기획부 : 각 지파 연중 행사 기획
5. 재정부: 헌금 및 재정관리, 매월 신도들에게 재정보고 함.
6. 교육부: 신천지 각종 교육 진행 및 교육교재 내용 정리 및 제작
7. 신학부: 센터에서 근무하는 인원들(센터원장, 강사들, 전도사들)
8. 해외선교부: 신천지 해외 포교를 위한 부서, 신천지 강의등의 번역을 맡음.
9. 전도부: 전도 교육 및 방법을 구상하고 추진
10. 문화부: 신천지의 방송 및 영상 송출 담당, 교회 내 문화 행사 주관
11. 출판부: 신천지 교재 및 출판물 제작
12. 정보통신부: 약칭 정통부, 신천지 관련 인터넷 상 홍보활동 및 신천지

안티 대응

13. 찬양부: 대외 밴드 활동, 신천지 내 성가대
14. 섭외부: 각종 신천지 행사 섭외
15. 국내선교부: 선교센타(위장교회)등을 운영관리
16. 홍보부: 신천지의 홍보제작 및 언론에 광고등을 선전
17. 법무부: 신천지 관련 소송과 법적인 문제를 처리하면 중요한 소송은 총회장에게 보고함
18. 감사부: 지파와 지교회의 재정을 투명하게 사용하였는지 살피는 업무
19. 건설부: 각 지파 및 지교회 건물, 땅 등을 관리 및 보수 유지
20. 체육부: 신천지 각종 체육행사 담당
21. 사업부 : 신천지 내에서 휴대폰 및 보험 판매. 교회 내 매점 운영
22. 보건후생복지부: 사명자와 신천지신도들 복지와 관련된 업무
23. 봉사 교통부: 각종 행사 때 차량동원이나 교회의 차량을 관리하는 일
24. 외교 정책부: 외국 단체와 협약을 위한 각종 문서를 외국어로 번역하고 작성하고, 해외 활동하는 사람들 통역 담당함.

4. 신천지에서 시기별 개인의 모습

1) 센터 교육

- 신천지 교리 세뇌 기간
- 수단과 방법을 동원하여 포섭이 된 인원은 6개월간의 센터 과정 수강
- 현재 코로나로 인해 인터넷을 이용한 교육

2) 입교 후 새신자

- 신천지 생활 적응 기간

- 6개월간의 센터 수강 후 수료 시험을 보고 수료식 행사함.
- 새신자 교육 진행 이후 나이와 성별로 자문회/장년회/부녀회/청년회 구분하여 새신자 구역 활동 시작
- 기존신도들은 예배 및 모임 참석을 시작하고 새신자들이 적응할 수 있도록 다양한 행사 마련

3) 구역 활동

- 신천지에서 공식적으로 활동 시작(심한 전도 압박을 받기 시작함)
- 일정 기간의 새신자 활동을 마친 후 일반 구역으로 편입
- 전도에 대한 압박, 예배 및 각종 모임과 교육 참석, 행사 동원, 노동력 차출함.
- 새신자 과정에서 열심 있었던 인원은 구역장이 되기도 함.
- 구역장: 신천지 최하부 사명, 10여명의 구역원 통솔

4) 구역 활동 이후

- 구역장, 부서장, 회장등의 사명자가 되거나 센터 사명자가 됨
- 다양한 이유로 사명은 맡지 않으나 열심히 활동 (평생 구역원)
- 여러 이유로 신천지 활동이 저조함. 특별 관리 팀이 있음 (신앙 유약자)

5. 교회 등록 및 총회 등록 조건

꾸준한 출석률과 전도 실적에 따라 교회 등록(교등)과 총회 등록(총등)으로 분류 총회 등록자만이 생명책에 녹명된 자라고 말함.

총회 등록이 되기 위해 전도 실적을 강요로 심한 스트레스를 받음

6. 문도/집사/전도사 직분

신천지 최 일선 활동 인원

청년들은 문도, 부녀부와 장년부는 집사 사령장을 수여함.

센터에서 활동하는 자들 중 전도 실적, 행실 등을 고려하여 전도사 사령장 수여

해외 신천지 현황과 앞으로 우리가 해야 할 일

2019년 11월 10일 신천지는 일산 킨텍스에서 소위 "10만 수료식"을 개최했다. 수료식 도중 사회자는 마치 해외 모든 수료생들이 생방송을 참여하고 있는 것처럼 "오늘 이 10만 수료식은… 세계 112개 국가의 사람들이 함께 참석하고 있습니다… 지금부터 해외 수료식의 현장을 연결해 보도록 하겠습니다" 라고 말을 하며 해외로 마이크를 넘긴다.

하지만, 해외 현지에서 수료생들이 함께 참석하고 있다는 한국 사회자의 멘트는 거짓말이었다. 해외 탈퇴자들은 "10만 수료식"이 개최되기 전에 각 지부에서 사전에 함께 모여 영상을 제작해서 미리 본부로 영상을 보냈다고 증언한다. 뿐만 아니라, 탈퇴자들마다 모두 자신들의 지파에서 단지 수료생이 아니라 정식 멤버들도 모두 가운을 입고 수료식에 참석했다고 입을 모아 말을 한다.

해외에서 가장 먼저 마이크를 넘겨받은 곳은 미국 LA 신천지였다. 사회를 맡은 LA 요한 지파의 신천지 전도사는 졸업식 가운을 입고 줄지어 앉아 있는 수료생들 앞에서 당당하게 "지금 제 뒤로 약 2,500여명의 수료생이 있는데요" 라는 또 다른 거짓말을 한다. 그 영상에 보이는 장소인 미국 애너하임에 위치한 LA 요한지파 성전은 약 5-600명 정도가 앉을 수 있는

좌석일 뿐만 아니라, 실제로 영상에 보이는 숫자를 세어보아도 아무리 양보한다고 해도 그 정도밖에 되지 않기 때문이다.

더욱 기가 막힌 것은 수료식 두 달 후인 2020년 1월에 발표한 신천지 인원 현황에 있었다. 그 자료에 보면, 2019년 12월 말 현재 LA 요한 지파의 신도는 2,865명이었다. 2019년 11월말 2500명이 수료를 했다면 그전에는 멤버가 총 365명이었다는 말이 된다. 다시 말하면, 신천지가 LA에서 포교를 시작한 1990년대 초기부터 2018년까지 등록한 멤버가 총 365명이고, 2019년 한 해 동안 2,500명의 새로운 멤버가 생겼다는 말인가? 말도 안 되는 거짓말이다. 해외 신천지 신도들은 5년 된 신도도, 10년 된 신도도 가운을 입고 그 자리에서 졸업을 하는 학생들인 척 앉아 있었다. 전 세계의 탈퇴자들이 이구동성으로 "나도 역시 그랬다"라며 끊임없이 증언을 한다.

신천지에게 중요한 것은 숫자이다. 그들은 왜 이렇게 숫자에 집착하는 것일까? 그것은 바로 해마다 늘어나는 숫자를 눈으로 보여주어야 신도들로 하여금 "역시 신천지만이 진리이구나!" 라고 믿게 만들 수 있기 때문이다. 결국 숫자는 신도들의 눈을 가리는 신천지의 선전 도구인 것이다.

이런 신천지에 상상도 할 수 없는 위기가 발생했다. 바로 2020년부터 시작된 신종 코로나 사태이다. 신천지에서 발생한 코로나 확진자 사태는 한국은 물론 전 세계에 큰 파장을 몰고 왔다. 특히 한국 사람들은 어린이부터 노인에 이르기까지 전 국민이 신천지가 무엇이고, 이만희는 누구이며, 그들이 어떤 거짓말로 전도를 하는지 낱낱이 알게 되는 계기가 되었다.

"천지일보"는 2019년 수료식 당시 "단 10개월 만에 10만 명이 수료" 했고, "다음 수료 대기자도 10만 명이 넘는다"라고 보도했지만, 그전까지 해마다 총회 현황을 보고했던 신천지는 2020년 1월을 끝으로, 2021년부터는 내부적으로 아무런 발표도 하지 않았다. 숫자를 보여주어야 신천지가 계속 성장하고 있다는 것을 보여줄 수 있고, 신천지가 계속 성장하는 것을 보여주어야 신도들에게 신천지의 말씀이 진리라는 것을 확신시켜 줄 수 있는 신천지에 큰 위기가 닥친 것이다. 99%의 한국 사람들이 신천지가 거짓말로 포교를 한다는 사실을 알아버렸기 때문에 예전의 방식으로 포교를 하기가 힘들었다. 그 시기에 해외 지파에서도 한국 교포나 유학생들에 대한 전도 금지령이 내려졌다. 교포들도 모두 신천지에 대해서 알아버렸기 때문이다. 신천지는 이제 한국이든 외국이든 한국인에게는 포교를 할 수가 없게 되어 버린 것이었다.

그들은 탈출구가 필요했다. 어떻게 하면 다시 숫자를 늘릴 수 있을까? 숨겨진 틈새를 찾아야 했다. 그 틈새는 어디였을까? 바로, 외국인들을 상대로 하는 해외 포교에 있었다. 2021년 12월 26일 신천지는 2년 만에 온라인으로 112기 수료식을 개최했다. 이때 신천지가 발표한 수료생의 숫자는 18,838명 (국내 11,162명, 해외 7,676명)이었다.

여기서 주목할 부분은 전체 수료생 중 국내 수료생의 비율은 59%에 그친다. 반면 해외 수료생의 비율은 41%에 달했다는 것이다. 2년 전이었던 2019년 말 신천지가 발표한 전체 신도수 (239,353명)에서 해외 신천지가 차지하는 비율은 약 13%였다(국내 207,504명, 해외 31,849명). 언제나 한국에서는 해외보다 더 활발하고 적극적으로 포교가 이루어지고 있었다는 뜻이다. 하지만, 펜데믹 이후 국내에서의 포교가 주춤하는 사이, 신천지는 해외 포교에 박차를 가하고 있는 것이다.

해외에서 신천지 신도수가 지속적으로 증가하고 있는 이유는 무엇일까? 외국인들은 신천지가 무엇인지 모르기 때문이다. 이제 99%의 한국인들은 신천지에 대해서 잘 알고 있다. 하지만, 반대로 99%의 외국인들은 신천지가 뭔지 이만희씨가 누구인지 전혀 상상조차 할 수가 없다. 이 말은 그들이 과거에 신천지가 사용했던 어떤 방식으로 포교를 한다고 해도 전부 통한다는 말이 된다.

2022년 3월 26일, 미국 텍사스 오스틴 지역의 '생명의 샘 교회' (A Fountain of Life Center)를 담임하고 있는 러스티 플래처 (Rusty Fletcher) 목사는 한 여성 성도로부터 믿을 수 없는 문자를 받았다. 그녀가 보낸 문자에는 "목사님 저는 사람이 아니라 하나님을 따르기로 선택했습니다. 저는 생명의 샘 교회에 출석하지 않겠습니다."라고 적혀 있었다.

그게 마지막이었다. 그 문자를 끝으로 그녀는 남편과 함께 교회를 떠났다. 교회의 성경공부 리더였던 그녀가 떠난 것은 목사님과 사모님에게 큰 충격이었다. 진상을 파악해 보니, 1년여 전에 새로 출석하기 시작한 한 성도가 바로 신천지 추수꾼 이었음을 알게 되었다. 그 추수꾼은 여성 성경공부 리더를 타겟으로 해서 오랫동안 치밀하게 접근을 해 왔던 것이다. 뿐만 아니라 나중에 알고 보니, 성도수가 150여명인 이 교회에서 그 추수꾼에게 포섭되어 온라인 센터를 수강한 성도들이 6-7명이나 된다는 사실도 알게 되었다. 그전까지 목사님도 성도들도 신천지라는 말을 들어본 적이 단 한 번도 없었다.

L.A.의 한 크리스찬 여성은 범블Bumble이라고 하는 데이팅 앱에서 한 남성을 만났다. 그 남성도 "크리스찬"이라고 했기에 이들은 만남을 가지며 자연스럽게 성경에 관한 얘기를 나누게 되었다. 그러다가 그 남성의 권

유로 참석한 것이 신천지 성경공부였다. 그녀는 그 성경공부를 빠져나오기 전까지 4개월가량을 함께 공부했다.

휴스턴 대학교에 다니고 있던 한 탈퇴자는 새싹들(Sprouts)이라고 하는 기독교 동아리의 이벤트에 참여했다. 그리고 그곳의 성경공부에 참여했는데 알고 보니 그곳은 신천지였다. 그 탈퇴자는 성경공부를 수료하고 정식 멤버가 되었다. 그녀는 탈퇴하기 전 휴스턴 대학교 내의 이벤트룸에서 만들어진 10만 수료식 영상에도 함께 참여했다.

과테말라의 한 목사는 얼마 전부터 어떤 교회에서 진행하는 "무료 성경 신학교"에서 "신학"을 배우기 시작했다. 하지만, 그곳도 신천지 성경공부를 하는 곳이었다. 어떻게 목사에게 그런 일이 가능했을까? 사실 남미나 아프리카 등에는 미국이나 한국과 다르게 신학교를 가지 않고, 본인 스스로 교회를 개척하거나, 그냥 교회의 임명을 받고 "목사"가 되는 경우가 많이 있다.

신천지 성경공부에 참석한 목사님에게 "왜 그곳에 참여했는가?"하고 물으니, "말씀을 배우고 싶은데 돈이 없어 신학교를 가지 못하고 있다가 무료 신학교가 있다고 해서 오게 되었습니다."라는 말을 했다. 만약 그 목회자가 신천지 교리를 배워 신도가 된다면, 그 교회의 성도들은 모두 신천지 신도가 되어버리는 것이다.

인도의 텔루구라는 시골 지역에 사는 나라시마 라오 폴 목사는 어느 날 델리에 있는 신천지라는 교회의 연락을 받았다. 신천지는 만약 폴 목사님이 목회자들을 모아 그들의 계시록 세미나에 참석하도록 도와주면, 그 목회자들과 그분들의 교회를 후원해주겠다고 약속을 했다. 함께 사역을 돕는다는 말에 폴 목사님은 50여명의 목회자들을 모았고, 그들과 함께 일주

일간의 세미나를 온라인으로 참석했다. 하지만, 그게 끝이었다. 신천지는 세미나 시작 전 50여명 모두에게 MOU라는 업무협약의 사인을 받았고, 세미나를 마친 후에는 더 이상 연락은 없었다. 2022년 4월 22일자 천지일보 기사에 보면, 신천지와 MOU를 체결한 목회자가 2,155명이라고 선전한다. 또다시 숫자 놀음으로 아무것도 모르는 신도들을 현혹하고 있는 것이다.

샌프란시스코의 한 신천지 신도는 어느 날 고속도로에서 운전을 하다가 문자 그대로 운전 중에 잠이 들었다. 천만다행으로 아무 사고를 당하지 않았지만, 그는 바로 그날 신천지 탈퇴를 결심했다. 그는 회사에 다니고 있었음에도 불구하고, 7일내내 새벽 3-4시까지 교육과 훈련에 참석해야 했고, 가짜 학생으로 성경공부 참석하고, 전도도 해야 했다. 그는 고속도로에서의 사건으로 정신이 번쩍 들게 된 것이다.

필리핀의 한 탈퇴자는 어느 날 미국 세크라멘토에 있는 한 "크리스찬"으로부터 인스타그램으로 DM을 받았다. 본인들이 함께 하는 성경공부에 함께 참여하지 않겠냐는 것이었다. 그들은 자신들의 단체를 '북켈리포니아 선교회(NorCalMission)'라고 소개를 했다. 하지만, 그곳은 신천지의 위장 단체였고, 계시록을 시작할 때 이상한 점을 느낀 이 자매는 다행히 탈퇴하게 되었지만, 지금도 트라우마에 시달리고 있다.

미국의 한 탈퇴자는 신천지 안에 있을 때 가짜 인스타그램 계정을 만들어 포교를 했다. 그녀가 한 달 동안 DM을 보낸 사람이 약 100명, 그중에 답변을 한 사람은 약 10명, 그리고 복음방을 시작한 사람이 약 3-4명 이었다. 그녀는 늘 "나는 100명한테 전도하면 무조건 3~4명을 데려올 수 있다."라는 생각을 가지게 되었다고 했다.

"요한 지파 LA 신천지"에는 "이중 언어"를 쓰는 사람들이 많기 때문에 영어, 베트남어, 중국어, 한국어, 스페인어로도 예배와 성경공부를 진행한다. 현재 이들의 주요 타겟은 남미의 국가들이다. 멕시코, 과테말라, 온두라스, 코스타리카, 칠레 등등 영어 다음으로 전 세계에서 많이 사용하는 언어인 스페인어를 사용하는 국가들은 이들에게 손쉬운 타겟이 된다. "독일의 시몬지파"는 독일 뿐 아니라 영국, 체코, 스페인, 오스트리아, 프랑스 등 가까운 유럽 국가들을 상대로 포교를 한다. "남아공의 빌립 지파"는 남아공, 나미비아, 짐바브웨 등등 아프리카 국가들뿐 아니라 뉴질랜드에서도 활발하게 활동하고 있고, 호주 시드니, 브리즈번, 멜버른, 퍼스 등에서 활동 중인 "베드로 지파"는 그 기세가 꺾이지 않고 있다. 또한 그들은 필리핀, 인도네시아, 인도 등 아시아 국가들에서 그 숫자를 늘려가고 있다. 그리고, 공산국가의 특성상 그 규모가 제대로 알려져 있지 않지만, 해외 신천지의 절반이 넘는 숫자가 "중국"에 분포해 있다.

놀라운 사실은 한국 사람들이 상상하는 것과 달리, 해외 모든 지파의 신천지 신도들이 거의 다 외국인들이라는 것이다. 위에 열거한 모든 사례는 전부 비한국인들로부터 직접 들은 것들이다. 미국 LA, 워싱턴 DC, 샌프란시스코, 시카고, 호주, 뉴질랜드, 남아공 등등 거의 해외 모든 신천지 신도 중 거의 90%가 외국인들이다. 다시 한번 말하지만, 이는 외국인들의 99%가 신천지가 무엇인지 모르기 때문에 가능한 일이다. 신천지는 예전에 자신들이 사용했던 모든 방법들, 즉, 세미나, 추수꾼, 위장 신학교, 위장 교회, 모략 전도 등과 펜데믹 이후 장착한 새로운 방법인 온라인 전도를 통해 멈추지 않고 그 숫자를 늘려가고 있다.

그들이 해외라는 탈출구를 찾은 것이다. 원하는 대로 다 포교해도 아무도 막지 않으니 온갖 방법을 동원해 전 세계의 영혼들을 불구덩이로 끌어들이고 있는 것이다.

그렇다면 지금 우리가 해야 할 일은 무엇일까? 첫째, 우리는 하나님께 회개하며 영혼 사랑하는 마음을 달라고 간구해야 한다. 바울의 환상에 나온 마케도니아 사람처럼, 전 세계의 영혼들이 지금 울며 나를 건져 달라고 울부짖고 있는데도 움직이지 않는 우리의 딱딱한 마음을 치며 회개해야 한다. 둘째, 우리는 전 세계로 시야를 넓혀야 한다. 더 이상 신천지를 포함한 이단의 문제는 한국에 있는 교회나 성도들만의 문제가 아니다. 이미 알고 있는 한국교회가 해외의 교포 교회와 선교지를 깨우고, 다시 해외 현지 교회들과 학교, 공동체를 깨우고 돕는 역할을 해야 한다. 마지막으로, 우리는 책임감을 가져야 한다. 한국에서 시작된 이단이 전 세계를 장악하고 있다. 그들이 벌인 일을 우리가 수습해야 한다. 무엇이 잘못인지 일깨워주고, 진정한 소망이 오직 예수그리스도에게 있다는 사실을 알려줄 책임이 한국교회와 성도들에게 있다.

에스라 김 미국 “생명의 바람 교회” 담임목사(Finally Free 국제선교회 대표)